U0862434

Modern
Business
Administration

现代企业管理学

（第三版）

伍爱　黄丽●编著

暨南大學出版社
JINAN UNIVERSITY PRESS
中国·广州

图书在版编目（CIP）数据

现代企业管理学/伍爱，黄丽编著．—3 版，—广州：暨南大学出版社，2009.8（2012.12 重印）
（高等院校企业管理系列教材）
ISBN 978－7－81135－192－7

Ⅰ.现… Ⅱ.①伍…②黄… Ⅲ.企业管理—高等学校—教材 Ⅳ.①F270

中国版本图书馆 CIP 数据核字(2009)第 018913 号

出版发行：暨南大学出版社

地　址：中国广州暨南大学
电　话：总编室（8620）85221601
营销部（8620）85225284　85228291　85228292（邮购）
传　真：（8620）85221583（办公室）　85223774（营销部）
邮　编：510630
网　址：http：//www.jnupress.com　http：//press.jnu.edu.cn

排　版：暨南大学出版社照排中心
印　刷：广州市怡升印刷有限公司

开　本：787mm×960mm　1/16
印　张：26.875
字　数：543 千
版　次：1995 年 11 月第 1 版　2009 年 8 月第 3 版
印　次：2012 年 12 月第 23 次
印　数：111001—114000 册

定　价：43.50 元

（暨大版图书如有印装质量问题，请与出版社总编室联系调换）

第三版前言

随着人类社会的快速发展，经济全球化进程的加快，我国经济与世界经济的融合程度不断在加深，企业经营的外部环境和内部管理模式都在发生着重大的变化。在新的形势条件下，对企业的生产技术和经营管理都提出了一系列的挑战，企业必须适应社会发展的要求，树立科学发展观、独创精神，加速产品更新，强化经营管理，提高经济效益，使管理理论与管理方法更科学化、现代化，以迎接时代的挑战。为此，我们对《现代企业管理学》一书进行再次修订和更新。本书从 1996 年出版至今，由于广大读者的支持，经过了初版、第二版到现今第三版的三次编写和修订，共重印了十多次，出售了九万多册。但随着形势的发展和科学技术的日新月异，书中原有的内容需要修改并增加新的内容。本书在保留第二版原有体系结构的前提下，删减了一些旧的内容，增加了一些新的内容，特别对质量管理、人力资源管理、财务管理等章节，基本上是重新进行编写，对其他章节也增加了新观点和新内容。

本书第三版的内容比较新颖，除了保留企业管理的基本原理、基本理论和基本方法外，还增加了目前国内外提出的一些新的观点和新的方法，突出实用性和可操作性，各章都提出了适合该章节内容的案例、思考题和计算题，以便学习者更易于对所学知识的理解，以提高学习者分析问题和解决问题的实际操作能力。本书可作为大学本科、大专以及高职等有关专业学生的教材，也可以作为经济管理部门和企业管理工作者的培训和自学用书。

本书第三版共分 13 章，由伍爱和黄丽撰写修订完成。伍爱撰写修订第 1、2、6、7、9、10、11 和 12 章；黄丽撰写修订第 3、4、5、8 和 13 章。

本书在编写过程中参考了我国目前已出版的有关企业管理方面的书籍、论文和资料，吸取了书中作者的一些研究成果，我们在此深表谢意。由于我们的时间和水平有限，书中难免有不妥之处，敬请广大读者批评指正。

伍爱　黄丽

2008 年 11 月

目录 CONTENTS

1

现代企业管理概论

本章要求

- □ 正确理解企业的含义，明确不同企业类型的划分
- □ 掌握并正确认识企业管理的性质和职能
- □ 掌握企业资源、企业管理工作及企业文化的基本特点和内容
- □ 了解企业的基本特征和企业管理基础工作的内容与特点

1.1 企业的概念与特征

1.1.1 企业的概念

企业是指从事生产、流通、服务等经济活动，以产品或劳务满足社会需要并获取盈利，按照法定程序建立的具有法人资格，实行独立经济核算、自主经营、自负盈亏，独立享受权利和承担义务的经济组织。它是现代社会经济的基本单位。

上述企业概念主要包括以下几方面的内容：

（1）企业必须依法设立。它主要包括两个方面的内容，一是设立企业必须符合国家法律法规规定的条件；二是要依照国家法律法规规定的程序设立。依法设立的企业具有法人资格。

（2）企业是以盈利为目的的经济实体，是从事生产、流通、服务等经济活动的组织。它的一切生产经营活动在满足社会需要的同时要赚取利润，获得最好的经济效益。因此，它不同于一般的事业单位或行政单位。

（3）企业进行自主经营、独立核算、自负盈亏、独立享受权利和承担义务，这是指企业具有自主决策和独立的经济权益，应单独计算成本费用，计算盈亏，对企业的经济业务作出全面的反映，并承担义务。

（4）企业是现代社会经济的基本单位。它按照不同的经营方向、不同的组织形式等特点，可以从不同的角度划分为许多不同类型的企业，但是总的来看，企业是国家的基本经济单位，是社会经济力量的基础。企业生产力的高低、经济效益的好坏，对国民经济的发展有着直接的影响。

1.1.2 企业的类型

现代企业根据其不同的特点，可以划分为许多不同的类型。

1. 按经营方向、技术基础不同，可分为不同经济部门的企业

（1）农业企业。它是指从事农、林、牧、副、渔等生产经营活动的企业。它主要以动物、植物和微生物作为劳动对象，以土地、海洋为基本生产资料，应用现代化技术装备和生产工具，培育和饲养动、植物，生产满足人们需要的产品。

（2）工业企业。它是指以机器或机器体系作为劳动手段，采掘自然资源和对工业品、农产品原料进行加工、经营等活动的企业。它主要包括冶金企业、电力企业、燃料企业、化工企业、电子产品企业、机械制造业、建筑材料企业、食品加工企业、纺织企业、造纸及文化用品生产企业等。

（3）运输企业。它是指从事运输生产或直接为运输生产服务的企业。它具

体分为铁路、公路、水运、民用航空和联合运输物流企业等。

(4) 建筑安装企业。它是指从事土木建筑、设备安装和工程施工的企业。其通常包括建筑公司、工程公司、建设公司等。

(5) 邮电通信企业。它是指通过邮政和电信，传递信息、办理通信业务的企业。

(6) 商业企业。它是指专门从事商品和劳务流通的商业贸易企业与服务企业。它通过商品的购销活动，把商品从生产领域转到消费领域。

(7) 金融企业。金融企业是指专门经营货币和信用业务的企业。它经营的业务范围包括：吸收存款、发放贷款、发行有价证券，从事保险、投资、信托业务，发行信用流通工具，办理货币支付、转账结算、国内外汇兑以及经营黄金、白银、外汇交易，提供其他金融服务，等等。

(8) 房地产企业。它是指从事房地产综合开发、经营或中介服务等活动的企业。它具体可划分为房地产开发企业、房地产租赁企业、物业管理企业及中介服务机构。

(9) 旅游企业。它是指以旅游资源、服务设施为条件，向游客提供劳务的服务性企业。

(10) 咨询企业。它是指专为企业、政府以及个人的决断、决策行为提供科学、可靠的智力服务的专门机构。其主要业务是管理咨询、投资咨询、信息咨询、决策咨询、人力资源管理及其他专业事务咨询等。

2. 按某种资源密集程度不同，可分为不同类型的密集型企业

(1) 劳动密集型企业。它是指使用劳动力较多，技术装备程度低，在产品成本中直接工资支出所占比重较大的企业。例如服装、皮革、日用小五金、工艺美术等行业。

(2) 资金密集型企业。它是指单位产品所需要的投资额大，技术装备程度高并且比较复杂，用人相对较少的企业。例如钢铁企业、重型机器制造企业、汽车制造企业、石油化工企业等。

(3) 知识技术密集型企业。它是指综合运用现代先进的科学技术成果的企业。它具有高效益、高智力、高投入、使用人力少、物资消耗少等特点。例如电子计算机工业、飞机及宇宙航空工业以及大型集成电路、生物工程、新材料、新能源、电子计算机软件设计、技术和管理咨询服务企业等。

3. 按企业财产组织形式不同，可分为不同类型的企业

(1) 独资企业。它是指由个人投资，由投资者个人经营管理，个人受益并承担风险的企业。它是历史上最早出现的一种企业组织形式。

在我国现代企业组织中的国有独资公司（企业），是有限责任公司形式的独资公司，是国家授权投资的机构或者国家授权的部门单独投资设立的有限责任公

司。国有独资公司以公司的全部资产对公司债务承担责任。国有独资公司的章程由国家授权的投资机构或国家授权的部门按《公司法》制定，或者由董事会制定，报国家授权投资的机构或国家授权的部门批准。国有独资公司不设股东会，股东会的权力一般由董事会行使。一些重大问题，如有关公司的合并、分立、解散、增减资本和发行公司债券，必须由国家授权投资的机构或国家授权的部门决定。

(2) 合伙企业。它是指由两个以上投资者共同出资，共同经营管理，共同享受盈利并承担风险的企业。

(3) 公司。它是指由一定数量的股东投资兴办、依法成立的企业组织。按照股东承担责任的不同，公司可分为：

①无限公司。它是由两个以上负无限责任的股东组成的公司。全体股东对公司债务负连带无限责任。在公司财产不足以清偿债务时，各股东须以自己的财产清偿公司债务。

②有限公司。它是由两个以上的股东组织的、负有限责任的公司。在清偿公司债务时，股东以各自的出资额或出资额以外另加担保额为限，对公司债务承担责任。

③两合公司。它是由一人以上的无限责任股东与一人以上的有限责任股东混合组成的公司。在清偿公司债务时，无限责任股东对公司债务负连带无限责任；有限责任股东以出资额为限承担责任。

④股份有限公司。一般是以发行股票的方式筹集资本而组成的公司。股票是有价证券，可以在证券市场上买卖转让。股东以其所持公司股份为限，对公司债务负有限责任。

上述几种形式是国际上通常采用的形式，而股份有限公司又是其中重要的组织形式。在我国，随着市场经济体制的建立和完善，现代企业的组织形式将按我国《公司法》的有关规定进行调整、组建。本书将在下一章“现代企业制度”中论述。企业的组织形式主要按照财产的组织形式和所承担的法律责任划分，这与过去按所有制性质划分企业组织形式有所不同。

在现代企业组织中还有许多常用组织形式，例如联营企业、企业集团等都是我国在深化企业改革过程中，吸收国外的有关经验以及根据自身的特点而创新和应用的形式。

(1) 联营企业。它是独立法人企业的联合体。它一般是由在技术上、品牌上、产品上享有盛誉的大企业联合一些中小企业组成的。参加联营的企业各自进行独立生产和销售，但是，它们都生产相同或相配套的产品，销售相同的品牌。联营企业的管理和协调根据契约或合同，由提供技术、品牌和产品的龙头企业负责，在管理上是松散的。企业无论大小，在原则上都是平等的。

（2）企业集团。它是由两个或两个以上企业，以资产为纽带形成的有层次的企业联合组织，其成员企业都是企业法人，而企业集团本身不是法人。企业集团在不同国家或地区都有自己的特色。在我国，企业集团是在社会主义市场经济体制下发展起来的，很多企业集团是由国有企业联合组建的。先有企业集团的名称、内涵，然后按照其要求去组建成符合企业集团内涵的联合组织。

1.1.3 企业的资源

任何管理活动都是围绕一定的管理对象展开的。现代企业管理从根本上说，是通过对拥有的各种资源的管理、合理配置和有效使用，达到企业经营利润的最大化。现代企业资源是指一切直接或间接地为企业经济活动所需要并构成生产要素、稀缺的、具有一定开发利用价值的可选择性资源。它包含的内容随着科学技术的发展和管理水平的提高，在不断地扩展和丰富。现在，一般认为企业资源应包括人力、物力、资金、信息、时间等。

（1）人是企业的主体，是企业财富的创造者。人是管理的一个主要对象，在管理中具有既是管理者又是被管理者的双重地位。在管理过程中各个环节的工作都是由人去做的，企业经营的成败虽然原因很多，但都与人有密切关系。因此，人力资源是企业最主要的资源，只有合理配置、有效开发、科学管理，才能充分调动人的积极性和创新精神，使企业能够在竞争中得到更好更快的发展。

（2）物是企业生产经营活动不可缺少的重要物质基础。它包括企业中的机器设备、技术、原材料等。这些物质技术资源也是企业管理的重要对象。一定的人力资源只有同一定的物质技术相结合，生产经营活动才能顺利进行。

（3）财力（资金）是指用以从事生产经营活动和其他投资活动的资产的货币表现。它是企业资源的一个重要组成部分。在管理活动中，财与物是管理发挥作用所不可缺少的要素，管理就是要把财力资源和物力资源同其他资源紧密地结合起来，合理地、协调地配置，去实现企业的目标。

（4）信息是指依据一定需要进行收集，经过加工整理后具有某种使用价值的图像、文字、数据、方法等知识元素的总称。企业信息资源是指企业收集到的经过加工、整理，用于生产经营、管理等方面的各种资料、报表、指令、数据等。信息也是管理的重要对象，信息系统是管理过程中的“神经系统”。在管理过程中，人流和物流都要通过信息来反映和实现，管理职能要发挥作用，也要靠信息支持。信息在企业生产经营运作过程中发挥着物质资源无法替代的作用。

（5）时间是物质存在的形式，具有物质运动的物质性和间隔性。与人力、物力、资金等相比它是管理中最稀有和最特殊的资源。企业生产经营和管理活动都在一定的时间、空间条件下进行，时间参与了企业的一切经济活动，时间作为一种特殊资源，具有不可缺少性；时间是最稀有和最短缺的，它不可逆转，不可再生，容易流逝，没有什么东西可以替代。时间永远是短缺的，但它具有可管理性。在现代管理中，很重视时效性，因为管理活动处在不同时间区域会产生不同的管理效果，而管理效果的好坏在很多情况下表现为是否节约时间。因此“时间就是金钱”的理念就成为公众认同的理念。企业应注重对时间资源的有效利用，合理安排，在有限的时间内做更多更好的事情。

1.1.4 现代企业的特征

现代企业作为商品生产者和经营者，在不同的社会制度下，虽然具有不同的社会性质，但作为市场经济条件下的经济组织形式，一般都有以下几个特征：

(1) 现代企业比较普遍地运用现代科学技术手段，采用现代机器体系和高技术含量的劳动手段开展生产经营活动。生产社会化、机械化、自动化、电脑化程度较高，并比较系统地将科学知识用于生产经营过程。生产组织严密，内部分工协作的规模和细密程度极大提高，劳动效率也不断提高。

(2) 现代企业以市场为导向，以盈利为主要目的，专门从事商品生产和经营活动。企业是社会物质财富的创造者，其基本职能是向社会提供各种所需的商品和服务。盈利是企业内在的和最终的追求，在以社会化大生产为基础的市场经济条件下，企业所从事的经营活动是服务社会的，只有能满足社会需求、得到消费者的认同，才能被社会所接受。因此，企业必须以市场为导向，以消费为中心，在满足社会需求的过程中实现长期的利润最大化。

(3) 现代企业是依法设立、依法经营，实行自主经营、自负盈亏、独立核算、自我发展的独立的经济实体。企业的独立性表现在企业产权的独立性，企业有明确的法人财产界定，可以独立行使对企业财产的支配、使用和处置权；同时，企业的独立性表现在企业经营的独立性，企业必须具有独立的经营决策与管理权，根据市场环境和企业内部的条件变化，自主灵活地开展企业经营管理活动；此外，企业的独立性还表现在独立核算、自负盈亏，企业的盈利来源于以最经济的投入获得最理想的产出，以自己的收入来抵偿支出，并对盈亏完全负责。

(4) 现代企业的环境适应性。企业与外部环境之间的关系十分密切，任何企业都不是孤立存在的，企业的生存与发展都离不开一定的环境条件。企业是一个开放系统，它与外部环境存在着互相交换、互相渗透、互相影响的关系，企业必须从外部环境接受人力、资金、材料、技术、信息等因素的投入，然后通过企业内部的转换系统把这些投入转换成产品、劳务以及企业成员所需要的各种形式的报酬，作为产出离开企业系统，从而完成企业与外部环境之间的交换过程。企业对外部环境的变化能否及时作出反应和作出何种反应，决定其对外部环境的察觉和认知。这实际上是对外部环境的调查、预测、搜集信息和决策的过程。此外，企业的生存环境还包括企业的社会责任，如开发新产品、提供新服务的创新过程，以及企业的公共关系，也就是和社会利益集团、社会公众（如股东、工会、债权人、消费者、政府和社区等）建立一种互相了解、互相依赖的关系。

（5）现代企业具有公共性和社会性。企业对员工福利和社会责任的重视，形成特有的企业精神，企业要想谋求长远发展，必须得到股东、员工、顾客、社会利益集团及社会公众的支持。因此，利润、员工福利、社会责任构成了企业存续的三个基本因素。企业的一切经营活动，尤其是扩展需要资金，而资金最可靠的来源是企业盈余，企业的利润是企业存续的第一要素；企业是生产设备和员工组成的一种经济组织，而人是机器设备的主宰者，生产效率的高低受人为因素影响最大，因此现代企业为求生存，必须尊重员工之人性，以人为本，重视员工福利，以提高士气，建立互信；企业是构成整个社会的一部分，若不重视社会大众的利益，妨害社会安宁、污染环境，则必遭到谴责和抵制，以致不能生存，因此现代企业必须重视社会责任。

1.2　现代企业管理的性质和职能

1.2.1　企业管理的概念及其重要性

1. 企业管理的概念

企业管理是由企业的领导者和全体员工按照客观规律的要求，对企业生产经营过程中一系列活动进行的计划、组织、指挥、监督、调节、激励和创新等工作的总称。其实质就是通过合理组织企业的生产经营活动，以适应外部环境变化，充分利用企业拥有的各种资源（人力、物力、财力、信息、时间、技术），不断提高企业在市场竞争中的生存和发展能力，提高企业的经济效益，促进社会经济的发展。

2. 企业管理的重要性

企业管理是社会化大生产的客观要求和直接产物。当人们在一起从事共同劳动时，由于劳动者存在分工协作关系，为了协调每个人的活动，就需要有一定的管理。进入21世纪，现代信息技术的发展和计算机应用的拓展，使企业发展越来越依靠知识、技能、人力资源和信息，企业除应加强对设备、物资、资金的合理配置和管理外，还应特别重视对技术、知识产权等无形资产和人力资源的管理。

企业管理的重要性，具体表现在以下几个方面：

（1）企业管理是企业生产经营活动得以顺利进行的重要条件。因为企业的生产过程要能顺利进行，必须拥有劳动者、劳动资料和劳动对象等生产要素，并且按照生产技术特点，将生产力的各要素合理地组织起来。企业作为商品生产者和经营者，要把产品生产出来，销售出去，实现商品的使用价值和价值，以取得较大经济效益，就必须通过市场进行交换，组织供销活动。为此，企业必须进行管理。

(2) 企业管理既是现代生产技术、信息技术发展的要求，又是促进技术进步的动力。随着21世纪信息社会的全面到来，计算机技术手段在企业中的广泛应用，要求有更严密的管理才能充分发挥其作用。另外，只有提高企业管理水平，才能更好地将科学技术成果应用于生产，使企业不断地提高劳动生产率。它们两者之间是互相促进的。

(3) 企业管理是维护和完善社会主义生产关系的客观要求。生产关系一定要适应生产力的发展，这是普遍规律。我国实行改革开放政策，集中力量发展社会生产力，这就要求将某些不适应生产力发展的方面，通过改革使其不断完善，使企业在市场经济环境中发展，为国民经济持续发展打下坚实基础。

(4) 企业管理是培养有理想、有道德、有文化、有纪律的职工队伍的可靠保证。随着科技进步和社会经济的发展，企业对职工的要求无论在思想素质、文化水平还是技术能力等方面都会越来越高，因此企业必须实行有效管理，全面提高职工素质，才能担负起现代化建设的任务。

企业管理的重要性，已被实践证明。在现代管理中，有人将管理、科学和技术看成关系到企业生存和发展的“三个主要支柱”。有人将科学管理和现代技术比喻为支持经济高速增长的“两个轮子”。管理也是生产力，加强管理是提高劳动生产率、提高企业经济效益的重要途径。

1.2.2 企业管理的性质

企业管理具有两重性质，这是马克思在分析资本主义企业管理时提出来的。他说：“凡是直接生产过程具有社会结合过程的形态，而不是表现独立生产者的孤立劳动的地方，都必然会产生监督劳动和指挥劳动，不过它具有两重性，一方面，凡是有许多个人进行协作的劳动过程的联系和统一都必须要表现在一个指挥的意志上，表现在各种与局部劳动无关而与工场全部活动有关的职能上，就像一个乐队要有一个指挥一样。这是一种生产劳动，是每一种结合的生产方式中必须进行的劳动。另一方面，完全撇开商业部门不说，凡是建立在作为直接生产者的劳动者和生产资料所有者之间的对立上的生产方式中，都必然会产生这种监督劳动。这种对立越严重，这种监督劳动所引起的作用也就越大。”

从马克思的论述中可以看出，所谓企业管理的两重性就是指，一方面它具有与生产力、社会化大生产相联系的自然属性，另一方面它又具有与生产关系、社会制度相联系的社会属性。企业管理的自然属性是社会化大生产的必要条件，是社会劳动过程的一般要求，发挥着合理组织生产力的作用。企业管理的这种自然属性，主要取决于生产力发展水平和劳动社会化程度，而不取决于生产关系的性质。在企业管理中，有关合理组织生产力的一些形式和方法，虽然总是在一定的生产关系下产生的，但并不为某种生产方式所特有，只要是社会化大生产都能应用。但是，任何一种管理都离不开一定的生产关系，生产关系的特殊性质必然会对管理产生制约和影响。生产关系的性质不同，企业管理的社会属性也就不同。企业管理的社会属性主要取决于社会生产关系的性质。

企业管理的二重性，是由生产过程的二重性所决定的。企业的生产过程是生产力和生产关系的统一体，它一方面是物质资料的再生产过程，另一方面又是生产关系的再生产过程。马克思关于管理二重性的原理，虽然是在分析资本主义企业管理时揭示出来的，但它同样适用于现代企业管理。我们对于国外新的管理思想、管理方法，应进行学习和借鉴，结合我国国情创造出适合我国企业的新的管理方法，进一步提高我国企业的管理水平。但是，我们不能不经消化而照搬国外的东西。因为管理本身就有二重性，社会制度、文化背景不相同。另外，我国社会主义市场经济体制正处在建立和完善的过程中，与发达国家企业处在完全成熟的市场经济环境中不同。因此，我们了解管理的二重性，就是要把握好学习、借鉴和创新的关系，把我国企业管理提高到新的水平。

1.2.3 企业管理的职能

职能一般是指人、事物、机构应有的作用或功能。企业管理的职能是指企业管理本质的外在属性及其应发挥的基本效能。企业管理的职能是由企业管理的二重性决定的。因此，现代企业管理具有两个方面的基本职能：一是合理组织生产力。它是企业自然属性的表现，是企业管理的一般职能。二是维护与巩固一定的生产关系。它是企业管理的社会属性的表现，是企业管理的特殊职能。这两种职能在社会生产过程中总是结合在一起发挥作用的。当它们结合作用于生产过程时，又表现为决策、计划、组织、指挥、监督、调节、激励和创新等具体的管理职能。

对于企业管理的具体管理职能，国内外学者有多种不同的提法。下面就上述八个方面的职能分别加以说明。

（1）决策职能。决策是企业管理的基本职能。在管理实践中，决策不但处于全部活动的首位，而且还渗透到其他管理职能当中。在现代管理中，决策是指为了达到某个特定的目标，在经过详细的调查和严密分析的基础上，借助一定的科学手段和方法，从两个以上的可行方案中，选择最优方案，并付诸实施的过程。

（2）计划职能。计划就是在调查研究和总结经验的基础上，预测未来，以一种合理的、经济的和系统的方式对企业未来的发展指标作出安排，并制订长期和短期计划，确定实现计划的措施和方法。同时把计划指标分解到各个部门、单位直至个人，使其成为全体职工在一定时期内的行动纲领。计划正确与否，对企业经营的成败具有重要的作用。

(3) 组织职能。组织是指通过建立组织机构，确定职能、职责和职权，协调相互关系。将企业生产经营的各个要素、各个部门和各个环节，在劳动分工与协作上，在上下左右的相互关系上，在对外往来上，在时间和空间的联合上，合理地组织起来，形成统一整体，实现最佳组合。

(4) 指挥职能。指挥是对企业各级、各类人员的领导、沟通与督促。企业计划目标确定以后，要靠组织来实施，在这个过程中就要有指挥。指挥是管理的一种执行性职能，是企业各个部门、各个环节之间紧密联系、有效运转的保证。否则，即使有计划、有组织，也不可能保证生产经营的顺利进行和既定目标的实现。

(5) 监督职能。监督亦称控制，是对企业生产经营活动的实际情况进行检查，比较实际情况与原定计划的差异，分析产生差异的原因，并作出对策。监督职能与计划职能的关系非常密切。监督要以计划为依据，而计划要靠监督为保证来实现。

(6) 调节职能。调节亦称协调，是围绕一个目标，对企业各生产环节和部门的活动进行统一安排和调节，使它们能建立良好的配合关系，尽量消除或减少工作中的矛盾与脱节现象，以有效地实现企业的目标。

(7) 激励职能。激励是为调动企业中各级、各类人员的工作积极性，充分发挥他们在各项活动中的潜能，有针对性地采取不同方式和措施进行鼓励。在现代企业管理中，要使全体员工产生凝聚力，发挥各级、各类人员的团结协作精神，除了用组织的规章制度和规范去引导之外，还应与激励结合起来。

(8) 创新职能。创新是一种赋予资源以新的创造财富能力的行为，是经济发展的巨大推动力。在企业中，创新不仅涉及新技术、新材料、新产品，还涉及开拓新市场、新的管理制度和新的管理方法等。

以上各项具体职能是相互联系、相互制约的有机整体，只有在管理体系中全面发挥各职能的作用，才能实现有效管理。

1.2.4 管理既是一门科学，又是一门艺术

管理是一门科学，在客观事实面前，在21世纪的今天，应该说已无人怀疑。管理的科学性，是指管理作为一个活动过程，其间存在着一系列基本客观规律。人们通过许许多多的实践，从中收集、归纳、检测各种数据，提出假设，验证假设，并经过无数次的失败和成功，从中抽象总结出一系列反映管理活动过程中客观规律的管理理论和方法。人们利用这些理论和方法来指导自己的管理实践，又

以管理活动的结果来衡量管理过程中所使用的理论和方法是否正确、是否行之有效，从而使管理的科学理论和方法在实践中得到不断的验证、充实和丰富。因此说管理是一门科学，是指它以反映管理客观规律的管理理论和方法为指导，有一整套分析问题的科学的方法论。

管理的艺术性就是强调它的实践性，没有实践则无所谓艺术。这就是说仅凭停留在书本上的管理理论，或者背诵原理和公式来进行管理活动，是不能保证其成功的。管理人员必须在管理实践中发挥积极性、主动性和创造性，因地制宜地将管理理论与具体管理活动相结合，理论联系实际地灵活运用，才能进行有效的管理。所以管理的艺术性就是强调管理活动除了要掌握一定的管理理论和方法外，还要灵活地运用这些知识和技能的技巧和诀窍，随机应变地、创造性地去解决管理问题，并使之不断升华，以取得成功。

从管理的科学性与艺术性可知，有成效的管理艺术是对它所依据的管理理论的理解为基础的，因此二者之间不是互相排斥，而是互相补充的。若单靠“背诵原理”来进行管理活动，必然是脱离或忽视现实情况的无效的活动；而没有掌握管理理论和基本知识的管理人员，在进行管理时必然是靠碰运气，靠主观直觉或过去的一些经验办事，很难找到对管理问题可行的、令人满意的解决办法。因此，管理既是一门科学，又是一门艺术，是科学与艺术的有机结合体。管理的这一特征，对于学习管理知识和从事管理工作的主管人员来说是十分重要的，它可以促使他们既注重管理基本理论的学习，又不忽视在实践中因地制宜地灵活运用，这一点可以说是管理工作成功的一项重要保证。

管理是一门科学，是指管理是由一些科学的概念、原理、原则和方法构成的科学知识体系，是有规律可循的，这要求管理者必须认真学习管理理论，把握管理的思想、理念和管理活动的规律；同时，管理作为一门科学知识，是可以通过学习和传授而掌握的，一个优秀的管理者，必须经过系统的管理知识的学习和训练。管理人员在管理中要学会灵活应用管理知识，使组织活动达到最佳效果。

管理是一门艺术，强调实践性和艺术性。管理知识在运用时具有较大的技巧性、创造性和灵活性，很难用规律或原理把它束缚起来，它有很强的实践性。同一件事情，因时间、地点、人物不同，不能用同一办法来解决，就是说仅有原理或理论知识还不能保证管理实践的成功，一个高水平的管理者，除了掌握管理科学的基本知识外，还必须经过管理实践的长期锻炼，有一个经验的积累过程。因此，管理者在管理中，既要运用管理知识又不能完全依赖管理知识，必须发挥创造性与灵活性，根据不同情况采取不同的方法来解决问题，并实现目标。

有人认为，一个管理者的能力 = 管理科学知识 + 管理艺术 + 经验积累；还指出，一个现代管理者如果仅具备管理的经验和艺术，其成功的概率只有 50%，如果仅掌握了管理的科学知识，其成功的概率也只有 50%。这种观点表明，管理既是科学又是艺术。

管理的艺术性反映的是千变万化的管理现象，而管理的科学性则反映纷繁万千的现象中的规律性，并通过实践使之上升为理论、原理和方法。因此二者不是互相排斥，而是互相补充和转化的。管理的艺术可以上升为科学的管理理论，管理艺术又需要理论指导；而管理科学理论的运用也必须讲究艺术，管理是科学性和艺术性的有机统一。

1.3　企业管理的基础工作

企业管理的基础工作，是指企业生产经营过程中各项专业管理的基础工作，是为实现企业的经营目标和管理职能提供资料依据、共同准则、基本手段、前提条件的必不可少的工作。

1.3.1　企业管理基础工作的特点和作用

企业管理基础工作的特点，主要表现在以下几方面：

(1) 科学性。企业管理基础工作体现和反映了企业生产经营活动的客观规律，是实现科学管理的客观要求，是做好各项专业管理工作的立足点和依据。要搞好科学管理，必须有科学的基础工作与之相适应。

(2) 群众性。企业管理基础工作是为各项专业管理发挥其职能作用而创造条件的一项经常性工作。它涉及面广，工作量大，与企业每个部门、每个职工都密切相关，是一项群众性工作，需要依靠全体管理人员、生产工人以及全体员工持之以恒地贯彻执行才能搞好。

(3) 变动性。企业管理基础工作建立以后，必须保持相对稳定，但又必须随着生产技术组织条件的变化而相应地变化。随着管理现代化的推行，企业管理基础工作本身也需要改进和提高。所以，基础工作是动态的，不是一成不变的，不能一劳永逸。

(4) 先行性。企业管理基础工作是为各项专业管理提供资料、准则、条件和手段的。所以，它必须走在各项管理职能工作之前，是一种先行性的工作。

企业管理的基础工作是企业管理的重要组成部分。它在企业管理系统中处于基层的部分，是企业一切生产经营活动的起点和信息反馈的转折点。加强基础工作对于加强企业管理，实现企业现代化都是极为重要的。

基础工作在企业管理中的重要作用主要表现在：①它是实现企业管理职能的必要前提和依据；②它有利于实行科学管理，并为向现代化管理发展提供条件；③它是提高企业素质，使企业获得最佳经济效益的重要保证；④它为推行经济责任制、贯彻按劳分配原则提供计算和考核的依据。

1.3.2 企业管理基础工作的内容

不同行业、不同生产特点的企业，基础工作的内容结构和表现形态都有所不同，在实际工作中必须根据本单位的实际情况来确定抓哪些基础工作。但是，在企业管理工作中，有一些共同的、基本的、带有规律性的内容，对基础工作有着共同的要求。

企业管理基础工作的主要内容如下：

1. 标准化工作

标准化是指人们在生产活动中，通过对科学实验成果和生产实践的研究总结，形成一定的标准，作为共同遵守的准则。

标准化工作就是对企业各种标准的制定、执行和管理工作。我国《标准化法》已颁布实施，它标志着我国标准化工作进入法治管理的新阶段。

标准化是国家一项重要的技术经济政策。对企业来说，是一项综合性的基础工作。搞好这项基础工作，对促进技术进步，稳定和提高质量，合理发展品种，实现专业化生产，提高生产效率，节约原材料、能源消耗等有着重大作用。企业在基础标准方面要全面采用国际通用标准，重要的产品要达到国际先进水平的标准，逐步建立起以技术标准为主体，包括工作标准、管理标准在内的企业标准化体系。

按作用范围不同，标准可分为国际标准、国家标准、部颁标准、企业标准和集团性标准；按其性质不同，可分为技术标准、管理标准和工作标准。

（1）技术标准。它是企业标准的核心和主体，是对生产对象、生产条件、生产方法以及包装贮运等所作的应该达到的尺度和必须共同遵守的规定，是一种技术上的法规。按其内容来说，主要有：

①基础标准。它是指现代企业生产技术活动中，最基本的、具有最一般性和广泛指导意义的标准。例如，为保证产品、零部件互换性而制定的“公差与配合”、“标准直径”、“标准长度”等；为统一各专业的技术语言而制定的名词、术语、符号等。它是标准化工作的基础，是制定其他各类标准的前提。

②产品标准。它是为某一类（或某一种）产品的型号、尺寸、主要性能参数、质量指标、检验方法以至包装、贮存、运输等方面所制定的标准。

③工艺规程。它是为制造产品或零件而规定的加工路线和加工方法。

④操作规程。它是为工人使用机器设备、工具、仪器等所规定的操作方法和注意事项。

⑤安全与环境保护标准。它是为保证生产过程中的人身安全、职工健康和环境保护等方面所作的规定。

⑥设备使用、维护、修理规程。它是指设备在使用中以及在进行维护、保养、修理时所应遵守的各项标准。

(2)管理标准。它是对生产、技术、经营管理中需要协调统一的管理事项所作的规定，对管理的规则规章、程序及其他管理事项制定标准。其主要包括生产管理、技术管理、质量管理、设备管理、财务管理、人力资源管理和营销管理等标准。这些标准为企业合理地组织指挥生产和正确地处理生产、交换、分配之间的相互关系提供依据，使各项管理工作规范化。

(3)工作标准。它是对各部门、各类人员的基本职责、工作要求、考核办法等所作的规定，是衡量工作数量和工作质量的依据和准则。工作标准一般是按部门的职能和岗位制定的，是岗位责任制、职责条例和经济责任制的深化和发展。

2. 定额工作

定额工作是指各类技术经济定额的制定、执行、修改和管理工作。定额是企业在一定生产技术组织条件下，对人力、物力、财力的消耗、占用以及利用程度方面应遵守和达到的标准。定额也是一种标准，从严格的意义上说，定额工作也是标准化工作的一项内容。由于它对合理组织企业生产经营活动具有重要的作用，所以被单列为一项基础工作。

企业的定额种类很多，归纳起来有劳动定额、物资定额、设备定额、流动资金定额、费用定额等。

3. 信息工作

企业管理中的信息是指技术经济信息，它是经过加工处理对企业管理活动有影响的数据。按其来源不同，企业管理中的信息可以分为内部信息和外部信息。内部信息产生于企业本身的技术经济活动，包括原始记录、资料、报表等；外部信息涉及企业外部环境，包括上级的指示、市场情况、用户信息、技术经济情报、物资供应趋势等。

信息是一种重要的经济资源。企业内外部信息是否及时、准确，对管理效率、经营决策有重要影响。准确而及时的信息是企业进行正确决策的重要依据，又是对生产经营过程进行有效控制的工具。信息的反馈，可以采取必要的措施纠正偏差，保证企业目标和计划的实现。信息还是沟通组织有效活动的重要手段。因此，企业一定要做好信息工作。

信息工作一般是指企业生产经营活动中所需资料、数据的收集、处理、传递、贮存等管理工作。信息在管理系统中运转，形成管理信息系统。科学的信息系统，是由原始记录、统计资料、科技经济情报和科技经济档案等构成的。

4. 计量工作

计量是用计量器具的标准量值去测量各种计量对象的量值。计量工作包括计量检定、测试、化验和分析等工作。它主要是用科学的方法和手段，对生产经营活动中的量与质的数值进行掌握和管理。没有计量，就不可能有可靠的原始记录和统计资料，不可能准确鉴别产品质量，也难以进行严格的物资管理、成本管理和经济核算。因此，企业必须对从原材料、燃料等物资进厂，一直到产品出厂的整个生产过程的各个环节全面做好计量工作。

5. 以责任制为核心的规章制度

企业的规章制度是用文字的形式，对各项管理工作和劳动操作的要求所作的规定。它是企业全体职工的行动规范，是职工进行生产技术经济活动以及正确处理人们在企业中的相互关系的准则。它是保证企业生产经营活动正常进行、促进企业生产发展、维护社会主义生产关系的重要手段。

企业的规章制度很多，不同规模、不同特点的企业，规章制度不尽相同。其大体可以分为三类：基本制度（如企业的领导制度）、工作制度、责任制度等。

规章制度以责任制为核心，而在责任制中又以岗位责任制为主。因为在现代企业中，拥有成百上千甚至几万名职工，要把这些职工合理地安排在每一个岗位上，把他们的积极性发挥出来，把工作协调起来，才能使生产经营活动顺利进行。

6. 基础教育

基础教育是指对在职的领导人员、工程技术人员、管理人员和工人进行的本职、本岗位必需的思想文化教育和业务技术培训。通过专业培训和岗位培训使各岗位人员懂得本职工作的重要性，掌握从事本职工作所必须具备的业务知识和技能，提高职工素质，培养一支既有道德、守纪律，又懂技术业务和熟悉管理现代化知识的职工队伍。

1.4 企业文化

1.4.1 企业文化发展概述

20 世纪 70 年代末 80 年代初，美国、日本以及西方一些工业发达国家的学者提出企业文化这种管理理论。这种理论的提出，被认为是对传统的企业管理理论的重大发展。传统的企业管理理论较注重按理论框架来设置企业的组织机构系统，建立起目标、战略、计划及各种规章制度，采用新的科学技术和先进管理手段来进行管理，而对于企业中的文化因素（价值观、企业经营哲学、企业精神等）重视不够。经过不断研究与探索，企业文化的管理思想被越来越多的人所接受，并应用到管理的实践中去。在现代企业经营中，许多人认为企业的成功和企业之间的竞争，不是设备、技术、资金、销售网络等因素起主导作用，而是人起主导作用。因此，现代企业管理从以物为中心的硬性管理模式向以人为中心的软性管理模式转变，其中渗透了企业文化思想。

1.4.2 企业文化的概念

关于企业文化的概念，国内外学者提出过许多看法。本书吸收他们的研究成果，对企业文化的概念表述如下：企业文化是在一定历史条件下，企业与职工在生产经营活动和适应企业环境变化过程中，培育形成的共同的价值观体系及其表现形式的总和。在这个概念中，共同的价值观念是企业文化的核心，对其他文化要素具有决定性影响。共同的价值观体系包括企业经营哲学、价值观、企业精神、优良传统、行为规范等。其表现形式是价值观念的外在体现，包括企业文化教育活动、职工行为准则、企业规章制度等。企业文化表现于企业的外部就是企业的形象和企业的产品。

企业文化作为一种企业范围内的意识，即群体意识，是由社会存在决定的，在不同的国家、不同的历史时期有不同的特点。但是，企业文化又不等同于社会文化。广义的社会文化包括社会中的各种文化，如政治文化、民族文化、企业文化等。狭义的社会文化是指这些主体文化所特有的文化的共同部分。企业文化与狭义的社会文化既有联系，又有区别，两者相互影响、相互调节。

企业文化也有广义和狭义之分。狭义的企业文化是指企业生产经营活动中形成的一种基本精神、管理理念、凝聚力，以及全体职工共同的价值观和行为准则。广义的企业文化除上述内容外，还包括企业职工的文化素质和行为，以及企业中有关文化建设的措施、组织、制度等。

1.4.3 企业文化的特点

企业文化是在企业长期发展过程中逐步形成和完善的，由于各个企业的历史传统和社会环境不同，行业特点、技术设备和生产经营状况不同，人员组成结构和员工素质不同，以及他们所处的社会文化背景不同，因而所形成的企业文化模式也不尽相同。企业文化的基本特征可归纳为以下几个方面：

（1）民族性。企业文化作为文化系统中的亚文化，不可避免地受到作为主文化的民族文化和社会文化的影响和制约。企业文化是企业全体员工经过长期的劳动交往而逐渐形成的被全体员工认可的文化，这些成员的心理、感情、行为都会受到民族文化的熏陶，因而在他们身上必然表现出共同的民族心理和精神气质，也即是文化的民族性，这种文化民族性，通过员工在企业文化上得到体现。因而民族文化是企业文化的根基，企业文化的形成离不开民族文化。在世界文化体系中，每个民族都有自己独特的进化途径和文化个性，在不同的经济环境和社会环境中形成特定的民族心理、风俗习惯、宗教信仰、道德风尚、伦理意识、价值观念等，它们反映在企业文化上的总和就是企业文化的民族性。

（2）客观性。企业文化是一种文化的积淀。它是在其所处的社会物质环境——包括文化传统、社会组织方式、社会交往方式、社会心理素质等的合力作用下，在具有一定生产工艺、运行机制及其传统、习俗、信念、意识等的企业生产经营实践中形成的。尽管不排除人的主观努力，但从总体上说，它主要是客观地、独立地形成的。成功的企业有优秀的企业文化，失败的企业有不良的企业文化，不管人们是否意识到，企业文化总是客观存在的，并不断地发挥着或大或小的作用。

（3）独特性。每个企业都有自己的历史、类型、性质、规模、人员素质等等。因此，在企业经营管理的发展过程中，必然会形成具有本企业特色的价值观、经营理念、经营作风、道德规范。因此每个企业的企业文化都应具有鲜明的个体性和独特性。在一定条件下，这种独特性越明显，其内聚力就越强。所以在建立企业文化过程中，一定要结合企业自身的特点形成自己的个性特征。

（4）综合性。文化是精神活动、精神行为和精神物化产品的总称。文化内容的综合性使企业文化也具有综合的特征。企业文化作为一种独特的文化，在内容上带有综合性，它渗透到企业的各个方面，可以说企业的各项内容都有可能成为企业文化的组成部分。一个员工的价值观不是企业文化的内容，而大部分员工共同的价值观就是企业文化的一部分；一种营销技术不是企业文化的内容，而企业共同的营销理念就是企业文化的一部分；企业的一项制度不是企业文化的内容，而企业所有制度的共同性就是企业文化的一部分。同时企业文化不是从某一个侧面、某一个部分影响企业的生产经营活动，而是综合了企业精神、价值观念、经营理念、道德规范和企业目标等因素形成的一个有机整体，以文化的手段调整企业员工的思想、行为，激发企业产生强大的凝聚力与向心力，对企业经济活动产生整合的功能效果。

（5）历史性。企业文化有一个形成和发展的过程。其传统性是在历史过程中形成的。企业文化一经形成，就具有较强的相对稳定的持续力，对企业在一定历史时期内的生产经营活动起着巩固、维系的作用。企业文化不易因企业人员的变更在短期内发生彻底改变。一旦在生产、经营等活动中形成了具有自身特色的企业文化，就说明该企业已经具备了自己的文化传统。每一种文化都是在承袭了前人的优秀文化成果和传统的基础上建立起来的，企业文化历经漫长的岁月磨炼，会逐渐形成自身相对稳定的传统。企业成员在日常生活与工作中也因此有所依据和遵循，企业也能够发挥自身的传统优势，用文化的力量去激励企业员工与企业同心同德，共创未来。

1.4.4 企业文化的主要内容

企业文化的内容很丰富，主要有：

（1）企业环境。它是指企业所处的外部环境和内部环境。其中包括企业的所有制性质、行业经营方向、市场机制的作用、集权与分权的程度、企业内部的文化设施等。不同的企业环境有不同的企业文化特色。

（2）企业精神。它是指在生产经营活动过程中逐渐形成的，建立在共同的信念和价值观基础上，为企业职工所认可和接受的一种群体意识，是企业职工团结奋斗的凝聚剂，代表着企业职工的精神风貌。例如在20世纪60年代，人们一提到“大庆精神”，就会想到“三老四严”、“四个一样”的行为标准。现在许多企业都根据自身的实际情况，提出自己的企业精神，如“求实、进取、创新”精神，“团结、求实、拼搏、振兴”精神，等等。企业精神渗透在企业目标、经营方针、职业道德、人事关系中，反映在厂风、厂纪、厂容、厂誉上，是企业素质的综合性反映。

（3）企业价值观。它是指企业中人们共同的价值观念。它是企业文化的核心，是企业对周围客观事物的意义、重要性的总评价和总的看法。如果企业全体职工对某个重大经营决策能达成共识，就将使企业每个职工的行动导向一致的标准。根据经验总结，成功的企业都十分重视培育共同的价值观念。其内容包括：向顾客提供优质产品和服务；注重发挥职工的主动性和创造性；培养热爱国家和集体、热爱本职工作的精神；强调职工之间相互沟通和协作。

（4）企业文化的中心是以人为主体的人本文化。人是整个企业最宝贵的资源和财富，也是企业活动的中心和主旋律，因此企业只有充分重视人的价值，充分调动人的积极性，发挥人的主观能动性，努力提高企业全体成员的社会责任感和使命感，使企业和成员成为真正的命运共同体和利益共同体，才能不断增强企业的内在活力和实现企业的既定目标。

（5）经营哲学。它是在生产经营活动过程中表现出来的观念和思想意识。其具体包括企业的战略观念、竞争观念、效益观念、用人观念、开拓创新观念、风险观念和系统观念等。

（6）企业制度。它是在企业生产和管理活动中形成的，带有强制性的，既有权利又有义务的一系列规定；同时也是保证企业目标实现的有力措施和手段。它包括企业的厂规、厂法等一切规章制度和技术操作规程、工作标准等。企业制度作为职工行为举止的规范模式，能够保证广大职工思想行为的正确方向和企业发展的和谐与协调，使企业有秩序地组织起来，为实现企业目标产生最大的功效。

（7）企业形象。它是指社会公众和企业职工对企业的整体印象和评价。它是企业文化对外界公众的直接表现，体现着企业的声誉，反映社会对企业的认可程度。例如顾客对产品质量的认可，社会公众对企业标记、产品商标、产品包装的认识等都可以反映出社会公众对企业产生的直接感受。良好的企业形象，对内可以使职工产生强烈的凝聚力，对外可以使公众理解和体会到企业的内在精神和深层文化，使职工和社会公众对企业产生信心和信赖感。

（8）文化形式与文化网络。文化形式主要指一些文化活动的方式和文化手段。企业通过一定的活动方式，使企业的价值观和行为准则渗透到每个职工的思想意识中，使之成为整个企业的准则规范。如通过对模范人物和先进事迹的表彰，发挥他们的示范作用，使每个职工都以他们为榜样，逐渐形成积极进取的风尚。

文化网络是指信息传播的非正式渠道。在人与人之间的交往中，团结、协作、友善、和谐的关系，对形成企业文化起着重要的作用。例如在传播价值观和宣传模范人物形象时，它要比正式渠道所做的正面宣传教育工作更容易被人们接受，有些作用甚至是正式组织所不能代替的。

1.4.5 企业文化建设

社会主义市场经济的发展，会给每个企业带来发展机会，同时也带来挑战。企业文化建设既要继承和发扬企业文化中的优良传统，更要更新观念。特别是在经营哲学、价值观念、社会责任等方面要适应社会主义市场经济的要求。

企业文化建设是一个长期的动态过程，不能急于求成，也不能照搬别人的模式，必须有步骤、有目标、分阶段地进行。一般来说，需要经过提出、培育、评价、提炼和追踪反馈五个阶段，在这五个阶段的工作中不断循环，逐步提高。

（1）提出阶段。在企业文化建设的提出阶段，首先应全面收集资料，通过对厂史、厂情的正式与非正式组织调查，摸清企业自创建以来已形成了什么样的传统作风和行为模式，以及有什么特点，在现有企业文化中哪些是积极向上而应该发扬的。在调查分析的基础上，根据企业的经营特点，发动广大职工参与企业文化的设计，通过各种方案的比较、融合、提炼，集企业职工的信念、意识、行为准则、共同理想、企业目标、社会责任、道德风尚为一体，提出有特色的企业文化建设目标。这个目标应既有继承性，又具有时代性，能使全体职工树立起良好的价值观念，在企业内部形成团结、和谐的氛围。

（2）培育阶段。在这个阶段首先应将确立的企业文化建设目标具体化，层层分解，落实到党、政、工、团以及厂部、车间、科室、班组等各个管理层次，使全体员工都有统一的目标和明确的分工，通过共同努力，实现已定目标。接着，通过各种企业文化活动，大力提倡和传播企业文化，使新的观念不断深入人心。同时，用各种方法把企业目标渗透到企业管理的全过程，使之形成制度、守则等。久而久之，约定俗成，为广大职工所认同和接受。

（3）评价阶段。这主要是在执行已定的企业文化建设目标的过程中，检查目标的贯彻执行情况，分析并评价取得的成效，找出不适合本企业特点的方面。

例如企业文化建设目标提出以后，是否激发了职工的潜能和积极性，厂风、厂纪、厂誉、厂貌是否得到改善和提高。

（4）提炼阶段。这是企业文化建设目标方案实施后的提高阶段。企业在用新的价值观念指导实践的过程中，把那些行之有效的、为全体职工所接受的企业文化加以确定，进一步把感性认识上升为理性认识，并用简明易懂、鼓舞人心的语言表达出来，使它变为全体员工的观念，不断提高企业文化的层次。

（5）追踪反馈阶段。企业文化具有相对的稳定性，但随着环境的变化，企业文化应有不同的具体内容。因此，企业文化也应不断充实、丰富和提高，对某些不符合环境要求的内容进行调整，使企业文化在发展过程中不断优化，从而进入新一轮的循环。

建设优秀的企业文化是我国企业管理中的一项重要任务。但是，人们对它的认识和实践还需要一个过程。结合我国国情，在改革开放的形势下建设有中国特色的社会主义企业文化的任务是艰巨的，有待于进一步的研究与实践。

1.4.6 企业形象

企业形象是企业文化建设的一项重要内容，企业形象的确立与企业文化的其他各个组成部分密切相关。在市场经济条件下，企业形象对企业的生存和发展具有重大的影响。因此，企业文化建设必须重视企业形象的塑造。

1. 企业形象的作用

塑造良好的企业形象是一种群众性的工作，不仅企业领导要重视，还需要全体职工的共同努力。必须用一个共同的行为准则来约束、支配全体职工的行为。不然，个别职工行为上的过失可能会严重损害企业形象。成功的企业形象的塑造，在企业发展中有着重要的作用。总的来说，良好的企业形象使公众充分信赖企业，从而为企业提供发展机会。在企业内部则可以使职工产生同舟共济、团结进取的精神，充分调动其工作积极性。其具体表现在：

（1）创造消费信心。一个好的企业形象，会给消费者创造一种“信得过”的消费信心。在现实生活中，企业的知名度越高，销售产品就越容易，销售量也就越大。名牌产品顾客都会买得放心。因此，良好的企业形象在企业外部会产生良好的社会效应，是一种无形的财富。

（2）激发全体职工的自豪感和责任感，提高全体职工的工作积极性。这是企业形象在企业内部产生的激励作用。

（3）受到社会各方面的大力支持。企业具有良好的企业形象，不但消费者“信得过”，同时还会受到政府有关部门和人士的赞赏和支持，如财政、金融和工商行政管理部门对企业的信任和支持，同时也较容易吸收各种专业人才。

2. 企业形象的确立

对于不同行业的企业，影响企业形象的主要因素是不同的。如在食品行业，良好的企业形象在于表达安全、卫生、信任感、经营规模和技术等因素；在服务行业，能很好地向公众传递良好的服务质量、现代化时尚、清洁程度等，会有利于树立良好的形象。总的来说，企业形象的确立主要包括下列内容：

（1）企业形象特色的确立。企业形象要在顾客和广大社会公众心目中树立起来，总的来说，要靠企业价值观、企业经营哲学、精神风貌和整个企业文化体系的整体功能。但是留给公众的第一印象是非常重要的。

（2）企业价值观念的确立。在企业文化建设中，企业价值观是核心。企业在公众中树立良好的企业形象，应把注意力集中在提高企业知名度和卓越价值的追求上。现在许多企业都注意培育独立的企业精神，如通过赞助、支持残疾慈善事业等来提高企业知名度。

（3）企业形象体系的确立。确立企业形象体系，包括企业文化各个方面的形象，从价值观、企业精神、经营哲学等深层的内涵到企业制度、行为规范、文化活动等，一直到企业名称、厂牌商标、广告、包装、徽标、厂旗、厂服、厂歌等，都涉及企业形象问题。因此，企业形象体系的确立要求全面、统一、有序。这有助于提高企业在各方面的声誉。

（4）产品优势的确立。在产品方面，包括产品价格、质量、售后服务、产品计量等，有优势的企业会给公众留下良好的企业形象。因此，确立良好的企业形象，应善于发挥产品优势。

（5）企业领导者的形象。企业领导者的声望及其形象代表着企业形象。所以在确立企业形象的过程中，也应注意领导者的形象。例如某厂长或经理在社会上名声好、信誉好、知名度高，企业的知名度也会高。

本章小结

本章根据现代企业的不同特点，把企业划分为许多不同的类型，并阐述了企业的资源和企业的特征。现代企业管理必须根据它们的特点，按照客观规律的要求，采用科学的方法进行管理，才能达到预期的效果。

企业管理是对企业生产经营活动所进行的计划、组织、指挥、监督、调节、激励与创新工作，企业管理是社会化大生产的客观要求。从理论上说，企业管理的性质具有二重性，即一方面具有与生产力、社会化大生产相联系的自然属性，另一方面具有与生产关系、社会制度相联系的社会属性。这个原理指出先进科学的管理技术和管理方法是属于自然属性的范畴，没有国界和民族之分，我们应该借鉴和吸收，但是，应与我国国情相结合，进行管理创新，不断提高我国企业管理水平。现代企业管理具有合理组织生产力和维护生产关系两个基本职能。具体职能有不同的划分，本章按 8 个职能来分析，即决策、计划、组织、指挥、监督、调节、激励与创新职能。

企业管理的基础工作是为实现企业目标和管理职能提供资料依据、共同准则、基本手段、前提条件的必不可少的工作。加强企业管理必须从基础工作做起。企业管理基础工作主要包括标准化工作、定额工作、信息工作、计量工作、以责任制为核心的规章制度和基础教育等。

在现代企业经营管理中，企业文化越来越受到人们的重视。关于企业文化的概念，国内外专家学者有许多提法。本章对企业文化只作了简要的介绍，并指出了企业文化的特点。企业文化的主要内容包括企业环境、企业精神、企业价值观、经营哲学、企业制度、企业形象、文化形式与文化网络以及企业文化的中心是以人为主体的人本文化等。最后，本章提出企业要加强企业文化建设，建设优秀企业文化是我国企业管理的一项重要任务。

复习思考题

1. 怎样理解企业的概念？企业有哪些类型？它们有何特点？
2. 如何理解企业管理的性质和职能？管理的具体职能包括哪些内容？
3. 为什么要加强企业管理的基础工作？
4. 现代企业拥有哪些资源？你对各项资源的内涵有何看法？
5. 企业文化的基本内容和特点有哪些？

案例分析

重新设计奥特肯公司的每一件事

在 20 世纪 70 年代，助听器技术和市场都很稳定。奥特肯是助听器市场的全球领导者，是世界上最大的供应商。但是当助听器技术和市场向小型化转变时，奥特肯错过了机会。在 80 年代中期，该公司失去了市场领先地位并几近破产。一位新首席执行官走马上任，采取降低成本、重组机构等办法来“止血”，但仍不能使公司回到技术和营销的正确轨道上来，公司为确保“不再错过又一次市场变革”的机会，1990 年聘请托本·彼得森接替了他。

为使公司以最先进、最好的助听技术重新回到全球市场的第一位，彼得森重新设计了每一件事，保证他的“知识型组织”的每一部分能保持与快速变革中的全球环境同步：为改善组织运营的协同功能，他摒除了原职能组织结构，创设了若干多功能小组，负责从开发新产品到向客户销货的一切事务；为改善执行官之间的交流阻碍，他把公司搬入一座没有办公室的具有新的“开放概念”的建筑中，连他自己也不例外，并利用“随时的、如水冷却器般频繁的会议”来激发新思想的创造性火花；为减少过多、过滥的文件，他扔掉了档案柜和书柜，创造了相互作用并能够广布于全公司的数据库，以保持处理那些未分类、未加工的信息的能力；为保持雇员的热情，从而奉献出他们的潜能，并留下那些有价值但技能已经过时的人，他给每个人分配了两份工作——80%的时间用于一项职责，20%用在完全不同的另一项职责——并且坚持经常实行工作岗位变换。

经过努力，奥特肯以其在30个国家拥有17 000名员工和2亿美元收入的业绩，又一次在技术、顾客满意度和市场份额（大约15%）上在世界领先。

（资料来源：程国平，刁兆峰．管理学原理．武汉：武汉理工大学出版社，2003）

思考分析

1. 通过阅读奥特肯公司“重新设计公司的每一件事”，你受到了哪些启发？
2. 彼得森为奥特肯公司带来了什么？他的主要思想和手段是什么？

2

现代企业制度和企业管理组织

本章要求

- □ 正确理解现代企业制度和企业管理组织的概念
- □ 了解现代企业制度的基本内容
- □ 掌握公司治理结构的内涵和具体内容
- □ 明确建立现代企业制度的基本要求
- □ 掌握现代企业管理组织结构的基本模式

2.1 我国国有企业领导制度的沿革

2.1.1 我国国有企业领导制度的发展历程

企业领导制度和管理组织是企业生产经营活动正常进行的根本保证。领导制度是关于企业领导原则、体制和领导权限的总称，其核心内容是解决企业内部领导层各方面的职责和权限关系。管理组织是从总体上建立企业的管理层次和内部结构，设立合理的组织机构。企业领导制度和管理组织是企业管理中相互依存的两个重要方面。

新中国成立初期，在国营工业企业中建立工厂委员会和职工代表会议制度。1953年，我国学习苏联的工业管理制度，在一部分企业先后推行“一长制”。1956年，在党的第八次全国代表大会上，决定在企业中实行党委领导下的厂长（经理）负责制，1957年党的八届三中全会又决定实行党委领导的职工代表大会制，并把它作为群众参加企业管理和监督行政的权力机关。1961年，党中央颁发了《国营工业企业工作条例（草案）》（简称“工业七十条”），第一次以条例的形式把上述两个制度肯定下来，并具体规定了企业党委的主要任务、厂长的职责和权限等。“文革”期间实行革命委员会制度。粉碎“四人帮”以后，对企业管理工作进行了恢复和整顿，取消了革命委员会，恢复了党委领导下的厂长负责制和党委领导下的职工代表大会制。

1981年，在总结了多年经验的基础上，制定了我国工业企业领导制度应遵循的根本原则，即党集体领导、职工民主管理、厂长行政指挥。以后，党中央和国务院又颁发了《国营工业企业职工代表大会暂行条例》、《国营工厂厂长工作暂行条例》和《中国共产党工业企业基层组织工作条例》。这3个条例的贯彻执行，对建立企业的正常生产秩序，推动企业各项工作都起了一定的作用。但是，党委领导下的厂长负责制将党政领导统为一体，厂长对企业的生产经营活动无法负责，决策缓慢，工作效率低，不能适应经济体制改革的要求。为了适应现代企业的生产技术特点和实现管理现代化，需要建立统一的、强有力的、高效率的生产指挥和经营管理系统。1984年党中央经过调查研究，听取意见，决定在国营工业企业中实行厂长（经理）负责制的试点。

1986年9月，中共中央、国务院颁发了《全民所有制工业企业厂长工作条例》、《中国共产党全民所有制工业企业基层组织工作条例》和《全民所有制工业企业职工代表大会条例》。这是我国企业领导体制的重大改革。1988年，这3个条例的主要内容写进了我国《全民所有制工业企业法》，以法律形式把我国全民所有制企业领导制度确定为厂长（经理）负责制。1992年7月，国务院根据

《全民所有制工业企业法》制定并颁布了《全民所有制工业企业转换经营机制条例》，进一步明确坚持和完善厂长（经理）负责制。

1993年12月，我国通过了第一部《公司法》，在法律上确立了公司的地位。随着我国经济体制改革的深入，按照党的十四届三中全会的要求，建立市场经济体制。至此，我国国有企业改革就按建立“现代企业制度”的既定方向进行，逐步实现企业制度创新。有关内容将在本章第二节详述。

2.1.2 厂长（经理）负责制

根据《全民所有制工业企业法》的规定，在全民所有制企业中，实行厂长（经理）负责制。在1992年7月颁布的《全民所有制工业企业转换经营机制条例》中，对厂长（经理）负责制作了进一步的肯定。所谓厂长（经理）负责制，是指企业的生产指挥和经营管理工作由厂长（经理）统一领导、全面负责，厂长（经理）依法行使职权，受法律保护。

实行厂长（经理）负责制是社会化大生产的客观要求。现代企业分工细密，生产具有高度的连续性，技术要求严格，协作关系复杂，必须建立统一的、强有力的、高效率的生产指挥系统和经营系统。只有实行厂长（经理）负责制，才能够适应这种要求。它也是社会主义建立市场经济以及健全企业经济责任制的要求，是适应当时的情况而提出来的。

当时在实行厂长（经理）负责制的企业里，建立以厂长（经理）为首的生产经营管理系统，厂长（经理）在企业中处于中心地位，对企业的物质文明建设和精神文明建设负有全面责任。厂长（经理）领导企业的生产经营管理工作，其职责和权限必须明确。

厂长（经理）的职责是：①根据国家计划和市场需求，结合任期责任目标，提出企业的年度经营目标和发展方向，经管理委员会讨论和职工代表大会审议后组织实施。②保证完成国家计划，组织实施国家下达给企业的各项任务，严格履行经济合同。③注重市场信息，不断开发新产品，降低成本和费用，增强企业的应变、竞争能力。④严格质量管理，保证产品质量达到国家规定的标准或合同要求。⑤采取切实措施推进企业的技术进步和现代化管理，提高企业的经济效益，增强企业的自我改造和自我发展的能力。⑥不断地改善企业的劳动条件，重视安全生产，搞好环境保护。在提高经济效益的基础上，逐步改善职工的物质文化生活条件。⑦进行智力投资和人才开发，加强对职工的思想、文化、业务教育。开展技术革新，支持合理化建议。⑧按法律、法规规定，保障企业职工代表大会和工会行使其职权。

厂长（经理）的权限是：①决策权。企业生产经营、行政管理工作中的重大问题，均由厂长（经理）作出决策，并对决策后果负责。②指挥权。厂长

（经理）对企业的生产经营和行政工作实行集中统一指挥，对企业人、财、物进行统一调度、使用和处理。③任免权。厂长（经理）有权提出任免副厂长等厂级行政干部名单，并对中层行政干部进行任免、聘用、管理和考核。④奖惩权。厂长（经理）有权按国家规定对职工进行奖惩。对有特殊贡献的职工可按规定予以晋级。对违纪职工，有权予以行政处分，直至辞退。⑤厂长（经理）有权拒绝企业外部任何组织和个人抽调、借用企业人员，无偿占用企业的资金和物资，对企业摊派劳务、费用等。

2.1.3 职工民主管理

职工民主管理就是在企业中坚持社会主义民主，保障全体职工充分行使管理企业的权利，并能以各种方式参与管理工作，使职工群众真正成为企业的主人。

企业职工参加民主管理，这是由社会主义生产关系决定的。社会主义企业生产资料公有制的建立，使企业职工既是劳动者，又是企业的主人。企业中人与人之间的关系是平等的同志式的关系，他们有权参与管理企业。国家保障职工的主人翁地位，职工的合法相对权益受法律保护。

企业实行厂长（经理）负责制的同时，必须建立和健全职工代表大会制。职工代表大会是企业实行民主管理的基本形式，是职工行使民主管理权力的机构。职工代表大会接受党的基层委员会的思想政治领导，贯彻执行党的方针、政策，正确处理国家、企业和职工三者之间的利益关系，在法律规定的范围内行使职权。职工代表大会应积极支持厂长（经理）行使经营管理决策和统一指挥生产活动的职权。

职工代表大会的职权是：①听取和审议厂长（经理）关于企业的经营方针、长远规划、年度计划、基本建设方案、重大技术改造方案、职工培训计划、留用资金分配和使用方案、承包和租赁经营责任方案的报告，提出意见和建议。②审查同意或者否决企业的工资调整方案、奖金分配方案、劳动保护措施、奖惩方法以及其他重要的规章制度。③审议决定职工福利基金使用方案以及其他有关职工生活福利的重大事项。④评议、监督企业各级行政领导干部，提出奖惩和任免的建议。⑤根据政府主管部门的决定选举厂长（经理），报政府主管部门批准。

职工代表大会的工作机构是企业的工会委员会。该委员会负责职工代表大会的日常工作，组织职工参加民主管理和民主监督。

2.1.4 企业党组织的工作

企业中的党组织要积极支持厂长（经理）行使统一指挥生产经营活动的职权，保证、监督党和国家各项方针政策的贯彻执行，加强对企业中党的思想建设和组织建设，加强对企业工会、共青团组织的领导，做好思想政治工作。

保证和监督是企业党委的重要职责。党委应把保证和监督贯穿于企业经济活动的全过程。其主要内容是：企业生产经营的社会主义方向；企业职工充分享有民主权利；企业正确处理好国家、企业和职工三者的利益关系；企业遵纪守法，维护国家利益和企业的合法权益；企业和厂长（经理）正确执行党的各项方针、政策。

党委进行保证和监督的主要方法有：组织党员、干部认真学习党和国家的方针、政策、法规；定期听取厂长（经理）的工作报告，并提出意见和建议；加强纪律检查；健全党的组织生活制度，开展批评和自我批评等。

我国企业领导制度的演变是适应经济与社会发展需要进行的。从20世纪50年代建立计划经济体制，到改革开放，建立市场经济体制，进行制度创新，这些都是为了促进企业生产发展，提高经济效益，对加速国民经济的发展有重要意义。进入21世纪，我国社会主义市经济体制已初步建立，国有企业改革已取得阶段性成果。但是，建立现代企业制度还需要不断深化和完善。

2.2 现代企业制度

党的十四届三中全会通过的《关于建立社会主义市场经济体制若干问题的决议》指出："以公有制为主体的现代企业制度是社会主义市场经济的基础"，"建立现代企业制度，是发展社会化大生产和市场经济的必然要求，是我国国有企业改革的方向"。现代企业制度的提出，标志着我国国有企业改革由放权让利为主要内容的改革，转变为以理顺产权关系为重要内容的制度的建立。因此，建立现代企业制度，在我国社会主义市场经济建立过程中，特别是为国有大中型企业的改革指明了方向，对转换经营机制有着重要的促进作用。

2.2.1 现代企业制度的概念与特征

1. 现代企业制度的概念

现代企业制度是指在市场经济条件下，以规范和完善的法人制度为主体，以有限责任制度为核心，以股份有限公司为重点的产权清晰、权责明确、政企分开、管理科学的现代公司制度。它是为适应我国企业制度创新的需要而提出来的特定概念，是企业制度的现代形式。

现代企业制度包括以下几层含义：第一，现代企业制度是企业制度的现代形式。企业制度不断发展变化，它是从原始企业制度发展而来的，是市场经济及社会化大生产发展到一定阶段的产物。第二，现代企业制度是由若干具体制度相互联系而构成的系统，是一种制度体系，它是由现代企业法人制度、现代企业产权制度、现代企业组织领导制度、现代企业管理制度等有机结合的统一体。第三，企业法人制度是现代企业制度的基础，是企业产权的人格化。企业作为法人，有其独立的民事权利能力和民事行为能力，是独立享受民事权利和承担民事义务的主体。规范和完善的法人企业享有充分的经营自主权，并以其全部财产对其债务承担责任，而终极所有者对企业债务责任的承担仅以其出资额为限。因而在此基础上产生了有限责任制度。我们强调建立现代企业制度，转换国有企业经营机制，实质内容之一就是在我国确立规范、完善的现代企业法人制度，使国有企业成为自主经营、自负盈亏、自我约束、自我发展的市场竞争主体，使作为终极所有者的国家承担有限责任。第四，产权制度是现代企业制度的核心。构成产权的要素有所有权、占有权、处置权和收益权等，现代企业制度是以终极所有权和法人财产权的分离为前提的。现代企业产权制度就是企业法人财产权制度。在此制度下，终极所有权的实现形式主要是参与企业的重大决策，获得收益；法人企业则享有其财产的占有权、处置权等。这也是建立现代企业制度去改造我国国有企业的核心所在。因为只有建立现代企业产权制度，才能使国家公共权力与法人企业民事权利分离开来，才能使国家所有权与法人企业财产分离开来，做到真正的政企分开。第五，现代企业制度以公司制为主要组织形式。当然，公司制是一种现代的企业组织形式，是现代企业制度的一项组成内容，而不是唯一的内容。我国建立现代企业制度主要是针对我国国有企业改革的问题而提出来的。对于国有企业改革而言，主要是应该建立现代公司制度。现代公司制度主要是指股份有限公司和有限责任公司，但也不是说建立了公司制就是建成了现代企业制度，因为它还有其他丰富的内容，而且股份有限公司和有限责任公司只是现代企业制度公司制的典型代表，不能否定其他有效的形式。

2. 现代企业制度的特征

现代企业制度的基本特征概括起来就是产权明晰、权责明确、政企分开、管理科学。

（1）产权明晰。产权明晰是指产权概念清晰，产权边界清晰。首先，要明确企业资产出资者的权利和责任，明确企业与其所有者之间的基本财产关系，理顺企业的产权关系。企业中的国有资产属全民所有，也即国家所有，由代表国有资产所有者的政府所授权的有关机构作为投资主体，对经营性国有资产进行配置和运用，作为企业中国有资产的出资人，依法享有出资者权益，并以出资额为限对企业承担有限责任。其次，要有所有权与经营权科学分离的体制，建立经营权对所有权负责的体制，建立所有权对经营权监督、约束的体制。

（2）权责明确。权责明确是指出资者与企业法人之间的权益、责任关系明确，并用法律和经营制度来保障。一方面，要求企业法人依法自主经营、自负盈亏，以独立的法人财产对其经营活动负责，以其全部资产对企业的债务承担责任。同时，企业法人行使法人财产权，要受到出资者所有权的约束和限制，必须依法维护出资者的权益，对所有者承担资产保值增值的责任。另一方面，又要保证出资者按照投入企业的资本额享有所有者的权益，即出资者的所有权表现为以所有者的身份享有资产收益权。同时，还应明确企业内部所有者、经营者以及生产者的义务和责任，使这些利益主体之间关系分明，利益分配合理，既相互制衡，又协同一致。

(3) 政企分开。政企分开是指政府、企业职责分开，职能到位。政府、企业职责分开是指政府的社会经济管理职能应与其国有资产所有者的职能分开，将国有资产的管理职能和运营职能分开，建立国有资产的运营与管理体系。企业作为市场活动的主体，要按照价值规律、市场经济规律的要求，自主组织生产和经营。职能到位则是指要改变政府办企业、企业办社会的管理方式，把企业目前承担的社会职能分离出来，改由政府和社会组织来承担；政府对国家经济具有宏观管理职能，但不能对企业生产经营活动进行直接干预，而只能通过经济手段、法律手段及发挥中介组织的作用，对企业的生产经营活动进行调节、引导、服务和监督；政府与企业之间不存在上下级关系，企业不存在行政级别，企业管理人员也不享受公务员待遇。

(4) 管理科学。管理科学是指在科学的管理思想和管理理念指导下，建立科学、完整的组织结构，并通过规范组织制度，使企业权力机构、决策机构、执行机构和监督机构之间职责明确，并形成相互制约的关系。从社会化大生产的要求来看，社会内部应具有科学的职能管理和岗位管理制度。职能管理的内容很多，涉及生产力方面的，主要有计划管理、生产管理、质量管理、设备管理、物流管理等；涉及生产关系方面的，主要有劳动人事制度、现代企业财会制度、企业领导制度等。岗位管理制度是为保证各个工作岗位有条不紊地进行工作，有利于提高劳动生产率的各种规章制度。科学的企业内部管理制度能使出资者、经营者和生产者的积极性都得以调动，行为都受到约束，利益都得到保障，做到出资者放心、经营者精心、生产者用心，使企业协调地、和谐地不断向前发展。

2.2.2 现代企业的公司治理结构

1. 公司治理结构的内涵

现代企业所有权与经营权分离的特点，要求在所有者与经营者之间形成一种相互制衡的机制，依靠这套机制对企业进行管理和控制，这套机制被称为公司治理结构，又称为法人治理结构，也是企业领导制度。这是指企业工作机构的设置和企业最高权力的划分、归属、制衡和运行制度，也就是说，企业有哪些最高权力，每一种权力由谁掌管，向谁负责，如何行使以及各种权力之间的相互关系。

具体来说，公司治理结构是有关所有者、董事会和高级经理人员（执行者）

以及其他利益相关者之间权利分配和制衡关系的一种制度安排，表现为明确界定股东大会、董事会、监事会和经理人员职责和功能的一种企业组织结构。公司治理结构其实是企业所有权安排的具体化，是有关公司控制权和剩余索取权分配的一整套法律、制度性安排，这些安排决定了公司的目标、行为，决定了在公司的利益相关者中在什么状态下由谁来实施控制、如何控制、风险和收益如何分配等有关公司生存和发展的一系列重大问题。所以说它是现代公司运行和管理的基础，在很大限度上决定了企业的效率。良好的公司治理结构可以激励董事会和经理层通过更有效地利用资源去实现那些符合公司和股东利益的奋斗目标。

公司治理结构的要求标准是：首先要给经营者足够的控制权，自由经营管理公司，发挥其才能；其次要完善激励与约束机制，保证经营者能从股东利益出发，而不是从个人利益出发来行使权力；再次要保证股东自由买卖股票的权利，使股东充分独立于职业企业家，给投资者流动性的权利，充分发挥开放公司的关键性优势。当然这些标准在实际中很难完全实现，因为它们常常是相互冲突和矛盾的。而公司治理结构就是要在各利益相关者的权利和利益的矛盾中寻求动态平衡。

2. 公司治理结构的内容

（1）公司治理结构的组织形式。

公司治理结构坚持决策权、执行权、监督权三权分立的原则，由此形成了股东大会、董事会、监事会和经理层的“三会一层”的组织结构。如图2－1所示。

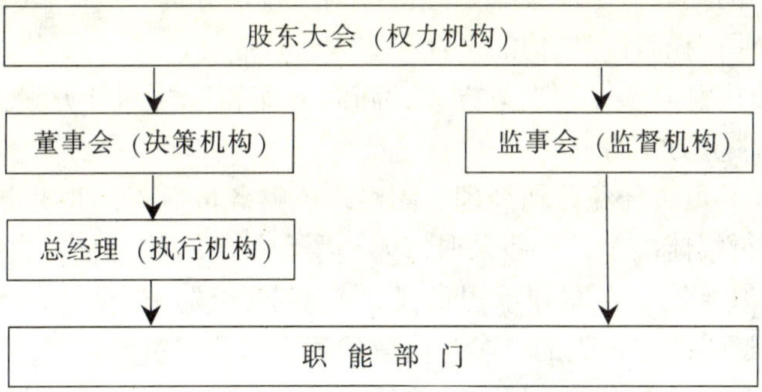

图2－1 公司治理结构的组织形式

（2）各机构的职责及其相互关系。

①股东大会。股东大会是公司的最高权力机构。国家授权投资的机构和国家授权的部门以及其他出资者，选派代表参加股东大会并依法行使权力。股东大会的职权有：

A. 人事权。公司的董事和监事由股东大会选举和更换，并且决定他们的报酬。

B. 重大事项决策权。如批准和修改公司章程，批准公司的财务预算、决策方案，决定公司的投资计划等。

C. 收益分配权。股东会批准公司的利润分配方案和亏损弥补方案。

D. 股东财产处置权。如公司增加或减少注册资本，公司的合并、分立、解散或破产清算等涉及股东财产的重大变动，需由股东大会作出决议。

股东大会从资产关系上对公司的董事会形成必要的制约。

②董事会。董事会是公司的经营决策机构。董事会对外代表公司，由公司董事组成。按照我国《公司法》规定，有限责任公司的董事会由3~13人组成，其中，国有独资公司的董事会由3~9人组成。股份有限公司的董事会由5~19人组成。董事人选通常由股东推荐，经股东大会选举产生。我国《公司法》还特别规定，国有独资公司、两个以上的国有企业或者其他两个以上投资主体设立的有限责任公司，其董事会成员中应当有公司职工代表，职工代表由公司职工民主选举产生。董事会设董事长1人，副董事长若干人。不同类型的公司，董事长、副董事长产生的办法不尽相同。如国有独资公司的董事长、副董事长由国家授权投资的机构或者国家授权的部门从董事会成员中指定；有限责任公司的董事长、副董事长的产生办法由公司章程规定；股份有限公司的董事长、副董事长由全体董事的过半数选举产生。

董事会对股东大会负责，执行股东会的决议。董事会的主要职权有：

A. 对公司的经营作出决策，如经营计划、投资方案等。

B. 决定公司内部管理机构的设置和基本管理制度。

C. 制订公司财务预算、决策方案，利润分配和亏损弥补方案，公司增减资本和发行公司债券方案等。

D. 人事权。负责任免公司经理、副经理、财务负责人，并决定其报酬。

董事会实行集体决策，一般采取每人一票和简单多数通过的原则。每个董事会成员对其投票要签字在案并承担责任。董事会决议违反法律、法规或公司章程，致使公司遭受严重损失的，参与决策的董事对公司负赔偿责任。但在表决时曾表明异议并有记录在案的，可免除责任。

③总经理。总经理依照公司章程和董事会授权，统一负责公司的日常生产经营和管理工作。总经理由董事会聘任或解聘，对董事会负责。总经理的职责有：

A. 组织实施董事会决议。

B. 组织实施公司年度经营计划和投资方案。

C. 人事权。总经理提请董事会聘任或解聘公司副总经理和财务负责人，直接聘任或解聘其他管理人员。

公司总经理可以从外部聘任，也可经公司董事会决定由董事成员兼任。

④监事会。监事会是公司的监督机构，成员一般不少于3人。监事会成员可由股东代表和一定比例的职工代表组成，职工代表由工会或职工民主选举产生。监事会的主要职责有：

A. 对公司董事、经理执行公司职务时违反法律、法规或公司章程的行为进行监督，防止他们滥用职权。发现其行为有损公司利益时，有权要求予以纠正，必要时可向股东大会报告，提议召开临时股东大会，采取解决办法。

B. 检查公司的财务。为保证监督的独立性，公司的董事、经理及财务负责人一律不得兼任监事。

综上所述，公司治理结构的相互关系是很密切的，它作为联结并规范所有者（股东）、支配者（董事）、经营管理者（经理）、监督者（监事）等相互权力和利益关系的制度安排，是为了处理好股东大会、董事会和经理层之间的关系，在股东大会、董事会和经理层三者之间应建立相互制衡的有效运行机制。股东大会对董事会是一种委托代理关系，董事会对总经理是一种授权经营关系，而监事会则代表股东对法人财产的受托人（董事会和总经理）实行监督，同时，他们又有各自不同的职权。有效治理结构可以保证企业权能在四者之间合理分配，形成权责分明、相互制衡、运行合理、管理科学的公司治理结构。

3. 公司治理结构的原则

在世界经济全球化迅速发展的情况下，国际企业的联合、重组、投资的范围和规模越来越大。为此，1999年5月由西方发达国家组成的经济合作与发展组织（OECD）通过了OECD公司治理原则：

（1）治理结构框架应保护股东权利。

（2）治理结构框架应确保所有股东，包括小股东和非国有股东受到平等对待。如果他们的权利受到损害，他们应有机会得到有效补偿。

（3）治理结构框架应确认利益相关者的合法权利，并且鼓励公司和利害相关者在创造效益和工作机会以及为保持企业良好财务状况方面积极地进行合作。

（4）治理结构框架应保证及时准确地披露与公司有关的任何重大问题，包括财务状况、所有权状况和公司治理状况的信息。

（5）治理结构框架应确保董事会对公司的战略性指导和对管理人员的有效监督，并确保董事会对公司的股东负责。

这些基本原则总结了状况良好的公司治理所必备的共同要素。

2.2.3 积极建立和不断完善现代企业制度

建立产权清晰、权责明确、政企分开、管理科学的现代企业制度是党的十四届三中全会提出来的目标，经过多年积极探索和实践，目前在大、中型国有企业建立现代企业制度已取得了重大进展，但还要不断完善、深化改革力度，不断更新观念、解放思想、勇于创新，使现代企业制度更加完善。

1. 更新旧观念、树立新观念

建立和完善现代企业制度是我国企业改革的方向，因此，在思想上要更新旧观念，树立新观念，勇于创新。

（1）树立用生产力标准作为衡量各项改革措施的标准。现代企业制度的建立，将使我国国有企业从原来的体制中解脱出来，转变成适应市场经济需要，能够在市场竞争中求生存、求发展的独立市场主体。在这个转变过程中，要求人们不能简单地或单一地用生产关系作为判断标准，而是大胆探索，突破影响生产力发展的体制性障碍，建立和完善现代企业制度。

（2）树立“吸收世界文明，共享人类精神财富”的观念。现代企业制度是市场经济和社会化大生产发展的结果，是人们在经济实践活动中总结出来的成果，具有科学性。在我们建立和完善社会主义市场经济体制、发展市场经济中，可以借鉴、吸收，为我所用。

2. 总结经验，进一步深化国有企业改革

（1）按照有关规定，健全责权统一、运转协调、有效制衡的公司法人治理结构。对国有大中型企业进行规范的公司制改革，对少数国家垄断经营的企业可改制为国有独资公司，而其他国有大中型企业将通过规范上市、中外合资、相互参股等形式，逐步改制为多元持股的有限责任公司或股份有限公司。

（2）建立分工明确的国有资产管理、经营和监督体制，使国有资产出资人尽快到位，授权有条件的国有企业或国有资产经营公司行使出资人职能，强化对国有资产经营主体的外部监督。

（3）深化企业内部改革，强化科学管理，建立健全行之有效的激励机制和约束机制。

3. 建立和完善现代企业制度必须积极推进配套改革

它包括进行宏观经济管理、市场体系、社会保障体系等方面的综合性的配套改革。

（1）政企职责分开。促进政府职能转变，是建立现代企业制度的关键。政府要从直接干预企业经营活动，转向运用经济手段、法律手段和必要的行政手段管理国民经济，制定经济和社会发展目标，引导企业实施产业政策。

（2）大力培育市场，建立完备的市场体系。它包括理顺价格关系，以法律、法规的形式规范各类市场的经营交易规则和程序，建立相应的市场管理、协调及监督组织，建立与完善产权交易市场、生产资料市场和劳动力市场。

（3）建立与完善社会保障体系，为企业深化改革和劳动力自主流动创造条件。比较完善的社会保险制度是实行现代企业制度的基础，因为只有建立统一的社会保障制度，才能突破各类不同产业、不同企业之间以及不同身份职工之间的界限，保证企业或职工之间的界限，保证企业或职工在同等外部条件下公平竞争。

2.3 企业管理组织

建立现代企业制度，首先要建立和健全企业管理组织机构，才能发挥管理的效能，保证企业预期目标的实现。

2.3.1 企业管理组织的概念

任何企业都拥有人、财、物、信息等资源，这些资源必须通过组织才能形成现实的生产力。企业组织就是为了有效地向社会提供产品或劳务，将企业资源按照一定的形式结合起来的社会系统。它一方面是劳动者和生产资料相结合形成的企业生产劳动组织；另一方面是企业管理组织。按照建立现代企业制度的要求，科学地、合理地设置组织机构，建立各种科学的管理制度。

2.3.2 企业管理组织的构成及作用

企业管理组织主要由管理人员、企业信息、管理规章制度及管理方法等构成。

（1）管理人员是管理组织中的主体。因此，人员的数量多少、素质高低和结合方式都对整个组织的效率产生决定性的影响。

（2）规章制度是组织行为的准则。在企业组织系统中，由于各个层次、环节以及岗位的不同，管理人员的能力、素质也有差异，就需要有一个大家共同遵守的准则，以便约束和规范组织成员的行为，使组织系统有秩序地协调运行。

（3）企业信息是管理的媒介，管理人员的活动是通过传递、交流信息来进行的。企业生产经营活动的安排、落实也是通过信息指令进行的，所以有人称其为管理组织的神经系统。尤其是现代企业与外界的联系很密切，及时搜集外部信息，进行决策和采取措施显得十分重要。

上述企业管理组织的各个构成要素结合为一个统一的整体，发挥组织的效能，为实现企业目标服务。

企业管理组织的作用，具体表现在以下几个方面：

（1）在确定企业目标、制订决策方案以及贯彻落实方案的过程中起重要作用。企业领导者是确定和实现目标的组织者和指挥者，对管理组织整体有很大的影响力。但是，在现代企业管理中，企业目标及决策的制定、实施都是以组织的力量、集体的智慧来体现的，领导者的作用与组织的作用融为一体。

(2) 合理组织生产力，实现企业目标的作用。为实现企业经营目标，管理组织必须运用各种管理方法对企业的人、财、物作出合理的安排和配置，在时间和空间上保持衔接平衡，以保证企业生产经营活动的顺利进行。

(3) 协调企业各个部门、各个环节的工作，使组织运行处于良性循环中。企业在供产销各个环节、各个部门之间，有时会出现脱节和不平衡的现象，管理组织的职能就是要及时发现和解决这些问题，以保证企业各部门工作的协调发展。

(4) 组织的凝聚作用。企业通过组织制度和激励措施，把分散的企业员工凝聚成一个整体，使全体员工都为一个共同的企业目标进行工作，使企业经济效益不断提高。

2.3.3 建立管理组织的原则

1. 统一领导、分级管理、权责明确的原则

统一领导与分级管理实际上是集权与分权的问题。贯彻这个原则，要求在建立企业的管理组织系统、组织机构设置时，在层次划分、横向部门的分割等方面，都要保证企业开展生产经营活动的命令、指挥的统一性。有关企业全局的管理应集中在企业最高管理部门，企业各个部门在最高管理部门领导下工作；分级管理是指企业内部各个部门在规定的范围内，处理与其工作有关的业务，并承担一定的责任。在整个管理组织系统中，以及在每个子系统中都要贯彻授权的原则，做到权责明确，更好地发挥下一级和下属人员的积极性。

2. 精简、高效、节约的原则

企业组织机构精简，主要体现为因事设职，因职设人。先要有事，然后才能设机构，再相应地进行人事安排。如果机构重叠、臃肿，必然人浮于事，办事拖沓。根据效益的原则建立组织机构，要求组织的运行既能提高办事效率，又能增加企业的经济收益。要做到高效益，组织必须有利于决策的信息传递。从这个意义上讲，管理层次较少的组织，更便于信息的传递。节约主要是指设置机构要注意节约费用开支。

3. 合理确定组织中管理幅度和管理层次的原则

管理层次是组织机构内部分设的自上而下或自下而上的机构层次。工商企业的管理层次按性质划分，一般有 3 个层次。如图2－2所示。

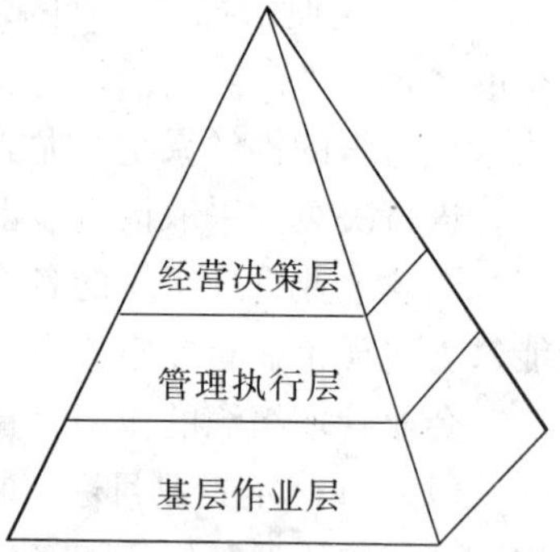

图2－2

在不同的管理层次中，其管理职能是不同

的：①经营决策层是组织的最高管理层，其主要的职责是对企业生产经营重大问题进行决策。如企业的总体目标、发展规划、整体战略、重大的人事和财务决策等。②管理执行层是企业的中层组织。它一方面贯彻执行决策层的意图，具体制订并实施经营决策的计划和措施，负责各项专业管理工作；另一方面对基层组织实行监督和考核。③基层作业层是组织机构的最下层，负责具体执行各项生产作业计划和管理业务，以实现企业的各项生产经营目标。

管理幅度是指一个领导者能够直接有效地指挥下属人员的数目。一般认为高层管理人员的管理幅度为 5 ~ 8 人。但是，在确定管理幅度时，要根据企业的具体情况而定。

在企业规模已定的情况下，管理层次与管理幅度是反方向变化的：管理幅度越小，管理层次越多；相反，管理幅度越大，管理层次越少。

合理确定组织中的管理幅度和层次，是设置组织机构的一个重要问题。它主要是由企业规模大小、生产技术过程不同所决定的。

有效管理幅度是一个变量，它受多种因素的影响。如工作性质、人员素质、授权程度以及组织健全程度等都对管理幅度有影响。

4. 专业分工、协调配合的原则

根据协调原则，建立组织机构要考虑整个企业组织系统各个层次、各个环节在分工基础上的紧密联系。在各个职能机构之间，应按业务性质不同进行合理分工，明确每个管理部门的权力和职责范围。既要使各个管理部门职能机构充分发挥专业管理作用，又要使企业各个部门之间能够相互协调、相互配合。特别是要重视党、政、工之间，生产部门和管理职能部门之间的协调。

2.3.4 现代企业组织结构和基本模式

建立企业管理组织首先是根据在市场经济条件下的竞争需要来设立，按照职责明确、结构合理、人员精干、权力与责任相适应、高效率等原则，依照《公司法》的规定，自主决定管理组织模式。下面重点介绍《公司法》规范下的几种组织形式。

1. 有限责任公司的组织结构

它是由股东会、董事会、监事会、总经理及总经理管辖下的各个职能机构和分部机构等构成的。若有限责任公司股东人数比较少或规模比较小，公司可不设董事会和监事会，只设 1 名执行董事和 1 ~ 2 名监事。该执行董事则为企业的法人代表。

有限责任公司的组织形式有参谋—产品制和职能制等。

（1）参谋—产品制。它适用于规模大、产品品种多的公司。它的结构如图 2 - 3所示。

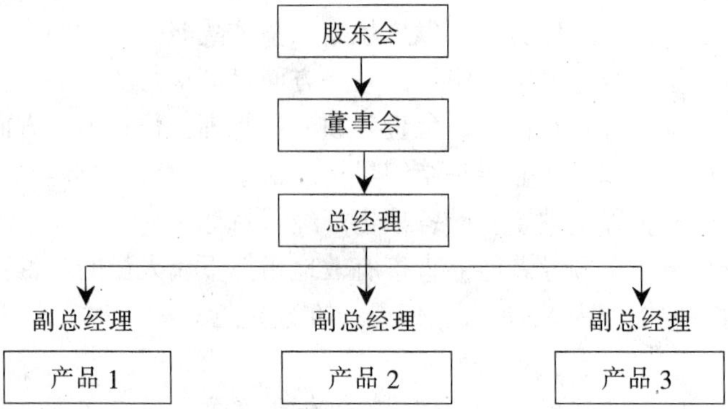

图 2－3

（2）职能制。它一般适用于规模小、产品品种较少的公司。它的结构如图 2－4所示。

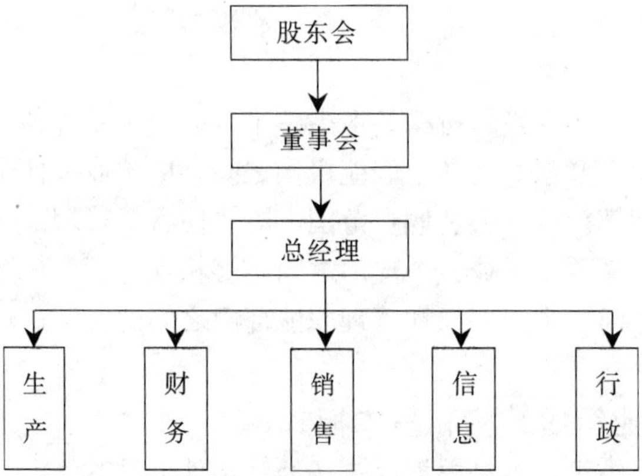

图 2－4

2. 股份有限公司的组织结构

股份有限公司的组织结构由股东会、董事会、总经理及总经理管辖下的各个职能机构和分部机构等构成。根据规模大小不同，股份有限公司的管理组织形式主要有事业部制和职能制。

事业部制是目前国内外大型企业普遍采用的一种组织形式。它的主要特点是公司内部按产品或地区不同建立事业部。各个事业部实行独立核算、自负盈亏。每个事业部有一个利润中心，对公司负有完成利润计划的责任，在经营管理上拥有很大的独立性，可以统管所属产品（或地区）的生产、销售、采购等全部活动。事业部制的结构如图 2－5 所示。

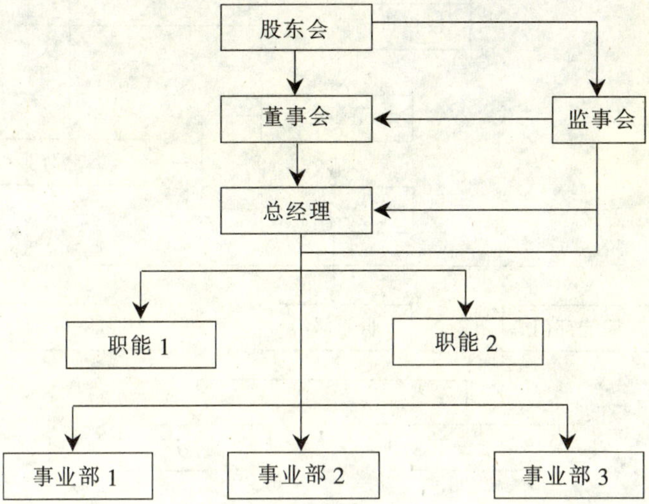

图 2－5

事业部制的优点是：有利于企业的最高领导层摆脱日常行政事务，集中力量搞好战略决策、长远规划和人才开发；有利于加强各事业部领导人的责任心，发挥其搞好本单位生产经营活动的积极性和主动性，从而提高管理工作的灵活性和对市场的适应性；有利于发展产品专业化。事业部制也有缺点，因为每一个事业部都是一个利润中心，所以各事业部较多地考虑各自的利益，从而影响事业部之间的协作。这种组织机构，一般适用于规模较大、产品种类较多、各种产品之间的工艺差别较大、市场广阔的企业。

3. 国有独资公司的组织结构

国有独资公司是由国家授权的投资机构或授权的部门代表国家行使国有资产的投资经营权，但是这些部门或机构本身不直接参与公司的生产经营，而只是通过委派董事和董事会以及董事会聘请的总经理来进行管理。因此，通常采用直线职能制和能起监督职能的参谋制的组织形式，即参谋直线职能制。它的结构如图 2－6 所示。

上述参谋直线职能制的优点是：由于直线领导，有利于公司集中控制，统一指挥；同时设置了参谋机构，又有助于避开因为公司高度集权而可能带来的风险。按照管理职能的划分设置职能机构，强调业务机构的专业化，有利于提高管理效率，但不利于进行公司的多元化经营，因为各职能部门的经理要同时具有许多不同行业的专业知识尚有困难。

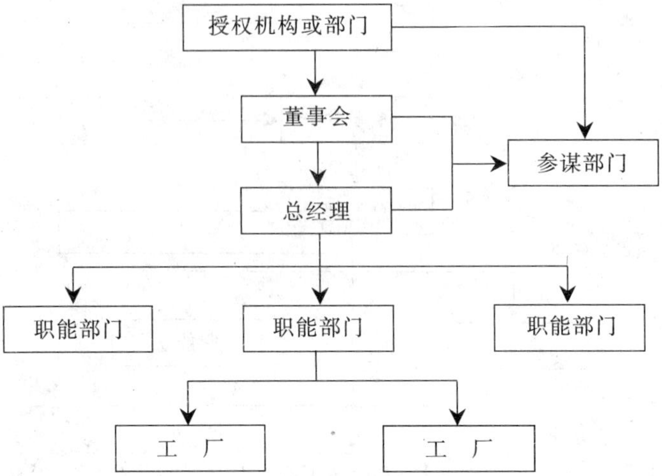

图 2-6

4. 矩阵组织形式

矩阵组织形式，也叫矩阵结构、规划目标结构。它的特点是：既有按管理职能设置的纵向组织系统，又有按规划目标（产品、工程项目）划分的横向组织系统。两者结合，形成一个“矩阵结构”。横向组织系统所需的工作人员从各职能部门抽调，他们既接受本职能部门的领导，又接受项目小组的领导，当项目完成后，项目小组便撤销，人员仍回原单位工作。矩阵结构如图 2-7 所示。上述矩阵结构适用于公司开发新产品或搞工程项目。

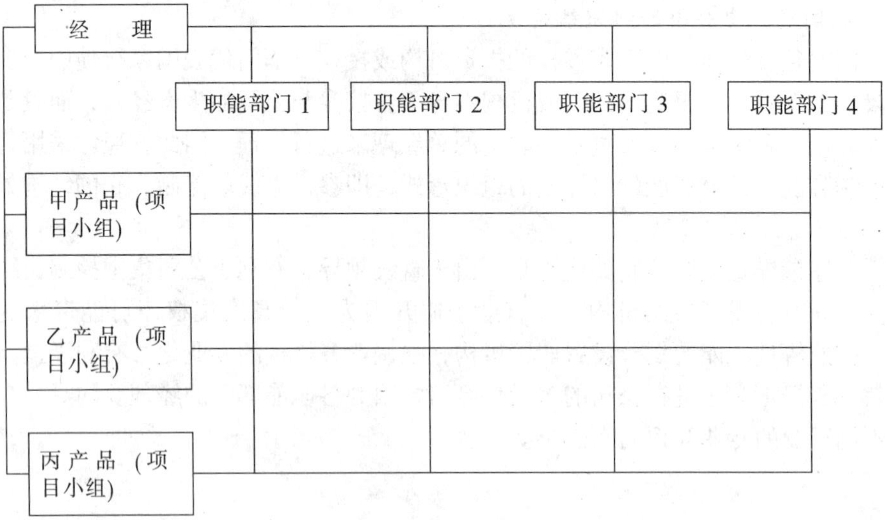

图 2-7

本章小结

我国企业领导制度经过多次改革，比较有影响的是根据企业法的规定在国有企业中实行厂长（经理）负责制。企业的生产指挥和经营管理工作由厂长（经理）统一领导，全面负责。实行这一制度的同时，还实行职工代表大会制并规定企业党组织的工作职责，以此来处理、协调厂长、基层党组织以及职工代表大会的关系。

为了适应市场经济体制的要求，党的十四届三中全会决议提出建立现代企业制度，并指出这是国有企业改革的方向。所谓现代企业制度，是指产权清晰、权责明确、政企分开、管理科学的现代公司制度。这个制度主要包括的内容是：现代企业的法人制度、现代企业财产组织形式和现代企业的治理结构（公司治理结构）。完善现代企业法人制度的主要内容是：确立法人财产权，理顺国家与企业的产权关系，实现出资者所有权和法人财产权分离。企业的组织形式按财产组织形式和所承担的法律责任来划分，基本上有三种形式，即独资企业、合伙企业、公司制企业。公司制企业是法人企业，它又可以分为有限责任公司、股份有限公司等。现代企业的治理结构是由股东大会、董事会、总经理、监事会构成的。上述各方面的内容构成现代企业制度体系。建立现代企业制度涉及企业改革的深层次问题，必须首先更新观念，加快各项改革配套措施的制定工作，进一步深化企业改革，逐步实现既定的目标。

在建立管理组织时，必须遵循以下原则：统一领导、分级管理、权责明确的原则，精简、高效、节约的原则，合理确定组织中管理幅度和管理层次的原则，专业分工、协调配合的原则等。企业设置组织机构应按《公司法》的规范来设置。企业可以根据自己公司所属的类型来加以选择应用。如参谋—产品制、职能制、事业部制、参谋直线职能制、矩阵结构等。

复习思考题

1. 你对我国企业领导制度沿革的认识怎样？
2. 现代企业制度的基本内容是什么？为什么要建立现代企业制度？
3. 现代企业制度有何特征？
4. 谈谈你对现代企业组织结构和基本模式的见解。
5. 管理幅度与管理层次的关系如何？

案例分析

松下事业部制的变革

从2003年4月1日开始，完成独资的松下（中国）正式运行，松下中国公司将由原来的事业支援性公司转变成地域统括性公司，也就是地域总部，松下中国公司将承担松下所有在华投资和投资回收的功能。而在此前不久，伴随松下几十年发展的事业部制也发生了巨大的变革。变革的导火线是2001年松下在全球市场爆出了36亿美元的纯亏损额，虽然以当时美国等国家IT泡沫的急速破灭、日本元器件出口受阻为背景，但人们还是毫不留情地把矛头指向了松下的管理体制——事业部制。

1933年松下电器在日本开始实行事业部制。1935年12月，40岁的松下幸之助曾这样解释自己的这种“神来之举”：“事业部制的优点是，大家都有责任意识、尽情发表个人创意，个人才智得到充分发挥。至于缺点，多少会出现独断独行的一面。”事业部制带来了松下早期的高速发展，1993年度松下电器销售额为613.85亿美元，居世界大工业公司第八位，居日本大工业公司第三位。

然而就在“光辉”的发展业绩的“指引”下，一个潜在的威胁却被忽略了。事业部不断扩张，当达到200多个事业部时，问题终于迸发出来。有专家指出，一位管理人员最多一次可以管理5~9个事业部，超出此范围就是力所不能及的，可以想象在松下200多个事业部体制中，管理层已经分化出了多少级别，这大大放缓了决策的速度。事实是，当1997年索尼平面电视已经在市场上火暴销售的时候，松下彩电事业部同类产品仍“待字闺中”，直到1998年5月松下才开始生产销售。机构臃肿庞大已经造成大笔资源不能共享、市场反应迟缓，实际上利润已被自己吃掉了一大块，以前的事业部制在此时反而成了障碍。

不仅如此，“内耗”已经是不可避免，各事业部实行独立核算，为了扩大各自的市场份额，彼此相互渗透，形成严重的事业重复等诸多弊端，而总部的作用也显得“力不从心”。当时在松下传真机有两个事业部。家庭传真机事业部见专业传真机销路不错，便研制出专业传真机进行生产和销售，而专业传真机事业部则反向推出了家庭传真机。松下电器（中国）有限公司总经理浅田隆司曾尖锐地指出：“这还只是部分，其实在松下所有类别的产品，几乎都有两个或多个事业部在运作。”

2000年6月，新上任的社长中村邦夫作了一个对松下具有革命意义的决定，宣布废除事业部制，从根本上否定了松下集团的原经营方式。松下电器下属的36个部门重新划分为4个业务分公司，即4个分社：AVC网络领域、家电产品领域、产业设备领域以及元器件领域。“事业部彻底重组，是要把200多个事业部的资源支配权收回来，交给4个分社统一控制，4个分社下辖共14个事业领域。”据松下一位管理人员介绍：“这种制度排除了集团内部的事业重复和竞争，14个事业领域构筑出自我完结型的开发、生产、销售、服务一体化的运营体制。这种庞大的系统改造工程对松下全球来说将是艰巨的。”

（资料来源：董华编写，参考资料为《中国经营报》2003年4月21日，F3版）

思考分析

1. 根据本案例分析事业部制的优缺点。
2. 松下公司对事业部制的变革说明了企业组织管理中的什么问题？
3. 企业发展战略与组织结构有何关系？
4. 松下公司在废除事业部制的过程中可能会遇到哪些问题？

3

企业战略管理

本章要求

- □ 理解企业战略的概念和特征
- □ 掌握企业战略管理的基本原则
- □ 理解企业战略的层次和体系
- □ 理解企业战略管理的过程
- □ 掌握企业战略环境分析
- □ 理解企业战略目标制定、战略实施和控制等基本内容
- □ 掌握各层次战略的制定
- □ 理解企业跨国经营战略的类型

3.1 企业战略管理概述

3.1.1 企业战略的概念

战略一词最初来源于希腊字“statgos”，军事术语，意思是“指导战争全局的方略”或“将军指挥军队的艺术和科学”。我国自古就有这一概念，它是指战争全局的筹划。我国的《孙子兵法》、《三国演义》等，便是世界著名的战略杰作。毛泽东同志在深刻论述中国革命战争的战略问题时，指出“战略问题是研究战争全局的规律性东西”，“凡属带有要照顾各方面和各阶段性质的，都是战争的全局，研究带全局性的战争指导规律，是战略学的任务”。

“战略”一词与企业联系在一起，最初出现在西方经营学名著《经理的职能》一书中，该书作者巴纳德（C. I. Bernad）说明了企业组织决策机制，从有关企业的各种要素中产生了“战略”因素的构想，但该词语并未得到广泛应用。自1965年美国经济学家安索夫（H. L. Anoff）著的《企业战略论》一书问世后，企业战略一词才广泛应用于社会、文化、教育和科技等领域。然而迄今为止，对战略的概念，不同的专家学者仍有不同的阐述。综合各专家学者对战略的概念，企业战略可以理解为：企业在市场经济竞争激烈的环境中，在总结历史经验、调查现状、预测未来的基础上，为谋求生存和发展而作出的长远性、全局性的谋划或方案。它是企业经营思想的体现，是一系列战略性决策的结果，又是制订中长期计划的依据。

在现代企业中，企业战略的重要性已被越来越多的人所认识，并应用到企业管理的实践中。企业战略的作用概括地说就是对企业经营活动和各项工作起先导作用，即依据企业战略引导企业生产经营活动向长远的目标发展。

3.1.2 企业战略的基本特征

（1）全局性。这是企业战略最根本的特征。全局性是指以企业全局发展规律为研究对象来确定整个企业生产经营活动的总目标、总行动，追求企业的总体发展。以企业全局的总体战略去指导局部的经营分战略，并以各经营分战略的实现来保证企业总目标的实现。

（2）长远性。这是指企业战略考虑着眼未来，着眼长远，对较长时期内（一般是5年以上）企业如何发展作出抉择，并制定实现既定目标的规划和措施。

（3）纲领性。这是指企业战略所确定的战略目标和发展方向，是一种原则性和概括性的规定，是对未来的总体谋划。

(4) 竞争性。这是指企业在竞争中战胜对手，应付外界环境的威胁、压力和挑战的整套行动方案。它是针对在激烈的市场竞争中如何强化本企业的竞争力，如何与竞争对手抗衡，以使本企业立于不败之地，同时在对未来进行预测的基础上，为避开和减轻来自各方面的环境威胁，迎接未来的挑战而制订的各种行动方案。

(5) 风险性。企业战略考虑的是企业长远发展，是企业的未来，而未来是不确定的，因而企业战略必然具有一定的风险。

(6) 社会性。企业战略虽然是根据企业不同的特点制定的。但是，企业是国民经济的一个基本单位，是国家整体经济发展战略的组成部分。所以，企业战略既要体现投资者、经营者和职工的利益，更要体现全社会的共同的长远利益。

(7) 相对稳定性。企业战略制定以后，必须在一定时期内保持相对稳定。这有利于调动员工的积极性，发挥战略在经营活动中的指导作用。但是企业经营活动是一个过程，受外部环境影响很大，经营战略也要为适应外部环境而进行必要的调整。因此，经营战略具有相对稳定的特征。

3.1.3 企业战略的基本内容

一般来说，一项完整的战略方案通常由战略思想、战略目标、战略阶段、战略重点和战略对策五要素组成，各个战略要素相互联系，形成了一套完整的战略方案。

1. 战略思想

战略思想是指导战略制定与实施的基本思想和观念，是整个战略的灵魂。战略思想来自战略理论、战略分析、战略判断以及战略推理。也就是说，战略思想产生于战略思维之后。战略思想是从战略理论、战略分析、战略判断到战略推理的一个认识过程（见表3-1）。

表3-1

战略理论	战略分析	战略判断	战略推理
以正确的理论作为指导	对战略环境进行分析	对战略环境进行理性判断	从各种认识中通过正确的推理形式，形成战略思想

战略思想应是具有系统而长远的观点、忧患意识、不断创新的精神和适应市场变化的思想。

2. 战略目标

战略目标是企业使命的具体化，是企业在对战略内外部环境进行充分认识的基础上，根据企业实际情况提出的在一定时期所预期获得的成果或所追求的期望值。只有明确规定企业使命，企业才能正确地确立鲜明而现实的企业战略目标。

3. 战略阶段

战略致力于设计和实现企业较长时期的奋斗目标。由于企业外部环境及企业内部条件在较长时期的不同阶段上的变化，以及着眼未来、着手现在和由近及远、细近粗远的工作方式，目标的设计和实现往往都要相应作出阶段划分，即明确战略阶段或战略阶段目标。比如，我国从1980年至21世纪中期的经济发展战略，就划分为三个战略阶段，即“三步走”。

4. 战略重点

战略重点是指对实现企业战略目标具有关键作用，而又有发展优势或自身发展薄弱、需要着重加强的方面、环节、项目等。抓住关键部位，找出薄弱环节，有助于带动全局，实现战略目标。战略本身就是为了解决重大问题，没有重点就没有战略。战略重点也是资金、劳动和技术投入的重点，这是它作为重点在物质上获得的保证。战略重点还是决策人员实行战略指导的重点，这是它作为重点在组织上获得的保证。可见，战略重点包括三层含义，即它既是实行战略目标的重点，又是资源配置的重点，还是战略指导的重点。

5. 战略对策

战略对策是指为实现战略指导思想和战略目标而采取的重要方法、措施、策略。战略对策是战略管理的主要内容。战略制定就是确定对策，战略实施就是实施对策。目标和措施是相对的，比如，总战略是实现总目标的对策，分战略是实现总战略的对策，次战略是实现分战略的对策。战略对策具有针对性、多重性、预见性、灵活性的特点。针对性是指战略对策是为了解决未来可能出现或业已存在的问题。多重性是指战略对策不是单一的，而是一个群体，战略对策越是成套形成系列，就越有利于战略目标的实现。预见性是指战略对策通过预测对未来事件提出解决办法。灵活性是指战略对策没有一个固定的模式，必须根据具体情况，从多种对策中选择一种或几种有效的方法、措施等。

3.2 企业战略体系

3.2.1 企业战略的层次

一般来说，一个企业的战略可以划分为公司战略、竞争（事业部）战略和职能战略三个层次。如图3-1和图3-2所示。

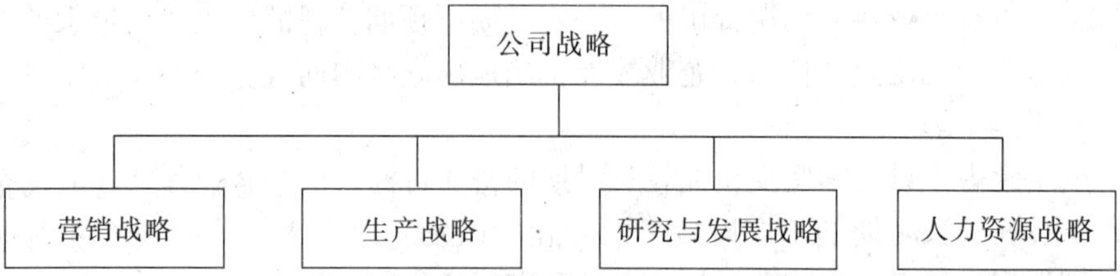

图 3－1　单一业务企业的战略层次

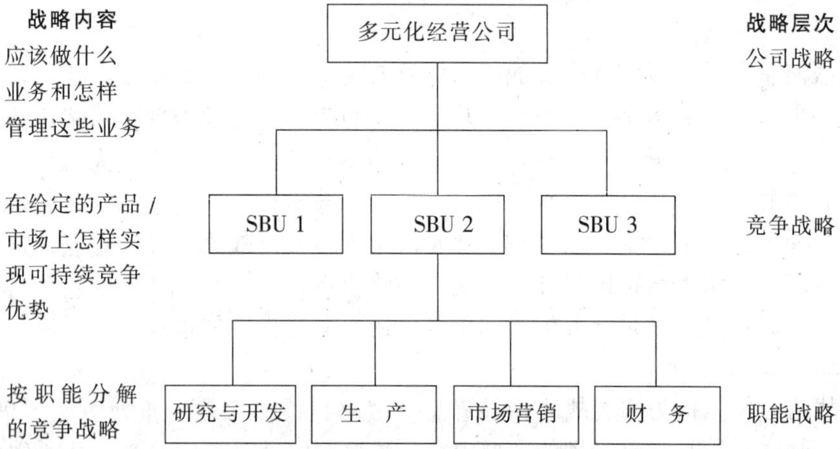

图 3－2　多元化大型企业的战略层次和战略内容

1. 公司战略

这里所指的“公司”是一个拥有一种以上且相对独立的业务或事业单位组合成的企业整体。公司战略是这个企业的整体战略总纲，它是企业最高管理层指导的控制企业一切行为的最高行动纲领。公司战略的任务是确定企业使命与任务、产品与市场领域；同时确定在企业不同的事业部之间如何分配资源和采取何种成长方向。如开发新业务的时机与方式，现有事业放弃、维持或者扩展的安排等。

2. 竞争（事业部）战略

竞争（事业部）战略是在公司战略指导下，各个战略事业部门制定的部门战略，是公司战略之下的子战略。竞争战略的主要任务是在统筹安排和协调企业内部各项经营资源的基础上，使经营的产品和服务在市场上取得竞争优势，实现企业使命。

竞争战略与公司战略是不同的。公司战略是统筹规划整个公司所从事的业务的选择、发展和收缩或放弃，而竞争战略只是就本事业部所从事的业务进行谋划。竞争战略是在公司战略的指导下进行的。

3. 职能战略

职能战略是为实施公司战略和竞争战略而由企业特定职能管理部门制定的职能管理战略。职能战略的任务是如何提高企业资源的利用效率，使企业资源利用最大化，实施事业部发展的战略目标。根据制定战略的职能部门划分，职能战略有财务战略、研究与开发战略、市场营销战略和人力资源开发和生产战略等，职能战略应与竞争战略保持一致，且内容要更加详细、具体和具可操作性。

公司战略、竞争战略和职能战略一起构成企业战略体系。在企业内部，企业战略的各个层次之间是相互联系、相互配合的。企业每一战略都构成下一层次的战略环境；同时，下一层战略又为上一层战略目标的实现提供保障和支持。可见，一个企业要想实现其总体目标，必须把三个层次的战略结合起来。

3.2.2 企业战略体系

公司战略、竞争战略和职能战略构成企业战略体系。明确企业战略体系有利于企业各层管理者科学地制定和有效地实施战略，增强企业的战略竞争力。企业战略体系的内容如图 3－3 所示。

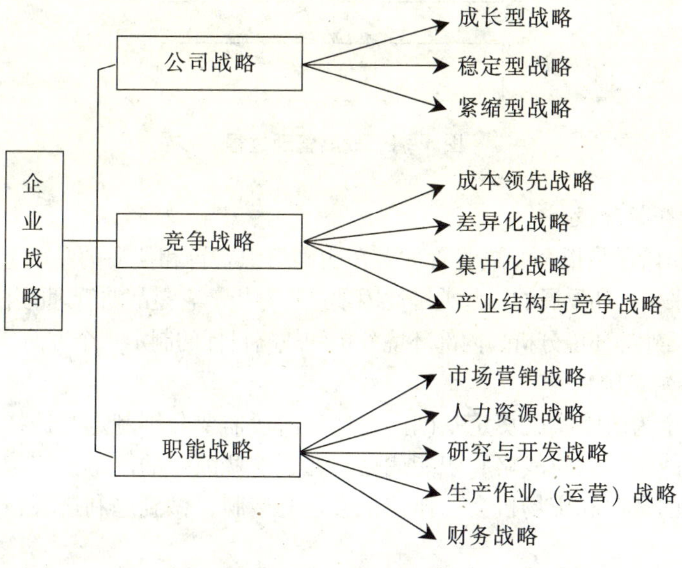

图 3－3　企业战略的体系

3.2.3 企业战略管理过程

战略管理过程就是指针对战略所进行的管理过程，它包括战略的分析、战略的制定、战略的实施与战略的评价四个阶段。这四个阶段是相互联系、循环反复、不断完善的一个过程。如图 3－4 所示。

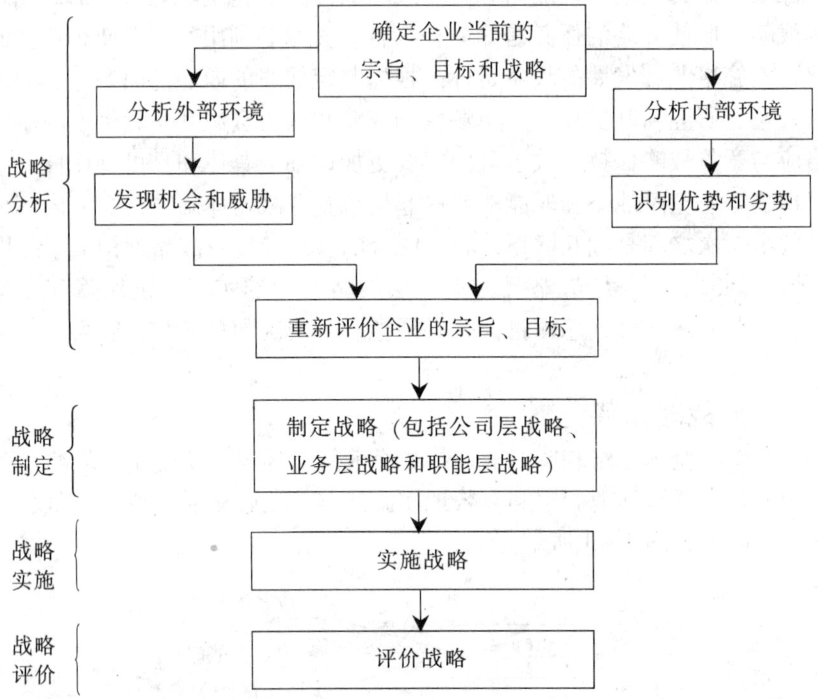

图 3－4　战略管理过程

1. 战略分析阶段

战略分析阶段是指企业战略管理者在明确组织宗旨和使命的基础上，对影响企业现在和未来生存和发展的一些关键性因素进行分析。它是战略管理的第一步。战略分析主要包括外部环境分析、内部环境分析和战略目标的制定三个方面。

2. 战略制定阶段

战略制定为战略实施奠定基础。在这一阶段需要分别制定并选择出三个层次要求的公司战略、竞争战略和职能战略。通过这些战略的制定与实施，能最有效地利用企业的资源和市场机会，抓住机会避开威胁，做到趋利避害，实现企业战略目标。

3. 战略实施阶段

企业战略方案一经确定，就进入战略实施阶段。战略实施是贯彻落实既定战略规划所必需的各项活动的总称，也是战略管理过程的一个重要部分。如果所选定的战略方案不能付诸实施，或不能认真组织落实，再好的方案也只是纸上谈兵。企业战略方案的实施需要企业管理者考虑各种影响因素。这些因素有组织结构、经营资源、企业文化、企业管理者的能力、核心竞争能力培育等。只有这些因素与战略相匹配，才能保证好的战略取得成功。

4. 战略评价阶段

战略评价阶段是整个战略管理过程的最后一个阶段，战略方案在实施过程中，为了保证实施的战略达到预期目的，需要对实施情况进行跟踪控制，即对信息反馈回来的实际绩效与预期战略目标进行比较和评价；出现偏差，就应及时采取措施进行纠正，或是由于环境发生了变化，有可能需要重新审视环境，制订新的战略方案，以使企业的发展适应社会变化，求得持续生存壮大。对企业战略评价的指标，包括定性指标和定量指标两方面。定性指标包括战略与环境的适应性，对环境中的机会与威胁进行再评估和分析等。定量指标一般包括资金的筹放、投资报酬、技术进步和市场开创等内容。此外，还应建立必需的战略管理信息系统，采取先进的手段和科学的方法，进行全面、准确、及时、必要的信息反馈，以更好地掌握企业内外部现实和走势等方面的情况。

3.3 企业战略环境分析

3.3.1 企业战略环境分析的意义

企业在制定战略方案之前，必须对企业战略环境进行分析，它是企业战略分析阶段的主要内容之一。在此，我们首先了解企业战略环境的概念及其分析的意义，这将有助于我们更好地对企业战略环境进行分析。

1. 企业战略环境的含义

企业战略环境是指所有与企业经营活动有关的外部环境和内部环境因素的总和。所谓外部环境，是指企业进行生产经营活动所处的外部条件或面临的周围情况。外部环境包括宏观环境、产业环境和竞争环境等。所谓内部环境，是指企业在一定的技术经济条件下，从事生产经营活动所具备的内在客观物质环境和文化环境。任何企业的生存与发展必须以外部环境为条件、以内部环境为基础，不可能脱离企业的经营环境去制定发展战略。

企业外部环境与内部环境是相互联系、相互制约的。外部环境因素一般是不可控因素。企业经营者只能收集和利用这些因素，并采取适应性措施。而在采取适应性措施过程中，还要与自身内部环境因素相结合进行考虑，充分发挥其自身优势来影响环境，使企业经营得以顺利进行。

企业经营环境是动态联系的有机组合。企业内部环境因素推动、促进外部环境因素向着有利于企业发展的方向变化。当外部环境因素给企业带来不利影响时，企业就应调整内部环境因素来克服和改变这种不利因素的影响。作为企业经营者，应通过对企业经营环境的分析，努力谋求企业外部环境因素、内部环境因素与企业经营目标的动态平衡。

2. 企业战略环境分析的意义

(1) 企业战略环境分析是企业从事生产经营活动的基本前提。企业是社会的细胞，企业的生存与发展离不开所处的社会环境和企业内部环境。外部环境是企业生存的土壤，它既为企业生产经营活动提供条件，同时也必然因此对企业生产经营活动起制约作用。如企业生产经营活动必须遵守国家的有关法规、政策；所需的人、财、物必须通过市场获取，离开外部的这些市场，生产经营活动便会成为无源之水、无本之木。而企业内部的物资环境和文化环境又是企业从事生产经营活动的基础，要充分有效地利用企业的内部资源，就必须研究企业在客观上对资源的占有情况以及在主观上对资源的利用情况。因此，企业经营者必须认真分析企业内、外部环境因素，制定正确的经营战略，并且根据外部环境的变化来调整企业内部环境的状况，为企业顺利开展经营活动创造良好的条件。

(2) 企业战略环境分析是企业制定经营决策的基础。企业生产经营活动是与内、外部环境密切相关的开放系统，企业从社会获取人力、物力、财力和信息等资源，经过企业内部生产过程，将其转换成产品或劳务以满足社会需要。在整个过程中，受到社会政治、经济、文化、技术、市场和资源等因素的影响，而经营决策又始终贯穿于生产经营活动的全过程，经营者只有对上述各种因素作出及时、客观、全面和科学的分析与判断，才能保证经营决策的科学性、正确性与及时性。

(3) 企业战略环境分析有助于企业及时发现机会、避开威胁，实现经营目标。企业的外部环境是客观存在的，并不断发生变化。比如，技术在发展，消费者收入在提高，教育不断普及，就连执政者也在经常更换。对经营者来说，这既可能是一种威胁，又可能是一种机会。企业必须根据外部环境所提供的各种信息，以及内部环境所提供的各种保障，进行认真的对比分析，及时发现由于外部环境变化给企业生产经营带来的有利因素，积极地采取措施利用机会，避开威胁，有效地实现经营目标，不断地提高企业经济效益。例如，20世纪70年代以来，日本的许多轿车生产厂家通过分析企业外部环境，发现世界能源供应日趋紧张和人们环保意识日益提高，于是及时调整了经营战略，大量开发一系列新型节能和低污染轿车，并大力向国际市场推广，几年下来就迅速抢占了美、德等国的高耗能、高污染轿车的市场。

3.3.2 企业外部环境

企业的外部环境可分为三个层次：第一个层次是宏观环境。它是指给企业造成市场机会和环境影响的社会力量，包括政治法律环境、经济环境、技术环境及社会文化环境等。第二个层次是产业环境。第三个层次是竞争对手环境。

企业外部环境的各种影响因素是不可控的，因此企业应重视调查与分析。

1. 宏观环境

企业的宏观环境，处于企业的外层，是企业不可控制的外部力量，对企业的生产经营活动具有长期性的影响和不容忽视的作用。企业的宏观环境内容大致可归纳为政治法律、经济、技术、社会文化等四个方面。常用的分析工具是 PEST 分析（PEST analysis）模型。

PEST 分析是指对宏观环境的分析。宏观环境又称一般环境，是指影响一切行业和企业的各种宏观力量。对宏观环境因素进行分析，不同行业和企业根据自身特点和经营需要，分析的具体内容会有差异，但一般都应对政治（political）、经济（economic）、技术（technological）和社会（social）这四大类影响企业的主要外部环境因素进行分析。

（1）政治法律环境。政治法律环境是指对企业经营活动具有现存和潜在作用与影响的政治力量，同时也包括对企业经营活动加以限制和要求的法律和法规等。具体来讲，政治环境包括国家和企业所在地区的政局稳定状况、执政党所要推行的基本政策以及这些政策的连续性和稳定性。这些基本政策包括人口政策、产业政策、税收政策、能源政策、物价政策、财政金融货币政策、政府订货及补贴政策和国际关系等。就产业政策来说，国家确定的重点产业总是处于一种大发展的趋势。因此，处于重点行业的企业增长机会就多，发展余力大。那些非重点发展的行业，发展速度就较缓慢，甚至停滞不前。另外，政府的税收政策会影响到企业的财务结构和投资决策，资本持有者总是愿意将资金投向那些具有较高需求且税率较低的产业部门。所以，企业要留意政府关于经济发展的方针以及国家的各类政策，留意国家与主要贸易伙伴的政治关系的变动与发展。法律环境主要包括政府制定的对企业经营具有约束力的法律、法规，如税法、环境保护法、反不正当竞争法等。政府所制定的法律、法规对企业的经营行为起刚性的约束作用。作为企业应从经营角度分析政治法律环境，培养企业对政治法律的敏感性，从而把握机会或避开威胁。

（2）经济环境。经济环境主要包括宏观和微观两个方面的内容。宏观经济环境主要指一个国家的人口数量及其增长趋势，国民收入、国民生产总值及其变化情况以及通过这些指标能够反映的国民经济发展水平和发展速度。微观经济环境主要指企业所在地区或所服务地区的消费者的收入水平、消费偏好、储蓄情况、就业程度等因素。这些因素直接决定着企业目前及未来的市场大小。构成经济环境的关键战略因素是：GDP 的发展趋势、利率水平的高低、财政货币政策的松紧、通货膨胀率、规模经济、消费模式、失业趋势、劳动生产率水平、汇率和证券市场状况等，这些因素的变化可通过改变企业的资源投入和市场环境来影响生产经营和战略决策，对企业经营发展的影响是非常重要的。

（3）技术环境。技术环境不但指那些引起时代革命性变化的发明，而且包括与企业生产有关的新技术、新工艺、新材料的出现和发展趋势及应用前景。技术革命在为企业提供机遇的同时，也对它形成了威胁。因此，企业管理者要认真分析技术环境，特别要考察与企业所处领域的活动直接相关的技术手段的发展变化给企业带来的影响，认清本企业和竞争对手在技术上的优势和劣势。与此同时，还应及时了解：国家对科技开发的投资和支持重点；该领域技术发展动态和研究开发费用总额；技术转移和技术商品化速度；专利及其保护情况，等等。

（4）社会文化环境。社会文化环境包括一个国家或地区的居民教育程度和文化水平、宗教信仰、风俗习惯、价值观念、审美观点等。教育程度和文化水平会影响居民的需求层次；宗教信仰和风俗习惯会禁止或抵制某些活动的进行；价值观念会影响居民对组织目标、组织活动以及组织存在本身的认可与否；审美观点则会影响人们对组织活动内容、活动方式以及活动成果的态度。可见，社会文化环境强烈地影响着人们的购买决策和企业的经营行为。

2. 产业环境

企业是在一定产业中从事经营活动的。产业环境的特点直接影响着企业的竞争能力。美国学者波特认为，影响产业内竞争结构及其强度的主要有潜在的竞争对手、产业内现有企业之间的竞争、替代品的威胁、供应商的讨价还价能力以及购买商的讨价还价能力等五种基本竞争力量。

（1）潜在竞争对手的研究。潜在竞争对手是指产业外随时可能进入该产业成为竞争者的企业。由于新进入者的加入会带来新的生产能力和物质资源，并取得一定的市场份额，这对于其进入的产业是威胁，这种威胁的大小，取决于进入该产业需要克服的障碍，这称为进入壁垒。决定产业进入壁垒大小的主要因素有以下几个方面：

①规模经济。规模经济是指生产单位产品的成本随生产规模的增加而降低。规模经济的作用是迫使产业新加入者不得不面对两种选择：一是以大的生产规模进入，并冒着被现有企业强烈反击的风险；二是以小的规模进入，但要长期忍受产品成本高的劣势。这两种情况都会使潜在进入者望而却步。如汽车产业就存在着规模经济，大企业的生产成本要低于小企业的生产成本，这就有了进入障碍的客观条件。各产业由于生产经营的技术先进程度、产品特性、物资采购和产品销售等的不同，都有着生产经营的最小规模。

②产品差别优势。产品差别优势是指由于顾客或用户对原有企业所生产的产品质量或品牌商标信誉的忠诚度不同而形成的产品之间的差别。造成这种现象是由于企业过去所做的广告、用户的服务、产品差异或者仅仅因为企业在该产业历史悠久。产品差异化形成的障碍，迫使新加入者要在产品开发、广告和用户服务等方面大量地投入，用很大的代价来树立自己的信誉，以克服现有用户对原有产

品的忠诚，取得一定的市场份额。而这种努力一旦失败，其原投入是收不回任何残值的，因此这种投资具有特殊的风险。

③资金需求。资金需求所形成的进入障碍，是指企业进入某产业所需的经营物质和货币总需求量。如加入新的产业需要大量资金，会迫使进入者考虑是否值得进入或如何进入，而且风险性也相应较大。形成需要大量资金的原因是多方面的，如购买生产设备、提供用户信贷、存货经营等都需要大量资金。

④转换成本。转换成本是指顾客或用户从使用一个企业的产品转到使用另一个企业的产品所支付的一次性成本。它包括重新训练业务人员、增加新设备、检测新资源的费用以及产品的再设计等。如果这些转换成本高，那么新进入的企业就必须为此投入大量的时间和资金来抵消这种障碍，以使购买者可以接受。

⑤销售渠道。销售渠道是指产业内现有企业是否已经建立良好的销售渠道。新进入的企业要打入该产业的销售渠道，就必须通过广告合作、让价等办法，使人们接受它的产品和服务，这样就会减少新加入者的利润。产品的销售渠道越有限，它与现有企业的联系越密切，新加入者要进入该产业就越困难。

⑥与规模经济无关的成本优势。原有的企业常常在其他方面还具有独立于规模经济以外的成本优势，新加入者无论取得什么样的规模经济，都不可能与之相比，如它们的专利产品技术、优惠资源的独占、占据市场的有利位置、独有的生产经验、政府补贴、具有学习或经验曲线以及政府的某些限制政策等。

（2）产业内现有企业之间的竞争研究。产业内现有企业之间的竞争是指产业内各个企业之间的竞争关系和程度。不同产业竞争的激烈程度是不同的，有的比较激烈，有的比较缓和。任何一家企业都不能忽视竞争，否则会为此付出代价。决定产业内企业之间竞争激烈程度的因素有：

①产业内企业的数量和力量对比。一个产业内企业的数目越多，其企业间的竞争就越激烈。因为其中任一个企业都会采取取得竞争优势的措施且认为不太会引起产业内企业的反应。若一个产业企业不多，但处在势均力敌的地位，竞争也会很激烈，企业以此来求得发展优势。若一个产业高度集中，企业地位差距悬殊，其产业内的竞争就会缓和。

②产业的增长速度。一般来说，一个产业处在快速成长期，市场增长率快，各企业可以在与产业增长保持一致的情况下，各企业间竞争相对缓和。而当产业增长缓和时，企业为寻求出路，必然会集中力量争夺现有市场，从而会产生激烈的竞争。

③固有成本和库存成本。当产业生产固定成本较高时，企业为降低单位固定成本，宁可增加产量或降低售价也不愿闲置生产能力，这必然导致竞争加剧。另外，如企业的产品不易库存或库存成本较高时，企业也会采用各种手段来促进产品的销售，同样也会增加企业间竞争的激烈程度。

④产品差异及用户转换成本。当产业内各企业的产品或服务差异性低、转换成本小时，企业间将竞争激烈；反之，当产业内各企业的产品或服务各有特色、差异性较大，各自都有不同的用户时，则竞争会较缓和。

⑤产业生产能力的增加幅度。产业的技术特点或规模经济的要求，使产业内各企业在一定时期内大幅度提高生产能力，由于增长幅度过大，导致在一定时期内生产能力相对过剩，最终使竞争加剧；反之，企业逐步扩大生产能力的产业，竞争就不会激烈。

⑥退出壁垒。退出壁垒是指企业退出产业时所要付出的代价，主要有：企业退出时未使用资产的损失，安置人员、库存物品处理等方面的费用，企业退出所带来的对企业无形资产的影响。当退出壁垒比较高时，经营不善的企业也只能继续经营下去，从而加剧企业之间的竞争。

（3）替代品生产厂家威胁的分析。替代产品是指那些与本产业的产品有同样使用价值和功能的产品。如木凳和塑料凳产品的使用价值或功能相同，能够满足的消费者需要相同，在使用过程中就可以相互替代，生产这些产品的企业之间就可能形成竞争。因此，产业环境分析还应包括对生产替代品企业的分析。

替代品生产厂家的分析主要包括：①确定哪些产品可以替代本企业提供的产品。②替代品的盈利能力。替代品的盈利能力越高，对现有企业的压力就越大；反之亦然。③替代品生产企业的经营策略。如果生产替代品企业采取积极的扩张策略，对现有企业竞争的压力就会加大；反之亦然。④购买者的转换成本。购买者改用替代品的转换成本越低，则对现有企业的压力就越大；反之亦然。

（4）供应商讨价还价能力的研究。企业生产所需的许多生产要素是从外部获取的。提供这些生产要素的经济组织，在两个方面制约着企业的经营：①这些组织能否根据企业的要求按时、按量、按质地提供所需的生产要素，影响着企业生产规模的维持和扩大；②这些组织提供货物时所要求的价格决定着企业的生产成本，影响着企业的利润水平。所以，供应商讨价还价能力的研究包括：一是供应商的供货能力，或企业寻找其他供货渠道的可能性；二是供应商的价格谈判能力。这两个方面是相互联系的，应综合起来考虑。

（5）购买商讨价还价能力的研究。购买商是指顾客或用户。他们总是希望所购的产品价格低，产品质量保证，服务水平高，为此，必与该产业内的企业讨价还价，使得产业内的企业相互竞争、相互压价，导致产业利润下降。影响购买商讨价还价能力的因素有：①购买的集中程度；②产品的标准化程度；③购买者对产品质量的敏感性；④替代品的替代程度；⑤大批量购买的普遍性；⑥产品在购买者成本中占的比例；⑦购买者后向一体化的战略意图；⑧购买者信息的掌握程度。

3. 竞争对手环境

竞争对手环境分析的重点在于与企业直接竞争的每一个企业，相对于宏观环境分析、产业环境分析而言，是属于微观环境分析。根据波特教授对竞争对手分析的模型，分析的内容有竞争对手未来目标、自我假设、现行战略和潜在能力。

（1）竞争对手未来目标。通过分析竞争对手未来目标，了解竞争对手的发展方向，有利于预测竞争对手对其目前状况的满意程度，推断其改变现行战略的可能性。在此一般应关注以下问题：①竞争对手追求的财务目标；②市场地位的总体目标；③管理层对未来发展的看法；④核心领导者的能力和对企业的影响程度；⑤资源的分配情况；⑥管理制度的制定和落实情况。

（2）自我假设。它是指竞争对手对自身企业的评价和所处产业及其他企业的评价。了解竞争对手的自我假设，有利于正确判断竞争对手的战略意图。在分析竞争对手的自我假设时，可考虑以下问题：①竞争对手对自己产品的成本、质量、技术等关键问题的评价；②对同产业中的其他企业竞争力的评估；③对产业、产品未来发展的预测等。

（3）现行战略。通过对竞争对手现行战略的分析，就能知道竞争对手目前的生产经营状况，将来发展的趋势。对竞争对手的现行战略分析主要包括：①市场营销策略和实施；②技术研究开发能力和投入的情况；③产品生产所采取的策略；④采取什么样的竞争战略；⑤人力资源规划等。

（4）潜在能力。对竞争对手潜在能力的分析主要包括：①竞争对手的核心竞争能力；②人员、技术、市场占有率、财务等方面的增长能力；③对市场变化的快速反应能力、适应变化能力及保持企业长期竞争优势和收益能力的持久性。

另外，可利用市场信号对竞争对手进行分析。市场信号是竞争对手任何直接或间接地表明战略意图、动机、目标、内部资源配置、组织及人事变革、技术及产品开发、销售措施及市场领域变化的活动信息。市场信号的表现形式多种多样，包括事前预告、事后宣告、竞争对手对产业的公开讨论、竞争对手对自己行动的讨论和解释、比较竞争对手采用的竞争方式等。

3.3.3 企业内部环境

企业内部环境是指有利于保证企业正常运行并实现企业利润目标的内部条件与内部氛围的总和。它是由企业经营资源、企业战略能力、企业核心能力等相互联系、相互影响、相互作用形成的一个有机整体。企业内部环境的形成是一个从低级到高级、从简单到复杂的演化过程。企业内部环境管理的目标就是为提高企业竞争力、实现企业利润目标营造一个有利的内部条件与内部氛围。企业内部条件分析的目的在于掌握企业历史和目前的状况，明确企业所具有的优势和劣势。它有助于企业制定有针对性的战略，有效地利用自身资源，发挥企业的优势；同时，避开企业的劣势，或采取积极的态度改进企业劣势，扬长避短，更有助于百战不殆。

1. 企业经营资源分析

经营资源是能够给企业带来竞争优势或劣势的任何要素，它包括人力资源、财务资源、物质资源、组织资源和技术资源等企业有形资源和无形资源。

正确分析企业的经营资源常用波特教授提出的价值链。价值链是一个企业产品、生产、营销、供货及对产品起辅助作用的各种活动的集合。所有价值活动都依赖于公司资源，只有公司所有资源、价值活动与公司战略目标紧密连接起来，企业的价值链才能正常运行，从而取得竞争优势，获得最佳效益。

2. 企业战略能力分析

企业战略能力分析主要包括财务能力分析、营销能力分析、组织效能分析和企业文化分析。

评价一个企业的现实能力，首先要对企业的财务状况进行客观公正的分析。盈利能力的主要评价指标有资产报酬率、净资产收益率、每股收益率、销售毛利率等；偿债能力的评价指标有流动比率、速动比率、现金比率、资产负债率、产权比率、有形净值债务率和利息偿付倍数等；运营能力的评价指标有总资产周转率、固定资产周转率、流动资产周转率、应收账款周转率和存货周转率等。

企业营销能力可分为产品竞争能力、销售活动能力、新产品开发能力和市场决策能力。这四种能力相互联系、相互影响，共同影响企业的经营活动。

分析组织效能对于了解企业管理状况，更好地制定战略目标是非常重要的。良好的组织至少体现以下原则：有效性原则、统一指挥原则、合理管理层次与幅度原则、责权对等原则。

企业文化是企业在长期的实践活动中所形成的并且被企业成员普遍认可和遵循的具有本企业特色的价值观念、思维方式、工作作风、行为准则等群体意识的总称。它是随着企业的存在和发展而逐渐形成的，它确定企业行为的标准和方式，是决定一个企业竞争力的最重要的因素。在企业内部环境分析时，要注意以下问题：文化特征；文化建设过程；文化与目标、战略的一致性；文化的适应性，等等。企业文化只有与企业外部环境和总体发展战略相协调，才能促进企业新目标和新战略的制定和实施；否则，应分析其存在的问题，重建企业文化。

3. 企业核心能力分析

企业核心能力是指居于核心地位并能产生竞争优势的要素作用力，具体地说，是组织的集体学习能力和集体知识，尤其是如何协调各种生产技术以及如何将多种技术、市场趋势和开发活动相结合的知识。核心能力还包括关于组织的熟练协作和传递价值的知识；对跨越组织边界的工作进行沟通交流、参与创造以及承担责任。核心能力不会因为被使用而衰退。核心能力是将现行事业相互结合的胶合剂，也是新事业发展的发动机。通常对企业核心能力评价的标准有占有性、耐久性、转移性、复制性。

3.4 企业战略选择

3.4.1 公司战略

公司战略也称为企业总体发展战略或主体战略，是企业高层管理部门为实现企业目标而为整个组织制定的方向和计划。公司战略的主要任务是界定公司的业务与市场领域。对于某一特定公司而言，企业的业务与市场领域有扩大、维持、缩小三种选择。这三种选择恰恰对应于三种不同的公司战略类型：成长型战略、稳定型战略、收缩型战略。若某一企业所拥有的业务种类较单一，那么对它而言，其公司战略也可能就是其竞争战略。公司战略一般适用于多元化经营公司。

1. 成长型战略

成长型战略是一种使企业在现有的战略水平上向更高一级目标发展的战略。它以发展作为自己的核心向导，引导企业不断开发新产品、开拓新市场、采用新的管理方式和生产方式，扩大企业的产销规模，增强企业竞争实力。在实践中，成长型战略有密集增长战略、一体化战略、多元化战略等多种类型。

（1）密集增长战略。

密集增长战略是指企业在原有生产范围内，充分利用在产品和市场方面的潜力来求得发展的战略。密集增长战略源于世界著名战略学家安索夫（H. Igor Ansoff）的产品——市场矩阵，主要包括市场渗透、市场开发、产品开发三种战略形式。

①市场渗透战略。

市场渗透战略是由企业现有产品和现有市场组合而产生的战略，即在现有市场上通过扩大产品销量求得发展的战略。在现有市场上如何扩大现有产品的销售量主要取决于两个因素，即销售量 = 产品使用人的数量 × 每个使用人的使用频率。所以，实现市场渗透战略的途径主要有：一是扩大产品使用人的数量；二是扩大产品使用人的使用频率；三是改进产品特性，使其能吸引新用户和增加原有用户的使用量。总之，市场渗透战略希望通过对现有产品进行较小的改进，从现有市场上赢得更多的顾客，这种战略风险最小。如果市场处于成长期，在短期内此战略可能会使企业利润有所增长，但是当市场日趋成熟时，企业必然会面临激烈的竞争，对使用渗透战略的企业最致命的打击是市场衰竭。

市场渗透战略表面看起来是风险最小的一种发展战略，但由于以下的原因，它也许是风险最大的一种发展战略：第一，除非该企业在市场上处于绝对优势地位，否则必然会出现许多强有力的竞争对手；第二，企业管理者宁愿把精力放在现有事务处理上，因而可能错过了更好的投资机会；第三，顾客兴趣的改变容易导致企业现有目标市场的衰竭；第四，一项大的技术突破甚至可能会使产品在一夜之间成为一堆废物。

②市场开发战略。

市场开发战略是由现有产品和新市场组合而产生的战略。它是发展现有产品的新顾客群或新的地域市场从而扩大产品销售量的战略。实行这种战略有三种办法：一是扩大新的市场范围，即把本企业现有产品打入其他相关市场如区域性市场、国内市场和国际市场等，从而扩大现有产品的销售。例如全自动洗衣机在国内大中城市已逐渐普及了，企业可以考虑将全自动洗衣机销往农村以扩大销售量。二是在新市场寻找潜在的用户。三是增加新的销售渠道。例如啤酒原来只通过烟酒公司等中间商才最终到达消费者手中，现在为了增加销售量，有的啤酒厂自己开设经销店，直接将产品卖给消费者，同时还与各大中城市的大饭店、旅馆挂钩，直接将啤酒卖给这些单位，极大地扩大了销售量。

市场开发战略比市场渗透战略风险性大，这种战略迫使管理人员放开眼界，拓宽视野，重新确定营销组合，但此战略仍是一个短期战略，它仍然不能降低因客户减少或技术上落后而导致的风险性。

③产品开发战略。

产品开发战略是由企业现有市场和其他企业已经开发的而本企业正准备投入生产的新产品组合而产生的战略，即对企业现有市场投放新产品或利用新技术增加产品的种类，以扩大市场占有率和增加销售额的企业发展战略。这种战略鼓励企业从事新的探索来开发新产品，提高企业对技术进步的适应能力，但是这种战略仍然使企业束缚了自己，因为企业的潜能仅仅被用来在原有市场的顾客群中寻找新的投资机会，这可能会因为没有寻找到其他市场而导致较大的机会成本，因为其他市场，尤其是正在成长的新市场，可能会比企业现有市场更加有利可图。企业采用此战略，要求企业对其原有顾客有足够的了解，能够提供满足顾客需要的其他产品。

(2) 一体化战略。

一体化战略是指企业充分利用自己在产品、技术、市场上的优势，根据物资流动的方向，使企业不断地向深度和广度发展的战略。一体化战略是企业的一个非常重要的成长战略，它有利于深化专业分工协作，提高资源的利用深度和综合利用效率。

一体化战略可分为纵向一体化和横向一体化两种类型。

①纵向一体化也称为垂直一体化，是指生产或经营过程相互衔接、紧密联系的企业之间实现一体化，按物质流动的方向又可以分为前向一体化和后向一

体化：

前向一体化。这是指企业与用户企业之间的联合，目的是促进和控制产品的需求，搞好产品营销。

后向一体化。这是指企业与供应企业之间的联合，目的是确保产品或劳务所需的全部或部分原材料的供应；加强对所需原材料的质量控制，如自行车厂原来要向橡胶厂购买轮胎，现在自行车厂与橡胶厂联合起来，让橡胶厂专门生产自行车轮胎，保证了自行车的轮胎供应等均属此种策略。

纵向一体化可以使企业实现范围经济，降低经营成本；稳定供求经济，规避价格波动；提高差异能力，树立经营特色。与此同时，企业相应会弱化激励效应，加大管理难度，加剧财务紧张，降低经营灵活性，难以平衡生产能力。

②横向一体化也称为水平一体化，是指与处于相同行业、生产同类产品或工艺相近的企业实现联合，实质是资本在同一产业和部门内的集中，目的是实现扩大规模、降低产品成本、巩固市场地位。如某一汽车制造集团整体收购另一汽车制造集团，就是为了进一步扩大汽车制造的生产规模。横向一体化战略可以通过契约式联合、合并同行业企业这两种形式实现。

实施横向一体化的企业可以获取规模经济、减少竞争对手、扩大生产能力。但是，它也存在管理协调和政府法规限制等方面的问题。

（3）多元化战略。

多元化战略是指在现有业务领域基础之上增加新的产品或业务的经营战略。根据现有业务领域和新业务领域之间的关联程度，可以把多元化战略分为相关多元化与不相关多元化两种类型。

①相关多元化，是指虽然企业发展的业务具有新的特征，但它与企业的现有业务具有战略上的适应性，它们在技术、工艺、销售渠道、市场营销、产品等方面具有共同的或是相近的特点。根据现有业务与新业务之间“关联内容”的不同，相关多元化又可以分为同心多元化与水平多元化两种类型。

同心多元化，即企业利用原有的技术、特长、经验等发展新产品，增加产品种类，从同一圆心向外扩大业务经营范围。例如，收音机制造厂增加音响设备生产。同心多元化的特点是原产品与新产品的基本用途不同，但有着较强的技术关联性。

水平多元化，即企业利用现有市场，采用不同的技术来发展新产品，增加产品种类。例如，原来生产化肥的企业又投资农药项目。水平多元化的特点是现有产品与新产品的基本用途不同，但存在较强的市场关联性，可以利用原来的分销渠道销售新产品。如某牙膏厂原来一直生产牙膏，现在又增加牙刷生产，运用的也是水平多元化战略。

②不相关多元化，也称集团多元化，即企业通过收购、兼并其他行业的业务，

或者在其他行业投资，把业务领域拓展到其他行业中去，新产品、新业务与企业的现有业务、技术、市场毫无关系。也就是说，企业既不以原有技术也不以现有市场为依托，而向技术和市场完全不同的产品或劳务项目发展。这种战略是实力雄厚的大企业集团采用的一种经营战略。例如，某集团原主要是生产电视、冰箱、空调等家电产品，现在还涉足家庭厨具、医药生产等业务领域。

多元化的企业，实现了范围经济，分散了经营风险，可以做到“东方不亮西方亮”，从而增强企业竞争力。但是，也应看到企业实现多元化，分散了企业资源，导致企业将有限的资源分散于每一个发展的业务领域，从而使每个意欲发展的领域都难以得到充足的资源支持，加大了企业失败的风险；同时由于要面对多种多样的产品和各种各样的市场，这些产品在生产工艺、技术开发、营销手段上可能不尽相同，这些市场在开发、渗透、进入等方面也都可能有明显的区别，从而加大了企业的管理难度和提高了运作费用。

企业实行多元化战略应注意以下问题：①客观评估企业多元化经营的必要性与能力。切不可头脑发热，跟潮流，盲目推行多元化。②坚持把主业做好之后再考虑多元化。③新业务领域与现有业务领域之间应具有一定的战略关联。④建立横向组织，协调不同业务单元的关系。建立横向组织，以加强企业纵向组织结构中不同业务单元的相互联系，使纵向和横向因素之间达到一种平衡。

2. 稳定型战略

企业在生存和发展过程中，经过一段快速成长之后，为了克服由于成长过快产生的效率变低、管理不善等问题，或由于环境因素的变化，需要对企业战略进行调整，巩固已有的成果，积蓄力量，争取新的发展。这时就需要采用稳定型战略来指导企业发展。稳定型战略是指企业遵循与过去相同的战略目标，保持一贯的成长速度，同时不改变基本的产品或经营范围。它是对产品、市场等方面采取以守为攻，以安全经营为宗旨，不冒较大风险的战略。稳定型战略主要有无变化战略、维持利润战略、暂停战略和谨慎前进战略等类型。

3. 收缩型战略

当企业处在一种十分险恶的经营环境之中，或者由于决策失误等原因造成经营状况不佳，采用成长型战略和稳定型战略都无法扭转局势时，企业不得不面对现实，减少经营领域，缩小经营范围，关闭不盈利的工厂，收缩财务开支。这时就需要采用收缩型战略来维持企业的生存。收缩型战略是指企业在对外部环境和企业经营实力的状况和发展趋势进行分析、判断和预测的基础上，从目前的战略经营领域和基础水平收缩和撤退，且偏离战略起点较大的一种经营战略。收缩型战略有转向战略、放弃战略和清算战略等类型。

3.4.2 竞争（事业部）战略

公司战略界定了企业的业务与市场领域。企业在既定的业务与市场领域，每一个业务战略单位如何获得竞争优势，以更好地实现企业目标呢？这是竞争战略所要解决的核心问题。按照哈佛大学波特教授的提法，基本竞争战略包括成本领先战略、差异化战略和重点集中战略三种类型，竞争战略的选择需要考虑企业类型、资源与能力、在目标市场中的竞争位势以及产业生命周期阶段等多个因素。

1. 成本领先战略

成本领先战略也称为低成本战略，是指企业通过有效途径降低成本，使企业的全部成本低于竞争对手的成本，甚至是在同行业中最低的成本，从而获取竞争优势的一种战略。

企业要获得成本优势这一目标，主要通过简化产品，改进设计，节约原材料，降低工资费用，实行生产革新和自动化，降低管理费用等具体方法降低成本，以求得在成本上比竞争对手有优势。例如，连锁超市为使其商品低价，从供应环节上下工夫，使采购成本降低或为零。又如，某公司开发一种可以替代木料的“压缩木料”，这种木料用一般的锯屑、木片等压制而成，其成本只是竞争对手的一半。一般来说，消费者对价格越敏感，就越倾向低价格企业，成本领先战略就越有吸引力。随着人们对规模经济与学习效应认识的不断深入，从20世纪70年代开始成本领先战略逐渐为多数企业所采用。

2. 差异化战略

差异化战略是指企业在产品、服务、人事和形象等方面有独特特点的战略。实现这种战略主要有四种基本的途径：产品、服务、人事与形象。

产品差异化战略是指企业在产品的特征、工作性能、一致性、耐用性、可靠性、易修理性、式样和设计等方面有其独特特征，与竞争对手相比具有显著差异的战略。

服务差异化战略是指企业除了对有形产品实行差异化战略外，还可在服务方面实行差异化战略。尤其是在难以突出有形产品的差异化时，服务的数量与质量往往成为竞争取胜的关键。当今企业主要通过送货、安装、顾客培训、咨询服务等实现差异。

人事差异化战略是指企业通过雇用、培训比竞争对手更优秀的员工来取得强大的竞争优势。例如麦当劳公司通过职工培训，使员工通过能力、言行、举止等体现其公司的特色。

形象差异化战略是指由于企业在标志、传播媒体、环境、项目事件等品牌的形象上形成自己的“个性”，而使消费者作出不同的反应，来取得竞争优势的战略。实现差异化战略，可以培养顾客对品牌的忠诚，降低其对价格的敏感性；即使价格高于同类产品，顾客也会产生偏爱。形象差异化虽然可以给企业带来一定的竞争优势，但这并不意味着差异化程度越大越好，因为过度的差异化容易使得企业产品的价格相对竞争对手的产品来说太高，或者差别化属性超出了消费者的需求，就可能丧失部分客户。

3. 重点集中战略

重点集中战略也称为聚焦战略，是指企业或事业部的经营活动集中于某一特定的购买者集团、产品线的某一部分或某一地域市场上的战略。这种战略的核心是瞄准某个特定的用户群体、某种细分的产品线或某个细分市场，从而形成产品线重点集中战略、顾客重点集中战略、地区重点集中战略等具体战略。

（1）产品线重点集中战略。对于产品开发和工艺装备成本偏高的行业，如汽车工业和飞机制造业，通常以产品线的某一部分作为经营重点。例如，日本汽车厂家一直将经营重点放在小型轿车生产和销售方面，并以小型轿车性能好、节省油、外观美、价格低的特点，打入美国和西欧市场，获得巨大的成功。

（2）顾客重点集中战略。它是以顾客的不同需求来定位企业的发展战略。如“天兰”牌服装是将产品集中在以女性公民作为特定顾客群的集中重点。

（3）地区重点集中战略。它是企业按地区为标准划分细分市场，使某一种产品能够按照特定地区的需要来经营，以获得竞争优势的战略。例如，有一县级鞋厂，原生产解放鞋，后来根据需求的变化，采取集中对准农村市场的战略，从设计、耐用性、质量、价格各方面都以农村特点为依据，改变产品，生产高筒水鞋，在农村市场十分畅销。在经营地区有限的情况下，如运输成本很高，将经营范围集中在一定地区之内是十分有利的，是比较易于取得成本优势的。

同其他战略一样，重点集中战略由于目标集中明确，能使用整个企业的力量和资源，更好地服务于某一特定的目标，从而能在本行业中获得高于一般水平的收益。但当顾客偏好发生变化、技术出现创新或有新的替代品出现时，企业就会受到很大的冲击。由于重点集中战略的特性，中、小型企业采用这一战略可能是最适宜的。

3.4.3 职能战略

企业的职能就是能够独立完成某一种管理活动的能力，如生产、营销、财务、研发等。职能活动是该职能的具体化。职能战略是对该项职能中对公司战略和竞争战略具有决定意义的职能活动所进行的谋划。其通常包括组织结构设计战略、人力资源战略、市场营销战略、财务战略、研究与开发战略、生产战略等。

1. 组织结构设计战略

美国学者钱德勒（A. D. Chandler）在1962年出版的《战略与结构：美国工业企业历史的篇章》一书中指出：战略与结构关系的基本原则是组织的结构要

服从于组织的战略，即企业战略决定着结构类型的变化。实践也证明，一个好的企业战略需要通过与其相适应的组织结构去实现。企业组织结构要随着战略而定，它必须按战略目标的变化而及时调整。经过几十年的管理实践，人们已经总结设计出包括直线制、职能制、事业部制和矩阵制等组织结构类型，企业在设计组织结构时，应从实际出发，对组织结构进行设计与选择，以满足战略实施的要求。

2. 人力资源战略

人力资源战略是指根据企业总体战略的要求，为适应企业生存和发展的需要，对企业人力资源进行开发，提高职工队伍的整体素质，从中发现和培养出一大批优秀人才所进行的长远性的谋划和方略。人力资源是一切财富中最为宝贵的，是企业最重要的经营资源，正确地制定和选择人力资源战略，努力开发人力资源，特别是充分发挥各类人才资源的积极作用，是企业走向兴旺发达的关键。

3. 市场营销战略

市场营销战略是指在公司战略制定的业务与市场领域上，如何按照竞争战略的思路，通过合理的产品、价格、渠道与促销活动实现企业与市场之间的衔接，实现企业目标。市场营销活动涉及从进行市场调研、预测，分析市场需求，确定目标市场，制定营销战略，到实施和控制具体营销战略的全过程。

4. 财务战略

财务战略就是根据公司战略、竞争战略和其他职能战略的要求，对企业资金进行筹集、运用、分配以取得最大经济效益的战略。财务战略的基本目的，就是最有效地利用企业各种资金，在企业内部、外部各种条件制约下，确保实现企业战略计划所规定的战略目标。财务战略有资金筹集战略、资金运用战略和利润分配战略。

5. 研究与开发战略

企业技术研究与开发战略是职能战略的重要组成部分之一。它解决的主要问题是技术和产品开发的决策。例如：企业研究与开发什么技术、是否要在研究与开发的技术中追求领先地位；什么时候和怎样进行技术转让；产品研究与开发是否涉及开发有新用途的新产品；如何改进现有产品的性能与品质；如何改善产品的包装、装潢；如何改善现有产品的生产系统；污染防治和处理技术的设计，等等。

6. 生产战略

生产战略就是企业在生产的成本、质量、流程等方面建立和发展相对竞争优势的基本途径，它规定了企业生产制造和采购部门的工作方向，为实现企业总体战略服务。生产战略主要有生产能力战略、生产质量战略与采购战略。

3.5 企业战略的实施与控制

3.5.1 企业战略的实施

企业战略的实施是战略管理工作的主体。为贯彻已定的战略所必须从事的工作内容包括:

(1) 建立适应经营战略实施要求的企业组织机构。企业经营战略实施是否成功，主要取决于企业组织能否适应战略实施的要求。所以，企业必须建立与新战略一致的组织机构，并配备适当的人员，明确其相应责任和权利，建立各种规章制度。

(2) 合理配置资源，制定预算和规划。在经营战略实施过程中，制定预算和规划是十分重要的工作。企业必须把所有的资源配置到下属单位，以便其完成战略目标。各下属单位要根据自己承担的战略任务，规划好各项业务活动，制定工作进度表等。

制定详细的战略实施规划包括详细的战略项目和行动计划、资金资源的筹措计划、市场开拓计划等。预算则是实施计划所规定的业务活动费用。预算和规划是相互联系的两个部分，是资源配置的基本工具。正确的战略资源配置要考虑到未来环境变化所引起的战略变动，要使预算和规划有一定的弹性。

(3) 调动群体积极性，实现战略计划。在实施经营战略计划过程中，调动群体的积极性是很重要的。为适应战略计划的要求，要采取措施改变企业内部各方面人员的传统行为，建立起适合新战略需要的行为规范、工作方法、价值观念和精神风貌。具体内容包括：①激励全体员工投身到实现战略目标中去。这可以通过奖罚机制来实现，包括增加工资、奖金、津贴，分享股份，晋升，表扬等，与此同时，也要实施惩罚措施。②建设支持战略实施的企业文化。③培养结果导向和追求高实绩精神。要建立各个层次的一系列实绩标准，利用一切机会和手段，激励人们积极向上、奋发进取、向高标准看齐。对于不称职的员工要及时更换，对不合理的组织机构要及时调整，对不良思想倾向和情绪要及时消除。④把奖励与实绩联系起来，有奖有惩，赏罚分明。

(4) 建立行政支持系统，实行有效的战略控制。在战略实施过程中，行政系统的主要任务是制定战略实施的政策和方法，及时获取有关的重要战略信息，保证组织按照战略规划的要求行动。同时，对战略实施的状况进行全面的评估，及时发现偏差并纠正偏差。

3.5.2 企业战略的控制和评价

战略控制是将预先制定的战略目标或标准与反馈回来的战略执行信息进行比

较，以检查战略计划与实际执行的偏离程度，并采取措施纠正的一系列活动的过程。战略控制一般由以下三方面的活动组成：①制定战略评价标准；②将战略执行信息反馈回来的实际成效与标准加以对比分析；③针对偏差采取纠偏行动。

（1）企业战略控制的特点。企业战略控制是企业系统中战略层活动的控制，不同于企业管理层与基层的控制，是由企业最高领导层执行的控制。其特点是：①战略控制系统是开放系统。这是因为战略层的活动处于企业与外部环境的衔接点上。②战略控制的标准是企业的总体目标。当战略规划目标接近企业总体目标时，才起控制标准的作用。③一般战略控制标准有两类：一类是成效标准。当战略执行过程中出现偏差时，若偏差值落入成效标准范围内，就可以采取修正措施或修正规划，以保证战略目标的实现。另一类是废弃标准。当偏差值落入废弃标准范围内，则表明原来制定的战略规划所依据的条件发生重大变化，原有的战略应该废弃。④战略控制的功能要使战略规划既有稳定性，又要允许其适应环境的变化而变化。

（2）战略控制的基本要素。①战略评价标准。战略评价标准是指预定的战略目标或标准，是战略控制的依据。一般由定量和定性两方面的标准组成。定量评价标准可以选用下列指标：资金利税率、劳动生产率、工时利用率、利润总额、销售利润率、市场占有率、投资收益率、股票每股收益等；定性评价标准是从以下几个方面制定的，即战略与环境的一致性、战略中存在的风险性、战略与资源的配套性、战略执行的时间性、战略与企业组织的协调性等。②实际成效。它是在战略实施过程中实际达到的水平。为了使获得的成效客观真实，不掺水分，必须建立管理信息系统，并采用科学的控制方法进行有效的控制。③绩效评价。这是将实际成效和预定目标或标准进行比较分析。经过比较可能会出现以下三种情况之一：A. 实际成效高于目标（或标准），出现正偏差；B. 正好相等，没有偏差；C. 实际成效低于目标（或标准），出现负偏差。如属第三种情况，表明企业战略目标没有实现，应该进一步分析原因，采取修正措施或作战略调整。

（3）战略控制的方法。战略控制的方法分为事前控制、事中控制和事后控制。①事前控制。这是在战略实施前，利用反馈信息，对目前尚未发生的未来事件进行控制，以达到预防性的目的。②事中控制。这是在战略实施过程中，按照某一项标准来对照检查工作，以确定该项行动可行或不可行，然后决定是否要继续贯彻执行下去。③事后控制。这是战略执行后，将结果与期望的标准作比较，看是否符合标准，总结经验和教训，并制定措施，以便对未来的行动更加有利。

3.6 企业跨国经营战略

企业跨国经营是当代企业经营活动的组成部分。从历史发展来看，企业跨国经营在第二次世界大战以后，特别是20世纪60年代以来得到迅猛发展。到20世纪末，经济全球化引起人们的高度重视，企业跨国经营，不同国家企业之间进行强强联合，实现优势互补，以获取规模经济效益等等，已成为企业争夺国际市场，增强企业在国际市场上竞争能力的重要举措。我国实行改革开放政策以后，许多企业的生产经营活动都把重点转移到发展外向型经济方面上，并已取得重大进展。进入21世纪，随着我国“十一五”规划的实施，在经济方面的全方位对外开放，企业跨国经营，举办合作、合资企业，到国外进行直接投资设厂等会越来越多。本节主要对企业跨国经营战略作简要的介绍。

3.6.1 企业跨国经营的基本特征

企业跨国经营是指在国外直接投资，进行跨国生产经营活动。它与国内的生产经营活动有很大区别，基本特征表现在：

（1）经营环境较为复杂。企业跨国经营面向国际市场，生产经营活动等涉及其他国家或地区，而各国的政治、经济、法律、社会和文化等因素各有不同，使企业经营环境比国内环境更为复杂，更难以适应。

（2）投资具有较高的风险性。企业跨国经营直接参与国际市场竞争，更容易受世界经济形势波动的影响，面临新的风险，导致资本投放风险较高。

经营环境复杂、不稳定和风险因素既是一种挑战，也是一种发展机会，企业只有把握好机会、避开风险，才能取得更大的投资效益。

（3）企业跨国经营，在国际环境中进行商品交换和竞争，可形成较强的信息收集和处理能力、市场应变能力。

（4）适应国际市场竞争的要求，企业经营观念与管理方法有重大变化，企业经营战略目标面向世界，企业组织机构的运行机制是外向型和开放的，按照国际惯例来管理企业。

3.6.2 企业跨国经营的类型

企业跨国经营的类型可以按不同的标准来划分，按企业对外直接投资的重点和面向国外经营的性质，可分为以下六种类型。

（1）经济资源型。经济资源型主要涉及种植业、采矿业和石油开采业等生产经营活动。由于世界资源分布不均衡，一些企业为了取得本国短缺的原材料等资源，直接投资于资源国进行生产开发，以确保用较低的成本取得较稳定的资源供应。

（2）市场开拓型。市场开拓型的投资经营目的主要是开拓新市场，扩大企业产品的市场覆盖面。通过对东道国的直接投资、就地生产、就地销售活动，可以使产品更适合当地的需要。同时，可以在当地兼营修理和服务等业务活动。为扩大产品销售、带动设备零部件出口和向国内企业提供国际市场信息创造条件。

(3) 劳动力导向型。投资的目的是获得廉价劳动力，从而降低产品成本，提高产品竞争力。这种类型主要出现于一些经济发达国家或地区，由于劳动力资源缺乏，劳动力费用不断上升，因此其把国内劳动密集型产品的生产或加工转移到劳动力费用较低的国家或地区。通过在这些国家或地区投资设厂，利用当地廉价劳动力来降低产品成本，获取最大的投资效益，使企业在市场竞争中处于较有利的地位。

(4) 技术导向型。这种类型的投资目的是通过到技术先进国家或地区投资设厂，利用当地科研机构和人才资源，获取国内急需而又难以得到的先进生产技术和管理技术。

(5) 贸易壁垒对应型。这种类型的投资目的是要打破贸易壁垒，将产品出口改为在国外投资设厂，就地生产和销售。

(6) 全球战略型。这是经济发达国家的大型跨国公司，凭借其强大的实力、广泛的分布和灵活的策略，将公司的商品贸易、技术贸易、资本进出进行全球统筹，并根据不同的国际市场类型，采取多种发展方式，在世界范围内建立最佳生产地区、销售地区和原材料供应基地，使其经济活动遍布世界经济的各个领域。全球战略型是企业跨国经营发展到成熟阶段的最高标志。

3.6.3 企业跨国经营发展战略

企业跨国经营发展战略是指企业进入国际市场，在国外直接投资进行跨国经营，以国际市场为导向作出的较长时期的经营发展战略。企业跨国经营的发展已经经历了三个阶段：①建立国外销售点，扩大国外销售；②通过到国外投资设厂，在国外进行直接生产和销售；③在国外进行直接生产和销售的同时，实现企业内部分工国际化。随着我国对外开放政策的贯彻，企业不仅吸收和利用国外资金、技术、设备和管理经验，而且还在国外市场上参与竞争，企业向国外投资建厂的发展趋势逐渐上升，我国加入 WTO 以后，企业迎来很好的发展机遇。今后，随着国民经济的发展和适应我国市场经济发展的需要，提高企业的跨国经营能力是必然的。根据我国的情况，下面对企业跨国经营战略作简要的分析。

(1) 市场经营战略。企业跨国经营可根据企业产品进入国际市场的不同阶段的特点，采取不同的市场经营战略。在市场开拓阶段，企业在对国际市场研究的基础上，选择有利的目标市场作为进入国际市场的突破口。加强营销力量，确定合理的国际销售渠道。注意产品的适用性，提高产品的知名度。在成长阶段，产品在某一个或多个国外市场获得比较稳固的市场阵地，产品被认可，销售量增加，但是竞争对手也会增加。对此，企业应注重改进产品，提高产品的适应性，增强竞争能力。同时积极开拓新市场，扩大产品在国际市场的覆盖面，建立更多的国外销售、服务网点，做好售后服务工作。在成熟阶段，由于产品已有较强的竞争力，并在较大地区性市场或整个国际市场中获得较高的市场占有率，企业可以大力发展跨国经营，包括直接到国外投资建厂进行生产和销售，采用对外投资、技术输出、产品出口并举的方式，提高企业在国际市场上的地位。

（2）技术发展战略。企业跨国经营在技术上一定要坚持技术进步的原则，尽可能做好技术引进工作，不断采用新设备、新工艺、新材料，不断提高企业的技术水平。

（3）集团化进攻战略。建立和发展多种形式的企业集团，形成联合的整体优势，发挥集团的群体优势，以达到占领国际市场的目的。我国现有的企业集团通常以一个或几个实力雄厚的大型骨干企业为核心，以名优产品为龙头，联合生产、技术、金融、原材料供给、产品营销、经营管理等方面的企业组成，参与国际市场的经营活动，能适应国际市场多层次、多样化的需求。

（4）人才开发战略。开发适应跨国经营需要的人才，是实现企业跨国经营战略目标的重要因素，因此应作为发展战略来安排。人才开发包括选拔人才、使用人才和培养人才等各个方面的工作。

本章小结

企业战略是企业在市场经济下、竞争激烈的环境中，在总结历史经验、调查现状、预测未来的基础上，为谋求生存和发展而作出的长远性、全局性的谋划或方案。制定战略必须从环境分析开始，本章阐述了企业通过对战略信息的搜集和分析，寻找企业的生存和发展的机会和威胁、企业的优势和劣势，为决策提供依据。

公司战略、竞争（事业部）战略和职能战略一起构成企业战略体系。企业战略的各个层次之间是相互联系、相互配合的，构成企业经营战略体系。明确企业经营战略体系有利于企业各层管理者科学地制定和有效地实施经营战略，增强企业的战略竞争力。

战略管理过程就是针对战略所进行的管理过程。它包括战略的分析、战略的制定、战略的实施与战略的评价四个阶段。战略管理的四个阶段是相互联系、循环反复、不断完善的一个过程。

企业战略制定之后就要实施、控制和评价。实行企业战略管理应遵循下列原则：适应环境原则、全过程管理原则、整体最优原则和反馈修正原则。战略实施是战略管理工作的主体，工作内容包括：建立适应经营战略实施要求的企业组织；合理配置资源，制定预算和规划；调动群体积极性，实现战略计划；建立行政支持系统，实行有效的战略控制。控制一般由三方面的活动组成，即制定评价标准、将实际执行情况与标准进行对比分析、针对偏差采取措施纠正。战略控制一般按事前控制、事中控制和事后控制三个环节进行。

企业跨国经营是企业到国外直接投资进行生产经营活动，它所面临的环境、竞争、风险等因素都比在国内复杂和严峻，因此做好经营战略决策是十分重要的。按企业对外直接投资的重点、方向和性质可分为六种类型，即经济资源型、市场开拓型、劳动力导向型、技术导向型、贸易壁垒对应型、全球战略型。企业跨国经营发展战略有市场经营战略、技术发展战略、集团化进攻战略和人才开发战略。

复习思考题

1. 试述你对企业战略的概念及特征的理解。
2. 企业战略管理应遵循哪些原则？
3. 企业战略包括哪些内容？简述企业战略的特征。
4. 企业战略环境分析的意义有哪些？
5. 如何对企业外部环境进行分析？
6. 企业内部环境分析应考虑哪些因素？
7. 简述公司战略的类型。
8. 简述竞争战略的类型。
9. 什么是成本领先战略、差异化战略和重点集中战略？
10. 在企业战略实施过程中应抓好哪些工作？
11. 企业跨国经营有哪些特征？跨国经营战略有哪些类型？

4

市场预测与经营决策

本章要求

- □ 理解市场调查与市场预测的内容和分类
- □ 掌握市场调查的方法
- □ 掌握市场预测的方法
- □ 理解决策的含义和分类
- □ 理解决策程序
- □ 掌握各种决策的方法

4.1 市场调查

4.1.1 市场调查的概念与作用

市场调查是指以市场为对象的调查研究活动，即通过科学的方法，有目的、有系统地收集、记录、整理、分析有关市场方面的各种情报资料，了解市场的现状及其发展趋势，为市场预测与经营决策提供各种依据。

当今世界竞争激烈和市场需求变化多端，企业如不能及时了解并采取相应的对策，就难以在激烈竞争中生存和发展。市场调查对企业的生产经营活动具有重要作用，主要表现在以下三个方面：

（1）通过市场调查，了解市场供求情况，为企业生产符合市场需要的产品提供科学的依据。根据顾客的要求组织生产和销售，实现企业产销衔接。

（2）通过市场调查，企业可以了解市场的情况，掌握市场有关信息资料，使企业经营决策和制订经营计划做到切实可行，减少盲目性。

（3）通过市场调查，可以使企业决策和计划在执行过程中能及时进行修改、补充和完善。

4.1.2 市场调查的内容和分类

1. 市场调查的内容

市场调查的内容极为广泛，它所涉及的范围不能仅局限于市场动态，而必须贯穿于经营管理的全过程。其主要内容有：

（1）市场需求和销售趋势调查。企业要对市场的现实需求和潜在需求作出量的分析，用数量表示市场需求。调查销售趋势，包括购买者的需求趋势、本企业销售策略变化后可能造成的销售变化趋势，以及竞争者的销售变化趋势等。

（2）本企业市场销售策略调查。它主要是指对企业的产品、价格、促销和销售渠道等方面的调查，通过市场调查了解策略的实施情况，提出改进措施，以利于扩大销售。

（3）竞争者调查。它主要是指调查竞争对手的数量、规模、市场占有率、竞争产品的质量与价格、采用新技术和开发新产品的情况等。通过知己知彼，生产出竞争能力更强的产品来占领市场，扩大市场占有率。

（4）消费者调查。它是指主要调查消费者的购买动机、购买行为，以及影响消费的各种因素如消费者收入、政府政策等，从而弄清现实和潜在的市场容量。

（5）其他不可控制因素调查。它主要是指对企业无法控制的政治、经济、社会文化环境、科学技术等因素的调查。如政府的方针、政策、法令，人口，家庭，消费结构，文化教育水平，民族，民俗，与企业有关的科技发展水平等。

2. 市场调查的分类

市场调查的类别可以从不同的角度进行划分：

(1) 根据调查地区，可分为国内市场调查和国际市场调查。国内又可分为全国性市场调查、地区性市场调查等。

(2) 根据对市场调查含义的理解，可分为广义和狭义的市场调查。广义的市场调查包括需求市场调查、供给市场调查；狭义的市场调查是指需求市场调查。

(3) 对某一特定时期的市场所进行的调查，称为静态市场调查；对市场发展趋势及市场的未来情况所作的调查，称为动态市场调查。

(4) 对某些营销指标如可能的销售额、市场占有率、潜在需求量等所进行的调查，称为定量市场调查；而对某些因素如购买者及购买动机、购买者的满意程度、新产品的首先使用者等所进行的调查，称为定性市场调查。

(5) 按调查方式，可分为市场普查、重点调查、典型调查和抽样调查。

(6) 按调查方法，可分为文案调查和实地调查两种。

(7) 按调查目的，可分为探测性调查、描述性调查、因果性调查和预测性调查。

企业在进行市场调查时，应结合实际采用各种调查方法，相互结合使用，以更好地预测市场未来发展趋势，为科学的经营决策提供依据。

4.1.3 市场调查的程序

市场调查一般分为3个阶段8个步骤来进行。如图4-1所示。

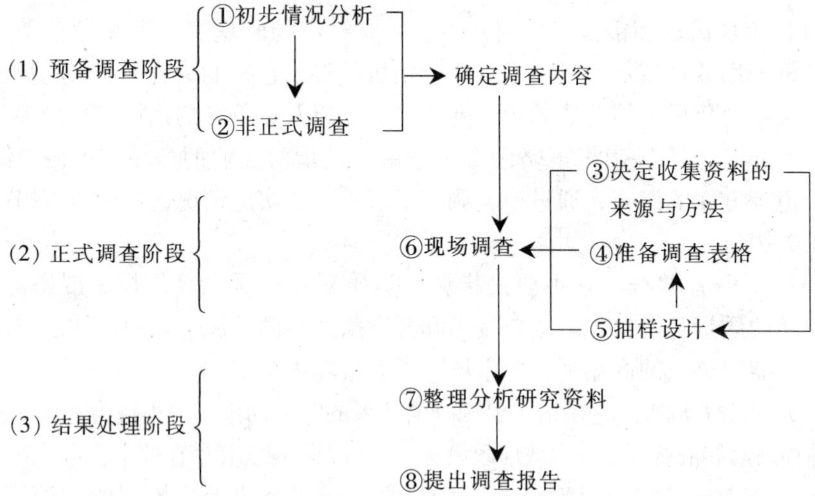

图4-1

（1）预备调查阶段。市场调查的主要目的是收集和分析资料以研究解决企业在市场营销中存在的问题，并针对问题寻求正确可行的解决措施。因此，市场调查首先要确定问题点和调查范围。为此，一般先进行初步情况分析和非正式调查。

①要收集企业内部与外部的有关资料进行初步情况分析。重点收集有参考价值的资料，如企业内部历年统计资料、财务决算报告、企业外部政府公布的统计资料、同行业的刊物等等。

②进行非正式调查。它是指通过主动方法，向企业内外对调查问题十分精通的人员征求意见，以使调查的主题范围更准确。

（2）正式调查阶段。在预备调查阶段将调查的问题确定后，就进入了正式调查阶段。它主要有四个步骤：

①有针对性、有计划地收集资料，一方面收集现成资料或第二手资料，如企业内部资料、有关单位公布的统计资料等；另一方面通过实地调查，收集原始资料或第一手资料。

②准备所需的调查表，以提供实地调查之用。

③在现场调查前应设计并确定对调查对象采用的抽样方法及样本大小，以供实地调查时按设计要求抽样，从而确保调查质量。

④到现场调查和收集资料。

（3）结果处理阶段。

①要对收集到的未整理的资料进行整理。首先要检查资料的误差，对不完整或误差大的资料要剔除；其次要对资料进行审核以保证资料的正确性和真实性；再次是对整理的资料按适当标准分类编号以便查找、归档、统计和分析。

②要根据调查研究和分析的情况写调查报告，以供企业决策之用。调查报告的内容必须紧扣主题，主要内容包括调查研究的目的、调查对象、调查方法的说明、调查结果、结论和建议等。此外，还要对调查报告的实效进行跟踪了解，以便不断总结调查经验，提高调查水平。

4.1.4 市场调查的方法

市场调查的方法很多，按调查方式划分，有直接调查法和间接调查法；按调查范围划分，有全面调查法和抽样调查法，等等。下面主要介绍直接调查法中的询问法、观察法、实验法和抽样调查法及间接调查法。

（1）询问法。它是指通过询问的方式收集市场信息资料。将所拟调查的事项，通过一定的方式向被调查者提出询问，以获得所需资料。它又可以细分为面谈、电话、邮寄、问卷等不同方式。

（2）观察法。它是指调查人员在现场从旁观察、记录被调查者的活动，可配合使用照相机、录音机或某种特定仪器，以收集有关资料的方法。其特点是调查时被调查者并不感到正在被调查。其优点是调查结果的准确度较高，其缺点是观察不到被调查者的内在因素。

（3）实验法。通过在实验市场上先试用和试销一部分商品，分析效果后再决定是否大规模营销的一种方法。实验市场是指在一定时间内的一定地区（如3~5个城市）具有代表性的市场。这种方法可用于新产品投放或改变老产品的质量、包装、设计、价格、广告等，也可用于市场饱和程度的试验等。这种方法的优点是客观、切合实际，缺点是时间长、费用大。

（4）抽样调查法。在进行市场调查时，要根据调查对象的多少分别采用全面调查和抽样调查方法。一般对于数量有限的专用设备的生产资料用户可采用全面调查法，而对一般生活资料用户只能采用抽样调查法。所谓抽样调查法就是根据数学概率理论，在母体（全面）调查对象中随机选择其中部分（样本）进行调查，以获得总体情况的方法。抽样调查法又分随机抽样与非随机抽样两种方法。常用的主要有以下几种随机抽样法。

①简单随机抽样法。它是指从总体中纯粹偶然地抽取样本。如为调查某市3万户家庭中拥有汽车的数量，可按5%的比率任意抽取1 500户作为样本，经调查得知1 500户中拥有汽车的占总户数的30%，即450台，这样便可推断出3万户中拥有汽车的数量。

②分层抽样法。它是先将总体按一定标准划分为不同的层次，而后在每个层次中按简单随机抽样法抽取样本进行调查。

③标准抽样法。它是以中等水平为标准抽取样本来获得总体资料的方法。

抽样调查法可以在较短的时间内，用较少的费用和人力，获得比较准确的调查资料，及时供企业领导决策时参考。虽然这种方法可能会产生一些误差，但这种误差是可以用统计方法计算控制的。

（5）间接调查法（也称文案调查法）。它是查询、阅读与调查项目有关的文献和资料的方法。其优点是：它所获得的信息比较多，获取也比较方便、容易，无论是从企业内部还是企业外部，收集过程所花时间短而且费用低。其不足是：第一，资料与目前的调查项目要求是否一致，如何判断其有效性是关键；第二，大多数文案资料是零碎的，不一定能满足各企业个别研究的需要，结论的可信度也令人怀疑；第三，某些二手资料在印刷、转载、翻译过程中，有时会出现错误。

总之，上述几种市场调查方法，究竟采用其中哪一种或同时采用哪几种，主要视调查问题或调查对象所需要的资料性质而定。要从实际出发，科学地采用有效的方法。

4.2 市场预测

4.2.1 市场预测的概念和作用

市场预测是指运用历史统计资料以及科学的理论、方法和数学模型，通过对影响市场需求的各种变化因素所进行的系统的调查研究，探索市场需求变化的规律以及今后的发展趋势，对产品的市场需求作出估计，为企业进行决策和制订计划提供依据。

市场预测的主要作用是：随着社会主义市场经济体制的确立，企业是市场主体，同时市场竞争也日趋激烈，如何增强企业自身的环境适应性，成为企业生存与发展的重大研究课题，市场预测在这方面起着越来越重要的作用。其具体表现在：①通过市场预测，可预见未来市场的变化趋势，为及时正确地确定企业经营决策和制订经营计划提供客观依据，有利于提高企业经营预见性和计划性。②通过市场预测，可以获得市场供求、竞争对手方面的大量信息，有利于企业改进产品和服务，提高企业的经济效益。③通过市场预测，促进企业了解自己的产品在市场上的情况并针对具体情况采取不同的对策，以提高企业适应市场环境的能力，增强竞争力。

4.2.2 市场预测的内容

（1）需求预测。需求预测包括消费者需求与生产经营者需求两方面的预测。预测的具体内容包括：①需求总量预测。如对购买力增长速度与总量、购买力投向趋势及消费结构变化等的预测。②影响需求变化的因素预测。它是指对引起需求变化的各种影响因素的变化趋势、变化时间、变化程度进行预测，以便寻找需求变化的深层原因，从而制定相应的对策。③需求变化特征预测。

（2）市场供应预测。这是对产品和生产经营资源供应及其变化进行预测。预测的具体内容包括：①社会商品生产能力及其发展变化预测。如对现有生产能力、产品总量、进出口量、储备状况的变化进行预测以及对直接影响产品生产力的各种因素的变化进行预测。②资源预测。它是指对影响产品生产总量及质量和性能的人力、物力、财力等因素的变化进行预测。③对国家及地方政府、主管部门的政策变化及其对产品供应量的影响程度进行预测。

（3）价格预测。在正常情况下，价格是市场波动的主要标志与信息载体。预测的主要内容有：①价格总水平及通货膨胀、通货紧缩、利率、汇率的变化趋势，主要产品价格走势及波动幅度。②价格变化对产品生产、经营及消费产生的影响。③价格与供求变化内在原因的分析探索。

(4) 竞争预测。在市场经济中竞争对企业影响很大，预测的主要内容有：①竞争对手的数量、实力、分布情况预测。②主要竞争对手的产品、营销策略、经营战略、企业竞争实力的现状及变化特征。③市场竞争态势变化。其中包括潜在竞争对手的出现，竞争对手对本企业竞争策略的反应及影响程度的预测。

4.2.3 市场预测的程序

市场预测的一般程序如图 4－2 所示。

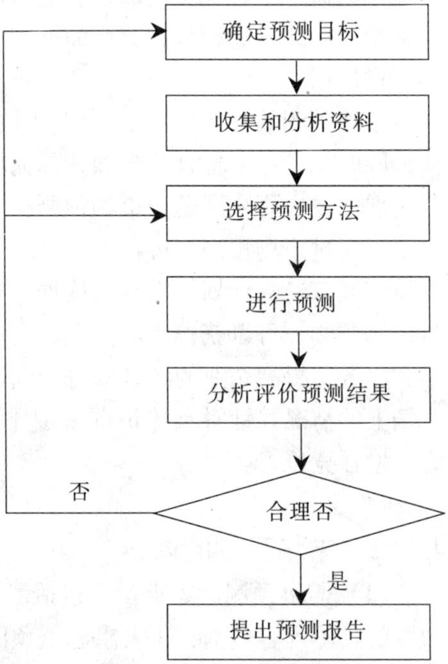

图 4－2 市场预测的程序

(1) 确定预测目标。它是指确定预测什么，达到的目标及要求，提出预测计划、期限预算等。

(2) 收集和分析资料。对收集到的资料要严格审核，要确保资料的代表性及完整性，做到数据准确可靠。

(3) 选择预测方法。根据对资料的动态分析来选择合适的预测方法及建立预测模型。

(4) 进行预测。利用已获取的信息资料，运用选定的方法与模型进行预测。

(5) 分析评价预测结果。根据预测结果，分析是否已达到预测目标的要求，预测误差是否在允许范围内，预测结果合理程度如何，等等。若已满足这些要求，可视为基本实现目标，并写出正式预测报告，以供决策之用；若未能达到上述要求，就要重新进行预测，要么重新确立预测目标，要么重新选择预测方法，然后再进行预测。

4.2.4 市场预测方法

市场预测的方法有很多种，一般可分为定性预测方法和定量预测方法。定性预测方法是以市场调查为基础的经验判断法。定量预测方法是以统计资料为基础的分析计算法。

1. 定性预测方法（又称经验判断法）

这种方法是通过对熟悉情况的有关人员作调查，主要靠个人的主观判断来预测今后发展的趋势和状态的方法。常用的定性预测方法有：

(1) 专家意见法（又叫德尔菲法）。这种方法是由美国著名的兰德公司于

20 世纪 40 年代末开始使用的一种函询的预测决策方法，即企业采用通信方式，邀请商业部门或咨询机构中见识广博、学有专长的专家作预测。由于专家们对市场需求情况有专门的研究或掌握了丰富的第一手资料，他们的意见对预测未来具有重要价值。预测时，先请一组专家（10～30 人）背靠背地对需要预测的问题提出意见，企业主持人把各人意见综合、整理后又匿名反馈给每个人，供他们分析判断，以提出新的论证。专家如仍坚持自己的意见，可进一步说明理由，再寄给主持人。主持人综合、整理后再反馈给每个人，如此重复三四次后，一组专家意见渐趋一致，最后作为供决策者进行决策的依据。如果最后收到的专家预测值存在着乐观、中间、悲观三种估计数值，则可以用推定平均值的方法把三种意见综合起来以求得统一的预测值。其计算公式为：

$$\text{推定平均值}=\frac{\text{最乐观估计值}+4\times\text{最可能估计值}+\text{最悲观估计值}}{6}$$

德尔菲法具有匿名性、反馈性和统计分析的特点。这种匿名讨论式的专家意见法可以消除相互间心理上的影响，避免某些权威人士的意见左右一切，使每个专家能够独立发表意见，畅所欲言，加上反复几次预测可使专家充分进行思考和修改自己的意见，结果是综合了全体专家的意见，因而预测所得有较大的可靠性和权威性。但此法得出的预测值也是靠主观判断，专家若选得不合适，预测也难准确。这种方法一般适用于新产品、新技术和新市场的开拓等难以用定量方法进行预测的项目。

（2）主观概率法。主观概率法是先由预测专家对预测事件发生的概率作出主观的估计，然后计算它们的平均值，以此作为事件预测的结论。

例：电视机生产厂家预测 2007 年销售量增加的情况。已知 2006 年上半年电视机销售量增长 5%～12%。请五位专家对 2007 年的销售量增长进行预测，其结果如表 4－1 所示。

表 4－1 单位：%

专家 / 预测概率	1	2	3	4	5	总计
5	0.2	0.3	0.2	0.4	0.2	1.3
10	0.5	0.5	0.5	0.4	0.4	2.3
15	0.3	0.2	0.3	0.2	0.4	1.4
总计	1.0	1.0	1.0	1.0	1.0	5.0

解：2007年销售量增长率 = （1.3×5% +2.3×10% +1.4×15%） ÷5

=0.505÷5 =10.1%

预测2007年的销售量增长率为10.1%。

（3）用户意见法。用户意见法是指通过直接听取用户意见后再确定预测值。通过调查，了解清楚顾客或用户的购买意向，再分析市场需求变化的趋势和竞争情况之后，作出对本企业产品需求的预测值。此法适用于用户数量不太大或用户与本企业有固定协作关系的企业，主要是制造生产资料类企业。企业可采取走访用户、订货会、用户座谈会、巡回展览等方式。例如，出版社在出版新书前，先发出新书征订通知单，根据反馈信息作出需求量的预测。

（4）企业人员意见法。①经理人员意见法，即由企业经理或厂长召集生产、技术、销售、财务等有关部门负责人，广泛交换意见，让大家各自提出对市场前景的看法，最后由经理或厂长按各部门负责人在预测中的重要性，用加权平均法来确定预测值。②销售人员意见法，即征求本企业推销人员和商业部门业务人员的意见，让他们提出各自的预测期望值，然后汇总成整个企业的预测值。具体地说是用求平均数的方法来确定预测值。③综合判断法，这是上述两种方法的综合，企业管理者根据各部门负责人和销售人员的不同预测值，给以不同的权数，并综合两方面意见而得出预测值。

2. 定量预测方法

定量预测方法就是利用过去的统计资料，进行分析计算后作出销售预测。此法又可分为时间序列分析法和因果分析法两种。

（1）时间序列分析法。时间序列分析法是指收集和整理预测事物过去的资料，从中寻找该事物随时间而演变的趋势，用数学模型将其表示出来，并据此进行预测的方法。常用的方法有：

①百分比增加法，即按以往时期稳定增长的百分比来推算未来时期的预测值。例如，从历史资料中可知，某企业上期销售额平均增长率为10%，2006年的销售额为500万元，那么2007年的预测值为500×（1+10%） =550（万元）。这一预测值可用公式表示为：

$$\text{下一年销售额预测值} = \text{本年销售额} \times \frac{\text{本年销售额}}{\text{去年销售额}}$$

②简单平均法，即将以往几期的实际数字进行简单平均并将其结果作为预测值的方法。这种方法尽管预测不够准确，却可以说明一定的趋势。如表4－2所示。

表 4－2

月份	实际销量	三个月平均预测量	四个月平均预测量
1	32		
2	33		
3	34		
4	35	（32＋33＋34）÷3＝33	
5	36	（33＋34＋35）÷3＝34	（32＋33＋34＋35）÷4＝33.5
6	36	（34＋35＋36）÷3＝35	（33＋34＋35＋36）÷4＝34.5
7	37	（35＋36＋36）÷3＝35.7	（34＋35＋36＋36）÷4＝35.25
8	38	（36＋36＋37）÷3＝36.3	（35＋36＋36＋37）÷4＝36
9	36	（36＋37＋38）÷3＝37	（36＋36＋37＋38）÷4＝36.75
10	39	（37＋38＋36）÷3＝37	（36＋37＋38＋36）÷4＝36.75
11	38	（38＋36＋39）÷3＝37.7	（37＋38＋36＋39）÷4＝37.5
12	38	（36＋39＋38）÷3＝37.7	（38＋36＋39＋38）÷4＝37.75

③移动平均法，即用靠近预测期的各期实际销售额的平均值来预测未来时期的销售额。例如，某公司1月份的销售额为10万元，2月份为12万元，3月份为13.1万元，求4月份的销售额。可把1～3月份的销售额相加再除以3，即 $\frac{10+12+13.1}{3}=11.7$（万元）。

如求5月份，则往后推，把2～4月份的销售额相加再除以3。这种方法可总结为以下计算公式：

$$M_t=\frac{y_t+y_{t-1}+\cdots+y_{t-n+1}}{n}=\frac{1}{n}\sum_{i=t-n+1}^{t}y_i$$

式中，M_t 为第 t 期的移动平均值；y_i 为第 $t-n+1$ 期到第 t 期的实际销售额；n 为移动平均期数。

n 的取值对预测值有较大的影响。一般 n 取值大，预测值适应新水平的时间长，但落后于可能发展水平；反之，n 取值小，预测值较灵敏地反映实际趋势，适应新水平的时间短。一般来说，n 的取值要考虑资料期的多少，综合考虑上述因素，选择一个适当的 n 值。

④指数平滑法。它是在掌握前一期的实际值和预测值的前提下，确定后一期的预测值的预测方法。其计算公式为：

$$S_t=\alpha y_{t-1}+(1-\alpha)S_{t-1}$$

式中，S_t 为第 t 期的预测值（或称平滑值）；y_{t-1} 为第 $t-1$ 期的实际值；S_{t-1} 为第 $t-1$ 期的预测值；α 为平滑系数（或称加权系数，它是0~1之间的任何数）。

指数平滑法预测结果是否符合实际，关键是平滑系数 α 的确定。α 体现着时间序列中各期实际水平在预测中所占的比重。平滑系数在0~1之间，越趋近于0，说明各年之间数量变化不大。如果各期数值变化呈水平趋势，α 可取0~0.5；相反，如果各期数值变化较大，α 可取0.5~1；α 越大，说明最近一期实际水平对预测结果影响越大。α 的数值如何确定，由预测者自己选定，也可通过对同一预测对象用多个 α 进行试算，当预测值与相应实际值误差总和为最小时，α 的值就是最合适的。

例：某电视机厂1998—2006年的产量如表4-3所示，用指数平滑法预测2007年该厂年产量。

表4-3

年份	时期（t）	产量（万台）	$\alpha=0.2$ 时 S_t	$\alpha=0.5$ 时 S_t
1998	1	51		
1999	2	52	51	51
2000	3	47	51.2	51.5
2001	4	51	50.36	49.25
2002	5	49	50.49	50.13
2003	6	48	50.19	49.57
2004	7	51	49.75	48.79
2005	8	40	50	49.90
2006	9	48	48	44.95

解：到底选 $\alpha=0.2$ 还是 $\alpha=0.5$？就要计算标准差 σ，$\sigma=\sqrt{\dfrac{\sum(y-S)^2}{n}}$

上例中，$\alpha=0.2$ 时，$\sigma=4.5$；$\alpha=0.5$ 时，$\sigma=4.59$。

σ 越小越好，所以可采用 $\alpha=0.2$。

⑤回归分析法。这种方法的原理是：一定时期实际销售量的分布会呈现一定的趋势。这一趋势在坐标图上可用一条直线表示，即为回归线。这条直线的延伸，可用来进行预测。当坐标图的 x 变量代表连续的时间，预测就属于时间序列性质。

例：某工厂过去5年的销售额如表4-4所示：

表 4 - 4

年份 x（年）	1997	1998	1999	2000	2001
销售额 y（万元）	480	530	570	540	580

解：根据这些数据，可以在坐标图上画出一条回归线。如图 4 - 3 所示。

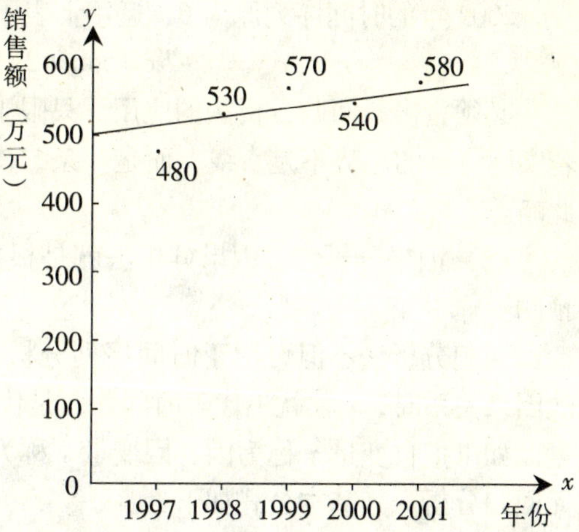

图 4 - 3

回归线的方程式为：

$$y = a + bx$$

式中，y 为预测值，a 为回归线的截距，b 为回归线的斜率，x 为预测的时间序列。

若把 y 轴中移，令 $\sum x_i = 0$，则：

$$a = \frac{\sum y_i}{n}$$

$$b = \frac{\sum y_i x_i}{\sum x_i^2}$$

现根据表 4 - 5 预测 2002 年的销售额。

表 4 - 5

n	y_i	x_i	$y_i x_i$	x_i^2
1997	480	-2	-960	4
1998	530	-1	-530	1
1999	570	0	0	0
2000	540	1	540	1
2001	580	2	1 160	4
$\sum$	2 700	0	210	10

将表 4 - 5 中数据代入上式，得：

$$a = \frac{\sum y_i}{n} = \frac{2\ 700}{5} = 540$$

$$b = \frac{\sum y_i x_i}{\sum x_i^2} = \frac{210}{10} = 21$$

$$y = 540 + 21x$$

2002 年的时间序列原为 6，运用上表中的简化数据，变为 3，则：

$$y = a + bx = 540 + 21 \times 3 = 603 \text{（万元）}$$

必须指出，回归分析法的应用，只限于销售额的增减分布呈直线趋势的情况。若实际变动的趋势不是直线，而是一条二次曲线，则应用二次曲线方程式来计算，此略。

（2）因果分析法。因果分析法就是根据各种经济现象之间的相互关系来进行预测。

回归分析法不但可用于时间序列分析，而且也可用于因果分析。当回归线反映因果关系时，x 轴就不代表时间，而是代表某种社会因素，即影响预测值 y 的因素。如果把自变量 x 称为因、因变量 y 称为果，那么，一果一因的回归分析称为一元回归分析。其基本公式如下：

$$y = a + bx$$

式中，

$$a = \bar{y} - b\bar{x}$$

$$b = \frac{\sum x_i y_i - \bar{x}\sum y_i}{\sum x_i^2 - \bar{x}\sum x_i}$$

例：已知某居民小区 1996—2001 年用电量与住宅面积的关系如表 4－6 所示。预测 2002 年，住宅面积达 45 万平方米时的用电量。

表 4－6

年份	x_i：住宅面积（万平方米）	y_i：用电量（万度）	x_iy_i	x_i^2
1996	20	41	820	400
1997	26	50	1 300	676
1998	28	54	1 512	784
1999	33	68	2 244	1 089
2000	36	56	2 016	1 296
2001	40	66	2 640	1 600
Σ	183	335	10 532	5 845

解：$\bar{x}=\frac{183}{6}=30.5$

$$\bar{y}=\frac{335}{6}=55.83$$

$$b=\frac{\sum x_i y_i-\bar{x}\sum y_i}{\sum x_i^2-\bar{x}\sum x_i}=\frac{10\,532-30.5\times 335}{5\,845-30.5\times 183}=1.19$$

$$a=\bar{y}-b\bar{x}=55.83-1.19\times 30.5=19.53$$

则2002年住宅面积达45万平方米时的用电量为：

$y=a+bx=19.53+1.19\times 45=73.08$（万度）

4.3 企业经营决策

4.3.1 企业经营决策的概念

决策是人类社会的一项重要活动，它涉及人类生产、生活方方面面的问题。对于企业来说，决策在全部经营管理活动中始终处在中心地位。著名经济学家西蒙指出："管理的重心在经营，经营的重心在决策。"从狭义看，决策是从两个以上的备选方案中选出一个满意方案的过程。但很显然，该定义不能反映科学决策的全部内容。因为科学决策还必然有大量的先期工作要做，如搜集信息资料为决策提供依据，制订多种方案待决策选择等；而且决策还有很多后续工作，如加强执行信息的反馈、及时修正决策等。所以，企业经营决策的定义，应是企业在市场调查和科学预测的基础上，确定决策目标，制订多个行动方案，从中选择满意的方案，并付诸实施的整个活动。

4.3.2 企业经营决策的类型

企业经营的内容非常广泛。与此相应，企业的经营决策所涉及的内容也相当广泛，层次复杂，它包括企业服务方面决策、经营方针决策、销售决策、投资决策、人才开发决策等。根据划分标准不同，可对企业经营决策作出不同的分类。

1. 按经营决策重要层次，可分为战略决策、管理决策和业务决策

（1）战略决策。它是指关系到企业未来发展的全局性、长期性的决策。它的目的是提高企业经营效能，使企业经营活动与外部环境的变化保持动态平衡。战略决策一般由企业最高管理层制定，又称高层决策。

（2）管理决策（又称为战术决策）。它是指为实现战略而在人、财、物等方面具体作出的战术性决策。如生产计划的制订、新产品定价、设备更新改选决策等。这种决策的目的是提高企业管理效能，以实现企业内部各环节高度协调和资源的有效利用。管理决策具有指令性、定量化的特点，其正确与否关系到战略决策的顺利

实施。这种决策一般由企业中间管理层作出，又称中层决策。

(3) 业务决策。它是指企业日常活动的决策。如生产组织的局部调整、定额的制定、库存管理等方面的决策。这种决策的目的在于提高生产效率和工作效率，合理组织生产过程。这种决策主要是由企业基层管理层作出，又称基层决策。

战略决策、管理决策和业务决策之间有时没有绝对的界限，在一些小型企业中往往就更难分开。

2. 按决策的条件，可分为确定型决策、风险型决策和不确定型决策

(1) 确定型决策。它是指未来影响决策方案的所有因素是非常明确而固定的，而且一个方案只有一个确定的结果。确定型决策可用数学模型得到最优解，一般可用量本利分析、线性规划等方法，如生产批量决策、库存决策、成本—利润—产销量决策等。

(2) 风险型决策。它是指各种决策方案未来的各种自然状态不能预先确定，发生是随机的，而各种状态出现的概率（可能性大小）可以从过去的统计资料中估计出来，并根据这一概率作出决策。如扩大生产规模能增加产量的概率是60%，不能增加产量的可能性是40%，企业是否扩大企业规模的决策就是一个风险型决策问题。风险型决策可采用决策树、决策收益表等方法对事件进行决策。

(3) 不确定型决策。它是指决策方案的自然状态不能预先估计，而且也没有客观概率可预测，完全凭决策者的经验、感觉和估计等因素来确定一个主观概率的决策。目前，这种决策已经有一些决策准则供不同类型和风格的决策者选用。如新产品开发决策，由于新产品开发是否成功取决于市场的销路如何，而市场销售情况是很难事先完全确定的。

3. 按决策问题出现的重复程度，可分为程序性决策和非程序性决策

(1) 程序性决策。它是指日常管理工作中经常重复出现问题的决策。由于这类问题经常重复出现，因而有可能将这类常规性、例行性的决策过程标准化、程序化。如生产方案决策、采购方案决策和设备选择决策等。

(2) 非程序性决策。它是指所要解决的问题是过去没有或很少重复发生的新问题，无先例可循，因而要靠决策者的知识、信念、思维、经验和判断来决策。如新产品开发决策、开发新市场决策、扩大企业规模决策等。

此外，决策还可以按照决策的时间跨度、决策目标和方法等标准来分类。

4.4 经营决策原则和程序

4.4.1 经营决策原则

(1) 目标明确原则。目标和方案是决策活动不可缺少的两个基本因素。只

有明确目标，才能清楚为什么进行决策，是为解决什么问题而进行决策。这样才能使决策不盲目，做到有的放矢，事半功倍，提高工作效率。

（2）效益性原则。企业所从事的生产经营活动，其目的是取得最大的利润。决策就是要在多个备选方案中选择一个相对而言最优的经营方案，使相同的投入能获得更大的产出或收益。另外，效益性原则还指经营决策本身也要讲求效果和成本，即所作出的经营决策既要正确，又要经济和有实效。

（3）系统性原则。企业是一个复杂的、由多种相互联系且共同作用的因素所构成、以达到一定目标的协作系统。要使企业这一系统有效运作，在进行经营决策时，就必须以企业整体最优化为目标，做到以外部环境和内部环境同时优化为前提。

（4）可行性原则。经营决策应建立在企业人力、财力和物力等实际需要和可能的基础上，即不但要充分考虑本企业的内部实际可能，还要充分考虑社会、政治、道德等因素的可行性；否则，决策就失去成功实现的基本前提条件。

（5）社会性原则。企业是社会经济的基本细胞，其经营决策的目标必须要兼顾国家、企业、个人三方面的利益。因此，企业在经营决策时，必须从社会利益出发，使企业发展与社会需要相一致，而不能为了自身发展，忽视社会的发展和个人的需要。例如，企业在发展中，不顾广大群众的利益，大肆排放污染物，危害环境。

4.4.2 经营决策程序

现代管理理论认为，决策不仅仅是选择合理的方案，而且包括决策程序本身的合理性。经营决策是遵循一定的认识规律，从提出问题、分析问题到解决问题的一个系统过程。合理的经营决策程序通常可分为四个阶段。

1. 识别问题与确定决策目标

确定决策目标是经营决策的起点。目标是根据企业当前经营中所存在的问题，与企业应达到的目标之间的差距相比较，明确问题的实质和范围。界定问题时要全面考虑企业外部环境与内部条件，即需要与可能相匹配，才能使目标切实可行和具体。目标的具体，是指可计量的、是单义的、可落实的。同时还必须规定目标实现的约束条件，当企业的经营决策有多个时，这主要是考虑企业在经营过程中会遇到各种问题。例如，企业经营能力差，可能是由于产品结构不合理、工艺落后、价格不合理等因素造成的，这时，经营决策就有可能同时涉及产品更新、工艺改选、降低成本等目标，这时就应分清主次，抓住影响企业生产经营最大的那些目标，作为经营决策的目标。

总之，企业在深入调查的基础上发现问题，然后正确地制定经营目标。

2. 拟订各种备选方案

提供各种可行的方案供评价和选择是决策的一个基础环节，没有选择就没有决策，决策在于选择。所提出的各种方案应符合两个要求：一是方案的整体性；二是方案的相互排斥性。前者是指全部备选方案应包括所有可能的方案；后者是指不同的方案必须相互替代、相互独立，不能相互包容。如某个方案的内容包含在另一个经营方案中，则这一方案就无评价的实际意义。

备选方案的拟订是从提出设想开始的，它应具备三个要素：一是以实现的经营决策目标为目标；二是充分考虑企业外部环境所提供的条件；三是充分利用企业的各种资源。方案的拟订可鼓励全体成员参加，提出各种初步方案，然后对各方案进行筛选、修改和补充成可行的备选方案。

3. 评价与选择可行的经营方案

评价与选择可行的经营方案，是对每个备选方案的效果进行充分论证，在此基础上作出选择。如果说，确定目标是决策的前提，拟订备选方案是决策的基础，那么，方案的评价与选择是决策最关键的一步，是决策的决策，对企业经营起决定性的作用。在这一阶段主要是确定两个问题：一是评价的内容；二是评价的方法。

评价内容：①方案是否与经营方向、目标相符合；②决策所依据的原则是否正确；③方案在技术上是否可行；④制订方案所运用的理论与方法是否科学；⑤方案在经济方面是否可行；⑥方案在社会方面是否可行；⑦方案与企业的可供资源及能力是否相适宜。

评价方法：主要有经验判断法、数学分析法和实验法。

4. 执行方案

经营方案决策后，方案将付诸实施。这一阶段应重视两个问题：一是组织落实；二是加强过程的管理。为此，企业经营者必须要根据经营决策目标进行组织分工，落实相应的资源，制订经营计划等，通过“决策—执行—再决策—再执行”的循环过程，最终实现企业的经营战略目标。

以上四个阶段，构成企业经营决策的制定、实施、调整的全过程。但在实践中，决策的阶段循环过程比理论上的要复杂得多。因此，在这里我们所学的理论知识，只是为实际决策者提供一个大致的思路。在实践中，决策者应根据实际情况，充分利用过去成功的经验来提高决策的效率。

4.5 企业经营决策方法

经营决策计量方法的广泛应用，是现代企业管理理论和实践的一个显著特点。这里主要介绍确定型决策、风险型决策和不确定型决策中常用的计量决策方法。

4.5.1 确定型决策方法

确定型决策，也称程序化决策、定型化决策。其特点是：每当一个新问题发生时，不必作新的决策，而只需要按原规定的程序去处理就可以，即事件的各种自然状态是完全肯定而明确的，只需按原规定的程序分析计算就可以得到各方案的明确结果。所以，对于这类决策问题，可根据不同的约束条件，采用不同的数学模型，求得最优或较优的方案。下面主要介绍单纯选优法、盈亏平衡分析法和线性规划法等三种常用的确定型决策方法。

1. 单纯选优法（又称直观判断法）

这种方法是根据已掌握的每一方案的每一确定结果，进行结果比较，直接选出最优方案的方法。例如：某企业采购某种零件，有 3 家供应商表示可提供这种零件，分别报出的单价是：A 商 100 元、B 商 130 元、C 商 125 元，如这 3 家的商品质量同等，售后服务相同，则应选择 A 商，因为它的价格低。单纯选优法只适用于简单情况的决策。

2. 盈亏平衡分析法（又称量本利分析法）

（1）盈亏平衡分析原理。

盈亏平衡分析法是根据对业务量、成本和利润三者之间函数关系的综合分析，用来预测利润、控制成本的一种技术方法。它是企业经营决策中常用的方法。其基本原理是边际分析理论，具体方法是：把企业的生产总成本分为固定成本和变动成本，观察业务量单价与单位变动成本的差额，如果前者大于后者，便存在“边际贡献”，当总边际贡献与固定成本相等时，恰好盈亏平衡，这时每增加一个单位产品，就会增加边际贡献的利润。

这里所指的“业务量”是指产量、销售量和销售额。成本是由固定成本和变动成本构成的。其中固定成本是指一定时期和一定业务量范围内不随业务量的变化而变化的那部分成本，如折旧费、企业管理费、车间经费等。固定成本的特点是，在一定时期和一定范围内，无论业务量如何变化，这部分的成本开支额都不会发生变化，但单位固定费用会随着业务量的增加而减少；反之，增加。变动成本是指与业务量成正比例变化的成本，如原材料费用、人工费用等。一般来说，当企业的业务量增加时，单位变动成本不变，总变动成本随业务量的增加而增加；反之，减少。

（2）盈亏平衡点的计算。

盈亏平衡点分析的核心是找出盈亏平衡点。盈亏平衡点是销售收入与总成本相等的销售量或销售额。寻找盈亏平衡点的方法有图解法和公式法。

①图解法。图解法是以 x 轴表示业务量，y 轴表示销售收入或成本，绘制成直角坐标图，然后将销售收入线、固定成本线标到坐标图上。

以 C 表示总成本，F 表示固定成本，v 表示单位变动成本，p 表示产品单价，x 表示业务量，S 表示销售收入，则：

$$S = px$$
$$C = F + vx$$

把这两个直线方程在坐标图上表示出来如图 4－4 所示：

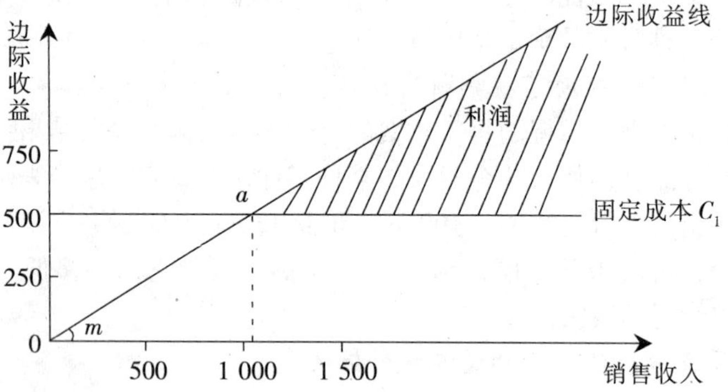

图 4－4

从图 4－4 中可看出，只要单位业务量售价大于单位变动成本，则销售收入线与总成本线相交于某一点 a，这就是盈亏平衡点。显然，当业务量（销售量）大于 x_0 时，企业处于盈利状态；当业务量（销售量）小于 x_0 时，企业处于亏损状态。

②公式法可分为销售量计算法和销售额计算法。

第一，销售量计算法。

$$S = pQ$$
$$C = F + vQ$$

式中，S 为销售额；p 为销售单价；Q 为销售量；C 为总成本；F 为固定成本；v 为单位变动成本。

盈亏平衡点时，$S = C$，即

$$pQ = F + vQ$$

则盈亏平衡点时的业务量为：

$$Q_0 = \frac{F}{p - v}$$

例：某企业生产某产品，该产品销售单价为100元/台，固定成本为10万元，每台变动成本为40元，问盈亏平衡点是多少？

$$Q_0=\frac{F}{p-v}=\frac{100\ 000}{100-40}=1\ 667\ （台）$$

第二，销售额计算法。

这种方法适用于生产多种产品或多品种的决策。

在公式两边乘以 p，则：

$$Qp=\frac{Fp}{p-v}$$

$$S_0=\frac{F}{1-v/p}$$

（3）量本利分析的应用。

量本利分析的应用，主要是用盈亏平衡点分析原理，对企业的经营状况、获利水平、成本控制等问题进行决策。

①确定保本点。通过计算盈亏平衡点，寻求生产经营的保本销量或产量。

例：企业生产某产品的单位销售价格是120元，单位变动成本是100元，总的固定费用是80万元，问至少销售多少件产品才不亏本？

解：盈亏平衡点＝800 000÷（120－100）＝40 000（件）

②经营安全状况分析。企业经营状况的好坏可以通过经营安全率指标来加以判定。经营安全率（L）的公式为：

经营安全率（L）＝（实际销售量－盈亏平衡销售量）÷实际销售量×100%

计算出经营安全率后，一般根据表4－7所示的经验数值来判断企业经营安全状况。

表4－7

经营安全率	≥30%	25%～30%	15%～25%	10%～15%	≤10%
经营状态	很安全	安全	不太好	要警惕	危险

例：某企业生产的产品，销售单价是320元/台。销售量是50 000台，固定成本是8 000 000元，变动成本是120元/台，试计算经营安全率。

解：盈亏平衡点＝8 000 000÷（320－120）＝40 000（台）

经营安全率＝（50 000－40 000）÷50 000＝20%

由表4-7可知，企业的经营状况“不太好”。

企业可以针对一定时期内经营安全率所反映的经营状况，采取相应措施，如调整产品结构，增加适销产品和商品的销量，降低单位变动成本，压缩固定成本，采用合理的促销手段来提高经营安全率，改善经营状况。

③预测一定销售量下的利润水平。

例：某企业销售一种商品，单位变动成本为85元，固定成本为10万元，销售单价为100元。据市场预测，年度销售量为8 000件，企业可获利多少？

解：根据公式：$Q=\dfrac{F+P_{利}}{p-v}$

$$8\,000\times(100-85)-100\,000=120\,000-100\,000=20\,000（元）$$

可获年利润20 000元。

④确定目标成本。

例：一企业机床每台售价10万元，单位变动成本为6万元，年固定成本为400万元，当目标利润确定为400万元时，目标成本应控制在什么水平？

解：根据公式：$Q=\dfrac{F+P_{利}}{p-v}$

销售额 =（400+400）÷（1-6÷10）=2 000（万元）

目标成本 = 销售额 - 目标利润 =2 000-400 =1 600（万元）

在保证实现400万元的年目标利润的情况下，目标成本应控制在1 600万元的水平。

⑤多品种生产的量本利分析。

多品种生产的量本利分析通常用边际收益分析法。边际收益是指销售收入减去变动成本后余下的部分，即固定成本加利润。运用边际收益率来确定盈亏平衡点的销售收入。计算过程如下：

首先，计算各产品的边际收益率 m。

$$m=\frac{D（边际收益）}{S（销售收入）}$$

因为 $D=Q(p-v)$ 或 $D=F+P$

所以 $m=\dfrac{Q(p-v)}{S}$ 或 $m=\dfrac{F+P}{S}$

其次，按各产品边际收益率大小顺序排列，并计算销售收入和边际收益的累计值。

再次，按顺序用边际收益的累计值和固定成本比较，当边际收益的累计值首次大于或等于固定成本时，则可确定盈亏平衡点一定在该产品区。

最后，计算与盈亏平衡点对应的销售收入，设所在产品区的序号为 n，则：

$$S_0=\sum_{t=1}^{n-1}S_i+\frac{C_1-\sum_{i=1}^{n-1}D_i}{m_n}$$

例：某企业在某年有下述资料（见表4－8），求盈亏平衡点的销售收入 S_0。

表4－8

产品	销售收入	边际收益	固定成本
A	600	300	500
B	400	180	
C	500	200	
D	500	150	

解：通过计算可得表4－9：

表4－9

产品	序号	边际收益率（%）	S 累计	D 累计	D 累计－固定成本
A	1	50	600	300	－200
B	2	45	1 000	480	－20
C	3	40	1 500	680	180
D	4	30	2 000	830	330

计算结果表明，D 累计首次大于固定成本是 C 产品，所以盈亏平衡点在 C 产品区，C 产品序号为 3，所以

$$\begin{aligned}S_0&=\sum_{t=1}^{n-1}S_i+\frac{C_1-\sum_{i=1}^{n-1}D_i}{m_3}\\&=S_1+S_2+\frac{C_1-(D_1+D_2)}{m_3}\\&=600+400+\frac{500-(300+180)}{40\%}=1\ 050\end{aligned}$$

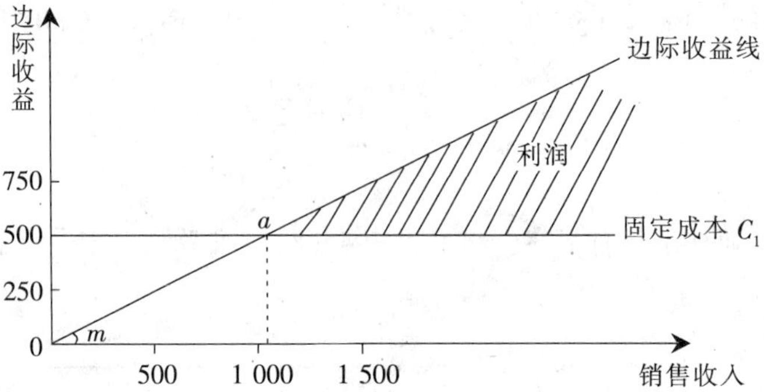

图 4-5

3. 线性规划法

在经营决策中，当遇到有限的人力、物力和财力，就需要考虑如何合理投入和运用，产出社会所需的产品，同时又能为企业取得最好的经济效益。这时，如果资源的有限或约束条件表现为线性等式或不等式，目标函数表示为线性函数，可运用数学分析模型进行决策，这就是线性规划。

例：某制衣厂生产和销售男女西裤。生产男式西裤的车间日生产能力为 200 件，生产女式西裤的车间日生产能力为 240 件。由于布匹供应不足，若全部生产男式西裤，每天可生产 240 件；若全部生产女式西裤，每天可生产 480 件。日销售能力男女混合可售出 300 件，男式西裤每件销售利润为 30 元，女式西裤每件销售利润为 20 元。要求进行最佳的品种数量组合决策。

解：这种只有两个变量（男式西裤、女式西裤）的简单线性规划问题，可用图表法。

（1）依条件建立坐标模型（见图 4-6）。

（2）可行解在 A、B、C、D、E、O 构成的区间内。

（3）最优解在 A、B、C、D、E 中的某一凸点上。

（4）根据等利润线原则寻求最优解。

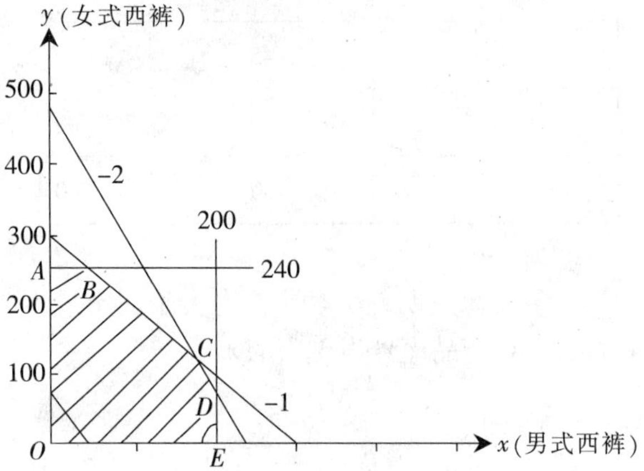

图 4-6　线性规划坐标

本例等利润线的斜率为 $-30/20=-3/2$，与等利润线相交的最凸点 C 为最优解。

（5）求最优解 C 点的坐标值。

C 点是直线 $y=300-x$ 与直线 $y=480-2x$ 的交点，因此有：

$300-x=480-2x$，解得 $x=180$，代入 $y=a-bx=480-2x=120$

最优解为男式西裤生产 180 件，女式西裤生产 120 件，每天利润为 $180\times30+120\times20=7\ 800$ 元。若变量在三个以上，则要用单纯形表求解。

4.5.2 风险型决策方法

风险型决策方法是指根据决策事件各种自然状态及其概率，作出合理决策。这类决策方法主要有决策收益表和决策树。

风险型决策的决策依据是期望值。期望值是指在不同自然状态下决策者期望达到的数值。

1. 决策收益表

决策收益表又称决策收益矩阵。该表包括可行方案、自然状态及概率。

决策步骤：

（1）确定决策目标。

（2）根据经营环境对企业的影响，预测自然状态，并估计其发生的概率。

（3）根据自然状态的情况，充分考察本企业的实力，拟订可行方案。

（4）根据不同可行方案在不同自然状态下的资源条件、生产经营状况，运用系统分析方法计算损益值。

（5）列出决策收益表。

（6）计算各可行方案的期望值。

（7）比较各方案的期望值，选择最优可行方案。

例：某商业企业销售一种新产品，每箱成本为 80 元，销售单价为 100 元，如果商品当天卖不出去，就会因变质而失去其使用价值。目前对这种新产品的市场需求情况不十分了解，但有去年同期类似产品的日销售资料可供参考，如表 4－10所示。

表 4－10

日销售量（箱）	完成天数	概率
25	20	0.1
26	60	0.3
27	100	0.5
28	20	0.1
总计	200	1.0

现在要确定一个使企业获利最大的日进货量的决策方案。

解:

(1) 决策目标是安排一个使企业利润最大的日进货计划。

(2) 根据对去年同期类似商品销售资料的分析，可确定今年商品的市场自然状态情况，并计算出各种状态下的概率，绘制决策收益表（见表4-11)。

(3) 根据去年的销售情况，经过分析可以拟定出新商品销售的可行方案。

(4) 计算出各种方案在各种状态下的损益值，如表4-11所示。

表4-11

损益值 方案 \ 状态 概率	市场日销售量				期望值
	25箱	26箱	27箱	28箱	
	0.1	0.3	0.5	0.1	
25箱	500	500	500	500	500
26箱	420	520	520	520	510
27箱	340	440	540	540	490
28箱	260	360	460	560	420

(5) 计算期望值（EMV)。

$EMV25 = 500 \times 0.1 + 500 \times 0.3 + 500 \times 0.5 + 500 \times 0.1 = 500$

$EMV26 = 420 \times 0.1 + 520 \times 0.3 + 520 \times 0.5 + 520 \times 0.1 = 510$

$EMV27 = 340 \times 0.1 + 440 \times 0.3 + 540 \times 0.5 + 540 \times 0.1 = 490$

$EMV28 = 260 \times 0.1 + 360 \times 0.3 + 460 \times 0.5 + 560 \times 0.1 = 420$

(6) 进行最优决策。选择期望值最大的（510元）所对应的计划方案，即每天进货26箱为最优。

如果没有历史同期商品或类似商品资料时也可采用机会均等决策方法，即将各种自然状态可能发生的概率看作均等的平均概率，或者依据销售人员和决策者的经验进行各种概率的估计。在这种情况下，决策的偏差较大。

2. 决策树

决策树是以图解方式分别计算各方案在不同自然状态下的损益值，通过综合期望值的比较，作出方案选择。这种方法既可以解决单阶段的决策问题，还可以解决决策收益表无法表达的多阶段序列决策问题。它具有直观明了、阶段清晰、便于决策者集体讨论等优点。在管理上多用于复杂问题的多层次决策。

（1）决策树结构。

决策树由5个因素构成，即决策点、方案枝、状态结点、概率枝和损益值。决策树的决策点（方块）表示决策的结果，状态结点（圆圈）表示各种自然状态所能获得收益的机会，由决策点引出若干条方案枝，并连接状态结点，再由状态结点引出若干条概率枝，每一条代表一种自然状态，在概率枝末端列出不同自然状态的期望值。整个结构像树形，因此而得名。其结构如图4－7所示：

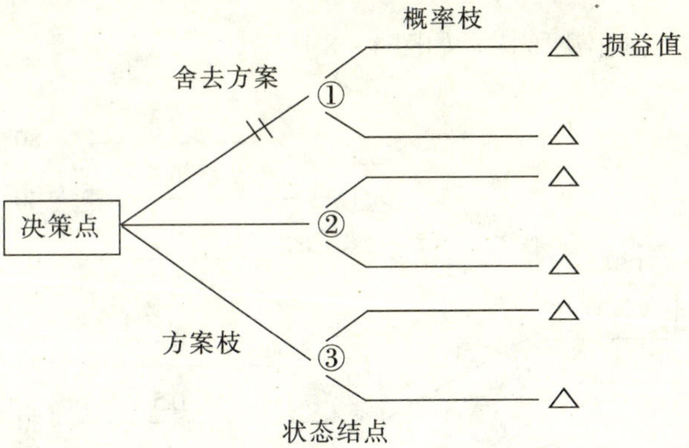

图4－7

（2）决策树步骤。

①绘制树形图。绘图程序是自左向右分层展开。必须在对决策条件进行细致分析的基础上，确定所有可供决策选择的方案，以及这些方案在实施中会发生的所有自然状态。当遇到多级决策时，就要确定是几级决策，并逐级展开其方案枝、状态结点和概率枝。

②计算期望值。期望值的计算要由右向左依次进行。先将每种自然状态的收益值分别乘以各自概率枝上的概率，再乘以决策有效期限，最后将各概率枝的值相加，标于状态结点上。

③剪枝决策。比较各方案的期望值，如方案实施有费用发生，则应将状态结点值减去方案费用再进行比较。凡是期望值小的方案枝一律剪掉，最终剩下一条贯穿始终的方案枝，其期望值最大，将此最大值标在决策点上，即为最佳方案。

例：某企业准备生产某种产品，预计该产品的销售有3种可能：销路好，其概率为0.3；销路一般，其概率为0.5；销路差，其概率为0.2。可采用的方案有两个：一是新建一条流水线，需投资120万元；二是对原有设备进行技术改造，需投资50万元。两个方案的使用期均为5年，各种自然状态下年度销售利润如表4－12所示，问该企业应如何决策？

表 4－12

方案	投资（万元）	年收益（万元）			使用期（年）
		销路好（0.3）	销路一般（0.5）	销路差（0.2）	
新建流水线	120	80	40	0	5
技术改造	50	60	30	15	5

解：根据题意画出决策树，如图 4－8 所示。

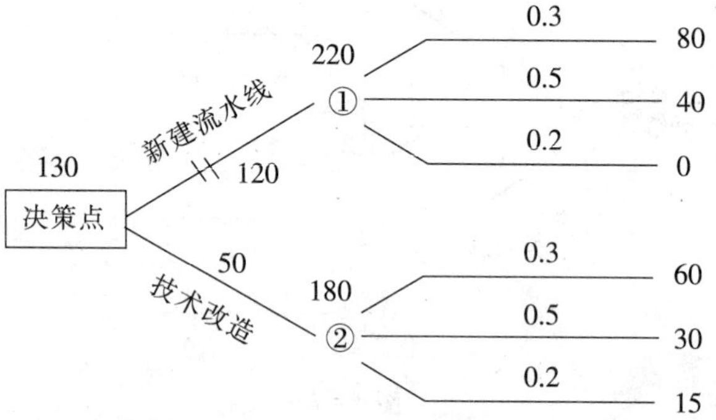

图 4－8

计算决策点的利润期望值：

新建流水线：$(80\times0.3+40\times0.5+0\times0.2)\times5-120=100$

技术改造：$(60\times0.3+30\times0.5+15\times0.2)\times5-50=130$

从利润期望值看，技术改造方案较高，所以，应将新建流水线方案的方案枝剪去，而选择进行技术改造方案。

某些决策需要分阶段作出，如初始决策作出后，还需要根据有关要求对初始决策进行修正，再次作出决策，凡包括两项或两项以上的决策称为多级决策，其决策原理与单次决策相同。

4.5.3 不确定型决策方法

决策的事项存在着几种自然状态，但自然状态可能出现的概率无法预测，对这类问题的决策主要是以决策者的经验和主观意志来判断，这种决策称为不确定型决策。同一方案，由于不同的人所采用的决策原则不同，决策的结果就不同。不确定型决策常用的思考原则如下：悲观原则、乐观原则、折中原则、最小后悔原则。

例：某企业为了生产一种新产品，制定出 3 种生产方案：A1 方案，改建原有生产线；A2 方案，新建一条生产线；A3 方案，部分零件与外厂协作生产。由于缺乏有关资料，对该产品的市场需求只能估计为较高、一般、较低三种情况，而对每种情况出现的概率无法预测。每种方案在各种自然状态下的损益值如表4－13所示：

表 4－13

方案 / 损益值 / 自然状态	A1	A2	A3
需求较高	600	900	400
需求一般	400	350	250
需求较低	－150	－300	90

解：决策者可根据不同标准和方法进行方案选择。

（1）悲观准则（又称坏中求好法或“华德决策准则”）。它是按照保守的态度来“小中取大”，即先从每一个方案中选择一个小的收益值，然后再从这些最小收益值中选取一个最大值，该值对应的方案就是最优方案。例中，3 种方案各自的最小收益值分别为：

f（A1）＝min（600，400，－150）＝－150

f（A2）＝min（900，350，－300）＝－300

f（A3）＝min（400，250，90）＝90

则这些最小收益值中的最大值是：

f（A）＝max（－150，－300，90）＝90＝f（A3）

所以，A3 方案（即部分零件与外厂协作生产）是最优方案。

（2）乐观准则（又称好中求好法）。这种准则与悲观准则完全相反，它先在各种方案的收益中取最大值，然后将各种方案的最大值进行比较，再选取最大值的方案为最优方案。用这种准则对上例作出决策：

f（A1）＝max（600，400，－150）＝600

f（A2）＝max（900，350，－300）＝900

f（A3）＝max（400，250，90）＝400

则这些最大收益中的最大值为：

f（A）＝max（600，900，400）＝900＝f（A2）

所以，A2 方案（即新建一条生产线）是最优方案。

（3）中庸准则（又称乐观系数法或“赫威斯准则”）。它是介于乐观与悲观之间的一种准则，即决策者对未来的情况持较乐观的态度，但又考虑到不利形势产生的影响，所以，决策者通常根据市场情况和个人经验，预先确定一个乐观系数 α 作为主观概率，其值为 $0\leqslant\alpha\leqslant1$，然后把每一个方案的最大收益值乘以 α，再加上该方案的最小收益值乘以 $(1-\alpha)$ 得到一个乐观的期望值。比较各方案的期望值，大者为最佳方案。仍以上例为例，若 $\alpha=0.7$，则：

$f(A1)=0.7\times600+(1-0.7)\times(-150)=375$

$f(A2)=0.7\times900+(1-0.7)\times(-300)=540$

$f(A3)=0.7\times400+(1-0.7)\times90=307$

这些期望值中的最大者为：

$f(A)=\max(375, 540, 307)=540=f(A2)$

所以，A2 方案（即新建一条生产线）是最优方案。

（4）遗憾准则（又称大中取小法、最小后悔值法、“萨凡奇决策准则”）。它以各方案的机会损失的大小来判别方案的优劣。所谓机会损失（或后悔值），是指由于决策事物而引起的机会成本。例如，当市场出现高需求时，决策者却采取了保守的生产方案；而当市场滞销时，决策者却要扩大生产规模。因而，每种自然状态的最大值与同种自然状态下的其他损益值之差就是后悔值，在决策时，首先把各种方案的最大后悔值选出来，然后再选择其中最小的后悔值作为最优方案。

例如，对上例可作如下分析：

首先找出对应于各种自然状态的最大值为 900、400、90；然后，对应于各种自然状态，用最大值减去同种状态的损益值，得出后悔值，如表 4－14 所示。

表 4－14

损益值 / 方案 / 自然状态	A1	A2	A3
需求较高	300	0	500
需求一般	0	50	150
需求较低	240	390	0

从表 4－14 中可见，各方案的最大后悔值分别为 300、390 和 500，其中最小后悔值是 300，所以 A1 方案（即改建原有生产线）是最优方案。

（5）等概率准则（又称机会均等标准、主观概率准则、“拉普拉斯法”）。

它认为在没有理由说明哪个时间有更多的发生机会时，只能认为它们发生的机会是均等的。假设有 n 种情况，则每种情况出现的概率是 $1/n$，然后求出各种方案在不同情况出现的期望值，再从中选取最有利的方案，即把各期望值进行比较后，选择最大值所对应的方案为决策方案。

把这一准则应用于上例，很容易算出每一个方案的期望值：

A1 的期望值 = （600 + 400 − 150） ÷ 3 = 283.33

A2 的期望值 = （900 + 350 − 300） ÷ 3 = 316.67

A3 的期望值 = （400 + 250 + 90） ÷ 3 = 246.67

通过对各方案期望值的比较，A2 的期望值最大，则 A2 方案（即新建一条生产线）是最优方案。

4.6 经营计划

经营计划是确定企业经济活动整体的经营目标、战略和布局的计划，是统率企业全部经济活动的总纲，是综合性的计划。

4.6.1 经营计划的原则

制订科学的经营计划，必须要遵循一定的基本原则。其中包括：

（1）关键性原则。它是指在总体经营目标中，必须突出具有全面性的主要问题，否则主次不分，企业的资源就不能被有效地利用，造成资源的浪费。

（2）强制性和弹性原则。它是指一方面所制定出的经营计划必须严格执行，不允许轻易改变或废除，但当发现计划与现实发生偏差而影响效益时，就必须及时调整和修订；另一方面，由于企业经营的内外环境是经常变化的，因此，就要求经营计划要有适应市场因素、经营环境变化的应变灵活性。

（3）完整性和系统性原则。经营计划由多种不同形式的计划所组成，而各部分计划的编制所依据的条件和影响因素又是不同的，因而多种计划之间就可能产生矛盾和不协调，这就要求对企业整体目标进行分解，使各项计划之间相互协调、相互配合、相互促进，形成一个有机整体，发挥统一计划的优越性。

（4）现实性和鼓励性原则。它是指所制定出的经营计划必须能够保证按期完成，经过主观努力是可以达到的。另外，经营计划要有动员职工、激发职工积极性的强大力量。也就是说，经营计划必须与职工的物质利益紧密结合，从而使人人关心经营计划的实现，把实现企业经营成果、创造最佳经济效益变成激发职工创造性劳动的强大动力。

（5）连续性原则。企业的生产经营活动是连续不断地进行的，前期计划的执行情况及其分析是编制当期或后期计划的依据。因此，近期计划的编制要考虑到为后期计划提供条件，短期计划的编制要成为实现长期计划目标的组成部分。任何割断过去、现在和未来的联系，不切实际的指标、高速度，或者是急功近利而不顾长远利益的经营计划，都是不可取的。

4.6.2 经营计划的分类

经营计划是指导企业经营活动的综合性计划，可以从不同的角度对它进行分类。

(1) 按计划的期限，可以分为长期、中期和短期计划。长期计划是企业5年甚至10年的远景规划。短期计划也称年度计划，它是企业职工在计划年度内的行动纲领，是以长期计划为依据编制的。中期计划介于长、短期计划之间，它使长期任务计划与短期具体任务计划更好地结合起来。

(2) 按计划的作用，可以分为战略性计划和实施性计划。一般来说，长期计划属于战略性计划，短期计划属于实施性计划。

(3) 按计划的内容，可以分为生产技术经济计划和作业计划。前者主要包括生产技术财务计划和经营结构计划；后者又称为日程计划，是生产技术经济计划的具体执行计划。

(4) 按计划的对象，可以分为综合经营计划和单项计划。综合经营计划是以整个企业的全部生产经营活动为对象的计划，而单项计划是为了解决某一特定问题而制订的计划。

除此之外，还可以按计划的性质，把经营计划分为物量计划和价值计划，等等。

4.6.3 长期经营计划

在经营计划中，长期经营计划具有明确方向、统率全局的重要地位。一方面，长期经营计划涉及的时间较长，内容广泛且复杂。长期经营计划是指5年以上的长远规划，它涉及市场、销售、生产、技术改造、资金筹集和使用等各个方面的协调平衡等；另一方面，长期经营计划主要着眼于未来对企业具有重大影响而又难以预测的问题，如技术、经济、社会与市场等发展趋势。因此，如果长期经营计划出现错误，对企业的发展及命运的影响是极为深远的。总之，编制企业长期经营计划，就是从企业的长远规划和战略发展规模来计划企业的未来，从而使企业的奋斗目标明确，士气大振，最终有利于增强企业的竞争能力，使企业的经营能连续、稳定地发展。

1. 长期经营计划的内容

现代企业经营管理立足于长远而兼顾当前。对于企业来说，由于长期经营计划的时期长，涉及面广，有些因素事先难以预测，通常是根据企业的生产技术特点和国家赋予企业的权限、责任来制定的，所以，长期经营计划主要包括企业生产经营活动的各个主要环节的发展方针、目标和战略。具体地说，长期经营计划的主要内容包括：

（1）产品的发展方向。如品种的增加、质量的提高、产品结构的调整等。

（2）生产技术的发展规划。如确定科学研究项目，新技术、新工艺、新材料的采用，对设备进行更新改造，技术引进，重大技措项目及更新改造资金的筹集等。

（3）企业规模的发展规划。主要是规划设备、产品及人员的集中程度，如设备生产能力的增长及其利用率，依靠技术改造、工艺改进和劳动方法改进而增长生产能力的规划，产量、产值的增长速度，职工人数和机构的调整等。

（4）主要生产技术经济指标的提高。如生产成本逐年降低的幅度及速度，利润和利润率增长目标，劳动生产率增长速度，流动资金节约指标及周转速度，合理利用物资、人力的措施。

（5）物质资源的供应规划。企业生产经营所需的物质条件，如原材料、燃料、动力、水源、外协件的数量和来源及交通运输条件等的供应计划。

（6）职工教育培训计划。其中包括职工的文化、技术培训，操作熟练程度的提高，管理工作水平的提高等。

（7）环境卫生的治理规划。如“三废”污染的治理和综合利用、劳动保护和安全生产等方面的治理计划。

（8）生活福利规划。如劳动条件、居住条件的改善，生活福利设施的建设、工资增长等。

2. 长期经营计划的制订过程

制订企业长期经营计划，通常可分为3个阶段11个步骤。

第一阶段，经营分析阶段。它是指在明确经营观念的基础上，调查与分析企业经营环境和企业内部条件。

（1）树立正确的经营观念，即企业的决策者必须首先明确企业的经营目的、经营思想，为制订企业经营计划奠定基础。

（2）对企业的经营环境进行分析，即调查分析影响企业经营环境变化的各种原因，探索今后可能出现的制约企业发展的条件和制约企业发展的威胁因素，如需求、竞争、供应、销路、国家政策、法令以及自然、技术、经济、政治、文化等因素，通过分析其变化，来预测企业的发展。

（3）对企业的现状进行分析，即寻找企业本身的长处和薄弱环节，分析这些因素对企业发展的影响，如企业的产、供、销、人、财、物等因素对企业发展的影响等。

第二阶段，设定目标期望水平，明确差距问题阶段。通过比较期望目标与预测目标，发现问题，为下一步编制计划提供依据。

（1）假设期望目标。企业的长期经营目标是关于企业发展方面的目标，如企业的发展速度、规模、效益等方面的目标，而期望目标是企业希望达到的目标，它取决于企业所有者对企业发展、效益的期望。

（2）在企业现有的经营状况下，预测企业在计划期内可能达到的目标，目的在于发现差距。

（3）寻找差距，即把目标期望水平与预测水平进行比较，从中发现两者的差距。

第三阶段，计划编制阶段。对于长期经营计划，可以把它分为两大类：一类是开发新的事业，另一类是进行合理化改进。

（1）编制新开发战略，包括新产品、新工艺、企业组织的发展模式、企业的发展方向等计划。

（2）编制合理化战略，包括对现有产品结构的调整、现有产品设计的改进、现有生产设备的更新等计划。

（3）形成战略规划草案，即把新开发战略和合理化战略的方案进行综合平衡，从而制定出长期经营计划草案。

（4）对计划草案实施效果进行预测，从中发现差距，再进行修订，为正式确定长期经营计划奠定基础。

（5）确定长期战略规划，即由决策层经过反复预测、平衡、协调、论证，取得满意结果后，才正式把这一长期发展计划确定下来。

3. 滚动式计划方法在企业长期经营计划编制中的应用

由于长期经营计划的计划期较长，很难准确地预测影响经济发展的所有因素，这样，在计划执行过程中会不可避免地出现一些新情况和新问题。采用滚动式编制长期经营计划，可以根据经营环境的发展和变化情况，定期地对计划进行调整和修订，使企业始终有一个较为切合实际的长期经营计划，并与短期计划紧密衔接起来，充分发挥长期计划对短期计划的指导作用。所以，滚动式计划方法是一种把长短计划结合起来，并随着时间的推移，逐步将计划向前延伸的计划方式。它的特点是：

（1）逐步延伸。它是指随着时间的推移，计划不断向前延伸。用这种方法制订长期经营计划，要求每年对长期经营计划修订 1 次，每执行完 1 年，就必须根据执行结果和新一年内的可能变化，重新修订计划，并将计划期向前顺移 1 年。

（2）远近结合。由于计划期逐步推移，因此，任何时间企业都有远近结合的计划。例如企业编制的 5 年长期计划，执行 1 年后再把计划期向前滚动 1 年，一直保持5年，而每一个年度所编制的年度计划又都直接成为5年计划的组成部分，可见，远期计划中包含着近期计划。

（3）近细远粗。应用滚动式计划方法来编制长期计划，一般前一两年稍细一些，后三四年稍粗一些。因为前一两年计划属于近期计划，通常着重于活动过程、实施细节，则计划必须安排得详尽具体，而后三四年计划属于远期计划，着重于目标、战略，因此计划可定得概略些。这样，有利于在实施计划时适时地对计划进行调整。

（4）灵活性强。随着客观形势变化、企业经营方针的转换和计划执行的结果，应用滚动式计划方法能使计划得到及时的调整和修正，保持计划对生产经营活动的指导作用，因此，滚动式计划方法具有适应市场的灵活性。

应用滚动式计划方法编制长期经营计划，包括：①确定滚动期，即确定长期经营计划的时间长短。通常企业的长期经营计划滚动期为5年。②确定滚动间隔期，即确定前后两次编制和调整计划的时间间隔。一般企业每年都要编制和调整计划，所以间隔期为1年。③确定计划量。前期的计划量通常根据订货合同来编制，后期的计划量根据预测数来编制。④根据计划执行的情况、企业内外环境的变化情况、企业生产经营方针的调整等因素，来修正及编制下一轮的5年计划。

采用滚动式计划来编制5年期长期经营计划的方法如图4－9所示。

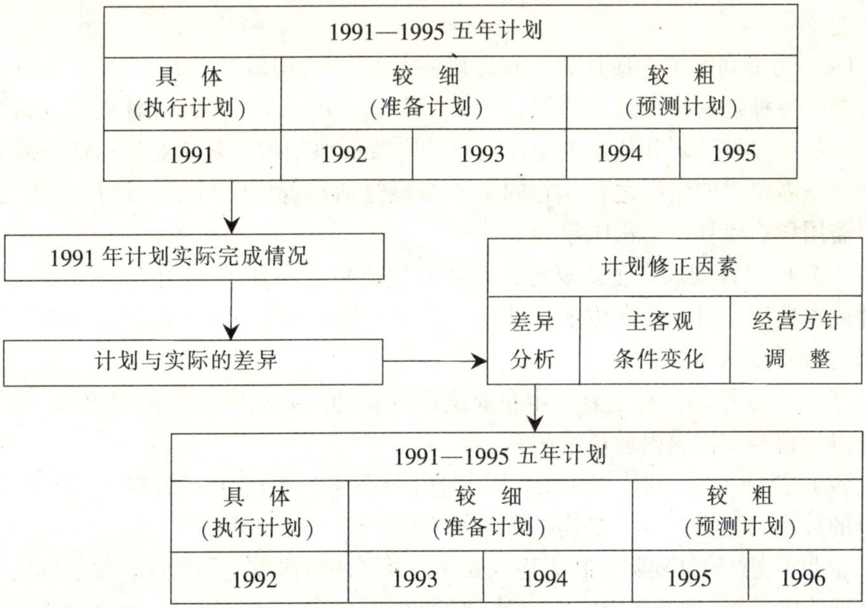

图4－9

从图4-9中可见，采用滚动式计划方法编制计划，既可每年对长期经营计划的执行情况进行检查，又可把每年发生变化的因素考虑进新的长期经营计划中。另外，它使企业始终有一个长远的总体规划，保证各种计划的相互衔接，从而使企业的经营目标能顺利实现。

4.6.4 年度经营计划

年度经营计划又称为年度综合计划，它是在长期计划的指导下，对年度内生产经营各环节、各方面的活动作出的计划安排，是企业组织各项生产经营活动的行动纲领。

1. 年度经营计划的内容

年度经营计划由以下几种计划组成：

（1）销售计划。它是企业年度经营计划的主体，是根据市场的需求和订货合同来编制的，对产品的销售额、销售渠道、销售收入及销售方针等作出明确规定。它必须与生产计划、财务计划等相关计划进行平衡。

（2）利润计划。它是一切计划的开始，没有利润，企业就不可能发展。所以，利润计划应体现年度经营目标的要求，根据销售计划和成本计划编制。

（3）生产计划。它是工业企业的一项重要计划，主要依据销售计划而制订，又是制订其他计划的主要依据。它主要规定企业生产的产品品种、质量、数量及生产进度等。

（4）物资和能源供应计划。它是确定计划期内完成生产计划以及其他计划所需要的各种物资和能源的计划，是根据生产计划、新产品开发计划、设备维修计划、基本建设计划和技术改造计划等的需要而编制的，是企业计算产品成本和流动资金需要量的依据之一。它的主要内容包括物资供应目录、材料消耗定额、全年需用量、库存量、采购量等。

（5）成本计划。它主要规定企业计划年度内有关生产和销售产品所花费的各种成本费用、可比产品成本降低率、单位产品成本等方面的计划，是编制财务计划的重要依据。

（6）财务计划。它主要规定企业流动资金的来源和使用、销售收入、利润、税金以及银行和国家财政往来关系。

（7）劳动工资计划。它确定计划期内劳动生产率应达到的水平、所需各类人员的数量、工资额以及平均工资水平等。

企业年度经营计划除编制上述主要计划外，还可根据实际情况，编制固定资产大修理计划、企业改造年度实施计划、品种发展和新产品试制计划、职工培训和职工福利计划等。通过编制年度经营计划，使各种计划相互衔接、相互协调，综合平衡地形成一个完整的计划体系，保证企业生产经营活动的顺利进行。

2. 年度经营计划的编制

年度经营计划的编制过程可分为以下几个阶段：

第一阶段，准备阶段。通过调查研究，广泛搜集企业内外与生产经营活动有关的技术、经济信息，了解社会和市场的需要，扩大销路和开发潜在市场的可能性，并查定生产能力，了解用户和职工对企业生产经营方面的合理化建议。这是编制年度经营计划的基础工作和前提条件。

第二阶段，确定经营目标阶段。根据第一阶段所提供的资料，企业应提出几个不同水平的经营目标，这些目标既要有一定的先进性，又要有实现的可能性；然后通过充分发动职工，自下而上和自上而下，采取定性、定量的分析方法，几经讨论研究，最后确定初步经营目标。企业的经营目标是通过一系列生产技术经济指标来反映的，包括目标利润指标，目标销售量指标，产品品种、数量、质量、产值、出产期限、成本等指标。

第三阶段，综合平衡，确定计划阶段。根据企业生产经营活动中各种比例关系的要求，对各项生产要素和各环节的活动进行统筹安排，使它们相互衔接、相互协调，从而确定最佳的计划方案。综合平衡的主要内容有：销售额和利润之间的平衡；产供销的平衡；生产任务与劳动力、资金、经济效果之间的平衡；发展生产与提高职工工资福利之间的平衡；长期计划与短期计划的平衡，等等。

3. 年度经营计划的执行与控制

年度经营计划的执行与控制，关键要抓两个环节：一是要预先确定各项工作标准，包括各种定额、技术质量标准、主要计划指标、费用标准等；二是做好信息反馈工作，及时调整和消除计划在执行中所出现的偏差。具体应做好以下工作：

（1）分解指标，落实责任。通过科学的目标管理方法，把目标计划分解为企业总的经营目标、部门目标和个人目标，层层展开，形成纵向落实到个人，横向落实到各车间、各部门、各班组的结构完整的目标分解体系，使人人都明确各自的责任和努力方向，从而有利于计划的执行。

（2）加强检查，及时控制。计划的控制，就是对计划执行结果进行检查，发现偏差，迅速反馈，采取措施，加以纠正。可以说，计划、执行、控制是计划管理系统不可分割的整体。在计划执行中，由于情况的变化，随机因素的影响，发生偏差是不可避免的，关键在于发现偏差的迟早。如果发现得太晚，采取的措施不及时，就会失去控制，影响生产经营活动的协调发展。因此，对于生产过程中计划指标的完成情况，可以通过自我检查、互相检查、班组检查、职能人员检查和企业检查等办法，及时对计划的完成情况进行控制。在现代化企业中，应推广采用电子计算机来进行管理。因为这种先进的管理手段，不仅发现问题快，反馈快，而且采取措施纠正偏差也快。

（3）根据实际情况适当修改计划。当计划执行完成后，一定要进行事后总结，即根据反映计划执行情况的各种原始资料，如统计、会计报表，原始记录等，及时进行分析，找出薄弱环节和主要矛盾，重新核定各项指标，调整计划，使计划能够更加符合企业的生产经营要求，达到预期目标。

本章小结

企业进行决策前，必须对市场进行调查和预测，掌握决策所需要的信息，避免决策的盲目性。因此，本章首先阐述了市场调查与市场预测的内容、步骤、方法等，为作出正确决策提供可靠依据。

决策是从两个以上的备选方案中选择一个满意方案的分析决断过程。而企业的经营决策是企业运用科学的分析方法，在市场调查和预测方法的基础上，对所面临的外部环境和内部经营能力进行分析确定目标，制订多种方案，从中选择满意方案并付诸实施的全部活动过程。它根据不同标准可分为不同的种类。而企业进行决策时，必须遵循一定的原则，按照一定的程序进行。在决策中，计量方法的广泛应用是现代企业管理理论与实践的一个显著特点。确定型决策、风险型决策和不确定型决策分别有各自不同的计量方法。同时，企业决策方法还有定性预测方法（又称经验判断法）。这种方法是通过对熟悉情况的有关人员作调查，主要靠个人的主观判断来预测今后发展的趋势和状态的方法。常用的定性预测方法有专家意见法、主观概率法、用户意见法和企业人员意见法。

复习思考题

1. 市场调查的内容有哪些？如何认识市场调查方法的运用？
2. 市场预测的内容有哪些？如何运用市场预测方法？
3. 谈谈决策有什么重要作用？
4. 量本利分析的原理是什么？如何运用其进行经营决策？
5. 不确定型决策有几种原则？同一事件采用不同的决策原则会有不同的结果吗？
6. 风险型决策如何进行？
7. 什么是长期经营计划，它包括哪些内容？
8. 某企业从资料中得知上期销售额年均增长12%，2001年的销售额为6 000万元，按此增长速度，求2002年的销售额预测值。
9. 某企业某年1～6月份的实际销售额为120万元、125万元、115万元、130万元、125万元、135万元。设该企业的平滑系数为0.3（1月份的实际销售额与预测销售额相同)。试用指数平滑法预测该年7月份的销售额。

10. 试根据下列资料用一元线性回归方法预测2002年的销售额：1997年实际销售额为58万元，1998年为63万元，1999年为67万元，2000年为65万元，2001年为68万元。

11. 据有关统计资料，已知某住宅小区1996—2001年用电量与住宅面积的关系如表4-15所示，预测2002年住宅面积达到48万平方米时的用电量。

表4-15

年份	住宅面积（万平方米）	用电量（万度）
1996	20	41
1997	25	48
1998	28	54
1999	32	66
2000	38	58
2001	42	68

12. 某工厂生产甲产品，计划年度固定成本总额为20万元，单位产品可变成本为3 000元，单位产品售价为5 000元，目标利润为10万元，根据上述资料计算盈亏平衡点的销售量和保证目标利润的销售量。

13. 某企业生产一种产品，销售单价为12万元，单位变动成本为9万元，年固定总成本为500万元，预定目标利润为600万元，求目标成本应是多少？

14. 某企业生产甲产品，通过市场调查和预测，预计采用建新车间、改建原车间、增添一些新设备生产三个方案，各方案有效期均为5年，其产品销路好、一般、差的概率、投资额（万元）和可获得的收益（万元）如表4-16所示，试用决策树法选择最优方案。

表4-16

自然状态 / 损益值 / 概率 / 方案	销路好	销路一般	销路差	投资额
	0.3	0.5	0.2	
建新车间生产	23	13	8	53
改建原车间生产	16	14	9	40
增添一些新设备生产	10	8	5	21

15. 设某企业准备生产某种市场上从未出现过的新产品，但由于缺乏资料，工厂对这种产品的市场需求量只能大致估计为较高、一般、较低三种情况，面对每种情况出现的概率无法预测。为生产这种产品工厂考虑了三个方案：一是建一条生产线生产，二是改建原有生产线生产，三是把一部分零件包给外加工。这种产品工厂计划生产5年，各方案5年内损益值（万元）如表4－17所示，试用不确定型决策的三种方法分别作出决策。

表4－17

方案 / 损益值 / 自然状态	第一方案	第二方案	第三方案
需求量较高	800	600	400
需求量一般	300	400	250
需求量较低	－300	－150	90

5

市场营销

本章要求

- □ 理解市场及市场营销观念
- □ 理解市场细分的含义、作用及其标准
- □ 掌握目标市场选择的策略
- □ 正确理解产品的概念及产品组合策略
- □ 掌握对产品评价的方法
- □ 理解产品定价目标和掌握定价方法
- □ 正确运用营销渠道策略
- □ 理解促销方法和促销策略的选择

5.1 市场与市场营销观念

5.1.1 市场

所谓市场，本意是指买卖双方聚集在一起进行交换商品的场所。现代市场则扩展为一个复杂的、有多层内涵的概念，它是买主和卖主双方采用不同的方式使商品或劳务发生转移的场所，同时又是一定经济关系的体现。

现代市场一般具有以下特征：

(1) 市场是联系生产和消费的桥梁。通过市场，生产者与消费者之间实现价值与使用价值的转移。它在一定的时间和空间内，集中一种或多种能够满足人们需要的可交易的商品或劳务。

(2) 只有消费者、购买力和购买欲望三个要素结合起来，在市场中才能形成买卖行为。其中消费者（即购买者）是构成市场的基本要素，欲望的产生和满足是以人为主体的；购买力是人们支付货币购买商品或劳务的能力，是构成现实市场的物质基础；购买欲望是人们购买商品的动机，它源于人们的生理和心理需要，是构成市场必不可少的条件。三个要素相结合构成市场买卖行为。

(3) 现代市场是国际性的。一切国家的生产与消费已成为世界性的生产与消费。世界经济一体化是一种趋向，现代企业应以国际市场作为自己生产经营活动的出发点和立足点。

5.1.2 市场营销

市场营销是指以满足消费者的各种需求和欲望为目的，通过市场使潜在交换转移为现实交换的活动，从而使消费者和商品（劳务）生产者都实现自己的要求。

市场营销的实质，是企业通过营销活动解决社会生产与消费的矛盾，满足目标市场需求，实现企业预期的战略目标。随着市场经济的发展，市场营销逐渐为人们所接受，市场营销观念也经历了生产观念—产品观念—推销观念—市场营销观念—社会市场营销观念的多次转变，从而促进了社会经济的发展。

(1) 生产观念。生产观念产生于生产力水平比较低的情况下，供给不足，市场需求旺盛，市场竞争尚不激烈的卖方市场条件下。消费者喜欢那些随处买得到而且价格低廉的商品，企业致力于提高生产效率和分销效率，扩大生产，降低成本以扩展市场。

(2) 产品观念。产品观念认为，消费者最喜欢高质量、多功能和具有特色的产品。企业致力于生产高质量产品并不断加以改进，但忽视了消费者需求的多样性和动态性，只把注意力放在产品上而不是放在市场的需要方面。

(3) 推销观念。推销观念认为，消费者一般都具有购买惰性，也就是说，消费者一般不会大量购买某一企业的产品，因此企业必须积极地采用人员促销和广告宣传等方式，刺激消费者大量购买本企业的产品。

(4) 市场营销观念。由于科学技术日新月异，新产品不断出现，经济高速发展，商品供给丰富，竞争日益激烈，消费者的素质和购买能力不断提高。因此，企业营销活动必须以消费者的需求为中心，通过产品和服务，在满足消费者需求的基础上实现长期合理的利润。

(5) 社会市场营销观念。社会市场营销观念认为，企业营销任务是正确确定消费者的需要欲望和利益，并在保护消费者和提高社会效益的条件下求发展。由于工业现代化的发展，不合理的开采加剧了资源的匮乏与经济发展的矛盾，环境污染严重，生态环境遭到破坏，企业追求利润与满足消费者需要的矛盾、眼前利益与长期利益以及社会利益的矛盾日益尖锐，这些都要求企业营销活动必须在统筹兼顾企业、消费者和社会利益的前提下寻求发展。

5.2 目标市场营销策略

5.2.1 市场细分

1. 市场细分的含义

市场是一个极庞杂的整体，它包含了许多具有不同的购买需要和购买兴趣的用户或顾客群。但任何一个企业绝不可能提供足以满足整个市场所有用户与顾客一切需要的商品和劳务。为使企业所掌握的有限资源能够得到有效的运用，必须对企业面向的市场范围加以适当的限定，从整体市场中划分出最适合企业经营的某个市场范围，这就有必要进行市场细分。

所谓市场细分，是根据消费者的需要、购买动机与习惯爱好的差异，把市场划分成不同类型的消费者群，每个消费者群可以说是一个细分市场。这样，一个市场可分为若干个细分市场。每个细分市场都由需要和愿望大体相同的消费者群所组成。市场细分实际上是将具有不同欲望和需要的消费者群加以分类的过程。

2. 市场细分的必要条件

市场细分的目的是识别顾客需求的差异，以发现有利的营销机会。因此，市场细分的因素虽然很多，但并不是任何因素对市场细分都是有意义的。如果盲目细分，就不能形成有效的细分市场，只能是徒劳无功。通常，有效的市场细分必须具备三个条件：

(1) 细分市场必须是可以衡量的。也就是说，根据某种特征因素划分出来的每个细分市场，其规模和购买力的大小是可以衡量的。如果被划分出来的细分市场无法加以衡量，这样的细分是无效的、没有意义的。例如彩色电视机市场上，着重性能和着重外观形式的顾客群体的大小就很难衡量。

（2）细分市场必须是可以进入的。所谓进入是指企业可以通过确定某一营销组合，能达到某一细分市场，使该细分市场的消费者得以购买本企业的产品。如果企业的广告宣传、销售网点等营销组合因素没有能力进入被划分出来的细分市场，显然这样的市场细分也是没有意义的。

（3）细分市场必须具有足够的规模。市场细分后，从企业的角度来看，至少有一个细分市场的规模足以使企业有利可图，而且有相当的发展潜力。如果企业为某个细分市场确定的营销组合并不能使企业获利，这样的市场细分也就没有实际价值。

3. 市场细分的标准

市场细分是根据一定的标准来进行的。这个标准就是影响市场需求的各个基本因素。由于消费品市场与生产资料市场具有不同的特点，市场细分的标准也有所区别，这里分别加以说明。

（1）消费品市场细分标准。消费品市场细分标准有很多，一般常见的主要有四类：地理因素、人文因素、心理因素和行为因素。

①地理因素。按地理因素细分市场，就是把市场分为不同的地理区域。如城市与农村、南方与北方、国内与国外等。这是一种比较传统的细分方法。它把地理因素作为市场细分的标准，是因为地理因素影响消费者的需求和反应。各地由于气候、人情风俗及经济发展水平的不同，形成了不同的消费习惯和偏好，各具不同的需求特点。

②人文因素。它是指按人口的一系列性质，诸如年龄、性别、家庭人数、收入、职业、教育、宗教、社会阶层、民族和国籍等因素来把市场细分为不同的消费者群体。

③心理因素。很多消费者，在收入水平及所处地理环境等均基本相同的条件下，却有着截然不同的消费习惯和特点，这就是消费者心理因素在起作用。因而心理因素也是细分市场的一个重要标准。它主要指消费者一贯的生活方式和个性爱好等心理因素存在着差异性。

④行为因素。所谓按行为因素来细分市场，是根据消费者对产品的了解、态度、使用情况及其反应，将他们分为不同的购买者群体。

（2）生产资料市场的细分标准。生产资料市场的细分，其标准与消费品市场大致相同，只是受个人心理因素的影响较小。但由于生产资料市场具有自己的特点，因此生产资料市场的细分标准主要有三个：最终用户、用户规模、用户地理位置。

①最终用户。在生产资料市场上，不同的最终用户对同一种商品往往有不同

的要求，表现在对商品质量、性能、价格、外形、服务等营销因素的某一方面或某几方面特别重视，因此根据用户性质的差异性，可把生产资料市场细分为工业用户、商业用户和军方用户，并应对不同用户制定不同的营销策略。

A. 工业用户。这类用户首先要求的是原材料、设备的质量和服务，其次才是价格。

B. 商业用户。这类用户相对比较注重商品的价格和交货期。因为生产资料的价值直接影响着商业企业的资金占用程度，影响着商品的流通费用率和资金利润率；而交货是否及时，更直接影响其盈利目的的实现和商业信誉。

C. 军方用户。这类用户十分重视生产者的质量标准和生产设备，而对价格则不过多计较。

②用户规模。这是细分生产资料市场的一个很有用的依据。企业规模不同，其购买行为也不尽相同。大中型企业购买商品大多喜欢集中从一个厂家或地区购买，而不喜欢分散地到处购买，这类企业对货源的稳定性和及时性比较看重，希望与供货方建立较稳定的供需关系，并要求所需货源能及时发运、及时到货和及时交接。小企业则相对更注重商品价格的低廉、供货的简便，希望有多家供货对象供自己选择，并不特别看重与某一供应厂家建立长期稳定的供需关系。

③用户地理位置。每个国家或地区的工业的形成与发展，大多与这个国家和地区的物产、气候和历史传统有密切的联系，往往形成若干个工业地区。因此，生产资料市场往往比消费品市场集中，而且不同地区用户对生产资料的要求也往往各有特点，这些对于企业合理地组织销售力量、选择适当的分销渠道以及有效地安排货物运输关系很大。因此，用户地理位置也是企业细分市场的重要因素之一。

大多数生产资料的生产厂家并不以单一因素对市场进行细分，而是同消费品市场一样，兼用几个因素甚至一系列因素来细分市场。

总之，细分市场的标准是影响市场需求的各个基本因素，这些因素有些是交叉发生作用的，同时还具有动态性。因此，市场细分也应不断进行调整，以适应变化了的实际情况。

5.2.2 目标市场的选择与策略

市场细分的目的是选择目标市场，也就是说经过市场细分后，企业根据自身经营资源条件和竞争优势，确定合适的目标市场，然后采取相应的市场营销策略。关于目标市场的研究包含了目标市场的选择策略和决定目标市场的选择的因素等问题。

1. 目标市场的选择策略

企业所决定进入的这一部分市场便被称为目标市场。目标市场的选择策略通常包括无差异性市场策略、差异性市场策略和密集性市场策略等。企业可以根据自身的具体情况，既可选择差异性市场策略，也可选择无差异性市场策略。现对这几种策略分别加以介绍：

(1) 无差异性市场策略。这一策略就是说企业并不去区别组成整个市场的各细分市场上需求的差异性，而是寻求各类购买者需求中相同的部分。这样企业只推出一种产品，只用一套营销办法来招揽所有的顾客，为整个市场服务。

采用无差异性市场策略的好处是，企业可以就消费者普遍需要、没有多大需求差别的产品大量生产、大量储存和运输，从而降低成本。另外还可大量运用同一广告，减少广告费用，在市场调查研究费用上也可大大节约。但这种策略也存在不少缺点，企业不能满足细分市场的需求，而且产品缺乏特色，竞争能力薄弱，在市场竞争激烈的情况下，企业不能获取较高的利润。

(2) 差异性市场策略。企业针对不同细分市场上需求的特点，分别提供不同品种、特色、式样、规格或性能的产品，通过多种广告媒介来宣传介绍其产品，通过多种渠道来推销其产品，以适应各类购买者有差别的需求。从今后的趋势看，随着生产的发展，人民生活水平的提高，消费者的需求将越来越多样化，为了充分满足各方面的需要，同时也为了提高自己的市场竞争能力，各工商企业将越来越多地实行差异性市场策略。

采用差异性市场策略的优点是，在产品设计或宣传推销上能有的放矢，分别满足不同地区消费者的需求，可增加产品的总销售量，同时可以使企业在细分市场上占有优势，从而提高企业的威望，在消费者心目中树立良好的企业形象。其缺点是，会增加各种费用（如增加产品改良成本、制造成本、管理费用、储存费用）以及使生产管理复杂化等。

(3) 密集性市场策略，又称为集中的市场策略。企业实行无差异性市场策略和差异性市场策略，都是以整个市场为目标市场，为整个市场服务。与之相反，密集性市场策略是企业将一个或少数几个选定的细分市场作为目标市场，集中所有力量向其提供最能适合其需求特点的产品。例如，有的汽车制造厂以低收入水平的购买者为目标市场，专门生产销售低档的私人用小汽车；有的服装厂专门生产女装或童装，等等。

密集性市场策略的优点有两方面：第一，由于企业的经营范围仅限于一两个选定的细分市场，企业对这些选定的细分市场的需求特点就能作更深入的了解，从而使其产品更能符合购买者的需要，取得更大的市场占有率。第二，由于企业集中所有力量为某一个或少数几个细分市场服务，从而提高了投资收益率，增加了盈利。但这种策略也有缺点，如果选定的细分市场范围太小，企业集中经营一个狭小的细分市场，经营风险就比较大，缺乏回旋余地，当所经营的细分市场上需求发生突然变化，或出现强大的竞争者时，企业的处境将会立刻恶化。

2. 决定目标市场的选择的因素

上述几种不同的市场策略，都各有其优缺点和适应性。一个企业到底要实行哪种市场策略才比较有利，这要取决于多种条件和因素。

（1）企业的财力、物力。如果一个企业的财力、物力有限，最好是采用密集性市场策略。这点对我国某些集体企业或小企业更具有重要的意义。因为这些中、小企业一般都资金有限，职工也不太多，生产的产品种类不宜过多且复杂，否则就会分散有限的人力、物力，不利于产品质量的提高，不利于产品的创新，从而削弱产品的市场竞争能力。例如一个小型的服装厂，财力、物力都有限，与其男装、女装、童装都生产，不如只选择其中一种。这样既可以集中使用资金，又可在产品上多下工夫，提高产品质量，创名牌，扩销路，增收益。

（2）产品的特点。不同的产品在消费需求上具有不同的特点。有些生活必需品，对大多数消费者来说无多大差异性，如油、盐、米、面等，不同消费者的需求大致相同。因此对这类产品，一般都实行无差异性市场策略。但另一些花色品种比较复杂的商品，尤其是豪华耐用品或高级消费品，如豪华家具、家用电器等，消费需求差别很大，即消费者购买能力、喜好、具体要求等都有很大不同，这就适用差异性市场策略。

（3）产品寿命周期。产品寿命周期，包括投入期、发展期、成熟期、衰退期这四个阶段。根据产品寿命周期的各个阶段的不同特点，可以采用不同的市场策略。一般来说，企业发展新产品，在投入期和发展期适于采用无差异市场策略，以探究市场需求量与潜在消费者情况，也有利于节约市场开发费用；当产品进入成熟期时，宜采取差异性目标市场策略，以开拓新的市场；当产品进入衰退期时，宜考虑采用密集性市场策略，以集中力量于少数尚有利可图的目标市场，延长其产品寿命周期。

（4）市场的特点。不同的市场有不同的特点，如果目标市场顾客的需要、偏好及其他特点基本相同，即该市场类似程度相当高，可采取无差异性市场策略。相反，如果目标市场差别性较大，则应采取差异性市场策略或密集性市场策略。

（5）竞争者的市场策略。企业采取何种市场策略，还应考虑它的竞争对手采取的市场策略。当竞争者已采用差异性市场策略或密集性市场策略时，企业若再继续采取无差异市场策略，则必然难以与之抗衡。当竞争者采取无差异市场策略时，则企业宜采取差异性市场策略或密集性市场策略，选择其中一个或少数几个细分市场，集中力量，发挥自身特有的优势，占有更大的市场份额，从而取得更大的经济效益。

上述五点必须综合考虑，其中企业的财力、物力是考虑的基础。总之，只有根据不同企业或不同产品的具体情况，采取相应的市场策略，才能使自己生产或经营的产品，更符合各消费群体的需要，更能取得市场竞争的有利地位，为企业的生存和发展提供可靠的保证。

5.2.3 市场定位

一个企业在选定目标市场后，还要决定怎样进入。如果该细分市场已有竞争者，而且竞争者已占领了有利的市场地位，那么企业就应进行调查研究，明确竞争者在该细分市场的地位、实力、产品特点、营销方式等，以便根据市场的竞争情况和本企业的条件，确定本企业产品在目标市场上的竞争地位，这就是所谓的市场定位问题。具体地说，就是要在目标顾客的心目中为产品创造一定的特色，赋予一定的形象，以满足他们的某种需要和偏好。而产品特色和形象既可以是实物方面的，又可以是心理方面的，还可以是这两方面兼而有之的。比如“优质”、“低价”、“技术先进”、“服务周到”、“豪华气派”等，均可作为定位的具体目标。实际上，定位就是要设法建立一种竞争优势，以便在目标市场上吸引更多的顾客。

企业在进行产品定位时，可根据企业自身的发展状况和市场状况，既可以把产品定位于竞争者产品附近，直接与之竞争，但这要求该企业产品在质量、价格、包装、服务等一方面或几方面有明显的差别优势；也可以定位于企业在技术上可行、经济上可获利而且暂时尚无竞争对手的市场空当处，并迅速占领市场。

5.3 市场营销组合策略

5.3.1 产品策略

产品策略是企业从事市场营销过程中的一项最基本的决策行为和经济活动。它的基本内容是针对具体的目标市场，以产品作为满足消费者需求的中心手段，通过产品整体组合和产品开发等形式实现企业的营销战略目标。

1. 产品的概念

对产品的概念，传统的解释经常局限在产品特定的物质形态和具体用途上。而在现代市场营销中，产品则被解释为人们通过交换而获得的需求的满足，归结为消费者或用户需求的实际利益的实现。因此，产品的概念所包含的内容大大扩充了：产品是指向市场提供的能够满足消费者或用户某种需求的任何有形或无形的商品。有形产品主要包括产品的实体及其品质、特色、式样、品牌包装；无形服务包括可以给买主带来的附加利益和心理上的满足感及信任感，诸如售后服务、保证、产品形象、销售者声誉等。这就是产品整体概念。产品整体概念由三个基本层次组成，即核心产品、形式产品、附加产品，核心层次位于整体产品的中心。如图 5－1 所示。

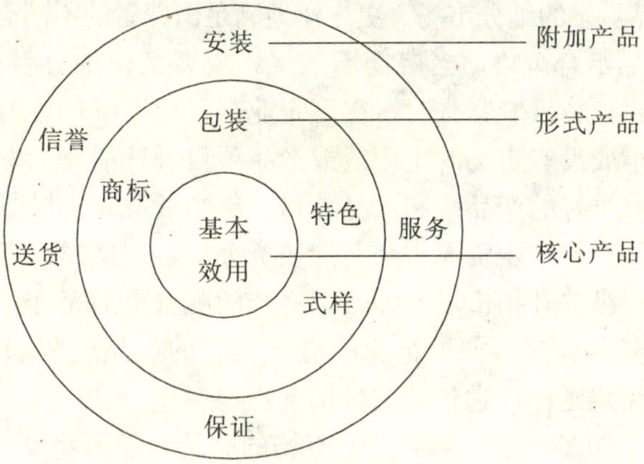

图 5－1

在开发某一产品时，设计者需从以下三个方面来考虑：一是产品的主要功能（包括基本功能和辅助功能）。这是产品的核心层，它决定着产品在市场上存在的价值，也是消费者所需要的功能。二是产品的美学功能，包括产品的外观、包装、式样、商标等。它是消费者决定购买的必要条件，也即形式产品。三是产品设计者可提供的服务和附加利益，使消费者在使用过程中得到所要求达到的整体效能，如对产品的可靠性、安全性、维修性的保证以及诸如送货等服务内容，这也即附加产品。

2. 产品组合

产品组合也称产品经营结构，是指一个企业生产和销售全部产品的结构。它是企业生产经营的各种不同类型的产品之间质的组合和量的比例。它包括产品组合的广度、深度和关联度三个因素。产品组合的广度是指企业拥有产品线的数目。产品线是指具有相同的使用功能，但规格不同的一组类似产品。产品组合的深度是指各条产品线内所包含的不同规格产品的数目。产品组合的关联度是指各产品线在生产条件、最终用途、分销渠道或其他方面相互关联的程度。

产品组合的基本形态是企业围绕最大长期盈利目标，根据市场状况和自身能力制定的。由于市场和企业是处于变化与发展之中，因此要求企业必须适时地对产品组合作评价，并根据形势的变化调整产品组合，以寻求达到最佳的产品组合。

3. 产品组合策略

产品组合策略主要有以下三种：

（1）扩大产品组合策略。其中包括扩大产品组合的广度和加强产品组合的深度。扩大产品组合的广度，扩展经营领域，实行差异性多元化经营，可以更好地发挥企业潜在的技术、资源优势，并可分散企业的投资风险；加强产品组合的深度，可以占领同类产品更多的细分市场，更广泛地满足消费者的不同需求。

（2）缩减产品组合策略。当市场不景气，或者某个细分目标市场竞争十分激烈，或者能源原材料供应紧张时，很多企业会采用缩减产品组合策略，对产品组合中那些获利小或没有市场的生产线或产品项目进行削减，集中资源经营那些获利较多或市场前景好的产品线和产品项目，集中资源改造保留的产品线，提高剩余产品的竞争能力，减少资源占用，加快资金周转。这样，有利于生产经营的专业化，使企业向纵深开拓市场，使营销系统的配置更加完善。

（3）产品线延伸策略。如果企业超过其现有的产品线范围，增加产品组合长度，这就叫产品线延伸。它包括三种情况：

①向下延伸。许多企业最初定位于市场的高端，随后将其产品线向下延伸。这种策略可能出于以下原因：市场高端竞争激烈，进入高端是为了树立质量形象，然后再向下扩展；增加某一细分市场低端的产品，是为了填补市场空缺，否则，新的竞争对手会乘虚而入。采用向下延伸策略，会面临一些风险，新的低端产品品目也许会与高端产品品目自相残杀，还可能会刺激竞争对手，使之进入市场高端进行反击，另外，这种策略还可能影响企业的高质量形象。

②向上延伸。定位于市场低端的企业进入市场高端，他们这样做可能是被市场高端产品较高的增长率和利润所吸引，或是为了充分利用自己生产线的优势。采用向上延伸策略，也会面临风险。处在市场高端的竞争者不仅会稳守自己的阵地，而且可能反过来进入市场低端，并且消费者可能不太相信进入新市场的企业的产品质量。

③双向延伸：定位于市场中端的企业，可能朝市场两个方向延伸其产品线。

4. 产品市场寿命周期策略

（1）产品市场寿命周期。

任何一种产品在市场上的销售地位和获利能力都处于变动之中。随着市场环境与企业实力的变化，任何产品最终都会退出市场，为最新的产品所代替。产品从研制成功投放市场开始到被市场淘汰为止的全过程所经历的时间就是产品市场寿命周期。典型的产品市场寿命周期包括四个阶段，即投入期、成长期、成熟期、衰退期。如图5－2所示。

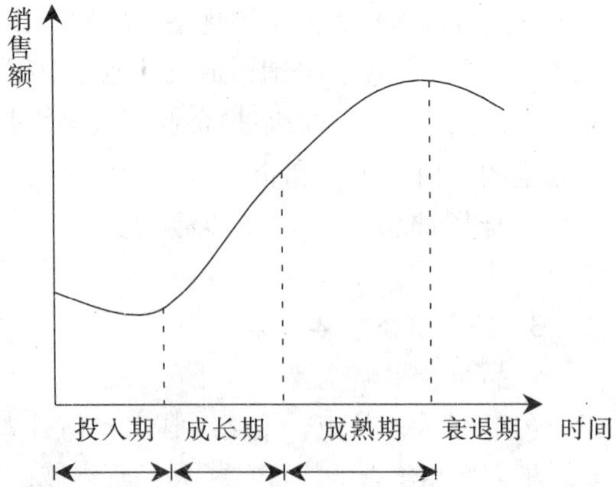

图5－2

（2）产品市场寿命周期各阶段的特点及对策。

在产品市场寿命周期的不同阶段，产品的销售额、单位利润水平价格呈现不同的变化趋向，具有不同的特点。这些变化特点正是企业制定营销策略的基础，直接影响企业产品的决策。

①投入期的特点与营销对策。投入期是指产品首次正式上市后的最初时期。此阶段的市场特点是：新产品投入市场与同其功能相似的商品相比，新产品在技术上、经济上有较大的优势，但技术工艺相对不够稳定完善，生产批量小，单位成本高，消费者对产品一般缺乏了解和信任，销售量小，这时市场竞争环境较宽松。针对以上特点，这一阶段营销策略的重点应在完善产品的基础上，以促销宣传为手段，积极开拓市场，让消费者了解本产品，尽量缩短投入期。

②成长期的特点与营销对策。新产品经过投入期的推广，消费者对新产品基本熟悉，其形象在市场上逐步确立。其主要特点是：产品工艺和质量稳步提高；产销量迅速增长，单位产品成本下降，利润提高；产品畅销并具有明显的竞争优势；同行竞争者进入市场参与竞争。该阶段营销对策应突出一个“好”字，根据用户需求和其他市场信息，不断提高产品质量，努力发展产品的新款式、新型号，增加新产品的用途；加强促销环节，树立强有力的产品形象，争取新的顾客；重新评价渠道选择决策，巩固原有渠道，增加新的销售渠道，开拓新的市场以扩大产品销售，实现规模经济，扩大市场份额；在价格决策上应机动调整，以争取更多的顾客。

③成熟期的特点与营销对策。新产品经过成长期的发展后，产品销售增长率到达某一点后会趋于下降，逐渐成为中间状态的过渡产品，进入成熟阶段。这一阶段的主要特点是：市场需求处于相对饱和状态，销售量稳定在一定规模后缓慢下降；产量尚未超过生产能力，单位成本最低，持续时间长，企业获利最多，市场竞争异常激烈，利润由缓慢增长趋向下降。鉴于上述情况，此阶段营销对策可选择市场改良、产品改良和营销组合改良等策略。

A. 市场改良策略，即开发产品新用途，寻求新的细分市场；刺激现有顾客，增加使用频率；重新为产品定位，寻求新买主。

B. 产品改良策略，也称产品再推出。整体产品概念的任何一个层次的改革都可视为产品再推出。具体而言，首先是对品质进行改进，主要侧重于增加产品的功能；其次是对产品特征进行改进，主要侧重于增加产品的新特性，尤其是扩大产品的高效性、安全性或使用更方便等方面的特性；再次是对产品的式样进行改进；最后是服务改进。特别是对一些耐用消费品和工业用品提供良好的服务，会促进消费者购买。

C. 营销组合改良策略。它是指通过改变定价、营销渠道及促销方式来延长产品的成熟期。通过改变一个因素或几个因素的配套关系来刺激或扩大消费者的购买。如产品品质不变，降价可以从竞争者那里吸引一部分顾客；扩大营销渠道，增加销售网点，调整广告媒体等多种措施，也都可以达到同样的目的。

④衰退期的特点与营销对策。随着科技进步，原产品逐渐被技术更为先进的新产品所替代。此阶段的主要特点是：产品在技术上已落后，消费者的兴趣已转移，市场需求迅速向新产品或有更好功效的替代品转移，销售量大幅度下降；生产该产品的设备陈旧，物耗和维修费增加，单位产品成本上升，利润锐减。这个阶段的营销对策重点应突出一个“转”字，即加速新老产品的交替，开发新产品和新市场；同时利用价格策略清理库存老产品，获取老产品的最后效益。

5.3.2 定价策略

价格与产品的销售、企业的利润都有密切关系，因此产品定价一直是生产经营者的重要决策之一。

1. 选择定价目标与定价行为特征

(1) 选择定价目标。

企业在产品定价之前，必须确定某一产品预期要达到的目标，但无论定价目标是什么，都必须考虑成本、需求量、竞争状况以及政府的影响和干预等因素。

①争取最高利润。这是产品定价的主要目标。许多企业把价格作为一种吸引消费者和增加销售量的武器，不强调利润条件。但近年来由于成本的增高，企业将利润作为定价目标的重点。

②达到投资收益目标。许多企业将达到投资收益目标，作为企业定价的主要目标之一。

③获得最大市场占有率。市场占有率是企业经营状况和产品竞争能力的综合反映。较高的市场占有率可以保证产品的销路，便于企业掌握消费者的需求变化，易于企业控制市场，为企业长期发展提供了保障，企业的盈利水平也会随之提高，因此提高市场占有率是企业普遍采用的定价目标。

④最优的产品质量。企业可能将产品在市场上质量领先作为定价目标。这就要求高价销售，以维持其优质产品的生产和开发研究的费用，获得优质优价的效果。

⑤保持与销售分配渠道的关系。生产者的大部分产品是通过销售分配渠道（代理商）进行销售，企业必须考虑它所执行的价格政策对这些代理商的影响。代理商希望得到适当的边际利润，即销售产品的支出与销售收入的差额。如果代理商能获得理想的边际利润，他们就会更积极地推销该企业的产品。

⑥扩大市场份额。基于竞争的考虑，排除竞争对手进入市场或缩小竞争者行动的影响，企业采用降低价格或增加推销支出来扩大市场份额，增加销

售量。

最后应注意的是，无论选择什么样的定价目标，都要避免不利于国家的行为，不能有悖于国家的政策，这是非常重要的一点。

（2）定价行为特征。

企业定价行为是在国家规定的权限和政策范围内，根据企业自身的劳动消耗、市场供求和竞争状况而自行定价的行为。它一般有以下主要特征：

①自主性与强制性相结合。自主性是指企业具有根据自身经营目标和经营环境自主定价的权利；强制性是指企业定价必然受到外部力量的制约，如国家的政策、法规的约束作用，将导致企业改变或调整自己的定价行为。

②规范性与非规范性相结合。规范性是指企业产品的价格构成和形成过程是规范化的，体现等价交换原则，以谋求国家和企业利益的协调和稳步增长；非规范性是指企业实现产品的价格构成及其形成过程受多种因素制约而出现扭曲，如市场机制不健全，资源短缺，国家、企业、消费者承受能力有限等，将导致企业定价行为的不规范。

③隐蔽性与公开性相结合。隐蔽性是指定价行为属于企业机密，不可外泄，由于定价涉及企业生产技术、成本、利润、产品市场占有率等，这些是企业间竞争的武器，企业为在竞争中取胜，自然形成一种封锁；公开性是指定价行为要依据法律程序进行，自觉接受国家监督，以保证企业定价行为的合理性。

2. 影响定价的因素

企业定价的环境十分复杂，无论想要达到什么样的定价目标，都受到内外环境中诸多因素的制约。这些因素在企业的生产经营方面有成本费用、销售数量等；在市场需求方面有需求价格弹性等；在市场竞争方面有同类产品竞争状况等。以下分别论述这几个因素对定价的影响：

（1）成本费用。

企业定价必须首先使总成本费用能够得到补偿。总成本费用包括固定成本费用与变动成本费用，根据盈亏平衡图可知，公司只有在价格补偿平均变动成本费用之后的累积余额等于全部固定成本费用，或者说销售量超过盈亏平衡点时才有可能盈利。可见，企业的获利不仅取决于固定成本费用和变动成本费用的比例，而且也与销售量有关，显然必须进一步考虑价格与销售量的相互影响。

（2）销售量。

企业盈利是单位产品实现的盈利与销售量两者的乘积，即

企业盈利＝全部销售收入－全部成本费用

＝产品销售数量×（单位产品价格－单位成本费用）

由于价格与销售量这两个因素是负相关的，即价格过高可能导致需求量

(销售量)的减少，从而影响企业的收入和盈利。因此，在其他条件既定的前提下，企业盈利状况最终取决于价格与销售量的组合。利用边际收入和边际成本的关系寻求价格与销售量之间的最佳组合状态，来实现企业的最大盈利。

(3) 需求价格弹性。

需求价格弹性简称需求弹性。它是指因价格变动而引起的需求相应的变动率，反映需求变动对价格变动的敏感程度。用 E_p 表示需求价格弹性，则：

$$E_p = \text{需求量变动的百分比}/\text{价格变动的百分比}$$

定价时考虑需求价格弹性的意义在于，不同产品具有不同的需求价格弹性。从弹性的角度决定企业的价格决策，可分为以下三种情况：

$E_p = 1$ 时，反映需求量与价格等比例变化。对于这类产品，价格的上升（下降）而引起需求量等比例的减少（增加）。因此，价格变化对销售收入影响不大。定价时，可选择能实现预期盈利率目标的价格或选择流行的市场价格，同时选择其他市场营销措施作为提高盈利的主要手段。

$E_p > 1$ 时，反映需求量的相应变化大于价格的自身变化。对于这类产品，价格的上升（下降）将引起需求量较大幅度的减少（增加）。定价时，应通过降低价格、薄利多销来达到增加盈利的目的。反之，提价时务求谨慎以防需求量发生锐减，影响企业收入。

$E_p < 1$，反映需求量的相应变化小于价格的自身变化。对于这类产品，价格的上升（下降）将引起需求量较小程度的减少（增加）。定价时，较高水平的价格往往会增加盈利，低价对需求量刺激效果不强，薄利并不能多销，反而会降低收入水平。

(4) 同类产品竞争。

同类产品竞争体现在产品的开发、设计、生产、销售的全过程，包括在产品功能、质量、品种、成本费用、价格水平、营销渠道、促销手段等各个方面的竞争。对于定价来说，竞争的影响主要表现为价格竞争对产品价格水平的约束。

价格竞争仅是同类产品竞争的一个方面，它同其他形式的竞争存在着紧密的联系。表面上看，价格竞争仅表现为价格的变动，但其实质是通过调整价格，改变企业产品的质量价格比或效用价格比，促使消费者对产品的质量和整体效用作出新的评价，从而对消费者的购买行为施加影响。定价过程虽然发生在产品各方面特征既定之后，却发生在消费者对产品作出整体评价之前。事实上，对消费者而言，产品质量、效用等各方面满足需求的程度是相对的。对于不同价格水平，他们对同等质量和效用的产品所作出的评价往往迥然不同。消费者的购买行为只是在期望得到的满足与愿意支出的货币量相一致时才会发生。由此可见，价格水平与其他各方面相结合而成的综合指标才是消费者完整的、现实的评价标准。同类产品的竞争是全面的竞争，企业定价对此不容忽视。

（5）政府调控。

政府中各有关部门总是密切关注市场物价水平，并运用法律、政策等手段，对企业定价行为进行约束和调控；同时通过规定其所控制的产品或服务的价格，对价格水平施加影响。政府作为国内市场最大买主，特别是在某些工业（如国防工业）作为唯一的最大买主，对价格起着重要的制约作用。

3. 定价策略

企业应建立一套价格结构体系。在这个价格体系中，应包括企业经营的各种产品的定价，并能反映细分市场的特点、地区间差别、产品不同市场寿命周期以及各种分销渠道等因素的变化。以下集中讨论几个方面的定价策略：

（1）在产品市场寿命周期不同阶段的定价策略。

①投入期定价策略。投入期定价策略主要有撇脂定价和渗透定价两种。

A. 撇脂定价策略。它是指企业利用高收入阶层愿意支付更高价格、实现其对新产品率先消费的特点，通过制定高销价以撇取市场油脂的定价策略。这样，可在较短时间内收回研制开发新产品的费用，获得较高的边际利润。对尚无代用品的新产品，高价不仅对高收入阶层有吸引力，还能在一定程度上吸引中等收入阶层进入消费群体，扩大市场占有率。但该策略因价高利大，短期内会吸引大量竞争者涌入市场，加快价格下滑，具有一定的风险性，故该策略对专利产品较有利。

B. 渗透定价策略。这是企业把投入期产品的价格定在同类产品的价格水平下，通过低价销售，阻止竞争者进入市场，从而尽早最大限度地控制市场的定价策略。这可以使该新产品在其同类产品竞争中占有优势，有利于迅速扩大和长期控制市场，但在投入期难以获得可观利润，随着销量增加成本下降，经过较长时间才能收回成本获得利润。

②成长期定价策略。在成长阶段，成本费用水平大幅度下降，市场销售量扩大，价格应有条件地下调。企业定价时应依照预期目标利润率的要求，制定相应价格。

③成熟期定价策略。在成熟阶段，市场竞争加剧，维持原价难以保持企业的市场份额。由于固定成本费用已全部补偿，预期目标利润率也已基本实现，这时定价以保持市场占有率为主要目标，采取竞争性的低水平价格。

④衰退期定价策略。在衰退阶段，产品趋于淘汰，销售条件更加恶化。企业定价应以尽快收回占压资金为目标，大幅度降低价格，必要时价格甚至与平均变动成本一致，以便尽快将有限的资金转入新产品的开发与生产。

（2）产品组合定价。

如果产品是某个产品组合的一部分，定价的方法就必须调整。这种定价很困难，因为各个产品间存在需求量和成本关系，另外，所遇到的竞争状况也各不一样。这里区分两种情况：

①产品线定价。很多企业都开发产品线，在产品线各个品种中，合理的定价既要显示出各个品种的质量差异，又要对顾客的需求和竞争者价格综合考虑。

②相关产品的定价。某些行业的企业生产与主体产品一起使用的产品，如刮胡刀与刀架。主体产品（刀架）往往价格定得较低，而为供应品定出较高的价格。不过这种定价往往会导致激烈的竞争和“非法仿制”。

（3）地区差价策略。

地区差价策略是指企业如何为产品向分布在不同地区的顾客定价。这里讨论五种情况：

①离岸价格策略，也叫 FOB 产地定价法。它是卖主在产地交货，由买方负担全部的运杂费和运输途中所受的损失。买主离产地越远，支付的运输费用就越多。而卖主简单、便利、统一的定价策略，适用于各地买主。

②统一交货定价策略。与离岸价格相反，这里运杂费和运输损失均由卖方负担。不论路途远近，均收相同的运费，由卖主将货物运送到买主所在地。与邮政服务类似，故又称邮票定价策略。统一交货定价策略，对于远离卖方的消费者来说是有利的，而且减少了消费者之间的竞争，所有购买者都要支付相同的价格。因此，在运费仅占变动成本较小比重时，采用此法会使买主认为运送是一项免费的附加服务，这样，有利于巩固卖主的市场地位。

③分区运送定价策略，也叫区域价格。这种定价策略与统一交货定价大体相同，就是卖主将其供应的市场划分为几大区域，在每个区域内实行统一交货价格。

④津贴运费定价策略。为弥补离岸价格的缺点，减轻远地中间商的运费负担，由卖主负担全部或部分货运费用，或减收一部分价款。这种情况一般在竞争比较激烈的地区或开辟新的市场时采用，通过负担全部或者部分运费，可以使较远的中间商更愿意购买，增加市场占有率。

⑤基本点定价策略。基本点定价要求卖方到指定的地点出售商品，然后由购买者自己负担从批发基点到自己厂商的费用，而产品实际从何点装运与运送价格的计算无关。此法消除了价格竞争，竞争者不易加入。依照基本点定价法，买方可任意向任何基点购买，卖方亦可扩展其产品到较远的市场，有利于扩大市场占有率。

（4）价格折扣和折让。

①数量折扣，即对那些大批量购货的买主降价。此种数量折扣必须提供给所有顾客，但要注意折扣额不能超过大批量销售所节省的成本。

②交易折扣，又称功能折扣，即厂商依据各类中间商在市场营销中所担负的不同职能，给予不同的价格折扣。其目的在于利用价格折扣刺激各类中间商，更充分地发挥各自组织市场营销活动的功能。

③季节折扣。季节折扣是指对淡季购买商品或服务降低价格。

④折让。如以旧换新折让是保证购买新货时交回旧货给以降价。另外，促销折让是指为酬谢那些参与广告促销的经销商而向他们提供的付款或降价。

（5）心理定价策略。

根据消费者的售货现场心理制定价格，主要有四种形式：

①整数定价。采用合零凑整的方法，制定整数价格。如将价格定为10元，而不是9.9元。这样使价格上升到较高一级档次，借以满足消费者的高消费心理。顾客会感到消费这种商品与其地位、身份、家庭等方面协调一致，从而迅速作出购买决定，同时也增加了企业盈利。

②奇数定价。它是指保留价格尾数，采用零头标价。如9.98元，而不是10元，使价格保留在较低一级档次。奇数定价一方面给人以便宜感，另一方面又标价精确可以给人以信赖感。奇数定价用以满足消费者求实消费心理，对于价格弹性较强的商品，奇数定价策略往往会带来需求量的大幅度增加。

③声望定价。它是针对消费者"价高质必优"的心理，对在消费者心目中享有声望、具有信誉的产品制定较高价格。价格档次时常被当作商品质量最直观的反映，特别是在消费者识别名优产品时，这种心理意识尤为强烈。因此，高价与性能优良、独具特色的名牌产品比较协调，更易显示产品的特色，增加产品吸引力，产生扩大销路的积极效果。

④习惯定价。它是按照消费者习惯价格心理制定价格。日常消费品的价格，通常易于在消费者心目中形成一种习惯性标准，符合其标准的价格被顺利接受，偏离其标准的价格则易引起疑虑。高于习惯价格常被认为是不合理的涨价，若低于习惯价格又会使消费者怀疑其是否货真价实。因此，这类商品价格要力求稳定，避免价格波动带来不必要的损失。在必须变价时，应同时采取措施，加深客户对该产品价格性能比的了解。

4. 定价方法

定价方法是企业为实现定价目标所采用的具体方法。由于价格的高低主要受成本费用、市场需求和竞争状况等三方面因素的影响。从这三方面出发，可归纳产品的三种定价方法：以成本为中心、以需求为中心和以竞争为中心的定价方法。

（1）以成本为中心的定价方法。以产品成本为定价的基本依据，主要包括以下两种方法：

①成本加成定价法，即在产品的成本上加上一个标准的比例得出产品价格。

加成定价法具有计算简单、简单易行的优点。但是忽视了市场竞争和供求状况的影响，缺乏灵活性，难以适应市场竞争的变化形势。特别是成本加成定价，加成率的确定只从企业的角度考虑，因而不仅难以准确得知对应该价格的市场销售量，使固定成本用的分摊难以确保其合理性，更为不利的是，加成率确定之后，产销量越大，固定成本分摊额就越低，从而价格越低，由此可能丧失一部分应得利润；相反，产销量越小，固定成本分摊额越高，价格越高，更加剧了销售的困难。这种定价方法一般限于卖方市场条件下使用。

②损益平衡定价法，即公司盈亏分界点定价法。需首先找出公司的损益平衡点，然后根据保本点价格，确定公司对产品的定价。损益平衡定价法侧重于总成本费用的补偿，这一点对于经营多条产品线和多种产品项目的公司极为重要。因为一种产品的盈利伴随其他产品总盈利的增加并无必然联系，因此，定价从保本入手而不是单纯考虑某种产品的盈利状况无疑是必要的。在某种产品预期销售量难以实现时，可相应提高其他产品产量或价格，逐步在整体上实现公司产品结构及产量的优化组合。

（2）以竞争为中心的定价法。竞争导向定价法以市场上相互竞争的同类产品价格水平为定价依据，以随竞争状况的变化确定和调整价格水平为特征，具体有流行价格定价、竞争价格定价、密封投标定价等方法。

①流行价格定价法。这是竞争导向定价法中广为流行的一种。定价原则是使本企业产品价格与竞争产品的平均价格保持一致。这种定价法的目的：一是由于平均价格水平在人们观念中常被认为是“合理价格”，易为消费者接受；二是试图与竞争者和平相处，避免激烈竞争发生的风险；三是一般能为企业带来合理、适度的盈利。

②竞争价格定价法。与流行价格定价法相反，竞争价格定价法是一种主动竞争的定价方法，一般为实力雄厚或产品独具特色的企业所采用。定价时首先将市场上竞争产品价格与企业价格进行比较，分为高、中、低三个价格层次。其次，将本企业产品性能、质量、成本、式样和产量等与竞争企业进行比较，分析造成价格差异的原因。再次，根据以上综合指标确定本企业产品特色、优势及市场定位，在此基础上，按定价所要达到的目标，确定产品价格。最后，跟踪竞争产品的价格变化，及时分析原因，相应调整本企业产品价格。

③密封投标定价法。它主要用于投标交易方式。企业参加投标是希望中标，而能否中标在很大程度上取决于企业与竞争者投标报价水平的比较。因此，投标报价时要尽可能准确地预测竞争者的价格意向，然后，在正确估算完成招标任务所耗成本的基础上，定出最佳报价。

（3）以需求为中心的定价法。需求导向定价法以消费需求的变化及消费者价格心理为定价基本依据，是一种随着营销观念的更新而产生的新的定价方法。

面对消费需求日益更新和市场供应愈来愈丰富的局势，企业认识到，判定定价是否合理，最终并不取决于生产者或经销者，而是取决于消费者或用户。在此意义上，价格被看作企业为消费者提供的一种选择，只有当这些选择与消费者的价格心理、价格意识及承受能力相一致时，价格才能保证企业市场策略的成功。需求导向定价法主要有：

①理解价格定价法。根据消费者对产品价值的理解，也就是根据购买者的价格观念来定价，而不是按卖主的成本费用水平定价。采用这种定价方法的条件是必须有产品质量、服务态度、广告宣传等非价格因素的密切配合，以影响消费者的购买行为，从而易于接受产品定价。

②需求差异定价法。这种定价法以销售对象、销售地点、销售时间等条件变化所产生的需求差异作为定价基本依据，针对各种具体差异决定在基础价格上加价还是减价。实行这种定价方法起码要具备以下条件：市场能够根据需求强度的不同进行细分；细分后的市场中不能有低价竞争者；价格差异适度，不会引起消费者的反感。

5.3.3 分销策略

1. 分销渠道及其类型

在当今的市场环境中，大多数生产者都不是直接出售其产品给最终消费者，而是通过许多执行不同功能和具有不同名称的营销中间机构来完成的。这种使产品从生产者转移到消费者所经过的途径或路线就是分销渠道。也就是说，分销渠道是指将产品从生产者向消费者转移的途径以及相应设置的市场销售机构。

分销渠道的类型是多种多样的，一般可分为生产资料分销渠道和生活资料分销渠道。如图 5－3 所示。

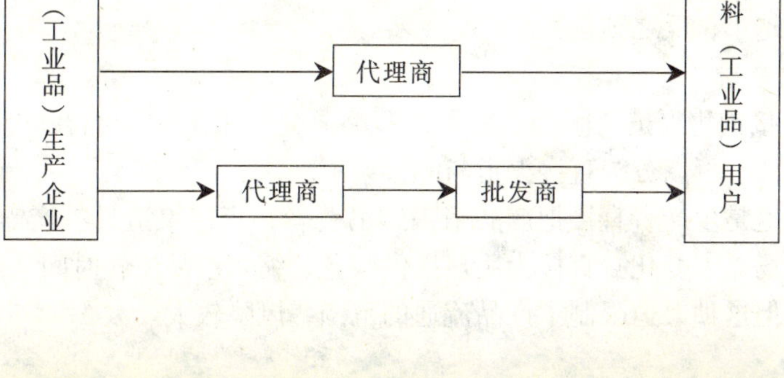

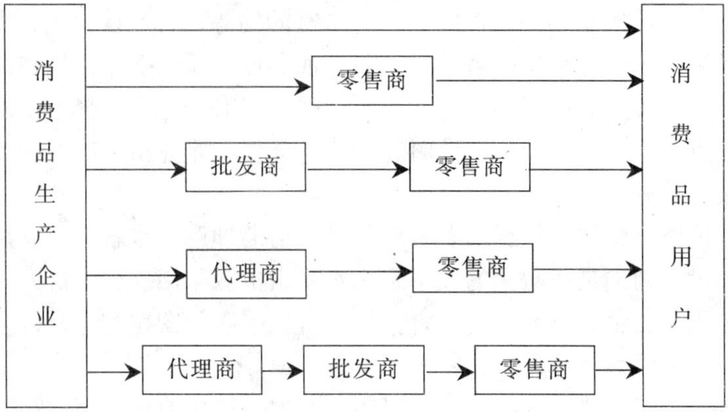

图 5－3

2. 影响企业选择分销渠道的因素

企业选择分销渠道受到多种因素的影响。其中最主要的是受产品因素、市场因素、企业自身因素、国家政策因素等的制约。

（1）产品因素。产品因素包括价格、款式、体积、质量、技术、服务、易毁坏及易腐蚀等。一般来说，单价高、时尚性强、体积大、质量优、技术和服务要求高、易毁坏、易腐蚀的产品选择较短的分销渠道为宜；反之，可选择较长的分销渠道。

（2）市场因素。市场因素包括目标市场容量、消费水平、消费习惯、消费季节、销量订单等。一般来说，目标市场容量大，潜在市场需求旺盛，消费水平较高，消费习惯要求购买方便的日用消费品，常年生产消费品，销量订单分散而订购量又小的市场，宜选择较长的分销渠道；反之，可选择较短的分销渠道。

（3）企业自身因素。企业自身因素包括企业声誉、资金实力、营销能力、管理水平和服务条件等。若企业声誉好，资金实力雄厚，营销能力强，管理水平高，服务条件好，宜选择较短的分销渠道；反之，宜选择较长的分销渠道。

（4）国家政策因素。国家对商品生产和流通的管理主要体现为国家的政策、法规和条例的制定与实施。总的来看，受政策约束越大的企业，选择分销渠道的权力和范围越小；反之则越大。

3. 选择分销渠道策略

（1）直接销售渠道与间接销售渠道策略。分销渠道按产品在转移过程中是否经过中间商，可以分为直接渠道与间接渠道。

直接渠道是生产者直接把产品销售给消费者，直接渠道具有产需直接见面、及时了解市场需求变化、直接为用户提供服务、缩短产品流转时间、减少流通费用等优点；但这种渠道限制了产品流通的范围，风险较大。

间接渠道是生产者通过中间商把产品销售给消费者。它具有简化交易、促进生产、加速产品分销、调节产需矛盾等优点；但若购销环节过多，会增加流通费用，而且也有不利于产品售后服务等缺点。

（2）销售渠道长度策略。所谓渠道长度，是指产品从生产商到最终用户所经历环节的多少，即渠道层次的多少。渠道愈短，生产商承担的销售任务就愈多，信息传递快，销售及时，能有力控制渠道（如控制价格、提供服务、进行宣传等）；渠道愈长，批发商、零售商就要完成大部分销售职能，信息传递缓慢，流通时间较长，生产商对渠道的控制就弱。在确定渠道长度时，应综合分析生产商、产品、中间商及竞争者的特点加以确定。

（3）销售渠道宽度策略。所谓渠道宽度，是指销售渠道中的不同层次使用中间商数目的多少。这主要取决于企业希望产品在目标市场上扩散范围的大小，即占领多少市场供应点以及什么样的供应点。是希望顾客在任何供应点（零售商）都能买到产品还是希望顾客在有限的供应点买到产品？企业必须作出选择，有三种可供选择的策略：

①广泛销售策略，也叫密集销售策略。这种策略的基本点就是充分利用场地，占领尽可能多的市场供应点，以使产品有充分展露的机会。只要有一定经营条件的零售商和批发商都可选用。价格低廉、产品差异很小、购买量小而频率高的日常消费品常采用这种策略。因为购买这些产品，方便是第一位的，顾客一般不愿花精力作过多的选择。这种策略的优点是产品与顾客接触的机会多，广告的效果明显。但生产商基本上无法控制渠道，与中间商的关系也较松散。

②选择性销售策略。这是指选择那些有支付能力、有经营经验、有产品知识及推销知识的中间商在特定区域推销本企业产品的策略。它适用于顾客需要在价格、质量、花色、款式等方面精心比较和挑选后才决定购买的产品。例如服装、手表、自行车、家用电器等。工业用品中专用性强、用户对品牌商标比较重视的产品也多采用这种策略。因为这些产品的销售需要较多的专业知识和较高的服务水平，顾客对光顾的商店的名声也很看重，需要中间商在顾客中有较高的信誉。所以，能被选上的中间商自然有限。这种策略的优点是减少了生产商与中间商的接触，每个中间商可获得较大销售量，有利于培植工商企业间的合作关系，提高渠道的运转效率，还有利于保持产品在用户中的声誉，生产商对渠道也能有适度的控制。

③独家销售策略。这是指在一定的市场区域内仅选用一家销售经验丰富、信誉卓著的零售商或一家工业品批发商推销本企业产品的策略。双方一般都签订合同，规定双方的销售权限、利润分配比例、销售费用和广告宣传费用的分担比例等。这种策略主要适用于顾客选购水平很高，十分重视品牌商标的产品。这种策略的优点是生产商与中间商关系非常密切，独家经销的中间商工作努力、积极性

高，有利于提高产品的信誉，生产商能有效地控制销售渠道。但这种策略灵活性差，不利于消费者的选择购买。

5.3.4 促销策略

1. 促销的概念

促销，是促进销售的总称，即营销者将有关本企业及产品的信息通过各种方式传递给消费者和用户，激发其购买欲望并最终实现购买行为的一系列活动。促销实质是营销者与购买者之间的信息沟通。可通过各种促销手段来传递有关企业及产品的信息。例如，可通过各种营业推广方式来加深顾客对产品的了解，进而促使其购买产品；也可通过各种公关工作来改变其在公众心目中的形象；还可派遣推销员面对面地说服顾客购买产品。企业可采用多种方式来加强与顾客之间的信息沟通，促进产品的销售。既然促销的实质是信息传递，那么促销的主要任务就是传递信息。一般来说，它有以下作用：

（1）提供信息情报。在产品正式进入市场以前，企业必须把有关的产品信息情报传递给目标市场的消费者、用户和中间商。

（2）激发购买欲望，增加需求。企业不论采取什么促销方式，都应力求激发潜在顾客的购买欲望并促成他们的购买行为。有效的促销活动不仅可以诱导和激发需求，在一定条件下还可能创造需求，从而使市场需求朝着有利于企业的方向发展。

（3）树立企业形象或产品形象。产品形象是企业形象的重要内容，是树立企业形象的基础。产品形象好，公众对企业会产生良好感受，其产品系列也易被接受，从而也间接地影响产品的销售。企业形象的塑造主要依靠各种促销手段如广告、宣传、公共关系、营业推广和服务来实现。

（4）维持和扩大产品的市场占有率。在多变的市场环境中企业销售额会产生波动，不利于稳定企业的市场占有率。企业应有针对性地开展各种促销活动，使更多的消费者和用户了解、熟悉和信任企业的产品，从而稳定乃至扩大企业的市场占有率，巩固市场地位。

2. 促销方法

（1）人员推销，即派专职或兼职的推销人员，直接向可能的购买者进行的推销活动。从总体上看，人员推销的目标在不同的营销导向下具有显著差异。传统观点认为，人员推销的目标就是追求最大的销售额。为此，推销员必须具有较高的推销艺术和技巧，推销员所完成的商品推销业绩，被作为衡量工作效益的唯一标准。按照现代营销观念，人员推销的最终目标应是为企业带来最大的、长期的、稳定的利润及有利的市场地位。因而，强调推销人员不仅要懂得推销艺术，而且要懂得整体营销战略，并且运用于推销实践。美国一家企业的市场营销经理这样说：我花了5年的时间训练企业的推销员，目的在于使他们像营销人员一样地思考。要使他们知道如何去发现、解决顾客的问题，并搜集市场情报，学会制定推销决策，赢得最高利润，而非单纯地追求销售额的多少。这段话深刻地说明了在现代营销观念中人员推销的目标，同时也指明了推销人员的工作任务。

为了完成推销任务，推销人员必须遵循一定的工作程序，通常包括以下步骤：

①寻找顾客。推销人员首先要善于寻找产品的购买者，包括有支付能力的现实购买者及未来有可能成为产品购买者的消费者或用户。

②计划表达。确定推销对象后，要进一步针对买主的需求收集有关资料，并编制销售计划方案。有效的推销计划必须符合每一用户的背景、购买兴趣和购买决策。

③正式访问。有了推销计划，推销人员应正式进行推销访问。其间，推销员在描述产品性质和特点时，必须使自己的表述充分吸引顾客的注意力，要针对产品本身对用户的特殊有效性进行说服与解释，以进一步引起顾客的兴趣和需求。

④化解反面意见。在人员推销中需要运用各种推销艺术，耐心地处理顾客提出的不同意见，并提供详细的资料说服顾客，以达到预期的销售目标。

⑤促使顾客作出购买决策。人员推销的重要环节是促使顾客作出购买决定，推销员在认为时机成熟时，或者提出选择性决策，或者提出建议性决策，或者提供优惠的价格，或者提供便利的服务，以促进顾客作出购买决策。

⑥搜集用户反馈信息。产品销售后，并不意味着整个推销过程的终止，推销员必须和顾客保持密切的联系，经常搜集顾客对于产品的改进意见等信息，及时向有关部门反映，作为调整、改进促销措施的重要依据。

（2）广告决策。根据美国市场营销协会（AAGA）的定义，广告是“由特定广告主以付费方式对于构想、产品或劳务的非人员介绍及推广”。企业的广告决策，一般包括四项重要的内容：一是确定广告目标；二是制作广告；三是选择广告媒体；四是评估广告效果。

①确定广告目标。企业广告目标，取决于企业整体营销目标。企业在实现其整个营销目标过程中，又可以分为若干不同阶段，每一阶段有不同目标，广告起着不同作用。按此可将广告分为通知广告、劝说广告和提示广告三种。

A. 通知广告。通知广告以提高产品知名度为目标，主要是向目标市场介绍产品，唤起初步需求。例如，向市场介绍一种新产品，向顾客说明某种产品的新用途，告诉大家某种产品价格发生变化，介绍本企业提供的各项服务，纠正顾客对产品的误解，以及树立企业的形象，等等。通知广告主要适用于产品生命周期中的投入期。

B. 劝说广告。它主要适用于产品的成长期，这个时期需求的特点是选择性需求，即顾客对某一产品有需求，但没有形成品牌偏好，可在不同品牌中进行选择。此时广告目标不仅仅是让消费者、用户和社会公众知道企业产品的名称，还要使他们完整、全面地理解整体产品概念，突出企业产品特色，促使顾客形成品牌偏好。

C. 提示广告。它适用于产品成熟期。广告的目标是提示顾客购买。例如，可口可乐早已处于成熟期，其广告目标是提示顾客购买。如暗示顾客别忘了购买地点；提示顾客在近期将会需要这种产品；在淡季提醒顾客不要忘记这种产品等，以保持较高的市场占有率。

②制作广告。企业在确定了广告目标之后，还要设计广告内容，即进行广告信息决策。首先是确定广告对象，指广告针对什么样的目标市场或目标顾客，包括企业已进入的市场和潜在市场；然后确定广告主题、内容和具体的表达方式，企业应根据不同的目标市场顾客和不同的产品来确定广告的主题，同时赋予它一定的表达内容和具体表达形式。根据既定的广告主题拟定广告的中心内容和具体表达形式，是一门不易掌握的、高度灵活的“艺术”。

③选择广告媒体。进行广告宣传，必须选择适当的传播媒体，认识广告媒体的种类和特点。

A. 报纸、期刊等印刷媒体。各种报纸是最普遍、最有效的传播媒体。其最大优越性是：读者群比较稳定，宣传覆盖率高；传播迅速，反应及时；可自由选择刊登日期；能对产品进行较详细的说明，制作简单、灵活；费用较低。但其也有一定的局限性：它的保存性较差；报纸内容庞杂，读者往往容易一览而过。各种期刊的优点是：促销对象明确，有的放矢，覆盖率较高，保存性和传阅性也较报纸好；广告画面鲜明，易引人注目。其最大缺点是：传递信息较迟缓，读者面较局限。

B. 视听广告（电台、电视、电影）。电台主要是用语言表达来吸引听众，由于它不受文化水平的限制，听众可以自由选择，成本较低。它的局限性是：速度慢，印象不如视觉深刻；由于广播节目较多，也很难使人听清楚。电视、电影广告的优点是：集图像、色彩、声音于一体，广告画面能直观、真实地传播信息，具有强烈的心理感染力，使观众产生深刻印象。其缺点是费用较大，竞争者较多，且缺乏对象可选性。

C. 邮寄广告。广告主将印刷的广告物，诸如商品样本（有产品图案和扼要说明）、商品目录、商品说明书、商品通告函等，直接寄给买主、中间商或代理人。其优点是：广告对象明确，选择性好，传递较快，较为灵活，提供信息全面、准确，说服力较强，效果显著。其局限性是：不够生动，传播面较窄。

D. 户外广告。户外广告通常有招贴、广告牌、交通广告以及霓虹灯广告等。经常用作辅助性推广媒体，有助于拓展营销渠道，地点多选择在闹市、交通要道或公共场所，一般比较醒目。其主要优点是：利用灯光色彩、美术造型等多种艺术手段，鲜明、醒目、美观；内容简明，易记，使人印象深刻。其局限性是：受空间的限制，不易表达复杂内容。

广告媒体的选择，是企业广告工作中的一个重要环节，选择时应考虑：①目标市场对象接收媒体的习惯。②产品。对于技术性能较高的复杂产品和普及性的产品，应采用不同的媒体进行广告宣传。③广告内容。须及时传送的，报纸、电视、广播最及时；如果是一项技术性很强、较为复杂的产品，则宜登载在专业杂志上或印刷邮寄广告。④媒体成本。广告媒体选择，应考虑企业的经济负担，分析广告成本，并应以广告费与预计效果相比较。预计效果通常是指收看、收听广告的人数，以及销售效果等。

④评估广告效果。广告是费用很高的一种促销方式，因此，企业必须评估广告带来的效益。广告效果的评估与检查常用的方法有两类：

A. 预审法。这是在广告实行之前对其效果进行审核的方法。具体有：

a. 消费者直接评价法。邀请目标市场上的消费者对准备好的几种广告稿直接进行评价。可采用记分的方式，分别对广告的注意力、易读性、辨认、感染力等各方面进行评价。这种测试方法只需利用广告设计草案，成本相对较低，所花时间较短；另外可以有选择地了解目标市场消费者购买习惯的资料。但调查结果往往由于测试对象之间的相互影响而存在一定的片面性，准确性也比较差。

b. 邮寄广告检查法。最常用的方法是把不同的广告缩印后寄给目标顾客，就广告内容、媒体等的选择、编排等问题请他们作出回答；然后再根据复信答案，完成广告预审工作。由于被调查者无拘束，有充分时间考虑问题，因而可以比较准确地表达他们对广告的反映，成本也比较低廉。但了解不深，回收率也较低。

B. 复审法。这是广告发表以后审核其效果的评估方法。

a. 销售实绩法。在广告发表一段时间后，调查销售量的变化。由于广告效果具有一定的滞后性，在短期内通过销售量衡量广告效果是比较困难的。为确切起见，可将企业的销售区域分为若干块。例如：有的区域使用广告，有的区域不使用广告；有的多用，有的少用。然后比较销售额的变化。可用下面公式：

$$E=\frac{\Delta S/S}{\Delta A/A}$$

式中，E 为弹性系数，S 为销售量，ΔS 为增加广告费用后销售量的变化量，A 为原来支付的广告费，ΔA 为增加的广告费。

b. 广告注意率调查法。就消费者对某一传播媒体的接触率、对广告的知名率进行调查。

（3）公共关系。在现代商品经济条件下，企业之间的市场竞争不仅表现在产品质量、价格上的竞争，而且扩展到企业声誉和形象的竞争。企业声誉和形象作为企业的无形财富，成为重要的竞争手段。企业能否生存和发展不仅取决于产品是否适应市场需要，而且取决于能否获得社会公众的理解与支持。

公共关系，指企业面向社会公众所做的一切宣传联系活动。这里所说的公众，既包括企业现实的和潜在的顾客，也包括竞争者、中间商、金融保险机构、政府有关部门、新闻机构、科研单位及高等院校等。

公共关系的工作内容：

①宣传性公共关系。它是指企业利用出版媒介传播有商业价值的新闻或通过广播、电台等对企业或商品作有益的报道。它与广告的不同之处在于，公共关系宣传一般是由第三者撰写的报道文字，通过报纸、电台等宣传机构进行宣传，企业不付报酬。公共关系宣传比卖主自己出面宣传更能取得大多数读者的信任，因而有时会产生更理想的促销效果。

②服务性公共关系。它是指企业向顾客或公众提供各种服务，以实际行动来获得社会公众的理解，从而提高企业声誉的活动。它主要包括：提供保证产品质量的可靠性服务；提供及时性服务；提供指导性服务；提供售后服务。例如，1978 年 12 月，意大利航空公司的一架 DC－9 型客机在地中海坠毁，为了不影响公司业务，急需购进一架客机替代。意航立即向美国波音公司订购。在通常情况下，订购这种飞机要一年多时间才能交货。但波音公司为意航提供了及时服务，仅隔一个多月，就将飞机送往意航，使意航减少了损失。为了回报波音公司，意航取消准备购买道格拉斯公司 DC－10 型飞机的计划，而转向波音公司订购 9 架 747 飞机，其价值达 5.7 亿美元。

③社会活动性公共关系。其中包括：一类是指以各种社会活动为主而开展的各项活动，如召开各种形式的座谈会、开业庆典、周年纪念活动等；主动向社会公众自我介绍，使尽量多的公众知道，并借开展这些活动与社会各界建立关系。另一类是围绕本企业以外的有关社会组织所开展的各种活动，如赞助文化、教育、体育等各种社会公益活动，以此提高企业知名度。

（4）营业推广，也称特种推销。它是为刺激需求、吸引消费者购买而采取的特种促销手段。美国市场学会对营业推广的定义是："人员推销、广告和宣传以外的，用以增进消费者购买和交易效益的那些促销活动。"营业推广是一种不经常的、无规则的促销活动。一般用于暂时的和额外的促销工作，是为了促使购买者立即采取购买行动。营业推广是对广告、人员推销的一种补充，它不能取代这两种主要的促销方式。

营业推广的形式很多，大致可以分为三大类：第一类是直接对消费者的，包括有奖销售、赠送样品、赠送印花、展销和消费信贷等；第二类是对中间商的，包括购货折扣、合作广告等，另外还有陈列津贴、开办联营商店或专柜、技术或资金支援、代培业务技术人员、订货会等；第三类是对推销员的，有红利提成、奖金等。

一个企业在决定应用营业推广以前，需对营业推广的目标、方式、方案的制订与实施、评估作出决策。确定营业推广的目标，主要根据目标市场的购买者和企业营销目标来确定，即不仅要确定对谁推广，而且要具体确定推广什么。例如针对消费者的目标、针对零售商的目标、针对推销人员的目标。营业推广方案应明确奖励规模、奖励对象、奖励期限、总预算。至于营业推广的评估，常用的方案是对营业推广之前、营业推广期间和营业推广之后这三个时期的销售额进行比较分析。

本章小结

市场营销在现代企业管理中占有重要地位。企业通过市场营销活动解决社会生产与消费的矛盾，满足目标市场需求，实现企业预期战略目标。

市场细分是针对消费者需求的差异性而把整个市场划分为不同类型的消费者群体组成的不同的分市场，是根据足以影响市场需求的基本因素作为细分标准来进行划分的。市场细分的目的在于从一系列的细分市场中选择对企业最有利的市场组成部分。企业决定进入的这一部分市场便是企业的目标市场。企业在选定目标市场后，应根据市场的竞争情况和本企业的资源优势，确定本企业产品在目标市场上的竞争地位，这就是市场定位，或称产品定位。

产品是营销组合中首要的和最重要的因素。企业向顾客提供的每一产品都可被看作三个层次。考虑产品市场寿命周期各阶段的特点，是企业制定营销战略的基点。产品策略要求对个别产品、产品组合作出协调一致的决策。

在现代市场营销过程中，非价格因素的作用虽然有所增强，但价格仍然是一个至关重要的因素，为此企业在定价中需谨慎行事。企业应制定一整套价格结构体系，能反映各种产品在不同的地区、细分市场和寿命周期的差别，使之成为促进商品使用价值实现的灵活价格体系。

营销渠道决策是厂商面临的最复杂的决策之一。每一个营销渠道都会产生不同的销售量和销售成本，而且一旦选定就有相当的惯性。考虑影响营销渠道的因素，通过对营销渠道类型的分析，企业就可以进行营销渠道决策。

促销的实质是营销者与购买者之间的沟通，其目的是激发消费者的购买欲望并最终实现购买行为。常见的促销方法有人员推销、广告、公共关系和营业推广。促销包括许多短期性的刺激工具，用以刺激消费市场、经销商和企业本身的销售人员。

复习思考题

1. 什么是市场？它有何特征？

2. 什么是市场营销？市场营销经历了哪些发展阶段？各个阶段的具体观念如何？

3. 何谓市场细分？市场细分必须具备什么条件才是有效的？

4. 何谓目标市场？目标市场的选择策略有哪些？各自的适用条件是什么？各有什么优缺点？

5. 什么是产品？什么是产品组合？产品组合策略的内容是什么？

6. 试述产品市场寿命周期各个阶段的特点及其营销对策。

7. 企业进行产品定价前，先要确定的是什么？

8. 影响产品定价的因素有哪些？

9. 企业进行产品定价可选择的策略有哪些？

10. 定价方法有哪些？

11. 影响企业选择分销渠道的因素是什么？

12. 试述企业选择分销渠道策略。

13. 何谓促销？促销有何作用？

14. 促销方法一般有哪些，各自包含什么内容？

案例分析

高露洁持续发展之道

高露洁公司是美国一家生产经营洗涤品、牙膏、化妆品的跨国公司。据1995年统计数字，当年该公司销售额为83.6亿美元，纯利润为2.9亿美元，拥有资产69.6亿美元，居美国500家大工业公司的第77位。今天它占据世界口腔护理品总销量的近50%。

高露洁公司是以经营牙膏为主的企业。创业的头几年，尽管其产品质量不错，但销量总上不去，因此业绩平平。公司的决策者为了本企业的生存和发展绞尽脑汁，但一直想不出一个有效的办法。后来其下定决心，公开征集良策。他在媒介上登出告示：“谁若能想出使高露洁牙膏销路激增的创意，即赠送10万美元奖金。”

10万美元的奖金是充满诱惑力的，来自世界各地的应征者数以万计。这些应征“创意”中有不少是很有见地的，但高露洁公司决策者仅选中一个。他的创意只有两行字，很简单，只要把高露洁牙膏的管口放大50%，那么消费者每天在匆忙中所挤出的牙膏，自然会多出一半，牙膏的销路因而会激增。高露洁公司按照该创意办了以后，果然销量急速上升。直至今天，高露洁牙膏的管口仍保持这一“创意”。

高露洁公司能够持续发展，与它坚持产品质量和卫生有很大关系。高露洁的生产车间密布如蛛网的管道，各种大大小小的贮存器都是圆弧状的，光可鉴人的地面没有一个接缝。这种圆弧状设计、无接缝的地面，是为了不让粉尘原料有藏身之处，以保证高露洁的产品卫生和质量，从而保证消费者在使用产品时，不会造成任何人身的伤害和损失。而这些又是高露洁 GMP 作业制度的一环。所谓 GMP，就是良好的生产作业制度，它对生产过程中有关人员、材料、建筑、设备、仪器、程序、安全、品质卫生、清洁、记录和培训等都有具体要求和规范。要实现 GMP 目标，就必须做好避免污染、保证产品品质和安全可靠等方面的工作。高露洁的生产作业制度不只是写在纸上的制度，每年总部要对高露洁遍布世界的生产基地分等级，从 11 个方面对生产环节中的 250 项进行严格 GMP 制度审核。

据了解，GMP 为美国最先用于药物生产的质量管理标准，是作为政府对药物质量控制的规范标准。高露洁公司将其引入牙膏生产领域，目前已被许多牙膏生产企业所接受。

高露洁公司的发迹，除了因上述招法外，还与其有效的行销策略有关。高露洁公司十分重视销路的选定，它确定销路时，首先分析各种因素，依据客观允许的条件及自己经营的产品性质等，选择最佳的销路。它确立销路的主要依据有以下几个方面：

（1）产品特性。根据产品特性区别选定行销道路，比如该公司经营的科学器材属时尚性强、技术性高和专用性突出的产品，就直接卖给用户。价格较低的产品，如牙膏，选定的行销道路就长些。

（2）市场特性。一般来说，市场需求潜力越大，顾客的购买频率高而数量不少，就需要选择较长销路，利用中间商，如牙膏就属这类；如果市场潜量少，顾客又集中一次性大批购买，就可不用中间商，直接进行销售。另外，消费的心理、传统购买习惯或消费方式，消费兴趣的转移，都应成为选定销路的考虑因素。

（3）竞争情况。有时候可采用与竞争对手同样的销路，这样比较容易进入市场和占领市场，因为消费者已习惯于这种购买行为了。有时候各种销路被竞争者利用或垄断了，就需要换一种销路开展竞争，以新奇的销路产生不同的效果。

（4）企业实力。一般来说，企业实力强，可以在国内外市场设立广泛的销售网点或连锁店，这比交给中间商销售效果要好。即使选择中间商进行销售，要有较大的优势对中间商实行控制。

（5）社会环境。一些国家对某些产品实行配额许可证管理，这些配额许可证不是任何企业都可以领取的。还有些国家或地区流行超级市场销售方式，而有些国家或地区则不兴这种方法等等。如何根据这些情况及其他变化作出销路的选择，对企业经营是严峻考验，善者胜，不善者败。

高露洁公司的决策者认为，企业的行销渠道的选择依据确定后，还必须进一步根据经验把渠道明细化，即明确行销渠道的宽度。具体来说，必须从以下几种形式中选择渠道和分销。

(1) 广泛的分销渠道，又称为密集型分销渠道。

(2) 有选择的分销渠道。

(3) 独家分销渠道。

高露洁公司由于在决定市场需要的渠道、选择行销渠道的形式及管理各级渠道上有战略化的思想和措施，所以其产品，特别是牙膏，畅销于美国乃至全球，迅速发展成为大型跨国企业。

（作者：市场营销学博士　晋旗）

思考分析

1. 商品流通渠道策略对企业发展有何重要性?
2. 高露洁公司能持续稳定发展的成功经验有哪些?

6

企业生产运作系统设计

本章要求

- □ 了解企业生产运作的分类
- □ 了解企业生产类型的划分方式及各自的特征
- □ 正确理解企业生产过程的概念及组织生产过程的要求
- □ 掌握生产过程空间组织和时间组织设计的原理和方法
- □ 掌握流水生产组织设计的方法
- □ 了解生产线、自动线的基本内容
- □ 了解生产过程组织的几种新方式

生产运作系统是指使输入→转换→输出过程得以实现的手段，包括各种设施、机械、运输工具、仓库、信息传递媒介等。生产运作设计包括产品或服务的选择和设计、生产运作设施的定点选择、生产运作设施布置、服务交付系统设计和工作设计。它一般是在设施建造阶段进行，但在其生命周期内，不可避免地要对生产运作系统进行更新、扩充或由于产品和服务的变化，需要对其进行调整和重新布置。生产运作系统的设计对其运行有先天性影响，企业应十分重视。

6.1 企业生产运作分类

6.1.1 制造性生产类型

制造性生产是通过物理或化学作用将有形输入转化为有形输出的过程，即将有形的原材料转化为有形产品的过程。

1. 连续性生产与离散性生产

按工艺过程的特点，制造性生产分为连续性生产和离散性生产。

（1）连续性生产。它是指在生产过程中物料均匀连续地按一定工艺顺序运动，在运动中不断改变其形态和性能，最后形成产品的生产过程。它又叫流程式生产，如化工、炼油、冶金、造纸等的生产过程。

（2）离散性生产。它是指在生产过程中，物料离散地按一定工艺顺序运动，在运动中不断改变其形态和性能，最后形成产品的生产过程。它又叫加工装配式生产，如机床、汽车、家具、电子设备、服装等的生产过程。

以上两种生产类型，由于其生产过程的特点不同，导致生产管理的特点也不同。对流程式生产来说，生产设备设施地理位置集中，生产过程自动化程度高，只要设备体系运行正常，工艺参数得到控制，就能正常生产合格产品。但由于高温、高压、易燃、易爆的特点，对生产系统的可靠性、安全性要求很高。而加工装配式生产由于设备设施地理位置分散，零件加工和产品装配可以在不同的地区进行，而且零件种类繁多，加工工艺多样化，又涉及多种多样的加工单位、设备和工人，导致生产过程协作关系十分复杂，生产管理大大复杂化。

2. 存货生产与订货生产

按企业组织生产的特点，可把制造性生产分为存货生产和订货生产。

（1）存货生产，又叫备货生产。这种生产方式是根据企业的长期计划目标和市场需求预测来确定生产计划，通过产品库存来调节生产，不是按用户订单来安排生产，是通过维持一定量成品库存来满足用户的需要。它适用于产品市场比较稳定、需要量较大的情况。生产过程管理的重点是提高预测的准确性和确定合理的成品库存，必须按“量”组织生产过程各环节的衔接与平衡。

（2）订货生产。这种生产方式是在接受用户订货之后，按照用户对产品的规格、性能、质量、数量和交货期的要求，双方协商或签订合同后才组织生产，一般是多品种、小批量生产，不设产品库存。在保证产品质量的前提下，准时交货是其生产过程管理的重点，必须按“期”组织生产过程各个环节的衔接和平衡。

6.1.2 服务性生产

服务性生产又称非制造性生产，它的基本特征是提供劳务，而不是制造有形产品，但不制造产品不等于不提供有形产品。

1. 服务性生产的分类

（1）按照是否提供有形产品，可将服务性生产分为纯劳务生产和一般劳务生产两种。纯劳务生产不提供任何有形产品，如咨询服务、指导授课、法庭辩护等；一般劳务生产则提供有形产品，如批发、零售、运输、图书馆书刊借阅等。

（2）按照顾客是否参与，可将服务性生产分为两种：顾客参与的服务性生产，如理发、保健、旅游、娱乐中心服务等；顾客不参与的服务性生产，如修理、洗衣、邮政等。

（3）按劳动密集程度以及与顾客接触程度，可将服务性生产分为四种：大量资本密集服务，如航空公司、大酒店、游乐场等；大量劳动密集服务，如学校、批发、零售等；专业资本密集服务，如医院、车辆修理等；专业劳动密集服务，如律师事务所、会计事务所等。

2. 服务性生产的特点

服务性生产以提供劳务为特征，但有些服务业也从事一些制造性生产，只不过处于从属地位。如饭馆，它要制作各种菜肴。服务业在国民经济中越来越显现出其重要性，提高服务业运作的效率日益引起人们的重视。然而服务性生产的管理与制造性生产的管理有很大的不同，不能把制造性生产的管理方法简单地照搬到服务业中。其与制造性生产相比较，有以下几个特点。

（1）服务性生产的生产率比较难测定。如一个生产有形产品的工厂可以计算出它所生产的合格产品数量，而一个律师的辩护则难以计量。

（2）服务性生产的质量标准比较难建立。

（3）与顾客接触是服务性生产的一个重要内容，但这种接触往往会导致效率降低。

（4）纯服务性生产不能通过库存来调节。如理发师不能在顾客少时存储几个理过发的顾客库存起来。

因此，需要专门对服务性生产的管理进行研究。

6.2 生产类型

产品和服务是多种多样的，产量的大小也各不相同，工艺过程也很复杂，如何按照其基本特征进行分类，以把握各种生产类型的特点和规律，是进行生产运作的基本前提。生产类型是影响生产过程组织的重要因素，生产类型不同，其管理方法也不同。

6.2.1 生产类型的分类

生产类型可以根据产品或服务的专业化程度和工作地的专业化程度来划分。

1. 按产品或服务的专业化程度划分生产类型

（1）大量生产方式。一般采用连续生产，适用于品种少而产量大的产品。生产条件稳定，大多数工作地固定完成一两道工序，专业化程度较高。可以采用高效率的专用设备和专用工艺装备，组织流水生产线，编制标准和计划，实行严格的生产控制。

（2）成批生产方式。这是将各种产品按一定的批量，定期或不定期轮番进行生产的方式。生产的产品产量比大量生产少，而产品品种较多，大多数工作地要负担较多的工序。由一批产品制造改为另一批产品制造时，工作地的设备和工具需要相应地调整。由于各种产品轮番生产，管理的重点是确定合理的生产批量、确定合理的库存、缩短更换产品设备的调整时间。成批生产又可以分为大批生产、中批生产和小批生产。大批生产的特点接近于大量生产，一般称为大量大批生产；小批生产的特点接近于单件生产，一般称为单件小批生产。

（3）单件生产方式。这种生产方式一般每次只生产一件或少数几件产品，以后不重复生产或很少重复生产。产品标准化程度低，生产稳定性差，大多数工作地要负担很多道工序。一般采用通用的设备和工艺装备，或多功能设备。要求作业人员具有较高的技术水平，能够掌握多种操作技术。

对于服务性生产，也可以划分为与制造性生产相类似的生产类型。如医生看病，一般都是一个人一个人地看，可以看作单件生产；而学生或单位进行体检，检查的项目都是一样的，可以看作大量大批生产，等等。

2. 按工作地的专业化程度划分生产类型

工作地是工人运用机器设备和工具对物料进行加工制作或为顾客服务的场所。工作地专业化程度是指工人从事同样的操作的重复程度，它可以通过工作地所执行的工序数（m）或工序大量系数（K_B）来表示，K_B 是 m 的倒数，$K_B=1/m$。工作地生产类型的划分可参照表 6－1。

表 6-1 划分工作地生产类型的 m 及 K_B 参考数据

工作地生产类型	m	K_B
大量生产	1~2	0.5 以上
大批生产	2~10	0.1~0.5
中批生产	10~20	0.05~0.1
小批生产	20~40	0.025~0.05
单件生产	40 以上	0.025 以下

当所有工作地的生产类型确定之后，可按“比重最大”的原则和“自上而下”的方法确定工段、车间以及工厂的生产类型，即根据比重最大的工作地生产类型，决定工段的生产类型，再根据比重最大的工段生产类型，决定车间的生产类型，以此类推。

3. 两种生产类型划分的比较

按产品或服务的专业化程度划分生产类型与按工作地的专业化程度划分生产类型，其结果应该是基本一致的。当产品种数少、产量大、生产重复程度高时，工作地的划分应当精细，工作地所执行的工序数（m）必然少，某种零件（或顾客）占工作地的有效工作时间的份额（K_B）必然大；反之，则工作地所执行的工序数必然多，某种零件（或顾客）占工作地的有效工作时间的份额必然小，因此一般可按工作地的专业化程度划分生产类型。

但是按产品或服务的专业化程度划分生产类型与按工作地的专业化程度划分生产类型也不完全一致，它还与组织生产过程的方法有关。如果按产品或服务的专业化程度划分为大量大批生产类型，但生产设备是通用设备，设备布置是机群式的，则工作地专业化程度并不高；按 m 与 K_B 的值判断则不一定是大量大批生产。然而，出现这种情况是不合理的，如果产品或服务的专业化程度很高，而工作地的专业化程度不高则生产效率必然低下，适应不了市场需求；反之，如果工作地的专业化程度很高，而产品或服务的专业化程度不高，则生产系统缺乏柔性，适应不了市场变化，也会造成人工与设备的浪费。

采用何种设备布置形式是与产（销）量密切相关的，现通过图 6-1 来说明这种关系。

从固定成本考虑，流水线布置最高，功能布置次之，固定位置布置最低；从变动成本考虑，固定位置布置最高，功能布置次之，流水线布置最低。当产量小于 V_1 时，采用固定位置布置总成本最低；当产量大于 V_2 时，采用流水线布置的总成本最低；当产量处于 V_1 与 V_2 之间时，采用功能布置总成本最低。

图6－1反映了市场需求与工厂的内部组织生产的关系，产（销）量高低是由市场决定的，产（销）量越高，则采用流水线布置就越经济。由此可以看出，产品专业化程度单看品种数多少是不够的，还要看产量大小。如果一个企业仅生产一种产品，生产的重复程度可以很高，但产量很小，达不到一定的生产规模，是不能称为大量生产的，即使采用精细分工、专用设备和流水线布置，生产也是不经济的。

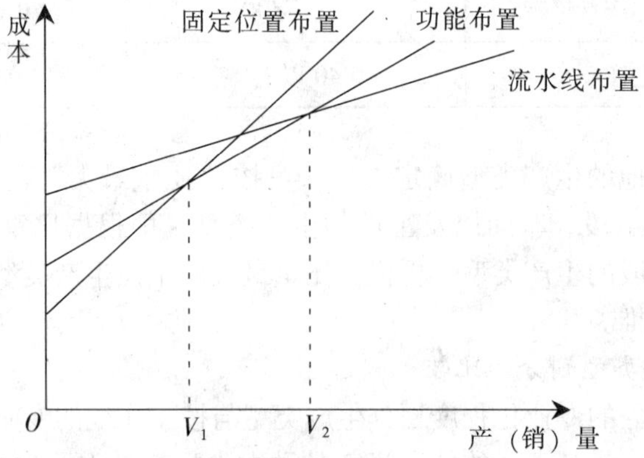

图6－1　不同布置下产（销）量与成本的关系

6.2.2　不同生产类型的特征

不同生产类型对设计、工艺、生产组织和生产管理的影响是不同的，因而导致生产效率上的巨大差别。一般来说，大量大批生产容易实现高效率、低成本、高质量，单件小批生产则比较难以实现高效率、低成本和高质量。

1. 大量大批生产类型的特征

大量大批生产一般来说品种数少、产量大、生产的重复程度高，因而具有以下一些优势：

（1）设计方面。由于可以采用经过多次制造和使用检验的标准图纸生产，不仅大大减少了设计工作量，节省了设计阶段所需的时间，而且保证了设计质量，也节省了人力。

（2）工艺方面。由于设计图纸变化小，产品结构相对稳定，可以编制标准制造工艺，标准工艺经过反复验证，其质量会不断提高；由于减少以至消除了重复编制工艺的工作，不仅大大减少了工艺编制的工作量，缩短了工艺准备周期，而且节省了工艺人员；由于产量大，生产重复程度高，可设计专用、高效的工艺装备，便于精确制定材料消耗定额，减少原材料消耗。

（3）生产组织方面。可进行精细分工，工作地专业化程度高，工人操作简化，可推行标准操作方法，提高工作效率，宜于购置专用高效设备，采用流水线、自动线等高效的组织生产的形式。

（4）生产管理方面。便于而且适于制定准确的工时定额。由于产品品种及产量稳定，原材料、毛坯种类变化小，易与供应厂家和协作厂家建立长期稳定的协作关系，质量与交货期容易得到保证。例行管理多，例外管理少，计划、调度工作简单，生产管理人员易熟悉产品和工艺，易掌握生产进度。

由于大量大批生产具有上述优势，它可给企业带来很多好处：从设计到出产的整个生产周期短，加快资金周转；大量大批生产一般是存货型生产，生产周期短使得用户的订货提前期短，从而加快了整个社会的生产速度；大量大批生产机械化、自动化水平高，用人少，生产效率高，成本低，产量、质量高而且稳定。

2. 单件小批生产类型的特征

单件小批生产品种繁多，每一品种的数量少，生产的重复程度低，这就带来了一系列的问题。

（1）设计方面。每生产一种新产品都必须重新设计，绘制新图，或作较大修改。因此设计周期长，需要的设计人员多。因图纸得不到制造过程和使用过程的检验，设计质量也不易提高。

（2）工艺方面。必须为每种设计的产品编制工艺，需要设计、制造新的工艺装备，编制工艺周期长。由于生产的重复程度低，材料消耗定额也不易或不宜准确制定，工艺质量不易提高，需要的工艺人员多。

（3）生产组织方面。只能进行粗略分工，工作地专业化程度不高。工人需完成多种较复杂的操作，需较长时间培训。多品种小批量只适于使用通用设备，效率低、工作转换时间长。一般只能采用按功能布置（机群式布置），零件运输路线长。

（4）生产管理方面。只能粗略制定工时定额。原材料、毛坯种类变化大，不易建立长期稳定的协作关系，质量与交货期不易保证。计划、调度工作复杂，例行管理少，例外管理多，需要管理人员多。

由于以上的问题，使单件小批生产具有一些缺点：产品制造周期长，资金周转慢，用户订货提前期长；用人多，生产效率低、成本高，产品质量不易保证。

中批生产类型的特点介于大量大批生产与单件小批生产之间。

劳务性生产的不同类型也有类似于制造性生产不同生产类型的特点，也是大量大批生产容易实现高效率、低成本与高质量。

由于大量大批生产具有很大的优势，而单件小批生产具有劣势，从企业内部组织生产的角度看，单一品种大量生产最有效。但这必须是市场在较长时间内大量需要的产品，离开了市场需要讲效率，只能得到相反的效果。效率越高，生产越多，销售不出去则浪费越大。如果标准件是长期大量需要的产品，应该采用大量大批生产方式，若采用单件小批生产方式生产，不仅价高质劣，而且也满足不了市场需要。因此，如果看准了市场需求，就没有必要搞低效率的多品种生产。然而，如果不是市场长期大量需要的产品，采用大量生产方式将会冒很大风险。所以采用何种生产方式，要根据市场需求情况和本企业的具体情况而定。

产品品种多样化，不易采用大量生产方式，无法利用大量生产的优越性，但通过有效的组织可以提高单件小批生产的效率，如提高生产系统的柔性（也叫柔性制造系统）、精益生产方式和采用成组技术组织生产，这既顺应了市场需求多样化的要求，也取得了大批生产的优越性。柔性制造系统、精益生产方式和成组技术将在本章第6节介绍。

6.3 生产过程及其组织的要求

生产过程组织与控制是企业生产管理的重要内容，在产品生产过程中要求在空间上对各种生产要素进行合理配置，在时间上保持紧密衔接，最终达到以尽可能少的劳动耗费，生产出尽可能多的适销产品，不断提高企业经济效益的目的。

6.3.1 生产过程的概念与生产过程的组成

产品的生产过程就是从准备生产某种产品开始，直到把它生产出来为止的全部过程。

生产过程的基本内容是在劳动分工与协作的条件下，劳动者利用劳动工具，作用于劳动对象，使其成为有一定使用价值的产品的过程。在某些生产技术条件下，生产过程的进行还要借助自然力的作用，使劳动对象发生物理的、化学的变化。如铸件的时效、金属的自然冷却、酿酒的发酵等。在这种情况下，生产过程就是许多相互联系的劳动过程与自然过程的结合。

产品生产过程一般由以下四个部分组成：

（1）生产技术准备过程。这是指产品在投入生产前所进行的各种生产技术准备工作。其中包括产品设备（配方）、工艺设计、工艺装备的设计与制造、标准化工作等。

（2）基本生产过程。这是指直接为完成企业的基本产品生产所进行的生产活动。例如纺织企业的纺纱、织布；钢铁企业的炼钢、轧钢；机械制造企业的铸、锻、切削加工、装配等。

（3）辅助生产过程。这是指为了保证基本生产正常进行所从事的各种辅助性生产活动的过程。例如企业所需的动力生产、工具制造、设备维修等。

（4）生产服务过程。这是为基本生产和辅助生产服务的各种生产服务活动的过程。例如原材料、半成品和工具的供应、运输、保管等。

基本生产过程按照工艺加工的性质和生产组织的要求，可以划分为若干相互联系的生产阶段。例如机械加工产品的基本生产过程一般分为毛坯制造、切削加工和装配生产阶段。在每个生产阶段，又可按劳动分工和使用的设备、工具，划分为若干相互联系的工序。

工序是指一个或几个工人在一个工作场所内，对一个（或几个）劳动对象连续进行的生产活动。基本生产过程中的工序，按其性质可分为：①工艺工序。它是利用劳动工具对劳动对象进行加工，使其发生物理或化学变化的工序。②检验工序。它是对原材料、半成品和成品的质量进行检验的工序。③运输工序。它是工艺工序之间、工艺工序和检验工序之间运送劳动对象的工序。

工序是组成生产过程的基本环节。组织生产过程主要是合理安排工序，组织好各工序之间的协调。工序的划分对于组织生产过程、制定劳动定额、配置工人、检验质量和编制生产作业计划等工作有着直接的影响。工序的划分，主要取决于生产技术的要求，应按照所采用的工艺方法和机器设备来划分，同时还要考虑劳动分工和提高劳动生产率的要求。

6.3.2 合理组织生产过程的要求

为了使生产过程能够顺利进行，必须合理组织生产过程。所谓组织生产过程，是指从空间上和时间上，对生产过程的各个组成部分进行合理的安排，使它们能够相互衔接、密切配合，尽可能缩短生产周期。其最终目的是缩短产品的交货期，提高企业的经济效益。为此，组织生产过程必须遵循下列基本要求：

（1）生产过程的连续性。这是指产品在生产过程中的各阶段、各工序之间，在时间上是紧密衔接的、连续流动的，即产品在生产过程中始终处于运动状态，不是进行加工、装配、检验，就是处于运输或自然过程中，没有或很少有不必要的停顿和等待时间。

保持和提高生产过程的连续性，可以缩短产品的生产周期，减少在制品的数量，节约流动资金；可以更好地利用物资、设备和生产面积，减少产品在停放、等待时可能发生的损失；同时还有利于提高产品质量。为了提高生产过程的连续性，可按工艺流程布置工厂、车间、工段和工作地，并采用先进的工艺技术、运输方式和先进的生产组织形式。

（2）生产过程的比例性。比例性又叫协调性，是指生产过程的各阶段、各工序之间，在生产能力上要保持合理的比例关系。各个生产环节的工种、工人人数和技术等级、机器设备的种类和数量、生产面积、生产速率、生产班次等，都必须相互协调。

比例性是保证生产过程能够连续进行的前提条件，保持生产过程的比例性，可以充分利用设备、生产面积、人力和资金，减少产品在生产过程中的停顿、等待时间，缩短生产周期。为了保持生产过程的比例性，在工厂设计或生产系统设计时，要正确规定各个生产环节的生产能力。在日常的生产组织与管理工作中，要做好综合平衡工作，采取有效措施，克服薄弱环节，以保持各个生产环节应有的比例性。

(3) 生产过程的均衡性。均衡性又叫节奏性，是指企业各生产环节在产品的投入、加工和生产方面，都能均衡、有节奏地进行，即在每段相等的时间内(如每月、每旬、每日)完成的产量或工作量大致相等，或稳定、持续上升，各工序的负荷均匀，不发生时松时紧、前松后紧的现象。

生产过程均衡进行，能充分利用设备和人力，有利于保证和提高产品质量，缩短生产周期，降低成本；有利于维护工人健康和生产安全。组织均衡生产必须保持生产过程的比例性，加强生产作业计划和在制品管理，搞好生产技术准备，健全生产指挥系统，不仅要组织好基本生产，而且要组织好辅助生产和生产服务工作。

(4) 生产过程的适应性。适应性是指生产过程适应市场多变的特点，能灵活地进行多品种、小批量生产的适应能力。

适应性有利于企业发展适销对路的产品，满足社会需要，提高企业的竞争能力；能保证在生产过程组织进行较大调整时，不至于耗费过多。提高适应性必须采用计划评审法、成组工艺和多品种混流生产等生产组织方法，也可以在企业生产主流产品的较稳定的生产线之外，成立一个“零活工段”，专门负责临时订货，或者组织一个包括设计、工艺、制造在内的“快速部队”进行新产品的生产。

6.4　生产过程的空间组织和时间组织设计

任何工业产品的生产过程，都需要在一定的空间进行，并需要经历一定的时间。因此，生产过程组织包含空间组织和时间组织两个方面的内容。

6.4.1　生产过程的空间组织

企业的生产过程是在一定的空间场所，通过许多互相联系的生产单位进行的。生产过程的空间组织主要是研究企业内部基本生产单位的组织形式，通常有以下两种：

(1) 工艺专业化。工艺专业化也叫工艺原则，是按照生产过程的工艺特点来建立生产单位的形式，在工艺专业化的生产单位内，配置同种类型的生产设备和同工种的工人，对企业生产的各种产品（零件），进行相同工艺方法的加工。每一个生产单位只完成产品生产过程中部分的工艺阶段或工艺加工工序，不能独立地生产产品。例如在机械制造企业中，机械加工车间的车床组、磨床组和热处理车间等都是按照工艺专业化原则建立的生产单位。其优点是：对产品品种适应性强；有利于充分利用机器设备；便于进行专业化的技术管理等。其缺点是：半成品运输路线长，运输劳动量较大；产品生产过程中停顿等待时间较多，生产周期较长；占用流动资金较多；生产单位之间的协作关系和相应的组织计划工作较复杂。

这种组织形式比较适用于单件小批生产类型。

（2）对象专业化。对象专业化也叫对象原则。它是按照产品（零件、部件）的不同来设置生产单位的形式。在对象专业化的生产单位里，配置了为制造某种产品所需要的各种不同类型的生产设备和不同工种的工人，对其所负责的产品进行不同工艺方法的加工。其工艺过程基本上是封闭的，能够独立地生产产品（零件、部件），如汽车制造厂、拖拉机制造厂的发动机车间、底盘车间等，机械加工车间的轴套工段、小组等。其优点是：可以缩短运输路线，节约运输设备和人力；便于采用流水线、生产线、成组加工等先进生产组织形式生产；缩短生产周期，减少流动资金占用；可以简化生产单位之间的协作关系和相应的管理工作，加强责任制度。其缺点是：设备专业性强，设备的生产能力难以充分利用；不便于对工艺进行专业化的管理和指导；对产品品种变化的适应能力差。

这种组织形式适用于产品品种较稳定的大量大批生产类型。

企业应采用哪一种形式来设置生产单位，必须从企业的生产特点和本身的生产条件出发，全面分析不同形式的技术经济效果，考虑长远发展和目前的生产需要。

6.4.2 生产过程的时间组织

产品生产过程的进行，需要经历一定的时间。生产过程组织在时间上要求生产单位之间、各工序之间能互相配合、紧密衔接，在保证充分利用设备和工时的前提下，尽量提高生产过程的连续性，缩短产品生产周期。

在这里着重介绍劳动对象在各工序之间、在时间上的衔接方式，即产品（零件）从一个工作地到另一个工作地之间的移动方式。它与制造的产品数量有关，如果制造的产品只有一件，那么就只能在加工完一道工序后，再送到下一个工作地加工下一道工序，这时在工序之间的时间衔接方式没有什么选择的余地。如果同时制造一批相同的产品，各工序之间在时间上的衔接方式有以下三种：

（1）顺序移动方式。这是指一批零件在前道工序全部加工完成以后，才整批地运送到后道工序加工。

如果把工序之间的运输、停放、等待时间略而不计，则该批零件的加工生产周期，等于该批零件在全部工序上加工时间的总和。用公式表示如下：

$$T_{顺} = n\sum_{i=1}^{m} t_i$$

式中，$T_{顺}$ 为顺序移动方式下一批零件的生产周期，n 为零件批量，m 为工序总数，t_i 为零件在第 i 道工序上单件作业时间。

采用这种方式有利于减少设备的调整时间并可简化管理工作。但是产品都有等待加工和等待运输的时间，因而生产周期长，资金周转慢。这种方式多在批量不大和工序时间短的情况下采用。

（2）平行移动方式。这是指在一批在制品中，每一个零件在前道工序加工完毕后，立即转移到后道工序继续加工，形成各个零件在各道工序上平行地进行加工作业。用公式表示如下：

$$T_{平} = \sum_{i=1}^{m} t_i + (n-1)\ t_{max}$$

式中，$T_{平}$ 为平行移动方式下一批零件的生产周期，t_{max} 为单件作业时间最长的工序。

在平行移动方式下，零件在各道工序之间逐个运送，很少有停歇时间，因而整批零件生产周期最短。但是，运输工作频繁，特别是在前、后两道工序的单件加工时间不相等时，会出现等待加工或停歇的现象。如果前道工序的单件作业时间比后道工序长，则在后道工序上会出现间断性的设备停歇时间，这些时间短而分散，不便于利用。如果前道工序的单件作业时间比后道工序短，则在后道工序上会出现零件等待加工的现象。

（3）平行顺序移动方式。这是将上述两种移动方式结合起来，取其优点，避其缺点的方式。零件在工序之间移动有两种情况：一是当前道工序的单件作业时间大于后道工序的单件作业时间时，则前道工序完工的零件，并不立即转移到后道工序，而是积存到一定的数量，使之足以保证后道工序能连续加工时，才将完工零件转移到后道工序去。二是当前道工序的单件作业时间比后道工序的单件作业时间短或两者时间相等时，则前道工序上完工的每一个零件应立即转移到后道工序去加工。平行顺序移动方式的生产周期可用下式表示：

$$T_{平顺} = n\sum_{i=1}^{m} t_i - (n-1)\sum_{i=1}^{m-1} t_{si}$$

或

$$T_{平顺} = \sum_{i=1}^{m} t_i + (n-1)(\sum t_l - \sum t_s)$$

式中，t_{si}为相邻两道工序中单件作业时间最短的工序加工时间；t_l 为加工时间比前、后两道工序的加工时间都长的工序加工时间；t_s 为加工时间比前、后两道工序的加工时间都短的工序加工时间。

例：设有一批零件总共 4 个，要经过 4 道工序的加工，每道工序的加工时间分别是 10 分钟、5 分钟、20 分钟、15 分钟。求在三种不同的移动方式下，产品加工的运送及生产周期情况。

解：在顺序移动方式下，产品的生产周期是：

$$T_{顺} = n\sum_{i=1}^{m} t_i = 4 \times (10+5+20+15) = 200 \text{（分钟）}$$

在平行移动方式下，产品的生产周期是：

$$T_{平} = \sum_{i=1}^{m} t_i + (n-1)\ t_{max} = (10+5+20+15) + (4-1) \times 20$$
$$= 110 \text{（分钟）}$$

在平行顺序移动方式下，产品的生产周期是：

$$T_{平顺} = n\sum_{i=1}^{m} t_i - (n-1) \sum_{i=1}^{m-1} t_{si}$$
$$= 4 \times (10+5+20+15) - (4-1) \times (5+5+15) = 125 \text{（分钟）}$$

或 $$T_{平顺} = \sum_{i=1}^{m} t_i + (n-1)(\sum t_l - \sum t_s)$$
$$= (10+5+20+15) + (4-1) \times (10+20-5) = 125 \text{（分钟）}$$

在三种不同的移动方式下，零件的运送情况分别如图 6－2、6－3、6－4 所示。

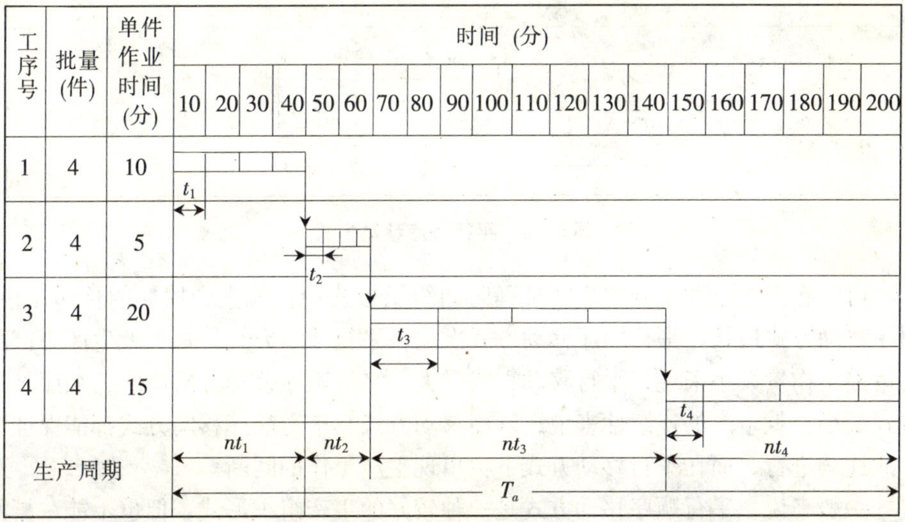

图 6－2　顺序移动方式

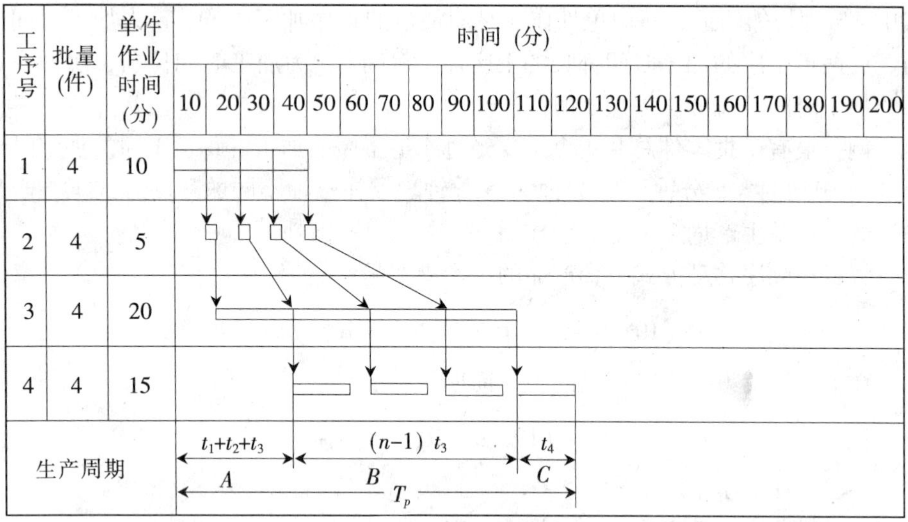

图 6－3　平行移动方式

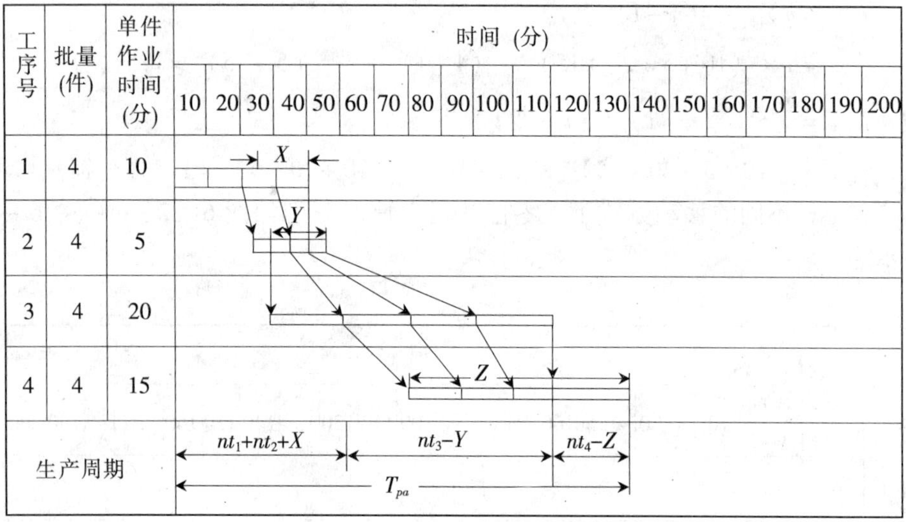

图 6－4　平行顺序移动方式

可以看出，三种不同的生产过程时间组织形式中，就生产周期的长短来说，顺序移动方式最长，平行顺序移动方式次之，平行移动方式最短；就生产中产品的运输工作量大小来说，平行移动方式最大，平行顺序移动方式次之，顺序移动方式最小；就生产的连续性来说，顺序移动方式和平行顺序移动方式都能保证生产的连续进行，而在平行移动方式下会出现生产工作的间断。

一般来说，平行顺序移动方式是一种较好的生产组织形式，但也不能一概而论，在选择生产过程的时间组织形式时，除了要考虑生产周期、零件或产品的搬运量和生产的连续性以外，还要考虑其他一些因素：

（1）生产单位布置的专业化形式。生产单位布置的专业化形式和生产过程的时间组织存在着密切关系。一般来说，如果生产单位是按工艺专业化布置的，且车间之间距离较大的话，由于零件不便于单件运送，宜采取顺序移动方式；反之，如果生产单位是按对象专业化布置的，设备间距离较小，则采用平行移动方式或平行顺序移动方式较为方便。

（2）生产类型。单件小批的生产多采用顺序移动方式，大量大批生产时，采用平行移动方式或平行顺序移动方式，能节约在制品占用，加速生产进程。

（3）零件的重量和工序劳动量的大小情况。如果零件较轻，工序劳动量较小，则采用顺序移动方式有利于节约运输费；相反，如果零件较重，工序工作量较大，需按件运送，则宜采用平行移动方式或平行顺序移动方式。

（4）设备调整所需时间的长短。若改变加工对象的设备调整所需时间长，应采用顺序移动方式；反之，应采用平行移动方式或平行顺序移动方式。

（5）接受订货的紧急程度。如接受订货任务紧迫，交货期临近，则宜采用平行移动方式，以缩短工期，保证交货。

6.5 流水线、生产线和自动线设计

6.5.1 流水线的产生

流水线也叫流水生产。流水线生产方式在1913年产生于美国福特汽车公司，最初用于汽车装配，使生产效率大大提高。流水生产是在“分工”和“作业标准化”的原理上发展起来的。劳动分工原理阐明了分工可以提高效率的道理；泰罗的科学管理理论证明了按照人的操作方法制定作业标准，按标准训练工人，按标准操作能提高生产效率。美国的亨利·福特成功地把这两条原理运用到流水生产中来：首先把汽车装配工作分成许多工序；然后制定每道工序的操作标准，使每道工序的作业时间尽可能相等；最后按加工顺序布置工作地，按固定的标准顺序对产品实施轮流加工。泰罗强调的是单个工人的操作标准化，福特把它发展成生产过程的标准化。

流水生产方式的诞生除在管理技术上的突破以外，在当时还必须依赖加工技术的支撑。那时工作母机的制造精度已经能够保证零件的互换性。若没有这一条件，流水生产也是不可能实现的。最初的流水生产线只生产单一品种产品，后来逐渐发展为多品种混流生产线。第二次世界大战后，日本丰田汽车公司顺应市场需求，创造出被称为“准时化生产”（JIT生产方式，下文专述）的新型流水生产方式。它保留了流水生产高效率的优点，克服了转换产品困难的缺点，使一条

流水生产线能够同时生产多种结构相似的产品。

6.5.2 流水生产及其特征

1. 流水生产的概念

流水生产也叫流水作业或流水线，它是对象专业化组织形式进一步发展而成的一种先进生产组织形式。一般是指按照产品加工工艺的先后顺序排列工作地，使加工对象以一定的速度，连续不断地经过各个工作地进行加工，并出产产品。

2. 流水线的主要特征

（1）工作地的专业化程度很高，每个工作地只固定完成一道或少数几道工序。

（2）各工作地按照劳动对象加工的工艺顺序排列，劳动对象在工序间作单向移动。

（3）按照规定的节拍出产产品。节拍就是流水线上前后两件产品出产的间隔时间。例如，节拍为 10 分钟，就是每隔 10 分钟出一件（台）产品。为此，各道工序的单件作业时间必须等于节拍或节拍的倍数。

（4）各道工序的工作地数同各道工序的单件作业时间的比例相一致。例如有三道工序，单件作业时间分别为 3 分钟、6 分钟和 12 分钟，则各道工序的工作地数需要分别配备 1 个、2 个和 4 个，这样它们的比例才能一致。

6.5.3 流水线的分类

由于每个生产单位的生产条件不同，组织流水线时可以有多种形式，通常可分为以下几类：

（1）按生产对象的轮换方式，可分为不变流水线、可变流水线和混合流水线。不变流水线是在一条流水线上固定生产一种产品（零件、部件）。可变流水线是在一条流水线上分批轮番生产几种产品。这几种产品具有相似的结构和工艺过程，各道工序的时间比较接近。混合流水线是在一条流水线上，在规定的时间内同时生产几种产品。变换产品品种时，基本上不需要重新调整设备和工艺装备。因为，在混合流水线上，各种产品的生产是按照成组加工（装配）工艺规程，使用专门的成组加工设备和工艺装备完成的。

（2）按生产过程的连续程度，可分为连续流水线和间断流水线两种。连续流水线是劳动对象始终处于加工或运输过程中，没有停放等待现象。间断流水线是流水线上一些工序的单件作业时间同节拍不完全相等或不成整倍数，劳动对象在工序间不能连续移动而有停放等待现象，生产过程有一定的间断。

（3）按加工对象是否移动，可分为产品固定不动的流水线和产品移动的流水线两种。产品固定不动的流水线是劳动对象固定在一定的工作地上，由不同工种的工人拿着工具依次到工作地上去完成各自所承担的工序。它适用于装配笨重、巨大的产品。例如，造船、大型机械产品以及建筑工程施工等。产品移动的流水线是工人固定在各工作地上，劳动对象依次经过各个工作地进行加工。

（4）按流水线节拍的方法，可分为强制节拍流水线和自由节拍流水线两种。强制节拍流水线是用专门的运输装置强制实现规定的节拍，工人必须在规定的时间内，按照生产工艺要求，完成自己的全部工作。如果出现延误和违反技术规程，就会影响下一道工序的生产。自由节拍流水线是每个工作地在规定的间隔时间内的生产率要符合节拍要求，但是每件制品的作业时间长短不一定与节拍相同，可由工人自己掌握。因此，各工作地上都存放有一定数量的保险在制品，以达到调节生产节奏的目的。

（5）按流水线的机械化程度，可分为手工流水线、机械化流水线和自动化流水线三种。

（6）按流水线的范围，可分为小组流水线、车间流水线和贯穿全厂的流水线。

流水线这种先进的生产组织形式，在生产中被广泛采用。它主要有以下优点：它把对象专业化的生产单位和平行移动方式紧密地结合起来，使生产过程达到连续性、比例性和均衡性的要求，因而有较高的生产效率，能够缩短生产周期；减少在制品占用量，减少运输工作量，加速资金周转，降低成本，取得较好的经济效益。我国在轻纺、机械、化工、日用化学、建筑、服装、食品、电子等部门都有流水线生产的组织形式。

6.5.4 组织流水线应具备的条件

是否组织流水线生产，是企业的一项重大决策。组织流水线生产必须具备以下条件：

（1）产品品种稳定，产量大，是市场上大量需要的产品。

（2）产品结构比较先进，设计基本定型，产品是标准化的，并有良好的结构工艺性。所谓结构工艺性是指产品的结构便于工艺制造，有利于采用经济、有效的工艺加工方法。

（3）生产过程的各道工序能够合并或分解，以满足同期化的要求。

（4）原材料、协作件必须是标准的、规格化的，并能够按时供应。

6.5.5 单一品种流水线的组织工作

（1）确定流水线的节拍和节奏。节拍是流水线最重要的因素和工作参数，也是一种期量标准。它表明流水线的生产速度和效率。确定节拍的依据是计划期的产品产量和有效工作时间。

节拍=计划期有效工作时间/计划期产量

例：某产品流水线计划日产量为330件，采用三班生产，每班有20分钟休息时间，废品率为5%，求该流水线的节拍。(每日工作8小时)

解：节拍=［8×3×60－（20×3)］÷330×（1+5%）=4（分钟)

如果流水线的节拍很小，产品的体积很小，不便于按件运输，则需成批运输。这时就要计算流水线的节奏。节奏是指流水线上生产前后两批相同产品的间隔时间。

节奏=节拍×运输批量

(2）组织工序同期化。所谓工序同期化，就是根据流水线节拍的要求，采取各种技术组织措施来调整流水线各工作地的单件作业时间，使它们等于流水线的节拍或节拍的倍数。

组织工序同期化，其中一个方法是将工序集中或分散。工序的集中是把若干互相联系的小工序合并为较大的工序，工序的分散是把较大的工序划分为若干较小的工序。通过工序的集中与分散来调整各工序的单件作业时间，使其与节拍相等或成整数倍的关系，实现同期化。此外，还可以通过改进工艺过程，采用先进的工艺和技术设备，改善设备状态，改变零件结构和改进劳动组织等来调整工序加工时间，实现同期化。

(3）计算流水线上需要的最少工作地数。

流水线上所需最少工作地数=单位产品总装配时间/节拍

按上式计算出来的工作地数量可能不是整数，但是实际采用的工作地数必须取整数。

(4）计算流水线的负荷系数。流水线的负荷系数越大，表明流水线的生产效率越高。一般来说，机器工作流水线的负荷系数不应低于0.75，以手工为主的装配流水线的负荷系数应在0.85以上。

流水线负荷系数=单位产品总装配时间/实际采用的工作地数×节拍

(5）配备工人。以手工操作为主的流水线，需要配备的工人总数等于流水线上各个工作地的所有工人人数之和。每个工作地需要的工人人数可按下式计算：

每个工作地需要的工人人数=每个工作地上同时工作的人数×工作班次

在以设备加工为主的流水线上，计算所需配备的工人数量时，要考虑后备工人和工人的设备看管定额。因此，配备工人数量常常是与编制流水线工作指示图表结合起来进行的。

（6）计算传送带的速度。流水线上采用的运输工具种类很多，一般在连续流水线上，工序间的传送大多采用传送带装置。当传送带采用连续移动方式时，传送带的速度可按下式计算：

传送带的速度=流水线上两件产品的中心距离（米）/节拍（分）

当传送带采用连动方式移动，即每隔一个节拍往前移动一次时，传送带每次移动的距离就等于传送带上两件产品间的中心距离。传送带的长度一般可按下式计算：

传送带的长度=2×流水线上各工作地长度之和+技术上需要的距离

工作地长度包括工作地本身的长度和相邻两个工作地之间的距离。

（7）流水线的平面布置。流水线的平面布置应便于工人操作和生产服务部门工作，使产品的运输路线最短，充分利用生产面积。流水线平面布置的形状，一般有直线形、直角形、开口形、山字形、环形、蛇形等。工作地的排列有单列式和双列式两种。单列式是将工作地布置在传送带的一侧，双列式是将工作地布置在传送带的两侧。

6.5.6 多品种混流生产

多品种混流生产是流水生产的一种形式，它是将工艺流程、生产作业方法基本相同的若干个产品品种，在同一条流水线上科学地编制投产程序，实行有节奏、按比例的混合连续流水生产，并以品种、产量、工时、设备负荷全面均衡为前提的生产方式。多品种混流生产适用于加工工艺基本相同，生产设备不需要调整，工模夹具可快速调换，而设备负荷又能负担多品种生产的流水生产和成批生产的企业，组织多品种混流生产的前提条件是生产稳定，专用设备能通用，或增加少量的设备和工模夹具便能满足生产的需要，有通用性的专用生产工序，企业管理良好。

由于混流生产能在同一条流水线上同时生产几种产品，所以能及时满足市场多品种的需要。企业编制混流生产投产顺序的方法主要有生产比例法、生产比例倒数法、逻辑运算法等。

6.5.7 生产线

生产线是按产品专业化形式组织的多品种的生产组织形式。它的特点是在生产线内，配置为完成某几种产品所必需的设备，这些设备和工作地是按照生产线的主要产品或多数产品的工艺路线、工序劳动量的比例来配备和排列的。它和流水线的主要区别是没有严格的节拍，不能采用更多的专用设备和专用工具，不能保证生产过程的高度连续性。因而，在生产效率方面要比流水线低一些。由于它在每条生产线上都可以安排多个品种生产，企业在品种规格较多而多种产品的产量又不大的情况下，组织生产线能获得较好的经济效果。

6.5.8 自动线

自动生产线简称为自动线。它是在流水生产线的基础上发展起来的一种先进生产组织形式。在自动线上，生产工序与辅助工序全部由机床、各种机器工具、仪表装置自动完成。因此，所谓自动线就是通过一系列加工工艺、供料、检验、运输等方面的自动装置，由电子计算机自动控制的自动化机器体系。其优点是：①可以改善劳动条件，减少工人需要量；②可以提高产品质量；③可以缩短生产周期，减少在制品占用量，节约流动资金。其缺点是投资大，回收期较长，自动线上有一小部分出了故障，就会造成整条线停产。

组织自动生产线必须具备下列条件：①产品必须是市场需求量大，工艺稳定，能够充分发挥自动线生产能力的产品；②自动线是以利用电子计算机对生产过程进行自动控制为前提的，所以企业必须具备较高的生产技术条件和管理水平；③自动线生产投资额大，须做好可行性研究，包括考察投资的经济效益以及与自动线相关的其他问题。如原材料供应的保证情况、自动生产线的维修、多余工人的安排等。

今后自动线发展的主要趋势是：提高可调性，以适应多品种生产的要求；扩大工艺范围，实现全部加工工序的自动化；提高加工精度，更稳定地保证产品质量；提高自动化程度，着重解决装卸、检测、控制装配自动化；自动线与以电子计算机为中心的自动控制系统结合成一个整体的自动化车间或自动化工厂。

6.6 生产过程组织的新方法

近20多年来，随着科学技术的进步和生产的发展，许多顺应市场需求多样化的变化趋势，适合多品种小批量生产特点的现代生产管理方法应运而生。如工业工程（IE）、成组技术（GT）、准时化生产方式（JIT）、物料需求计划（MRP）、制造资源计划（MRP Ⅱ）、ERP、柔性制造系统（FMS）、精益生产（LP）以及计算机集成制造系统（CIMS）等。下面简要介绍准时化生产方式、精益生产和计算机集成制造系统。其他内容将在有关章节中介绍。

6.6.1 准时化生产方式

1. 准时化生产方式的概念及其发展

准时化生产方式（Just in Time，JIT）是一种有效地利用各种资源、降低成本的生产准则。其含义是：在需要的时间和地点，生产必要的数量和完美质量的产品零部件，以杜绝超量生产，消除无效劳动和浪费，达到用最少的投入实现最大产出的目的。

准时化生产方式产生于日本。它由丰田英二和大野耐一于 1953 年在日本丰田汽车工业公司首先提出，并于 1961 年在全公司推广，并取得了很大的成效。从 1970 年开始，在日本全国大力推广。20 世纪 70 年代，随着日本企业在国际市场竞争中的胜利，准时化生产方式作为日本企业成功的秘诀受到国际上广泛的关注。80 年代以来，西方一些国家很重视对准时化生产方式的研究并将之应用于生产。

2. 准时化生产方式的目标和原则

准时化生产方式要求彻底消除无效劳动和浪费。它将无效劳动和浪费分为：①制造过剩的零部件；②空闲待工的浪费；③无效的搬运劳动；④库存积压的无效劳动和浪费；⑤加工本身的无效劳动；⑥动作方面的无效劳动；⑦生产不合格品的无效劳动和浪费。

为了消除上述的无效劳动和浪费，准时化生产方式要设计一个生产系统，能高效地生产优良产品，并且在需要的时间按需要的数量生产所需要的工件。这就是准时化生产方式的目标。其具体要求是：①废品量最低（零废品）；②准结时间最短；③库存量最低（零库存）；④搬运量最少；⑤机器损坏率最低；⑥生产提前期最短；⑦批量最小。

准时化生产方式的原则是：①在当今产品市场寿命周期已大大缩短的年代，产品设计应与市场需求相一致；在产品设计阶段，应考虑设计出的产品要便于生产。②尽量采用成组技术和流程式生产。③要与原材料或外购件的供应者建立联系，以达到准时化生产方式供应原材料以及采购零部件的目的。

准时化生产方式系统是建立在一系列生产管理技术的基础上的。它主要涉及设计易生产、易装配的产品，实现均衡生产，缩短生产提前期，保证生产资源的合理利用，健全质量控制与质量保证体系等方面工作。

3. 准时化生产方式生产现场控制技术——看板管理

看板管理是一种现场管理方法。它以流水线作业为基础，将生产过程中传统的送料制改为取料制，以“看板”作为取货指令、运输指令、生产指令进行现场控制。从生产的最后一道工序（总装线）起，按反工艺顺序，一步一步地、一道工序一道工序地向前推进，直到原材料准备部门都按“看板”的要求取货、运送和生产。

准时化生产方式控制生产现场的具体手段是“看板”。它是一种生产、转移的指令。“看板”上注明：“看板”编号、产品编号、件数、装箱型号、外协厂或上道工序编号、送达地的编号、净化时间、转送方式，由总装厂向各零部件制造外协厂、下一道工序向上一道工序逐一下达。这与大批量生产方式的生产指令下达顺序正好相反。目前“看板”按其功能和流转方式共分为运转、信息、产品、工艺、零件、特殊件、临时、试制品、指示等九种主要类别。“看板”管理严格遵循以下六条规则：①不良品不流到后道工序；②后道工序向前道工序倒抽“看板”；③抽多少“看板”生产多少产品；④均衡生产；⑤生产组织合理化、简单，有效减少浪费；⑥各工序（工艺装备）要稳定。

工序“看板”运行应严格遵守以下规则：①后道工序向前道工序领取零件，必须带有“看板”；②前道工序只生产后道工序领走的数量，超过“看板”规定数量的零件不生产；③不合格品不能挂“看板”，不能交给后道工序；④从前道工序取走的零件，应及时取下“看板”；⑤不见“看板”不取货，不见“看板”不生产，不见“看板”不运输。“看板”起到了取货指令、运送指令、生产指令的作用，因而对生产进度起着严格的控制作用。

6.6.2 精益生产

精益生产（Lean Production，LP）也叫精细生产。其要求在工作上追求完美无缺，在制造上讲双“零”，即零缺陷、零库存。这就是精和细（益），“精”是指质量高，“细（益）”是指库存低，即精益生产是指对一切资源的占用少、利用高，生产出来的产品质量好、成本低、效益高。

1. 精益生产的基本原理

精益生产的基本原理是：不断改进；消除浪费；协力工作；相互沟通。不断改进是精益生产的指导思想；消除浪费是精益生产的目标；协力工作和相互沟通是实现精益生产的保证。

（1）不断改进。改进就是永远不满足于现状，不断地发现问题，寻找原因，提出改进措施，改变工作方法，使工作质量不断提高。

（2）消除浪费。零缺陷和零库存是质量和库存的追求目标，是给出一个绝对的标准。零缺陷和零库存，零是一种极限，可以无限地接近它，这是永无止境的。工作上没有缺陷，则没有改进的余地，双零使得改进永无止境，只有达到双零，才能说在质量与库存方面完全消除了浪费。

（3）协力工作。协力工作是指将职业、专长不同的人组织到一起，以小组的形式完成特定任务的工作方式。要对市场作出快速响应，不仅企业内部要协力工作，企业还必须与供应厂家、顾客等相关方协力工作。

（4）相互沟通。人员之间、部门之间、本企业与供应厂商和顾客之间都需要沟通。及时传递信息，以便相互了解。没有沟通，就谈不上协力工作。为此小组的每个成员都必须了解其他成员的专业和工作内容，这样才能有共同语言，才能将自己的工作放到全局中去考虑，才能避免片面性。

2. 精益生产的主要内容

精益生产是对准时化生产方式的进一步提炼和理论总结，是一种扩大了的生产管理、生产方式的概念和理论，其主要内容可概括如下：

（1）在生产系统方面，一反大量生产方式下的作业组织方法，以作业现场具有高度工作热情的“多面手”和独特的设备配置为基础，将质量控制融入到每一道生产工序中去；生产起步迅速，能够灵活敏捷地适应产品的设计变更、产品变换以及多品种混合生产的要求。

（2）在零部件供应系统方面，采取与大量生产方式不同的方法，在运用竞争原理的同时，与零部件供应厂家保持长期稳定的全面合作关系。其包括资金合作、技术合作以及人员合作（派遣、培训等），形成一种“命运共同体”，并注重培养和提高零部件供应厂家的技术能力和技术开发能力，使零部件供应系统也能灵活敏捷地适应产品设计变更以及产品变换。通过管理信息系统的支持，使零部件供应厂家也共享企业的生产管理信息，从而保证及时、准确地交货。

（3）在产品研究与开发方面，以并行工程和团队工作方式为研究开发队伍的主要组织形式和工作方式，以“主查”负责制为领导方式。在一系列开发过程中，强调产品开发、设计、工艺、制造等不同部门之间，以及与零部件供应厂家的信息沟通，各部门之间可以平行作业，并行开发，因此可大大缩短开发周期和降低成本。

（4）在流通方面，与顾客、零售商、批发商建立一种长期的关系，使来自顾客、零售商、批发商的订货与工厂的生产系统直接挂钩，销售成为生产活动的起点；极力减少流通环节的库存，并使销售和服务能紧密结合，以迅速、周到的服务来最大限度地满足顾客的需要。

（5）在人力资源利用上，形成一套劳资互惠的管理体制。以人为本，通过QC 小组活动，提案制度等团队工作方式，目标管理等一系列具体方法，调动和鼓励职工进行“创造性思考”的积极性，并注重培养和训练工人以及各级管理人员的多方面技能，最大限度地发挥和利用企业组织中每一个人的潜在能力，由此提高职工的工作热情和工作兴趣。

（6）在管理理念上，总是把现有的生产方式、管理方式看作改善的对象；不断地追求进一步降低成本、提高质量、缺陷为零、产品多样化适应市场需求等目标；不断追求产生意想不到的效果，提高职工的工作兴趣和积极性，使其在工作中能感受到成功的喜悦，促进企业生产效率和产品质量的不断提高。

总之，精益生产是一种在降低成本的同时使质量显著提高，在增加生产系统柔性的同时也使人增加对工作的兴趣和热情的生产经营方式。它突破了批量小、效率低、成本高的逻辑，它可以生产品种更多、质量更高、成本更低的产品，是一种新的生产经营方式。

6.6.3 计算机集成制造系统

1. CIM 与 CIMS 的含义

1974 年，美国的约瑟夫·哈林顿博士在 *Computer Manufacturing* 一书中首次提出计算机集成制造（CIM）的概念，其中有两个基本点：

（1）企业生产的各个环节，即从市场分析、产品设计、加工制造、经营管理到售后服务的全部活动是一个不可分割的整体，要紧密连接，统一考虑。

（2）整个生产过程实质上是一个数据的采集、传递和加工处理的过程。最终形成的产品可以看作数据的物质表现。

综合这两种观点，可以看出，CIM 是一种利用现代信息技术、管理技术和生产技术对从产品设计、生产准备、生产管理、加工制造，直到产品发货与用户服务的整个生产过程的信息进行统一管理与控制，以优化企业生产活动，提高效益与市场竞争力的思想方法或生产管理模式。当一个企业按 CIM 哲理或思想组织整个企业的生产经营活动时，就构成了计算机集成制造系统，即 CIMS。

2. CIMS 的功能结构

CIMS 是在自动化技术、信息技术及制造技术基础上，通过计算机及其软件将制造工厂全部生产活动所需的各种分散的自动化系统有机地集成起来，形成一种高效率、高柔性的智能制造系统。它由三种主要功能、四个功能分系统和两个支撑分系统构成。

（1）三种主要功能。

CIMS 包含了一个制造企业的设计、制造和经营管理三种主要功能，并使三者集成起来。

（2）四个功能分系统。

①管理信息分系统。它包括预测、生产计划、生产技术准备、销售、供应、财务、成本、设备、工具、人力资源等管理信息功能，并通过这些信息的集成，达到缩短产品生产周期、降低流动资金占用、提高企业应变能力的目的。

②产品设计与制造工程设计自动化分系统。它是用计算机来辅助产品设计、制造准备及产品性能测试等工作。

③制造自动化或柔性制造分系统。它是指运用自动化程度不同的各种制造设备和子系统，实现信息流对物流的控制，完成物流转换，提高制造系统的柔性程度，以获取最大的经济效益。

④质量保证分系统。它包括质量决策、质量检测与数据采集、质量评价、控制与跟踪等功能，系统保证从产品设计、制造、检验到售后服务的整个过程，以实现产品的高质量、低成本，提高企业的竞争力为目的。

（3）两个支撑分系统。

两个支撑分系统：一是计算机网络分系统。它是支持 CIMS 各个分系统的开放型网络通信系统。二是数据库分系统。它是支持 CIMS 各分系统，覆盖企业全部信息的数据库系统。

本章小结

本章首先对生产运作进行了分类，然后对生产类型进行划分并分析了不同生产类型的特征。生产类型是影响生产过程组织的主要因素之一，生产类型不同，管理要求和方法也不一样。产品的生产过程就广义来说，是从准备生产开始，直到把产品生产出来为止的全部过程。其基本内容是在劳动分工与协作的条件下，劳动者利用劳动工具，作用于劳动对象，使其成为有一定使用价值的产品。生产过程由生产技术准备、基本生产、辅助生产、生产服务过程四部分构成，它们既有区别又有联系，其中基本生产是核心，是生产过程不可缺少的。为了使生产过程能顺利进行，必须合理组织生产过程的各个部分，应使其达到连续性、比例性、均衡性和适应性的基本要求。

任何产品的生产过程都需要在一定的空间进行，并需要经历一定的时间。生产过程的空间组织形式通常有工艺专业化、对象专业化等形式。它们各有优缺点，企业须根据实际情况进行应用。生产过程的时间组织主要是对一批相同制品在各道工序之间，在时间上采取的衔接方式。通常也有三种衔接方式可供选用，即顺序移动方式、平行移动方式和平行顺序移动方式。

先进的生产组织形式很多，本章只对流水生产、生产线和自动线作了简要介绍。其中流水线得到了广泛应用和发展，对提高企业经济效益有重要作用。本章最后简单介绍了几种生产过程组织的新方法，如准时化生产方式、精益生产和计算机集成制造系统等。

复习思考题

1. 生产运作如何分类以及企业生产类型如何划分，它们各有何特征？
2. 生产过程的概念及其组成内容是什么？
3. 合理组织企业的生产过程有哪些要求？
4. 试比较分析工艺专业化和对象专业化的优缺点，并说明这两种专业化形式在企业中应用的条件。

5. 什么是流水生产？流水生产有哪些基本特征？组织流水生产应具备什么条件？

6. 试根据下列资料计算一批零件在工作地之间的三种移动方式的零件加工周期。

（1）零件运输批量为4件。

（2）该零件共有五道工序，其加工时间如下：第一道工序10分钟，第二道工序15分钟，第三道工序5分钟，第四道工序20分钟，第五道工序10分钟。

7. 某单位计划设计一条年度生产某零件54 000件的流水线，该零件顺次经过五道工序，各道工序的单位加工时间是10分、14分、9分、18分、5分。试计算：

（1）该流水线的节拍；

（2）各道工序的计算工作地数和实际工作地数；

（3）计算整条流水线的总负荷率。

（注：①该单位生产实行两班制，每班工作8小时；②流水线全年有效工作日数按300天计算。）

案例分析

兰珀特公司

约翰·兰珀特是一家生产电器的小型企业的总裁，他是一名技术型企业家。最近他乔迁新居，他妻子让他在房子内装些灯，使室内的各个地方（如书柜、雕刻和墙上）醒目起来。

他到商场去购买灯具时，在当时的几家灯具商店里，他发现灯具的定价大大高于他所愿支付的买价，而且品种也很少。直觉告诉他，市场太需要有一种价廉物美或钳夹式的灯具了。于是他和一位懂业务的同事一起讨论了他的设想，该同事提出了下列问题：

（1）市场上果真需要这类产品吗？

（2）这种灯具外观应该像什么呢？

（3）产品应该怎样或应该在哪里生产（如生产厂是设在国内中西部、本地还是在国外）？

（4）如果兰珀特公司生产这种灯具，必须进行什么样的布局，采用哪种生产类型和什么样的生产组织形式？

（5）推销这种产品应该利用哪种分销渠道？

（6）如果要保持灯具价廉物美，应该怎样保证质量？

经过讨论之后，兰珀特承认自己的确没有全面考虑他的设想，故不能圆满地回答上述这些问题。

思考分析

1. 如果你是一个企业的顾问，你会如何回答兰珀特先生的同事所提出的问题？

2. 你会提出其他什么措施来设计产品，建立生产系统和组织生产？

3. 如何控制质量方面的运营？

7

生产计划与生产控制

本章要求

- □ 掌握企业生产计划指标及其计算方法
- □ 掌握企业生产能力的概念、影响因素及其核算方法
- □ 学会编制生产计划时进行优选的有关方法
- □ 了解编制生产作业计划时应明确的期量标准以及各种期量标准的计算方法
- □ 掌握生产作业控制的有关控制方法
- □ 了解网络计划技术的基本原理，学会绘制网络图
- □ 了解制造资源计划（MRPⅡ）的组成功能和特点

7.1　生产计划

7.1.1　生产计划的概念及其系统

1. 生产计划的概念

企业的生产计划是企业对在计划期内应完成的产品生产任务和进度作出的统筹安排。它具体规定企业在计划期内（年、季、月）应当完成的产品品种、质量、产值、出产期限等一系列生产计划指标，并确定各车间、单位的协作任务。

它不仅规定企业内各车间、单位的生产任务和生产进度，还要编制生产作业计划，把企业全年的生产任务在时间和空间上具体展开，详细分配到车间、工段、班组以至个人，规定各自在月、旬（周）、日、轮班、小时的工作任务。生产作业计划是生产计划的具体化。

企业的生产计划要根据企业的销售计划和生产能力编制，它又是企业编制其他计划的依据。编制企业生产计划要充分利用企业的资源，保质保量，按品种、按期限地完成订货合同以及规定的生产任务，不断生产出适销对路的商品，满足市场需求，提高企业效益。

2. 生产计划系统的层次

计划工作贯穿于现代企业各个管理层次，涉及企业所有生产经营活动，无论是作为企业整体的发展方针、目标的确定，还是某项局部具体工作安排，都离不开计划工作。计划运行过程中要处理各种信息，企业中会形成一个以计划信息为核心的信息流程，因此从系统的角度分析，可以将企业各种计划构成的体系称为计划体系。

计划是管理的首要功能，企业为了生产符合市场需要的产品，要根据销售计划确定生产什么产品、生产多少数量、质量要求、什么时候生产、在哪个车间生产以及如何生产的总体计划，这是对企业总体生产任务的确定与进度安排，一般为年度计划。生产计划是企业制订物料供应计划、生产任务平衡计划、设备管理计划、劳动力安排计划以及生产作业计划等的主要依据。生产计划系统的层次如图 7-1 所示。

生产计划
- 长期生产计划
- 中期生产计划
- 短期生产计划（主生产计划、物料需求计划、作业计划、劳动力安排计划、生产控制与反馈）

图 7-1　生产计划系统层次

企业生产计划的核心问题是要解决生产与需求之间的矛盾，即生产均衡性要求与需求之间的矛盾，解决的主要问题是“生产能力—生产任务—市场需求”三者之间的关系，因此生产计划的编制过程是一个在一定条件下方案优化的过程。企业生产计划工作的主要内容包括：调查和预测社会对产品的需求，核定企业的生产能力，确定目标，制定策略，选择计划方法，正确制订生产计划、库存计划、生产进度计划和计划工作程序，以及计划的实施与控制工作等。生产计划系统流程如图 7－2 所示。

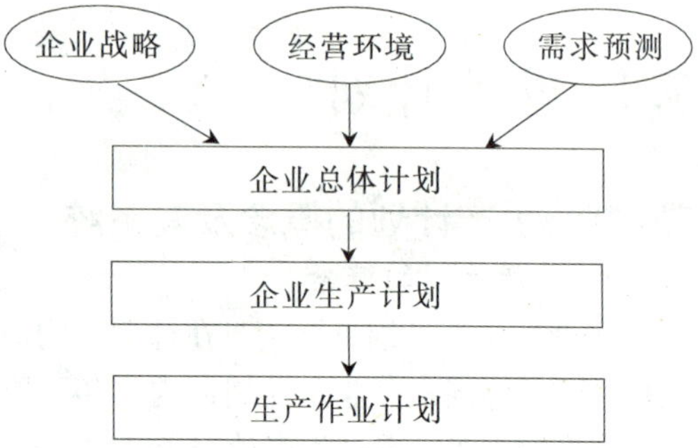

图 7－2　**生产计划系统流程**

生产计划方案的确定，不仅需要满足市场需求和生产能力两个方面的要求，而且要考虑收益和成本方面的要求，是一个多目标优化过程。

7.1.2　生产计划指标

生产计划的主要指标有产品品种、产品质量、产品产量和产值等。

1. 产品品种指标

它是指企业在计划期内应当生产的品种，包括品名、品种数以及计划期内生产的新产品和升级换代的产品。产品品种指标表明企业在品种方面满足社会需要的程度，并在一定程度上反映企业的专业化协作水平、技术水平和管理水平。企业要按品种组织生产，以满足各部门的协作配套和正常生产的需要，保证国民经济协调发展。

2. 产品质量指标

它是指企业在计划期内各种产品应当达到的质量标准。产品质量指标可以分为两类：一类是反映产品本身的质量指标；另一类是反映生产工作质量的指标，常用的有废品率、返修率、成品交检一次合格率等。产品质量是衡量产品使用价值的重要标志，它是反映企业生产的产品能否适合社会需要的主要指标，它综合地反映企业的技术水平和管理水平。每个企业都应当努力保证和提高产品质量，更有效地实现其使用价值，以满足社会需要。

3. 产品产量指标

它通常是指企业在计划期内应当生产的合格产品的实物量。它是以适合于产品的性能特征并能体现产品使用价值的计量单位来表示的。如电视机多少台、钢多少吨等。有的产品用一种实物单位计量不能充分表明其产量时，需要用“复合计算单位”。如电动机用台/千瓦等。

产品产量包括企业在计划期内生产的符合质量标准的，用于销售的成品和半成品，以及完成的工业性劳务数量。

产品产量指标是反映企业生产成果的一个重要指标。它反映企业在一定时期内向社会提供的产品数量的大小，以及企业的生产发展水平。它不仅是国家进行物资平衡工作的依据，也是企业进行产、销平衡，计算实物劳动生产率、原材料消耗和成本、利润等指标的基础。同时，也是企业安排生产作业计划和组织日常生产活动的重要依据。

4. 产值指标

它是指用货币表示的价值量指标。产值指标可分为商品产值、总产值和净产值。

（1）商品产值。它是指企业在计划期内生产的可供销售的合格产品和工业性劳务的价值。一般按现行价格计算。商品产值的内容包括：①本企业自备原材料生产的可供销售的成品价值；②外售半成品价值；③用订货者来料所制造的产品的加工价值；④计划完成的对外承接的工业性作业价值。

商品产值表明企业在计划期内为社会提供的商品总量，是企业经济收入的主要来源。它与产品销售计划有密切的联系，是编制成本和利润计划的重要依据。

（2）总产值。它是企业在计划期内应当完成的以货币表示的工作总量。一般用不变价格计算。它除了包括商品产值的内容外，还包括在制品、半成品、自制工具、模型等期末与期初结存量差额的价值，以及订货者来料的价值。

总产值是按“工厂法”的原则计算的，如一个工业企业的总产值是以企业工业生产活动的最终成果来确定的，不允许产品的价格在企业内部重复计算。

总产值反映在计划期内应当达到的企业生产总水平，是计算企业生产发展速度与劳动率等指标的重要依据。

（3）净产值。它是从总产值中扣除各种物资消耗的价值后的余额，是企业在计划期新创造的价值。一般用现行的价格计算。计算净产值，可采用生产法和分配法。

按生产法计算：

净产值 = 总产值 − 物质消耗价值

注：以上公式的总产值应该是用现行价格计算的总产值。

物质消耗价值是指原材料、燃料、辅助材料、外购动力、固定资产折旧以及其他物资消耗费用。

按分配法计算：

净产值 = 工资 + 税金 + 利润 + 其他属于国民收入初次分配性质的支出

其他属于国民收入初次分配性质的支出，主要包括差旅费、市内交通费、培训费、利息支出、罚金支出等。

净产值避免了转移价值变化对产值的影响，从而可以比较确切地反映企业的工作成果。

例：某企业本月计划产品产量及其他资料如表7－1所示，试计算商品产值、总产值和净产值。

表7－1

产品名称	出产量（件）	现行单价（元）	不变单价（元）
甲	800	280	220
乙	600	320	260
丙	500	200	150

外售半成品价值40 000元，对外承接大修理60 000元，期初在制品价值50 000元，期末在制品价值55 000元，物资消耗200 000元。

解：商品产值＝（800×280＋600×320＋500×200）＋40 000＋60 000

＝224 000＋192 000＋100 000＋40 000＋60 000

＝616 000（元）

总产值＝(800×220＋600×260＋500×150）＋40 000＋60 000＋(55 000－50 000)

＝176 000＋156 000＋75 000＋40 000＋60 000＋5 000

＝512 000（元）

净产值＝616 000＋（55 000－50 000）－200 000＝421 000（元）

上述各项指标之间的关系是十分密切的。产品品种、质量、实物数量指标在生产计划中居于主要的地位，是计算各项产值指标的基础；而各项产值指标又是企业生产成果的综合反映。企业编制生产计划时，一般应首先安排产品品种、质量与产量，然后计算产值。

7.1.3 生产能力的核定

1. 生产能力的概念、分类及其影响因素

（1）生产能力的概念。企业的生产能力，是指在一定的组织技术条件下，企业各生产环节直接参与生产过程的固定资产，经过综合平衡，在一定时期内所能生产的一定种类和质量的产品或处理一定原材料的最大数量。

（2）生产能力的分类。企业生产能力一般分为设计能力、查定能力、计划能力三种。

①设计能力。它是指新建企业或进行技术改造扩建的企业，在设计任务书与技术文件中所规定的生产能力。

②查定能力。它是在企业没有设计能力，或虽有设计能力，但由于生产技术与技术条件发生重大变化，原设计能力已不能反映实际情况时，企业根据新的条件而重新查定的能力。

③计划能力。它是指在计划年度内，依据现有生产技术条件所确定的，在计划年度内实际能够达到的生产能力。

（3）影响生产能力的因素。影响生产能力的主要因素有三个，即生产中固定资产的数量、固定资产的工作时间和固定资产的生产效率。

①生产中固定资产的数量，通常是指机器设备和生产面积。设备的数量应包括正在运转的、正在修理或待修理的、已到厂尚待安装的，以及因任务不足而暂时停用的设备。但不包括按规定作为备用的设备，已经批准决定封存、报废变价转让的设备。

②固定资产的工作时间，是指它的有效工作时间。固定资产有效工作时间与企业规定的工作班次、轮班工作时间、全年工作日数、设备计划预修制度以及轮班内工人的休息制度有关。机器设备的有效工作时间，在连续生产条件下，一般等于日历时间减去计划停修时间。在间断生产条件下，机器设备有效工作时间，一般是在日历时间中扣除节假日、计划停修时间。每日工作时间按企业规定的工作班次和每日工作时数来计算，季节性生产企业的有效工作时间应按全年可能的生产日数计算或者按其昼夜生产能力确定，而不核算全年生产能力。生产面积的利用时间则按制度工作时间来计算。

③固定资产的生产效率，是指单位设备的产量定额或单位产品的台时定额，以及单位产品占用生产面积的大小和时间长短的定额。它受各种因素影响很大，除了机器设备本身的技术条件外，还受产品品种、质量、原材料燃料的质量、企业的生产组织、劳动组织和工艺方法、工人的技术水平和熟练程度、企业对外协作条件等一系列因素的影响。

2. 生产能力的核定方法

（1）在单一品种生产情况下，生产能力核定的方法是按设备组进行计算的，其计算公式为：

$$设备组的生产能力=\frac{该设备组的设备台数\times单位设备有效工作时间}{单位产品台时定额\times压缩系数}$$

或 $\quad =设备组的设备台数\times单位设备有效工作时间\times单位时间产量定额$

（2）在多种产品情况下生产能力的核定方法。

第一，代表产品法。这是从多个品种中选出一种产品作为代表产品。代表产品是本企业专业方向中的主要产品，是占有劳动量较大，制造数量较多，并在工艺上具有代表性的产品。其计算方法与上述计算设备组生产能力的原理相同。其计算公式为：

$$某设备组生产能力=\frac{某设备组全年有效工作时间}{代表产品台时定额}$$

例：某企业生产甲、乙、丙、丁 4 种产品，它们的计划年产量分别为 50 台、100 台、125 台、25 台；在车床上加工的单位产品台时定额分别为 20 台时、30 台时、40 台时、80 台时；车床组共有 4 台车床，两班制工作共 15.5 小时，设备停修率为 5%。求车床组的生产能力。

解：

①选丙产品为代表产品（因为它产量最大）。

②车床组生产能力 = 车床组全年有效工作时间 ÷ 代表产品台时定额
$=(365-115)\times15.5\times(1-5\%)\times4\div40$
$=14\ 725\div40=368.125\approx368$（台）

③计算各产品与代表产品的换算系数：

换算系数 = 某种产品的台时定额 ÷ 代表产品台时定额

甲产品 $=20\div40=0.5$　　乙产品 $=30\div40=0.75$

丙产品 $=40\div40=1$　　丁产品 $=80\div40=2$

④计算各具体产品产量折合为代表产品产量：

甲产品 $=50\times0.5=25$（台）　　乙产品 $=100\times0.75=75$（台）

丙产品 $=125\times1=125$（台）　　丁产品 $=25\times2=50$（台）

合计：$25+75+125+50=275$（台）

⑤将折合为代表产品的计划产品总数除以设备能力即可求出设备负荷系数：

车床组设备负荷总系数 $=275\div368=0.747$

设备负荷总系数小于 1，说明车床组的生产能力大于计划需求能力，说明设备能力有富余，可采取措施，充分利用车床组的生产能力。

第二，运用企业计划期各种产品对某类设备所需的总台时数与企业计划期该类设备有效台时数进行比较，确定企业的生产能力是富余还是不足。

例：某厂生产 A、B、C、D、E 5 种产品，各种产品的计划产量分别为 300 台、100 台、200 台、100 台、30 台；各种产品在车床加工的台时定额分别为 30 台时、20 台时、25 台时、50 台时、40 台时；车床组共有 6 台车床。假设单位设备全年有效工作时间为 4 000 小时，试计算生产能力，并确定该车床组的生产能力是富余还是不足。

解：

①计算各种产品对车床组所需的总台时数：

$300\times30+100\times20+200\times25+100\times50+30\times40=22\ 200$（台时）

②计算计划期内车床组有效台时数：

$4\ 000\times6=24\ 000$（台时）

③企业计划期所需的总台时数与企业计划期设备有效台时数相比较：

企业计划期设备有效台时数－企业计划期所需总台时数＝24 000－22 200＝1 800（台时）（即该车床组富余 1 800 台时的生产能力）

④计算设备负荷率：

设备负荷率＝计划期内所需总台时数÷企业计划期有效台时数×100%
＝22 200÷24 000×100%＝92.5%

用减法比较的结果：若是正值，说明企业设备有富余；若是负值，说明企业设备能力不足。设备负荷率大于100%，说明超负荷，设备能力不足；相反，说明设备能力富余。本例说明设备能力有富余。

7.1.4 生产计划的编制

1. 生产计划指标的确定

编制生产计划主要是确定生产计划指标。为了使确定的生产计划指标符合实际，符合社会需要，企业在确定生产计划指标之前，必须深入实际进行调查，分析和研究历史统计资料，了解和掌握社会需要和生产可能，把社会需要与企业生产可能结合起来考虑。

社会需要归纳起来主要有两个方面：一是国家任务，二是市场用户的需要。生产可能是指企业外部和内部对保证企业生产条件的可能性，包括原材料、燃料、动力等供应情况，外协件、配套件、外购件等协作和供应的保证程度以及企业的生产能力状况、劳动力和技术力量的状况、各种物资的库存状况等。企业在掌握这些情况的基础上，联系产品销售计划，初步拟订生产计划指标，再把它与生产条件进行全面的综合平衡。

（1）主要综合平衡因素。

①生产任务与企业生产能力之间的平衡。主要是测算设备、生产面积对生产任务的保证程度。测算方法可以采用按各个生产单位的设备组分别算出完成计划任务所需的某种设备台时数，与设备组现有台时数进行比较。

计算的步骤与方法如下：

首先，计算同类型设备组承担的计划任务所需台时数。

完成计划任务所需台时数＝∑（计划产量×单位产品台时定额×计划定额压缩系数）

其次，计算同类型设备组计划期内的有效台时数。

计划期设备组有效台时数＝设备台数×计划期工作日数×每日工作班次×每班工作小时数×设备开动率

最后，计算设备组负荷系数。

设备组负荷系数＝完成计划任务所需台时数÷计划期设备组有效台时数

计算出这个负荷系数，可能出现三种情况：设备负荷系数大于1，说明设备能力不足；负荷系数小于1，说明设备有富余能力；负荷系数等于1，这种情况是理想的，表明负荷饱满。对于设备有富余能力和能力不足这两种情况都要采取措施，进行调整。

如果能力有富余，可以采取承接来料加工，或在原材料供应保证的情况下，增加一些社会需要的产品。

如果能力不足，首先应在企业内部采取措施，充分发动群众，针对“薄弱环节”开展技术革新，改进管理工作。如改进产品结构，采用先进的工艺技术，改进操作方法，提高工人技术水平和熟练程度，压缩定额等。企业经过在内部采取措施仍不能完成任务时，则可以组织厂外协作或新增加一些设备，或通过调整生产任务来解决。

②生产任务与企业劳动力之间的平衡。主要是测算各部门、各生产环节劳动力的工种、技术等级、数量和效率等是否与生产任务相适应。出现劳动力不足的情况时，要采取措施达到平衡。

③生产任务与物资供应之间的平衡。主要测算各种物资的可供量、供应期限、库存量对生产任务的保证程度。在物资供应确实不能满足生产需要的情况下，应考虑调整生产计划指标。

④生产任务与技术准备力量之间的平衡。主要测算设计、工艺、包装设计与制造力量是否与生产任务相适应。

⑤生产任务与财务状况之间的平衡。主要测算两个方面：一是测算完成生产任务所需要的资金；二是测算生产指标能否满足加速资金周转、实现成本控制目标和利润目标的要求。

此外，还有生产计划指标内部品种、质量、产值的平衡，生产与销售的平衡，生产任务与外部协作的平衡，等等。总之，这些平衡关系归根到底，就是社会对产品的需求与企业生产可能之间的平衡，也就是供、产、销之间，社会需要与企业人、财、物之间的平衡。确定生产指标，就是要正确处理这些关系。

（2）产量优选。

生产指标的确定，实质上是一个统筹安排、平衡调整的过程。企业不但要满足国家的要求和市场的需要，同时还要考虑企业的经济效益，即要生产多少数量，企业才不至于亏本，这就要用计算盈亏平衡点的方法来进行优选。在平衡过程中，如涉及人力、设备、原材料、资金、时间等各种条件的制约，需要加以综合考虑时，可以运用盈亏平衡点和线性规划等定量方法进行优选。

①盈亏平衡点。简单地说，它就是总成本与销售收入相等的点。就是当产量在一定数值时，产品的固定成本和变动成本能为销售收入所抵偿，不盈不亏。以此为界限，产品产量小于盈亏平衡点，企业就要亏损；产品产量大于盈亏平衡点，企业才会盈利。其原理及方法在第4章已介绍，这里不再重述。

②线性规划法。它是运筹学的一个重要组成部分，即环境条件已定，在满足规定的约束条件下，寻求目标函数的最大值（或最小值），以求取最优方案的方法。其原理与方法在第4章已介绍，这里不再重述。

2. 产品生产进度的安排

合理安排产品生产进度的一般要求是：①确保生产任务和订货合同所规定的品种、质量、数量和期限；②尽可能使各季、各月的设备和劳动力负荷均衡；③要和生产的技术准备、技术组织措施、物资供应等工作，在时间上紧密衔接；④安排生产进度要留有余地，还要注意使计划年度与跨年度的生产安排相衔接。

安排产品生产进度的方法，因企业的不同特点而有所不同。以下介绍几种方法：

（1）在大量大批生产的企业，由于品种少、生产稳定、产量大，安排生产进度主要是合理地确定日产量水平和分季、分月产量增长幅度。根据社会需要和企业生产能力，全年任务可以采取平均分配、分期均匀递增、小幅度连续递增以及抛物线递增等形式。

（2）在多品种成批生产的企业，由于品种多，各种产品交错生产，其产量、批量和期限要求各不相同。生产进度的安排不仅要解决产量的分配问题，而且要考虑各种产品的搭配。在这种类型的企业，选择和确定合理的品种搭配是安排生产进度的关键。对于经常生产、日产量较大的产品，可采用细水长流的方式以稳定生产秩序；对于产量较少的产品，在符合国家要求和合同规定的交货期的前提下，尽可能采取集中或集中轮番生产，减少同期生产的品种，以利于扩大批量、简化生产组织工作、提高经济效益；对于新、老产品，应根据不同情况，逐渐交替；对于精密产品和一般产品、高档产品和低档产品等要适当搭配，避免生产技术准备工作忙闲不均，以利于资源的充分利用和生产秩序的稳定；对于需要关键设备和关键工种加工的产品也应适当分散。

（3）在单件小批生产的企业，由于品种繁多，每种产品的产量很少，而且很少重复生产。生产产品的规格、功能一般是根据用户要求确定的，按订货合同规定期限来组织生产。因此，一般应把已经订货、任务明确的先安排，任务尚不明确的只作概略的预计和安排，待接到订单以后再加以具体化。在安排生产任务时，应避免生产技术准备工作忙闲不均和关键设备负荷过于集中的问题，不能过多地超出企业生产能力接受订货。

7.2 生产作业计划

7.2.1 生产作业计划的概念与特点

生产作业计划是详细规定生产什么产品、生产多少、何时何地何人进行生产的计划。生产作业计划是生产计划的具体执行过程，是生产计划的延续和补充。它把企业的年、季生产计划中规定的月度生产计划以及临时性生产任务，具体分配到各车间、工段、班组以至个人。它是组织企业日常生产活动的重要依据，具有指挥和控制功能。它规定了相关单位以至个人的月、旬（周）、日、小时的生产任务，并按日历顺序安排生产进度。

在制订生产作业计划时必须遵循按时完成生产任务，确保交货期，减少设备和工作的等待时间，做到工件在车间的流程时间最短、车间在制品的数量最少、停放时间最短的原则。生产作业计划对协调企业各个部门各个生产环节的活动，保证均衡地完成生产计划和订货合同规定的任务具有重要作用。

生产作业计划具有以下特点：

（1）计划期短。生产计划常常表现为年、季、月，而生产作业计划则详细地规定月、旬（周）、日、小时的生产任务。

（2）计划内容具体。生产计划是全厂性计划，而生产作业计划是将生产任务落实到车间、工段、班组、工人。

（3）计划单位小。生产计划一般只规定完整产品的生产进度，而生产作业计划则详细规定各零部件，甚至工序的进度安排。

7.2.2 期量标准

期量标准是对生产作业计划中的生产期限和生产数量，经过科学分析和计算而规定的一套标准数据。期量标准实质上反映了各个生产环节在数量上和时间上的相互联系。有了期量标准就可以准确地确定各种产品在各个生产环节的投入、生产的具体时间和数量，有利于均衡地、经济地完成计划任务。

由于企业的生产类型、产量大小和生产组织形式不同，采用的期量标准也不相同。大量生产一般采用节拍、节奏、流水线工作指示图表、在制品定额等；成批生产一般采用批量、生产间隔期、生产周期、生产提前期、在制品定额等；单件小批生产一般采用生产周期、生产提前期、产品装配指示图表等。

1. 批量和生产间隔期

批量就是一次投入（或出产）同种制品的数量。生产间隔期也叫生产重复期，是指前后两批同种制品投入（或出产）的间隔时间。批量和生产间隔期之间的关系，可以用下列公式表示：

$$批量=生产间隔期\times计划期平均日产量$$

$$生产间隔期=\frac{批量}{计划期平均日产量}$$

从上式可以看出，当生产任务确定以后，批量加大，生产间隔期就会相应延长；相反，批量减少，生产间隔期就会缩短。它们之间的变化成正比例关系。

鉴于批量和生产间隔期的这种关系，确定批量和生产间隔期可以有三类方法：

（1）经济批量法。这是一种根据费用来确定合理批量的方法。这种方法不只是着眼于效率，而是更着重经济效益。生产批量的大小主要与两种费用有关：一是设备调整费用。批量越大，设备调整次数就越少，分摊到单位产品中的调整费用就越小；反之，批量越小，设备调整次数就越多，分摊到单位产品中的费用就越大。二是库存保管费用。它随着批量的增大而增多，随着批量的减小而减少。合理的批量应该是上述两种费用之和最小的批量。其计算公式为：

$$Q=\sqrt{\frac{2ND}{C}}$$

式中，Q 为经济批量，D 为设备调整一次所需费用，N 为年计划产量，C 为单位制品的年平均保管费用。

公式的推导及图解如下：

一年的存货保管费用 $=\frac{Q}{2}\cdot C$

（$\frac{Q}{2}$是取其平均数）

一年的调整（采购）费用 $=N/Q\cdot D$

当以上两费用相交即两者相等时，也是总费用最低，即 Q 点，如图 7－3 所示。

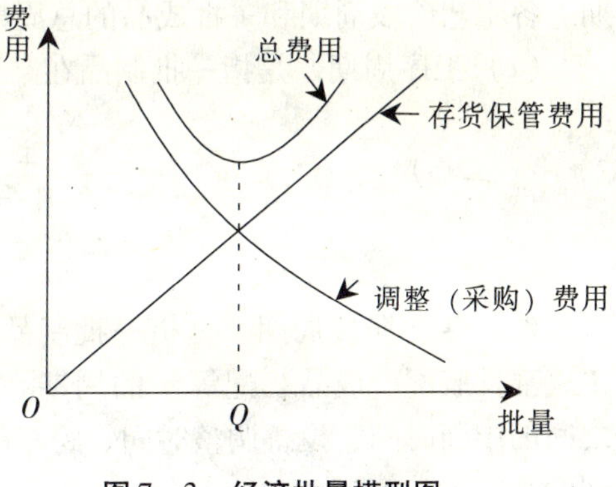

图 7－3　经济批量模型图

在 Q 点时，$\frac{Q}{2}\cdot C=\frac{N}{Q}\cdot D$，$Q^2=\frac{2ND}{C}$，$Q=\sqrt{\frac{2ND}{C}}$

例：若 $N=8\,000$ 件，$D=5$ 元，$C=0.5$ 元，求 Q。

解：$Q=\sqrt{\frac{2\times8\,000\times5}{0.5}}=400$（件）

即最优经济批量为400件。

（2）最小批量法。它是以保证设备充分利用为主要目的的一种批量计算方法。这种方法着眼于充分利用设备和提高劳动生产率两个因素进行综合考虑，通过计算求出最小批量。其计算公式为：

$$最小批量=\frac{设备调整时间}{单件工艺工序时间定额\times设备调整允许损失系数}$$

设备调整允许损失系数，一般规定为0.02～0.12，系数可按大、中、小批生产类型的不同，并考虑零件价值对流动资金的影响进行选择。

（3）以期定量法。它是先确定生产间隔期，然后再确定批量的一种方法。采用这种方法，当产量变动时，只需调整批量，不必调整生产间隔期。企业常采用的生产间隔期有季、月、旬、日等。

2. 生产周期

生产周期是指某种产品从原材料投入生产开始到制成品出产为止的整个生产过程所需要的全部时间。以机械工业产品为例，生产周期包括毛坯准备、零件加工、部件装配，一直到成品装配、油漆、包装入库存为止的全部时间。生产周期是编制生产作业计划重要的期量标准之一，是确定产品在各工艺阶段的投入期和出产期的主要依据。生产周期的长短，反映企业的工艺技术水平和生产管理水平，对劳动生产率、流动资金、产品成本等都有影响。

在成批生产中，生产周期的制定比较复杂，通常要计算一批制品的工序周期、各工艺阶段周期和一批成品的总周期。

（1）工序周期，是指一批制品在某道工序上加工制造的时间。

$$工序周期（天）=\frac{工序单件工时定额\times批量}{\begin{matrix}一个工作日平均\\有效工作时间\end{matrix}\times\begin{matrix}执行该工序\\的工作地数\end{matrix}\times定额完成系数}$$

（2）工艺阶段周期，是指一批制品在某一工艺阶段（如毛坯制造、零件加工、部件装配、成品装配等）的周期。除了各工序周期以外，它还要考虑工序之间的中断时间、设备调整时间、跨车间协作工序的时间、自然时效和各工序之间的平行系数等。

一批制品加工的生产周期＝（车间内部各道工序周期之和×工序之间的平行系数）×各道工序设备调整时间之和＋（车间内部制品加工的工序数×平均各道工序的中断时间）＋跨车间协作工序时间＋工艺规定的自然时效时间

式中，工序之间的平行系数，根据制品在工序间的移动方式而定，顺序移动方式为1，平行移动和平行顺序移动方式为0.6～0.8。工序间的中断时间是指转移运输、检验和等待加工时间，可根据统计资料分析确定。

（3）产品生产周期，是指各工艺阶段生产周期及保险期之和。

为了能够清楚地、准确地反映产品生产过程各个工艺阶段以及各道工序在时间上的衔接，便于有效地组织生产活动，单个产品的生产周期一般是用图表法，即在分别按车间计算的各种制品生产周期的基础上，根据装配系统图及各工艺阶段生产周期平衡衔接关系来绘制。

3. 在制品定额

在制品是指从原材料投入到成品入库前，处于生产过程尚未制造完毕的产品。在制品定额是指在一定的组织技术条件下，为保证生产正常进行，生产过程各环节所需占用的最低限度的在制品数量。在制品定额是协调和控制在制品流转交接、组织均衡生产活动的主要依据。合理的在制品定额，应当既能保证生产的正常需要，又能使在制品占用量保持适当的水平。

在制品定额，按在制品存放地点和加工状况，可分为车间在制品定额和库存半成品定额。

车间在制品定额＝车间平均每日生产量×车间的生产周期（日）

库存半成品定额＝平均每日需用量×库存定额日数＋保险储备量

式中，车间平均每日生产量，可根据产品（零件）的月产量和一个月的工作日数来确定。平均每日需用量是指需用这种半成品的车间平均每日领用量。大量生产可按需用车间的投入量和工作日数来确定；成批生产可按需用车间投入批量和投入间隔期来确定。库存定额日数，可根据经验或用统计资料来分析确定。保险储备量，一般是根据经验或统计资料来分析确定。

4. 生产提前期

生产提前期是指产品（毛坯、零件）在各工艺阶段（车间）投入或出产的时间，比成品出产的时间所要提前的时间。

生产提前期是以产品最后完工的时间为起点，根据各个工艺阶段的生产周期、保险期和生产间隔期，按工艺阶段的逆顺序进行计算的。正确确定生产提前期，对于保证各工艺阶段的生产活动，使时间紧密衔接，缩短生产周期，减少在制品占用量，保证按期交货等有重要作用。

每一种在制品在每一个生产环节都有投入和出产之分。因此，提前期也分为投入提前期和出产提前期。

制定生产提前期有两种不同的情况：

（1）当前后工序车间的生产批量相等时，提前期的确定。最后工序车间的投入提前期等于该车间的生产周期。任何一个车间的投入提前期都应比该车间的出产提前期提早一个该车间的生产周期。此外，出产提前期还要考虑保险期。提前期可按下列公式计算：

某车间投入提前期 = 本车间出产提前期 + 本车间生产周期

某车间出产提前期 = 后车间投入提前期 + 本车间保险期

式中，保险期是指为防止可能发生出产误期而预留的时间，以及办理交库、领用、运输等所需要的时间。

各车间的生产周期、出产提前期和保险期的关系如图 7－4 所示。

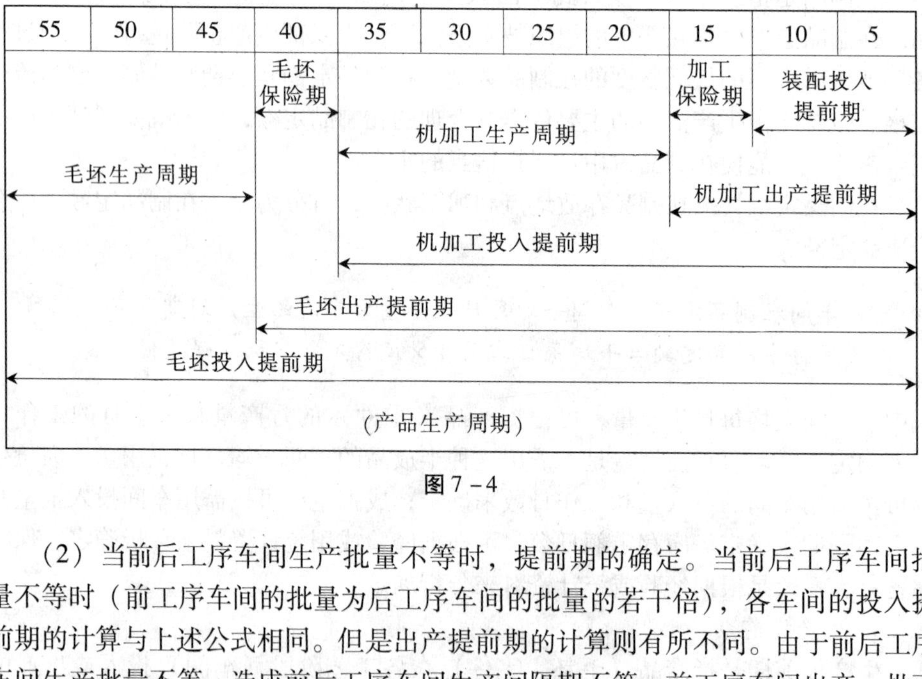

图 7－4

（2）当前后工序车间生产批量不等时，提前期的确定。当前后工序车间批量不等时（前工序车间的批量为后工序车间的批量的若干倍），各车间的投入提前期的计算与上述公式相同。但是出产提前期的计算则有所不同。由于前后工序车间生产批量不等，造成前后工序车间生产间隔期不等，前工序车间出产一批可供后工序车间几批之用。因此，出产提前期的计算公式为：

某车间出产提前期 = 后车间投入提前期 + 本车间保险期 + （本车间生产间隔期 − 后车间生产间隔期）

7.2.3 生产作业计划的编制

生产作业计划的编制工作，是各级分工负责进行的。一般的中小型企业都采用二级分工，首先是将全厂的生产任务分解到车间，编制分车间的生产作业计划；然后再把车间任务分解到工段，班组编制分工段或分班组的生产作业计划。生产作业计划工作的基本任务就是保证按品种、质量、数量、期限和成本全面地完成企业的生产计划。

1. 厂级生产作业计划的编制

编制厂级生产作业计划，就是厂部根据全年产品生产进度计划的分月任务、供货合同要求，规定各车间的生产任务，包括月度投入量、出产量以及投入和出产期限。这项工作的核心是要组织各个车间之间的衔接平衡。

厂部安排车间生产任务方法很多，主要是根据生产组织形式和生产类型来选择。在品种单一、生产稳定的大量流水生产的车间，通常可以采用“季计划、月调整”的办法，即按季编制作业计划；按对象专业化建立的车间，每个车间分别独立完成一定产品的全部生产过程，各车间之间是平行完成相同的或者不同的产品生产任务，它们之间没有依次提供半成品的关系。在这种情况下，厂级编制生产作业计划，主要是按照车间的产品分工、生产能力和生产条件，把任务分配给车间；按工艺专业化建立的车间，各车间是顺序加工半成品的关系，车间之间的衔接关系比较复杂，安排各车间的投入和出产任务，就是按照工艺过程的逆顺序，在各车间之间进行衔接平衡。但是，在不同生产类型的企业，进行衔接平衡的方法也不同。下面主要介绍三种方法：

（1）在制品定额法。它是以预先制定的在制品定额和半成品定额为主要依据规定车间任务的方法。它适用于大量大批生产。在大量大批生产的条件下，生产任务比较稳定，各车间之间的联系主要表现在提供一种或少数几种产品的在制品、半成品的数量上。在制品具有联系和调节前后车间生产的作用。因此，可以通过调节在制品和半成品的数量来保证车间之间的合理配合与衔接。

应用在制品定额法确定车间投入、出产任务时，首先根据计划期企业某种产品的生产任务，规定成品装配车间的出产数量，然后运用下列公式，按反工艺顺序，依次计算装配车间的投入量和后面各个车间的出产量、投入量。

某车间出产量＝后车间投入量＋本车间半成品外销量＋（库存半成品定额－期初预计半成品库存量）

某车间投入量＝本车间出产量＋本车间计划允许的废品数量＋（本车间在制品定额－本车间期初预计在制品数量）

式中，半成品外销量可根据月度生产任务确定。计划允许的废品数量，可以根据计划废品率计算或用以往统计资料并结合考虑计划期内工作改进情况加以确定。

（2）提前期法。提前期法又称累计编号法。它是以生产提前期为依据确定各车间出产和投入应达到累计（号）数的方法。这种方法适用于成批轮番生产的企业。在成批生产条件下，各种产品轮番生产，各个生产环节在制品的品种、数量不稳定，但是主要产品的生产间隔期、批量、生产周期和生产提前期都比较固定。因此，可以采用累计编号法，将预先制定的生产提前期转化为提前量来确定各车间在计划期内应该达到的投入和出产的累计数，然后减去各车间在上期所投入或出产的累计数，求得各车间在计划期内应完成的投入和出产任务。

采用提前期法确定车间任务的具体方法与步骤如下：

①计算产品在各车间计划期末应达到的累计出产和投入号数。

某车间出产（或投入）累计数 = 最后车间出产累计号数 + 最后车间平均日产量 × 本车间出产（或投入）提前期

②进一步计算各车间在计划期内完成的出产量和投入量。

计划期车间出产（或投入）数量 = 计划期末出产（或投入）累计号数 − 计划期初已出产（或投入）累计号数

式中，累计数是指从年初（或从开始生产该产品起）计算的累计数。最后车间出产累计数，可以根据从年初开始到上月末为止已出产的累计，加上本月计划出产量求得。

③如果企业是严格按照批量进行生产，则当计算出来的车间出产量和投入量多于或不足一个批量时，还应按批量进行修正，使车间出产（或投入）的数量与批量成整数倍。

（3）生产周期法。这是根据生产周期规定车间生产任务的方法，适用于单件小批生产企业。在单件小批生产条件下，产品品种很多，每种产品的数量很少，大部分产品是根据用户的订货要求组织生产的。在这种情况下，制订生产作业计划主要是使每项订货在各车间的投入时间和出产时间上协调衔接，合理搭配品种，使各车间达到均衡负荷，缩短生产周期。

采用生产周期法，就是根据订货以及产品（零部件）的生产周期，用反工艺顺序，依次确定产品或零部件在各个生产阶段的投入和出产时间。其步骤如下：

①为每一项订货或每一种产品编制一份产品生产周期进度表。它是根据产品零件明细表和工艺路线以及定额资料编制的。通常是把生产与生产技术准备的周期结合在一起编制。

②编制包括各项订货的综合日历进度图表。在编制过程中，要对各单位负荷进行平衡核算，避免负荷不均的现象。同时，要做好品种的搭配。

③通过上述两个表落实了各项订货在各个单位的投入和出产日期后，把进度

图表中属于某车间计划月份应当投入及出产的任务摘录出来，发给车间就可以了。

2. 车间内部生产作业计划的编制

各个车间根据厂部下达的生产作业计划任务，要进一步分解下达到工段或班组，工段或班组还要把任务分配到各个工作地和个人。车间分配工段（或班组）任务的方法，基本上与厂部规定车间的方法相同。一般是按月下达。

工段或班组根据车间分配的月度作业计划来规定工作地和个人的任务，这是生产作业计划的最后一个环节。分配任务时也要根据不同的生产类型采用不同的方法进行安排。通常有三种方法。

（1）标准计划法。在大量大批生产的工段或小组中，每个工作地和每个人执行的工序比较少，而且是固定的。因此，可以编制成标准计划指示图表。把所加工的各种制品的投入及出产顺序、期限和数量，制品在各工作地上加工的次序、期限和数量，以及各个工作地上加工不同制品的次序、期限和数量全部制成标准，并固定下来，按此标准计划指示图表严格执行。

（2）定期计划法。在成批生产的工段或小组中，每个工作地和每个工人要轮番生产多种零件、轮番执行多种工序，为了使各道工序能够相互衔接，设备充分负荷，就要采取每隔一定的时间［旬（周）、日］根据生产任务与班组各种设备情况，按工作地编制零件加工进度计划和设备负荷计划。在品种较多的情况下，为了简化计划工作，可以只编制某些零部件的加工进度和某些关键设备的负荷进度，其他零件可采用日常分配任务法解决。

（3）日常分配法。在生产很不稳定的单件小批生产的工段或班组中，工作地和工人负担加工的零件和工序很复杂，一般采用日常分配任务的方法，即根据生产任务和准备工作的情况，并考虑工作地的实际情况，采用任务分配箱或派工单，随时把任务下达给工作地或工人。

7.3 生产作业控制

生产作业控制是指在生产作业计划执行过程中，对有关产品（零部件）的数量和生产进度进行控制。生产作业控制是实现生产作业计划的保证。这里分生产进度控制、在制品占用量控制和生产调度工作三个方面进行介绍。

7.3.1 生产进度控制

生产进度控制，是指对从原材料投入生产到成品入库为止的全过程所进行的控制。生产进度控制是生产作业控制的关键。它包括投入进度控制、出产进度控制和工序进度控制等。

（1）投入进度控制。它是指控制产品（零部件）开始投入的日期、数量和品种是否符合生产作业计划的要求。同时也包括对原材料、毛坯、零部件投入提前期，以及设备、劳动力、技术组织措施、项目投入使用日期的控制。搞好投入进度控制，可以避免造成计划外生产和产品积压现象，保持在制品正常流转，保证产品（零部件）投入的均衡性和成套性。

（2）出产进度控制。它是指控制产品（零部件）的出产日期、出产提前期、出产量、出产均衡性和成套性等。搞好出产进度控制，是保证按时、按量、均衡、成套完成生产任务的有效手段。

（3）工序进度控制。它是指对产品（零部件）在生产过程中经过的每道加工工序的进度所进行的控制。主要应用在单件生产、成批生产中。对那些加工周期长、工序多的产品（零部件），除控制投入和出产进度外，还要对工序进度进行控制。工序控制的方法有按工票和加工路线单进行控制等。

7.3.2 在制品占用量控制

在制品占用量控制，是指对生产过程各个环节的在制品实物和账目进行控制。搞好在制品占用量控制，不仅对实现生产作业计划有重要作用，而且对减少在制品积压，节约流动资金，提高企业效益也有重要作用。在制品占用量控制，主要包括控制车间内各工序之间在制品的流转和跨车间协作工序在制品的流转，加强检查站对在制品流转的控制。此外，还可以采用“看板管理”法控制在制品占用量（这种方法在第6章已经叙述，这里不再重复）。

7.3.3 生产调度工作

生产调度工作是对企业生产过程进行直接控制和调节的一项工作。生产调度工作以生产作业计划为依据，生产作业计划要通过生产调度工作来实现。生产调度工作的任务就是在日常生产活动中，按照生产作业计划的要求，对企业生产进行有效的指挥、监督和控制，使生产能够均衡地进行，从而保证生产计划任务全面完成。

生产调度工作的主要内容包括：控制生产进度和在制品流转；督促做好生产技术准备和生产服务工作；检查生产过程中的物资供应和设备运行状况；合理调配劳动力；调整厂内运输；组织厂部和车间生产调度会议，监督有关部门贯彻执行调度决议；做好生产完成情况的检查、记录和统计分析工作。

为了完成调度工作的任务，应遵循计划性、统一性、预见性、及时性和群众性的原则，建立一个全厂统一的强有力的生产调度系统。一般应设立厂部、车间、工段（或班组）三级调度组织。厂部集中统一领导，统一指挥。各部门各个环节都必须服从厂部（总调度室）的统一调度。车间可设立调度组，工段（班组）设调度员，在上级调度机构领导下，做好本单位的生产调度工作。各车间或科室的调度组或调度员，一方面接受车间主任或科长的领导，另一方面接受上级调度机构领导，形成一个上下贯串、左右协调、集中统一的生产调度系统。

调度会议是企业生产调度工作的基本方法，一般分厂部、车间两级进行。厂部调度会由生产调度室（或生产调度科）召集，由负责生产方面的副厂长主持，有关科室和车间负责人参加。车间调度会由车间调度组长（或调度员）召集，车间主任主持，各职能组长和班组长参加。调度会议的重点是处理和解决问题，而不是调查研究。为了保证信息及时正确地传递、迅速高效协调生产过程各方面的活动，还应把正确的调度工作方法与先进的调度技术装置结合起来，以充分发挥调度工作对生产作业计划的控制作用。除了定期各级分别召开调度会议外，还可以根据不同的情况召开现场调度会，讨论和解决生产中急需解决的关键问题。同时，还应建立调度报告制度。为了使各级调度机构和领导及时掌握生产情况，企业各级调度机构都要建立一套报告制度，定期或不定期地向上级报告。企业总调度室应将各车间的调度报告及中间仓库的收发日报表等资料，汇编成生产日报，报厂部领导并发至有关科室和车间。

调度工作要实行调度值班制度。只要有生产，就有调度员值班。调度员在值班期间，要经常检查、及时处理生产中发生的问题，填好值班记录，严格实行交接班制度。做到事事有人管、有人负责，以保证生产顺利地进行，保证生产作业计划按质、按量、按时完成。

7.4 网络计划技术及优化

7.4.1 网络计划技术及其基本原理

（1）网络计划技术。它是指对许多相互联系、相互制约的活动（作业或工序）所需资源与时间及其顺序进行安排的一种网络状计划方法。

（2）网络计划的基本原理。首先，通过网络图的形式表达某项计划（工程）中各项具体活动（任务、工序）的先后顺序和相互关系；其次，通过计算和分析，找出计划中的关键活动和关键路线；再次，利用时差，不断改进网络计划，求得工期、资源和成本的优化方案，并实施计划；最后，在计划执行过程中，通过有效的控制与监督，保证人、财、物的合理使用，并按质、按量、按时地完成任务。

网络计划技术的应用范围很广。特别是那些任务规模大，需要很多部门、各类人员通力合作，需要多种不同来源的大量资源，以及需要相当长时间才能完成的工程，采用网络计划技术来管理最有效。一般适用于新产品的试制、设备维修、技术改造、基本建设工程、单件小批生产、生产技术准备等。它的应用能给企业带来良好的经济效益。

7.4.2 网络图的构成要素

网络图是反映一项任务中各组成部分相互关系的图。因为图的形状如同网络，故称网络图。

网络图由活动、事项、路线三部分组成。

(1) 活动。活动也叫作业或工序，通常用一条箭线"→"表示。箭线上方标明活动名称，下方标明该项活动所需的时间。箭尾表示该项活动的开始，箭头表示该项活动的结束。从箭尾到箭头表示该项活动的作业时间。

(2) 事项，也叫结点或时间。它是指一项活动的开始或结束那一瞬间，它不消耗资源和时间，一般用圆圈表示。在网络图中有始点事项、中间事项和终点事项之分，如图 7－5 所示。

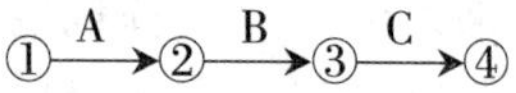

图 7－5

图 7－5 中事项②既表示 A 项活动的结束，又表示 B 项活动的开始。对中间事项②来说，A 为其紧前工序，B 为其紧后工序。

(3) 路线。它是指从网络始点事项开始，顺着箭线方向连续不断地达到网络终点事项为止的一条通道。在一个网络图中通常有多条路线，其中作业时间之和最长的那条路线称为关键路线，可用粗实线或双线表示。

7.4.3 绘制网络图的规则

绘制网络图一般应遵守以下规则：①有向性。各项活动顺序排列，从左到右，不能反向。②无回路。箭线不能从一个事项出发，又回到原来的事项上。③箭线首尾都必须有结点，不允许从一条箭线中间引出另一箭线。④两点一线。它是指两个结点之间只允许一条箭线，若出现几项活动平行或交叉作业时，应以虚箭线表示。⑤事项编号，从小到大，不能重复。⑥源汇合一。每个网络中，只能有一个始点事项和一个终点事项。如果出现几道工序同时开始或结束，可用虚箭线将其同网络始点事项或终点事项连接起来。

7.4.4 网络时间的计算

(1) 作业时间。它是指完成某一项工作或工序所需要的时间，可以用小时、日、月等单位来表示。确定作业时间时，要深入进行调查研究，使作业时间既能反映生产实际情况，又能反映先进的技术水平。可以采用以下公式计算作业时间：

$$作业时间 = (最乐观完工时间 + 4 \times 最可能完工时间 + 最悲观完工时间) \div 6$$

（2）结点时间。结点本身不占用时间，它只表示某项活动应在某一时刻开始或结束。因此，结点时间有最早开始时间和最迟结束时间之分。

①结点最早开始时间。它是指从始点事项到该结点的最长路程的时间，用 T_E 表示，其数值记入“□”内，并标在网络图上。网络始点事项的最早开始时间为零。网络中间事项的最早开始时间的计算可归纳为前进法、加法、挑最大法。其计算公式为：

$$T_E(j)=\max\{T_E(i)+T(i,j)\}$$

式中，$T_E(j)$ 表示箭头事项的最早开始时间，$T_E(i)$ 表示箭尾事项的最早开始时间，$T(i,j)$ 表示作业时间。

②结点最迟结束时间。它是指以本结点为结束的各项活动最迟必须完成的时间，用 T_L 表示，其数值记入“△”内，并标在网络图上。网络终点事项的最迟结束时间等于它的最早开始时间。其他事项的最迟结束时间的计算方法为后退法、减法、挑最小法。其计算公式为：

$$T_L(n)=T_E(n)$$

$$T_L(i)=\min\{T_L(j)-T(i,j)\}\quad(i=n-1,n-2,\cdots,1)$$

式中，$T_L(n)$ 为终点事项的最迟结束时间，$T_E(n)$ 为终点事项的最早开始时间，$T_L(i)$ 为箭尾事项的最迟结束时间，$T_L(j)$ 为箭头事项的最迟结束时间。

（3）工序时间。工序时间包括工序最早开始时间、工序最早结束时间、工序最迟开始时间、工序最迟结束时间。有了结点的时间参数，工序时间参数的计算就很简单了。工序时间的计算如下：

①工序最早开始时间等于代表该工序的箭尾所触结点的最早开始时间。

②工序最早结束时间等于该工序最早开始时间加上该工序的作业时间之和。

③工序最迟结束时间等于该工序箭头结点最迟结束时间。

④工序最迟开始时间等于该工序最迟结束时间减去该工序的作业时间之差。

计算工序最早开始和结束时间，应从网络始点事项开始，自左向右，前进加法取大值。计算工序最迟开始和结束时间，应从网络终点事项开始，自右向左，后退减法取小值。

（4）时差。它是指某道工序的最迟开始时间与最早开始时间的差数。时差表明某道工序可利用的机动时间的多少。时差的计算公式如下：

某项活动（工序）的时差 = 该项活动最迟结束时间 − 该项活动最早开始时间 − 该项活动的作业时间

7.4.5 绘制网络图

例：已知某项工程的作业程序及作业时间如表 7－2 所示。绘制网络图，并根据关键路线确定工程周期，进行工序时差计算。

表 7－2

工序（作业）代号	紧前工序（作业）	工序（作业）工时（天）
A	—	4
B	—	6
C	A	6
D	B	7
E	B	5
F	CD	9
G	CD	7
H	EF	4
I	G	8

第一步，根据工程顺序绘制网络图，如图 7－6 所示。

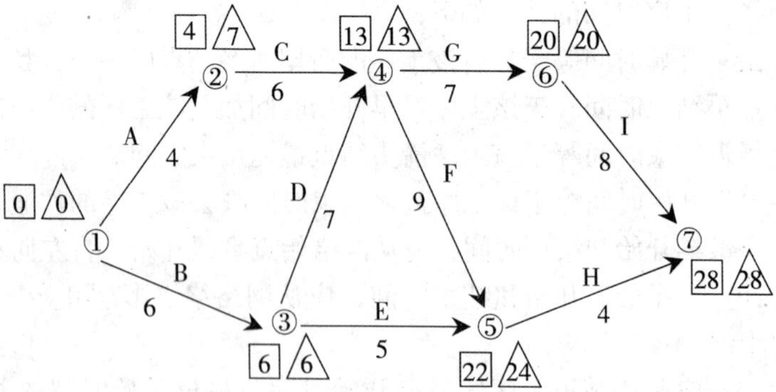

图 7－6

第二步，计算事项的最早开始和最迟结束时间，标在网络图上。

第三步，计算工序时差（见表 7－3）。

表 7－3

工序(作业)	工序时间	开始时间		结束时间		时差
		最早	最迟	最早	最迟	
A	4	0	3	4	7	3
B	6	0	0	6	6	0
C	6	4	7	10	13	3
D	7	6	6	13	13	0
E	5	6	19	11	24	13
F	9	13	15	22	24	2
G	7	13	13	20	20	0
H	4	22	24	26	28	2
I	8	20	20	28	28	0

关键路线为：① $\xrightarrow[6]{B}$ ③ $\xrightarrow[7]{D}$ ④ $\xrightarrow[7]{G}$ ⑥ $\xrightarrow[8]{I}$ ⑦

工程周期为：6＋7＋7＋8＝28（天）

7.4.6　网络计划的优化

编制网络计划的过程，是一个协调各项工作的相互关系、合理使用资源的决策过程。其目的是找到一个成本最低、工期最短、使有限资源发挥最大效果的最佳计划方案。为了达到这个目的，就需要对网络图进行优化，寻求管理目标最优化的方案。

1. 网络图的时间优化

它是指在人力、设备、资金等有保证的条件下，寻求最短的工期。在初步制定了网络图，并找出了关键路线后，可采取以下措施进行时间优化。

（1）利用时差，从非关键路线上合理调配资源到关键工作上去，使工期缩短。

（2）设法缩短关键路线上的工作时间。

（3）进行作业分解，采取平行作业或交叉作业的方法，调整工序之间的衔接关系。

（4）通过增加人、财、物等资源，使计划达到加快速度、缩短生产周期的目的。

2. 网络图的成本优化

它是指以最低的成本提前或按期完成任务。一项工程的总成本可分为直接成本与间接成本两大类。直接成本是指能够直接计入成本计算的费用，如生产工人的工资、原材料费用等；间接成本是指不能直接计入成本，而需按一定标准分摊于成本计算的费用，如各种管理费等。直接成本和间接成本与工期的关系如图 7 – 7 所示。

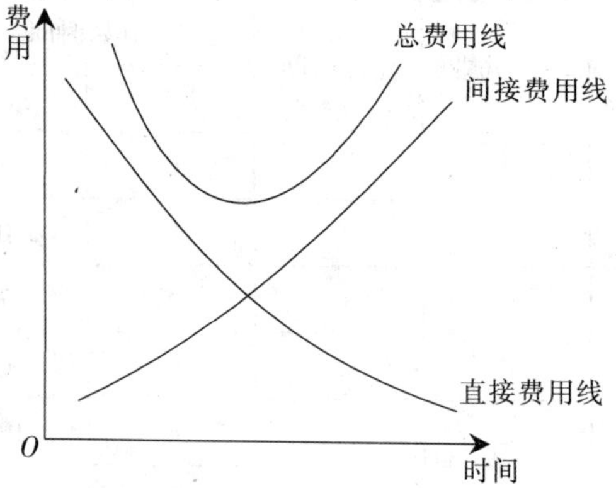

图 7 – 7

从图 7 – 7 可以看出，工期缩短将增加直接费用的投入，间接费用相应得到节省；反之，延长工期则增加间接费用而节省直接费用。这必然会产生一个总费用最低的最佳工期。网络图的成本优化就是要找出成本最低的最佳工期。

一般在正常研制、生产和施工的工期条件下，费用少；在以较短的时间加速完工的工期条件下，费用多。由于加快某项工作的进度而支出的费用叫赶工成本。某项工作缩短一天，工期所增加的成本叫成本斜率，其计算公式如下：

成本斜率 = （赶工成本 – 正常成本）/（正常时间 – 赶工时间）

同一工期中不同工作的成本斜率值不同，成本斜率越大，说明压缩一个单位时间所增加的成本也越大。

成本优化的步骤是：

（1）绘出网络图后，按正常工作时间计算网络时间，确定关键路线和总工期。

（2）求出正常工作时间条件下的总成本，并计算各项工作的成本斜率。总成本的计算公式为：

总成本 = ∑各项工作直接成本 + 整个计划间接成本

（3）选择被压缩的工作（作业、工序），计算压缩后的工期及工程成本节约额。要注意以下事项：其一，压缩工期的工作必须是关键工作；其二，被压缩对象的顺序是从成本斜率最低的工作开始。

（4）重复第（3）步骤，直到节约额出现负数为止。在重复以上步骤时，关键路线会逐渐增多，同时要压缩的工作项目增多，因此直接成本急剧上升。至此，成本优化工作结束。

3. 网络图的资源优化

它是指在投入资源最少，或在合理使用资源的条件下，如何合理组织，使任务提前或按期完成。

资源包括各工作过程中的人员、设备以及有关的材料等。实施一项计划的可用资源，其应用数量都是有限的，也不可能忽多忽少地运用。例如，就人员的运用来说，通常不可能今天用200人，明天只用50人，后天又需要100人。所以，有限资源的运用，不但需要考虑其供应数量有限，而且需要考虑供应或使用的适当平稳，变动幅度不宜过大。

物资优化工作是一项工作量较大又十分具体的工作，它要按每一物资种类、每一工种、每种设备逐一进行平衡。资源优化工作主要靠试算。网络计划中的资源优化可采用启发式方法进行，其步骤如下：

（1）按时间顺序，运用所需要的资源。也就是从第一天开始，逐日安排所有可能做到的工作，然后再安排第二天的工作，以此类推。

（2）如果有几项工作都需要使用同一种资源时，则先安排给作业宽裕时间最少的工作。

（3）重新安排非关键路线上的工作，将更多的资源用于关键路线上的工作。也就是说，各种资源要优先安排给关键路线上的工作。

7.5 制造资源计划（MRPⅡ）简述

7.5.1 MRPⅡ及其发展

制造资源计划（Material Resource PlanningⅡ，MRPⅡ），是一种适用于多品种、多级制造装配系统的、具有代表性的现代管理思想、管理规范和管理技术。它通过对企业的制造资源进行科学、周密的计划和严格的控制，以保证其得到最充分有效的利用，达到企业生产经营最佳效益。

MRPⅡ在20世纪六七十年代产生于美国，它的发展一般来说可分为四个阶段：①MRP阶段。它是作为一种库存计划方法的改进的物料需求计划（Material Requirement Planning）阶段。②闭环MRP阶段。它是作为一种生产作业计划与控制系统的闭环物料需求计划（Closed-loop MRP）阶段。③MRPⅡ阶段。它是作为一种企业经营生产管理计划系统的制造资源计划阶段。④ERP阶段，即企业资源计划（Enterprise Resource Planning）阶段。它是MRPⅡ的新发展，它融合多种现代化管理思想和方法，反映信息时代的企业管理趋势。下面对MRPⅡ作一简述。

7.5.2 MRP Ⅱ系统的组成

生产管理系统是企业经营管理系统中的一个子系统。它与其他子系统，尤其是经营与财务子系统有着密切的联系。在闭环 MRP 已完成对生产的计划与控制的基础上，进一步扩展，将经营、财务与生产管理子系统相结合，形成制造资源计划。MRP Ⅱ系统的组成如图 7－8 所示。

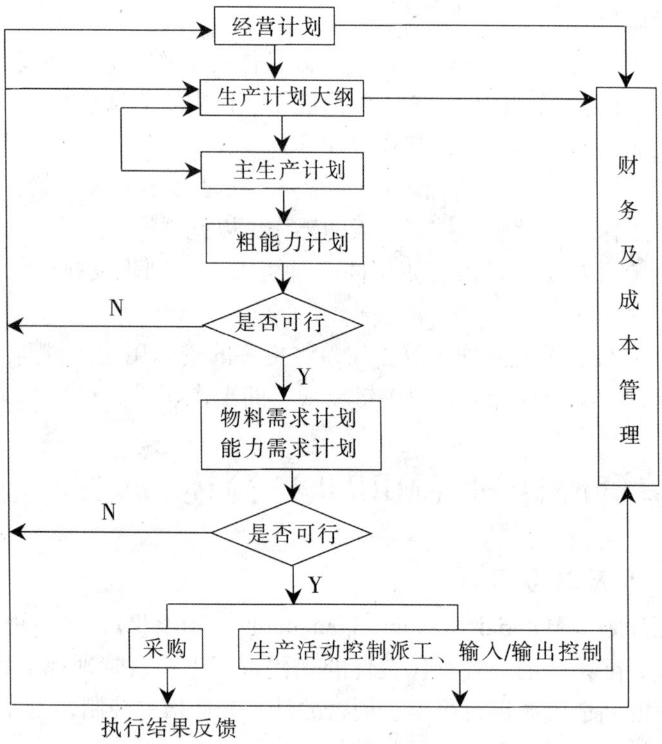

图 7－8 MRP Ⅱ系统

7.5.3 MRP Ⅱ的功能和特点

（1）MRP Ⅱ将生产作业和财务系统整合在一起，使用同一套数据，同类处理各种管理事务。财务数据是生产作业数据的扩展。扩展包括财务子系统是 MRP Ⅱ的一个主要特点。

（2）MRP Ⅱ具有模拟能力。所谓模拟能力是指其能够利用 MRP Ⅱ系统中现有的运作数据来分析某种方案或决策的可能后果，以便作出决策或进行某种方案的选择。因为 MRP Ⅱ中的数据具有很高的可信度，因此利用这些数据进行模拟得出的结论是非常可靠的。这是MRPⅡ系统对管理决策支持的重要特征。

（3）MRPⅡ是整个企业的运作系统。它不再是生产作业人员的专有工具，而成了整个企业的规则，所有部门、所有人员都要根据MRPⅡ的规则来开展自己的业务。企业运作过程中的各种管理事务一般会涉及多个部门的职能，MRPⅡ系统使它们能够更紧密地协作起来，这是MRPⅡ的一个重要特征。

7.5.4 MRPⅡ与现行计划方式的主要区别

MRPⅡ在20世纪六七十年代产生于美国，20世纪80年代得到广泛的应用，并取得了很大的成效。MRPⅡ是在市场竞争条件下，融合了生产管理者智慧的产物。在市场需求多变、人们的消费需求多样化，企业生产应以多品种小批量为宜，同时电子计算机技术迅猛发展和应用的条件下，MRPⅡ应运而生，它是以电子计算机为手段辅助生产管理的有效方式。我国是在最近几年才逐渐引进和推广，尚未能广泛应用，MRPⅡ与我国现行的计划方法是有所不同的，主要表现在以下三个方面：

（1）计划对象不同。现行计划多是按台套下达生产任务，而MRPⅡ在安排零部件作业计划的过程中，打破了产品的界限，汇总各时间周期对各零部件的总需求量，按照批量准则组织计划订单下达，实现按零件组织生产。它将各时间周期中各产品生产任务的特点去掉，将多品种、小批量的需求在零部件一级统一安排，实现按适宜的批量生产，从而缩短生产周期，降低成本。

（2）计划时段不同。现行计划方式多数是按月、按旬下达生产任务，而MRPⅡ的计划时段可根据需要精细到日甚至小时安排生产。这样容易做到及时、准确、均衡地组织生产，克服常见的月初松、月末紧的现象以及因其导致的物流不畅、设备和人力等资源利用不善、资金占用多、成本高的弊端。市场在不断变化，计划也应随着市场需求的变化而变化。计划时段越短，应变能力就越强，就越容易做到能力平衡，实现均衡生产。

（3）计划编制方式不同。现行计划方式往往由销售、生产、供应、财务等部门分头编计划，各部门间沟通不够。MRPⅡ则做到计划体系统一，各级计划能及时、准确地反馈，可以进行动态调整。

计划是企业管理的首要职能，是企业管理中的“龙头”，企业的各种生产经营活动都是在计划的指导下进行的。MRPⅡ就是突出了计划这个最重要的职能，以计划管理作为系统的主线，遵循计划管理的客观规律，使用计算机为工具辅助处理大量的数据，科学地解决了生产制造的计划与控制问题。

本章小结

生产计划是企业生产经营计划的重要组成部分，是企业年度综合计划的核心，也是编制其他计划的依据。生产计划是企业计划期内的行动纲领，是企业生产目标的具体化。本章着重讨论了企业在编制生产计划时首先要解决的三个问题，即先核定生产能力、计算和确定生产计划指标，然后才编制生产计划。

生产作业计划是企业生产的具体执行计划，它将生产计划按月、按日具体地落实到每个岗位每个人，以保证生产计划按质、按量、按时完成。编制生产作业计划首先要确定期量标准。本章介绍了常用的8个期量标准。期量标准确定后，编制生产作业计划就有标准依据了。在进行生产时，对生产进行控制，是实现生产计划的保证。本章介绍了三种生产作业控制方法，即生产进度控制、在制品占用量控制和生产调度工作。

在论述如何确定计划产量和计划进度时，介绍了有关运筹学中的优选法和网络计划技术等现代管理技术，应该学会并掌握运用。

最后简要介绍了制造资源计划（MRPⅡ）的产生、发展以及其功能和特点。通过与现行计划方法的比较说明它的优点。它是现代生产管理发展的新趋势，希望各企业创造条件采用。

复习思考题

1. 试述企业生产能力及其分类，并分析说明影响生产能力的因素。

2. 企业生产计划的主要指标有哪些？这些指标各自反映什么问题？

3. 什么是期量标准？企业一般应制定哪些期量标准？如何制定？

4. 什么是生产作业控制？企业应如何进行生产作业控制？

5. 试述网络计划技术的基本原理、网络图的构成要素和绘制网络图的规则。

6. MRPⅡ的功能与特点是什么？它与现行计划方式有何不同？通过比较分析说明MRPⅡ的优越性。

7. 某工厂生产甲、乙、丙、丁4种产品，在车床上加工的单件台时定额分别为35台时、25台时、40台时、30台时，4种产品的年订货任务为甲100件、乙80件、丙150件、丁50件，车床组有3台车床，年计划工作日为250天，每天开两班生产，每班工作8小时，设备计划修理停工率为15%。试根据上述资料进行车床组的设备能力核算平衡（注：用台时进行平衡）。

8. 某工厂计划的产品量及其他计划资源如表7－4所示：

表 7－4

产品	出产量（件）	现行单价（元）	不变单价（元）
甲	800	250	200
乙	500	300	250
丙	400	200	150

外售半成品 60 000 元，对外承接大修理 50 000 元。期初在制品价值为 65 000元，期末在制品价值为 45 000 元，计划物资消耗费用为 150 000 元。试求商品产值、总产值、净产值各多少？

9. 某厂计划装配出产某类机床 2 400 台，每台需用 A 零件 10 件，该零件由机加工车间分批生产，每件零件的年平均保管费用为 1.2 元，每次生产的准备和调整费为 100 元。试求 A 零件的经济批量、生产间隔期以及全年所需调整费和库存保管费的金额各多少？

10. 某厂生产甲、乙两种产品，其单位利润分别为 6 元和 5 元，生产该两种产品均需经过加工与装配过程，生产一件甲产品需使用加工设备 4 小时、装配设备 2 小时，生产一件乙产品需使用加工设备 3 小时、装配设备 5 小时，若计划期内加工设备只能有可用时间 400 小时，装配设备 300 小时。试求计划期内甲、乙产品各生产多少获得利润最大？

11. 根据下面的工序清单（见表 7－5），要求：（1）绘制网络图；（2）计算网络图的有关参数；（3）确定关键路线。

表 7－5

工序代号	紧前工序	工序工时（天）
A	—	4
B	—	3
C	A	7
D	AB	14
E	C	4
F	DE	10

案例分析

新任厂长改变产品品种是否正确

某工具厂1991年以前虽然产品单一，但一直畅销。1994年以后由于客观条件变化，某五金公司开始收购该厂的产品。但从1995年以后拒收，至此产品完全滞销，职工连续半年不但拿不到奖金，甚至连基本工资也几乎领不到。新任厂长到该厂后，立下“军令状”，决心一年内改变工厂面貌。他发现该厂与环保部门合作搞出的一台环保装置是成功的，于是决定下马老产品，改产环保装置。一年过去了，该厂总算没有亏损，但日子仍然不好过。1997年，市场形势发生了巨大变化，该厂原来生产的老产品市场脱销，用户纷纷来函来电希望该厂能尽快恢复老产品生产。与此同时，环保装置产品销路不好。在这种情况下，厂长回过头来又抓老产品生产，但有两年没有生产该产品了，一时间，无论质量还是数量均不能恢复到原来的水平。为此，企业所有者对该厂长很不满意，甚至认为两年前改产是错误的决定。厂长感到很委屈，想不通。

思考分析

该厂长的决策是否错误，为什么？

8

企业物料管理与库存控制

本章要求

- □ 正确理解企业加强物料管理的必要性和物料管理的任务
- □ 掌握物料消耗定额的概念和制定方法
- □ 掌握物料储备定额的概念和制定方法
- □ 理解物料需求计划（MRP）的原理和工作逻辑
- □ 掌握物料库存控制的各种模式以及库存控制的各种方法
- □ 理解企业仓库管理的重要性及其内容

8.1 物料管理概述

8.1.1 物料管理的意义

物料也称物资，在企业中通常是指用于物质生产过程中所消耗的生产资料，如原料、材料、辅助材料、燃料、动力、工具等。企业的物流管理就是对企业所需的各种物料进行计划、采购、验收、保管、发放、节约使用以及综合利用等一系列组织管理工作的总称。企业的生产过程，同时也是物料的消耗过程。合理而有计划地组织物料的采购、供应、保管、使用，是保证企业生产顺利进行的前提条件。企业的物料管理工作是企业生产经营管理的一项重要内容。加强对物料的管理具有以下重要意义：

（1）加强物料管理是保证企业生产能正常进行的重要条件。物料管理是生产前的一项准备工作，要保证企业的生产过程能够连续不断地进行，就需要不断地供应生产所需要的各种物料；如果物料供应不正常，或者供应的品种、规格、质量不符合生产的要求，企业的生产就不能顺利进行。

（2）企业的生产过程是物料的消耗过程。在物料消耗过程中，如何做到合理利用、物尽其用，是企业开源节流的一项重要的工作。

（3）加强物料管理是提高企业经济效益的重要途径。搞好物料管理，合理利用和节约物料，可以降低产品成本，加速流动资金周转，同时对产品开发、发展生产、提高质量、促进技术进步等都有着积极的作用。物料管理的好坏，直接影响到企业的生产、技术、经营等各方面的活动及其经济效益。

（4）加强企业物料管理是搞好整个国民经济物资管理的重要一环。从整个国民经济来看，国家在一定时期内的物质资源和资金总是有限的，而搞好企业物料管理，正确地选用和合理地使用物料，加速物料的周转，就能以等量的物质资源和资金，为社会提供更多的产品，这对于促进国民经济的发展有着十分重要的作用。

8.1.2 物料管理的任务

企业物料管理的任务，总的来说，根据企业的生产经营任务，以提高经济效益为核心，做到供应好、周转快、消耗低、费用省，以保证企业的生产有效、顺利地进行。这具体可分为以下四个方面：

（1）保证有计划、按品种和规格、保质保量、及时地供应生产所需要的各种物料。企业所需要的物料是多种多样的，数量很大，而且是通过其他许多企业生产和供应的，所以，无论在品种、规格、质量、数量还是时间等方面，都会出现这样或那样的矛盾。物料管理工作的任务就是正确处理好这些矛盾，组织好物料供应工作，以保证企业的生产正常地进行。

（2）加强物料管理，严格地组织物料的验收、保管和发放工作。对企业所需的各种物资，入厂时要做好物料的验收，入厂后要做好物料的保管和发放等一系列工作，要建立必要的责任制度和管理制度，做好仓库管理工作，使生产所需的各种物料能够及时地投入生产，并尽量减少物料的损失、浪费。

（3）组织好物料的运输和合理储备，以加速物料的流转。物料从供应单位到使用单位有一个运输的过程，为了保证生产不致因物料供应不上而发生中断，就必须有一定的物料储备。这样，企业经常会有一定的物料处于运输和储备之中。因此，对于这部分物料必须加强管理，其数量应减少到最低限度。如果这部分物料过多，就会多占用流动资金，延缓企业流动资金的周转速度，增加成本，影响企业的经济效益。

（4）监督和促进企业生产部门合理、节约地使用物料。物料供应部门要加强物料消耗定额管理，严格遵守物料的发放制度，积极提出节约物料的措施和建议，以促进生产部门不断改进工作，降低物料消耗和成本，提高经济效益。

8.1.3 物料的分类

企业所需要的物料品种繁多、规格复杂、数量庞大，为了便于计划和管理，需要对各种物料进行分类。

（1）按照物料在生产中的作用分类：①主要原料和材料。原料是指采掘工作的产品，如矿石、原油、甜菜、烟叶等。材料是指原料经过加工之后，作为劳动对象提供的产品，如钢材、棉纱等。②辅助材料。辅助材料是指用于生产过程，但不构成产品主要实体的材料。例如，与主要材料相结合，使主要材料发生化学、物理变化的材料，如染料、催化剂、接触剂等；为产品生产工艺上所需的各种材料，如铸造生产所用的型砂、型芯、铁丝、铁钉等；与机器设备使用有关的材料，如润滑油、皮带等；与劳动条件有关的材料，如清扫工具和照明、取暖设施等。③燃料。如煤炭、木柴、汽油等。④动力。如电力、蒸汽、压缩空气等。⑤工具。如各种刀具、量具、卡具、模具等。

采取这种分类法，便于企业制定物料消耗定额和计算各种物料需用量，便于计算产品成本、确定流动资金定额。

（2）按照物料的自然属性分类：①金属材料。其包括黑色金属和有色金属两种。黑色金属如钢材、生铁等；有色金属如铜、铝、铅、锌等。②非金属材料。其包括石油产品、化工产品、木材、水泥等。③机电产品。其包括机械产品、电工产品等。

采用这种分类法，便于企业编制物料供应目录和进行物料的采购与保管工作。

（3）按照物料的使用范围分类：①生产经营用料；②维修用料；③科学研究用料；④工艺装备用料；⑤技术措施用料；⑥基本建设用料。

采用这种分类法，便于企业和上级部门进行物料的核算和平衡，以及资金的预算和控制工作。

8.2 物料消耗定额

8.2.1 物料消耗定额及其作用

企业生产过程是以物料投入开始的，即生产物流的产生。物料进入生产过程后就会按照产品生产工艺的顺序，经过各个生产环节和工序，由原材料到在产品，再到产成品，经过检验、运输进入成品库。这个过程也是物资消耗的过程。至于生产物流管理，主要通过制定物料消耗定额来实现其管理目标。

物料消耗定额，是指在一定的生产技术组织条件下，生产单位产品或完成单位工作所必须消耗的物料数量标准。

物料消耗定额是反映企业生产技术水平和管理水平的标志。企业制定合理的物料消耗定额有着十分重要的作用。这主要表现在以下四个方面：

（1）物料消耗定额，是编制物料供应计划的依据。企业有较先进、合理的物料消耗定额，才能正确地计算物料需用量、储备量、采购量，从而编制出准确、科学的物料供应计划。

（2）物料消耗定额，是科学地组织物料管理的基础。有了先进、合理的物料消耗定额，才能按定额对消耗情况进行控制、组织物料供应，以保证企业生产正常、均衡地进行。

（3）物料消耗定额，是监督和促进企业内部厉行节约、合理使用物料的重要工具。有了先进、合理的物料消耗定额，并同经济责任制结合起来，就能有效地监督和促进车间、班组合理地使用物料，节约物料，加强经济核算，设法采取各种措施降低物耗，杜绝浪费，提高企业的经济效益。

（4）物料消耗定额，是促进企业提高生产技术水平、经营管理水平以及工人操作技术水平的重要手段。先进、合理的物料消耗定额，是建立在先进的技术和管理水平基础上的。随着生产技术的进步和管理水平的不断提高，物料消耗定额的贯彻与调整，将促使企业不断改进设计和工艺，提高工人的操作技术，改进企业的生产组织和劳动组织，从而进一步提高技术水平和管理水平。

8.2.2 物料消耗定额的构成

制定物料消耗定额，首先要分析物料消耗的构成，也就是要分析在从原材料准备和投入生产开始，直到产品制成为止的整个生产过程中，物料消耗在哪些方面。一般来说，主要原材料消耗的构成主要包括以下三个部分：

（1）构成产品净重的消耗。它是指按照图纸的要求加工构成产品（零件）实体的重量。它是物料消耗的基本部分，即有效消耗部分。

（2）工艺性消耗。它是指在准备和加工过程中，由于工艺技术上的原因所产生的原材料消耗。如机械加工过程中的切屑，锯木过程中的木屑、刨花，铸造过程中的氧化皮以及加工准备过程中的料头、边角料等。

（3）非工艺性损耗。它是指产品净重和工艺性消耗以外的物料损耗。如生产的废品，运输、保管过程中所产生的损耗以及来料不符合要求或其他非工艺技术原因所产生的损耗等。这部分消耗，一般是由于管理不善所造成的，应避免或减少到最低限度。

根据物料消耗的构成不同，工业企业的物料消耗定额可以分为工艺消耗定额和物料供应定额两种。

工艺消耗定额，是从工艺角度规定的完成单位产品所合理消耗的物料数量标准，一般只包括产品净重和工艺性消耗两部分。如果把非工艺性损耗也包括在内的话，就会削弱定额对于促进企业改善经营管理的作用。但是，有些非工艺性损耗在一定的生产组织条件下，一时还难以完全避免，为了确保供应，有必要在工艺消耗定额的基础上，按一定的比例加上非工艺性损耗，一般是以物料供应系数来表示，这样计算出来的定额，通常称为物料供应定额。在实际工作中，这两种定额起着不同的作用。工艺消耗定额是用作企业内部车间、班组发料和考核的依据，物料供应定额是用作核算需要量、确定物料采购量的主要依据之一。其计算公式如下：

$$\text{单位产品原材料工艺消耗定额} = \text{单位产品净重} + \text{各种工艺性消耗的重量}$$

$$\text{物料供应定额} = \text{工艺消耗定额} \times (1 + \text{物料供应系数})$$

$$\text{物料供应系数} = \frac{\text{非工艺性损耗}}{\text{工艺消耗定额}}$$

8.2.3 物料消耗定额的制定

制定物料消耗定额的一般方法与制定劳动定额相类似，基本上也是用经验估计法、统计分析法和技术测定法等，在实际工作中可灵活运用。

1. 主要原材料消耗定额的制定

（1）在机械加工企业中，一般是以毛坯的重量为出发点进行计算。在具体计算时，又因所用材料不同而有所区别。以零件棒材消耗定额为例，当一根棒材用于制造同种零件时，可用下列公式计算：

$$零件棒材消耗定额=\frac{一根棒材的重量}{一根棒材可锯（切）出的毛坯数}$$

$$一根棒材的重量=棒材单位长度重量\times 棒材长度$$

$$一根棒材可锯（切）的毛坯数=\frac{棒材长度-夹头长度}{单位毛坯长度+锯口宽度}$$

锯（切）出的毛坯数为整数，计算出来的余数即料头长度。

如果要以一根棒材制造出几种不同的零件，可利用下料部门材料利用率来计算，其计算公式如下：

$$零件棒材消耗定额=\frac{零件毛坯的重量}{下料部门材料利用率}$$

$$下料部门材料利用率=\frac{零件毛坯总重量}{制造毛坯所耗用材料总重量}$$

此外，制定零件棒材消耗定额时，也可利用棒材下料利用率进行计算。

（2）在冶金、铸造、化工性质的加工企业中，对主要材料消耗定额的计算，通常是根据工艺流程的特点和规定的配料比，利用一系列的技术经济指标来计算，如成品率、配料比等。如铸件的材料消耗定额，是以生产 1 吨合格铸件所消耗的某种金属炉料的重量来表示的，其计算公式如下：

$$1吨铸件所需的某种金属炉料的消耗定额=\frac{1吨}{合格铸件成品率}\times 配料比$$

$$合格铸件成品率=\frac{合格铸件重量}{金属炉料重量}\times 100\%$$

配料比是指投入熔炉中各种金属材料的比例，如生铁、锰铁、矽铁、废钢铁等占投入炉料总重量的比重。

（3）在纺织企业中，一般利用制成率或废料率来进行计算。如棉纺厂原棉消耗定额的制定，可按以下公式计算：

$$原棉消耗定额=\frac{成品净重}{成品制成率}$$

$$成品制成率=\frac{成品净重}{成品耗用原棉总重量}$$

2. 辅助材料消耗定额的制定

辅助材料消耗定额，是根据辅助材料的不同用途而采取不同方法来制定的。

凡是辅助材料消耗量同主要原材料消耗量成正比的，可根据主要原材料单位消耗量的比例计算，如炼钢时1吨生铁加多少熔剂。凡是与产品产量成正比的，可按单位产品来计算，如包装用材料。凡是与设备开动时间或工作日成正比的，可根据设备开动时间或工作日来计算，如润滑油等。凡是与使用期限有关的，可按规定的使用期限来计算，如清扫工具等。有些难以换算的辅助材料，可以根据有关的统计资料和实际耗用情况加以确定。

3. 燃料消耗定额的制定

燃料消耗定额，一般根据消耗标准分别计算。动力用燃料消耗定额，以发1度电、生产1立方米压缩空气或生产1吨蒸汽所需要的燃料为标准计算；工艺用燃料消耗定额，以加工一单位产品或1吨合格铸件所需要的燃料为标准计算；取暖用燃料消耗定额，可按每个锅炉或按单位受热面积计算。

4. 动力消耗定额的制定

动力消耗定额可根据用途来确定。如用于发动机器的电力，一般先按开动马力计算电力消耗量，再按每种产品所消耗的机器设备小时数，分摊到单位产品；用于技术操作过程的电力，如电炉炼钢，可直接按单位产品来确定。

5. 工具消耗定额的制定

工具消耗定额，一般是根据工具的使用时间和耐用期限来规定的。

以上所提到的物料消耗定额的制定方法，在实际工作中，不同的企业应根据不同的情况加以应用。

8.3 物料储备定额

8.3.1 物料储备定额及其作用

物资供应与消耗之间或生产与需求之间在空间上和时间上存在一定差异，这就需要确定物料储备定额。物料储备定额，是指在一定的技术组织条件下，企业为完成一定的生产任务，保证生产正常进行所必需的、经济合理的物资储备数量的标准。

工业企业的物料储备定额，通常包括经常储备定额和保险储备定额。此外，某些企业由于某种物料的供应受季节性影响，还需要有季节储备定额。

企业在确定物料供应计划时，不仅要正确地确定完成生产任务所必需的各种物料需用量，而且要确定为保证生产正常进行所必需的各种物料的合理储备量。因为工业企业在生产过程中是连续不断地、逐渐地消耗各种物料的，而各种物料的供应却总是间断地、分批地进行的，所以企业必须要有一定的物料储备。物料储备定额的作用，主要有以下四个方面：

（1）物料储备定额，是编制物料供应计划和组织采购订货的主要依据。物料供应计划中的储备量，是根据储备定额计算的，只有当物料需用量、物料储备量确定之后，才能确定物料供应量，从而合理地组织订货和采购。

（2）物料储备定额，是掌握和监督物料库存动态，使企业库存物料经常保持在合理水平的重要手段之一。只有制定了先进、合理的储备定额，才利于做到既能保证生产的正常需要，又能防止物料的积压和浪费。

（3）物料储备定额，是企业核定流动资金的重要依据。物料储备一般在企业流动资金中占有很大的比重，因此，制定和贯彻先进、合理的物料储备定额，对于节约资金、加速流动资金周转速度，具有重要作用。

（4）物料储备定额，是确定企业物料仓库面积和仓库所需设备的数量，以及仓库定员的依据。只有制定了先进、合理的物料储备定额，才利于减少仓库的基本建设投入，提高仓库及设备利用率，合理配备人员，以节省开支。

8.3.2 物料储备定额的确定

物料储备定额是指在前后两批物料进厂的供应间隔期内，保证生产正常进行所必需的物料储备量。一批物资进厂，物料储备达到最大数量，随着生产的消耗，物资逐渐减少，物料储备量逐渐降低，当下一批物资进厂，物料储备又达到最大数量，如此周而复始，所以，物料储备又称周转储备。

1. 经常储备定额的制定

（1）以期定量法。先是利用物料供应间隔期的长短来制定储备定额。主要由进料间隔天数和平均每日需用量决定。在每日需用量既定的情况下，进料间隔时间越长，物料储备量就越大；进料间隔时间越短，物料储备量就越小。其计算公式如下：

经常储备定额 = 进料间隔天数 × 平均每日需用量

在确定经常储备定额时，如果有些物料在入库后投产使用之前还需要一定的准备时间，则还需要考虑这部分准备时间。其计算公式如下：

经常储备定额 =（进料间隔天数 + 物资准备天数）× 平均每日需用量

式中，进料间隔天数是指前后两批物料进厂时间的间隔天数。确定进料间隔天数是一项比较复杂的工作，因为影响因素很多，如供应条件、供应距离、运输方式、订购数量以及采购费和保管费等。一般根据上期实际的进料间隔天数计算出加权平均天数后，再按计划期供、产、运等情况的变化加以适当调整后确定。

物料供应前的准备时间，主要取决于物料的化验、加工、整理等工作的效率，可根据技术分析和实际经验来确定。其计算公式如下：

$$平均每日需用量=\frac{年度物料计划需用量}{每年日历天数}$$

这种确定经常储备定额的方法，考虑企业的外部条件比较多，而考虑企业本身的经济效益较少，在经济合理性上缺乏定量分析。为了充分考虑企业本身物料储备的最优经济效益，可以采用第二种方法，即经济订购批量法来确定储备定额。

(2) 经济订购批量法。它是以某种物料的经济订购批量为依据来确定经常储备定额的方法。经济订购批量是指订购费用和保管费用两者之和的总费用最低的一次订购数量。在总需要量一定的条件下，订购批量大，订购次数少，订购费用就小，而保管费用则相应增加；反之，订购费用大，则保管费用小。所以，只有总费用最小时的订购批量才是经济合理的。其计算公式如下：

$$经济订购批量=\sqrt{\frac{2\times 一次订购费用\times 物料年需用量}{单位物料年平均保管费用}}=\sqrt{\frac{2\times 一次订购费用\times 物料年需用量}{物料单位价格\times 年保管费用率}}$$

例：某种物料一年需用量为12 000件，每件价格为20元，年保管费用率为12%，每次订购费用为64元，试求经济订购批量。

解：经济订购批量 $=\sqrt{\dfrac{2\times 64\times 12\ 000}{20\times 12\%}}=800$（件）

由于年需用量为12 000件，经济订购批量为800件，因此，一年订购15次。

以期定量法主要考虑的因素是企业外部条件，而经济订购批量法则主要从企业本身的经济效益来考虑。但采用经济订购批量法需要掌握详细的资料和较好的供应条件，否则就没有什么现实意义。

2. 保险储备定额的确定

保险储备定额是指为了预防物料供应过程中可能发生的到货误期或来料品种规格不符等不正常情况，保证生产继续进行所必须储备的物料数量标准。对于容易补充、供应条件很好的物料，可以不建立保险储备。保险储备定额是物料储备量的最低点。在正常情况下不予动用保险储备，当确有需要动用时，必须设法尽快补足。保险储备定额主要是由保险储备天数和平均每日需要量决定的。其计算公式如下：

$$保险储备定额=保险储备天数\times 平均每日需要量$$

式中，保险储备天数一般是根据供应条件确定的，也可根据上年统计资料中实际到货平均误期天数来确定。

随着市场经济的发展，企业大部分物资在当地可以组织供应，或有代用物资可以及时生产补充、影响不大的，可以不建立保险储备。

3. 季节储备定额的确定

季节储备定额是指由于自然条件的影响，使物料供应具有季节性，而必须储备的物料数量标准。这类物料储备在供应发生困难之前提早准备，以保证在供应中断时，仍能满足生产需要。季节储备定额可用下式计算：

$$季节储备定额 = 季节性储备天数 \times 平均每日需要量$$

式中，季节性储备天数由季节性供应中断天数决定。在建立了季节储备的时期内，一般不需要再建立经常储备和保险储备。

在确定了某种物料的经常储备定额和保险储备定额之后，就可以求出该种物料的最高、最低和平均储备量。其计算公式如下：

$$最高储备量 = 经常储备定额 + 保险储备定额$$

$$最低储备量 = 保险储备定额$$

$$平均储备量 = \frac{经常储备定额}{2} + 保险储备定额$$

式中，平均储备量一般是用于确定计划期末物料储备量和核定流动资金的依据。

如果某种物料库存量超过最高储备，就称为超储备物料，应停止进货和处理，以免积压资金；当库存量降低到最低储备量时，就应立即设法迅速进货，以免供应脱节，影响生产。

8.4 物料供应计划

企业物料供应是企业经营计划的有机组成部分，它是有计划地进行生产建设、实现企业经营目标、提高经济效益的重要保证，是搞好企业物料管理的行动纲领。

8.4.1 物料供应计划的准备工作

编制物料供应计划，并不是单纯的数学计算和报表的填写工作，而是通过编制物料供应计划，充分挖掘物料潜力，做到合理、节约地利用物料的过程，因此，在确定计划前必须做好一系列的准备工作。

(1) 从思想上认真领会企业的发展思路、制度和办法，树立全局观点、节约观点，为编制计划打好思想基础。

（2）调查研究，掌握物料供应动态，充分了解物料供应的变化情况和新产品、新材料的发展趋势，以及收集有关各类物料的资源、产地、样品、数量、价格、运输条件等情报资料。

（3）掌握企业内部的有关资料，如计划年度生产任务和分季、分月产品的生产进度，新产品试制计划，技术革新、技术改造计划以及物料消耗定额和物料储备定额等有关资料。

（4）掌握上期实际完成情况的有关资料。如各项计划的完成情况的有关资料、各项计划的实际完成情况、各类物料消耗定额和物料储备定额的执行情况、物料供货单位的变化情况等。

（5）开展清仓查库，核实库存，充分依靠群众，对原有的物料消耗定额进行全面的审核和修订。

（6）分析上期物料供应的执行情况，总结经验教训。同时，分析研究计划期物料供应工作的有利因素和不利因素，以便采取有效措施，改进物料供应工作。

8.4.2 物料供应计划指标的确定

企业编制物料供应计划，主要是确定物料需用量，期末、期初库存量，物料采购量等。

1. 物料需用量的确定

企业的物料需用量，是指计划期内保证生产经营正常进行所必须消耗的经济、合理的物料数量。物料需用量是按照每一类物资、每一种具体品种和规格分别计算的。计算的方法一般有直接计算法和间接计算法两种。

（1）直接计算法，也称定额计算法。它是根据计划任务和物料消耗定额，并考虑其他必要因素，直接计算确定物资需用量的方法。其计算公式如下：

$$\text{某种物料计划需用量}=\text{计划产量}\times\text{物料消耗供应定额}-\text{计划回用的废料数量}$$

这种方法适用于直接制定物料供应定额的材料。

（2）间接计算法，也称比例计算法。它是按一定的比例系数和经验来估算物料需用量的方法。一般用于某些不便制定消耗定额的物资。如确定某种物料需用量时，可根据其上期消耗量以及计划期与上期任务量的比例来计算。其计算公式如下：

$$\text{某种物料计划需用量}=\text{上期实际（预计）消费该种物料总量}\times\frac{\text{计划期任务量}}{\text{上期实际（预计）完成任务量}}\times\text{该种物料消耗增减系数}$$

这种方法适用于与计划任务或指标有比较直接的关系、不便于制定消耗定额的辅助材料或耗用量不大的其他材料。

2. 期末、期初库存量的确定

物料的计划期末、期初库存量两者往往是不相等的，这就会影响物料的申请量或采购量，因此必须加以计算。

期末库存量通常按平均储备量计算。期初库存量一般是按编制计划时的实际盘点数，并考虑从编制计划时到计划期初时的预计到货量和耗用量等因素确定的。其计算公式如下：

期初库存量 = 编制计划时实际库存量 + 期初前到货量 - 期初前耗用量

3. 物料采购量的确定

物料采购量是物料供应计划的主体。物料采购量可按以下公式计算：

某种物料的采购量 = 物料需用量 + 计划期末库存量 - 计划期初库存量 - 企业内部可利用资源量

在市场经济条件下，绝大多数企业只需要编制物料采购计划就可进行采购。但对于部分需要国家计划分配物料的企业，就需要提出申请，经主管部门进行供需平衡并批准后才能进行采购，这类企业需编制物料申请计划。

企业年度物料供应计划需细化和具体化，编制季度、月份的物料供应作业计划，以作为组织采购和向生产部门发料的依据；同时，在物料供应计划执行过程中，由于生产经营和市场供应发生变化，打破原有计划的平衡状态，也需通过季度、月份作业计划及时调整和组织平衡物资供应。

8.4.3 物料供应计划的组织措施

物料供应计划确定之后，就要组织计划的实施。企业实现物料供应计划的关键是对外争取货源，对内按计划组织供应，其主要工作有以下三方面：

(1) 订货与采购的组织。物料的来源主要有两个方面：对于国家分配的物资，企业在接到上级下达的分配指标后，要及时提出本企业的明细要货单，供上级平衡使用；对非国家分配的物资，则应根据采购计划通过市场积极组织订货与采购。订货与采购工作是实现物料供应计划的重要环节，因此必须加强市场调查研究，掌握物料信息和行情，协助配合企业的设计、工艺、生产等部门正确选择物料品种，慎重选择供货单位，加强订货合同管理和进料的管理工作。

(2) 供料管理工作。供料管理是指企业物资部门对车间及其他用料单位供应物料的计划和组织工作。首先，供应部门要制订供料计划和用料计划。企业内部各有关单位都必须根据生产和工作任务编制用料计划给物资供应部门，以便供应部门有计划地供应用料和控制用料。控制用料的方法可以采用按定额供应，或按计划限额发料；对一些特殊和临时性用料，要经过一定的审批手续，以加强对物料消耗的管理。

（3）计划执行情况的检查和分析。物料供应计划制订出来后，这只是第一步工作。为了及时发现和解决计划在执行过程中出现的问题，要进行定期和不定期的检查分析工作，以便促进物料供应计划的实现。检查分析的主要内容有：物料申请计划的审批情况、下达分配指标的虚实情况、采购及订货合同的完成情况、物料供应对企业生产建设的保证程度、主要物料的库存与周转情况、主要物料消耗定额的执行情况等。根据检查所得的情况，对原定计划需要作进一步调整或修改，以保证物料供应工作任务的顺利完成。

8.5 物料需求计划

8.5.1 物料需求计划（MRP）的产生和发展

MRP 是物料需求计划（Materials Requirement Planning）的简称。它是一种以计算机为基础的物料计划与库存控制的系统管理方法。这种方法是由美国著名生产管理和计算机应用专家欧·威特和乔·伯劳士在 20 世纪 60 年代对三十多家企业进行研究后提出来的。由于该方法是生产管理专家在结合生产经验和计算机数据处理优势的基础上研制出来的，比较实用，因而得到美国生产与库存管理协会的大力推广，并迅速应用于美国企业。与此同时，这一方法也很快传播到西欧国家及日本等，而且取得了良好的经济效益。MRP 系统自身也在不断发展，到 20 世纪 70 年代末，MRP 发展到 MRPⅡ（制造资源计划）和 MRPⅢ（物料获取计划）。

8.5.2 MRP 的运行步骤

MRP 的运行，需要借助于电子计算机。其运行步骤大致如下：

（1）根据企业的具体情况以及市场预测和客户的订单，编制生产计划和生产作业计划。在计划中根据企业的生产能力规定生产品种、规格、数量和交货日期等。

（2）编制产品结构图和各种物料、零件用料的明细表。产品结构图是从最终产品出发，把产品作为一个系统，其中包括各零部件的组成层次。

（3）正确掌握各种物料和零部件的实际库存量，以及最高储备量和保险储备量等有关资料。

（4）正确规定各种物料的采购和交货日期，以及订货周期和订购批量。

（5）根据上述资料，通过 MRP 的逻辑运算确定各种物料和零部件的总需用量。

（6）按照各种物料和零部件的实际需用量，以及规定的订购批量和订货周期，向采购部门发出采购通知单或向本企业生产车间发出生产指令。

在实际工作中，企业要运用 MRP，必须做好基础工作，确保数据资料的准确性。MRP 的目标是：

（1）及时取得生产所需的原材料及零部件，保证按时供应用户所需产品。

（2）保证尽可能低的库存水平。

（3）计划生产活动与采购活动，使各部门生产的零部件、采购的外购件与装配的要求在时间和数量上精确衔接。

MRP 的整个工作流程如图 8－1 所示：

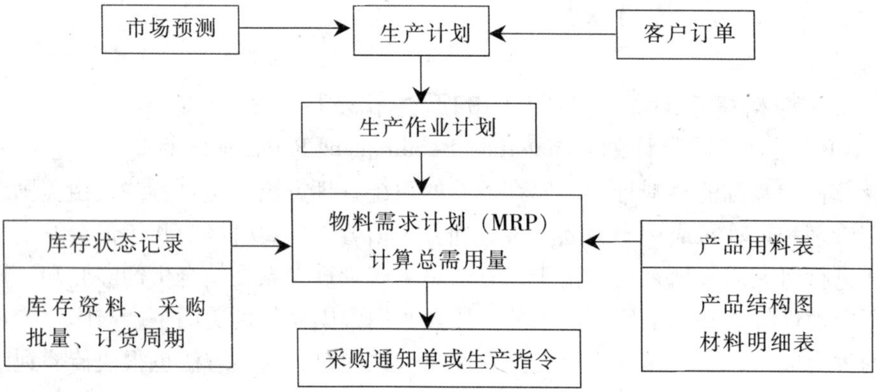

图 8－1　MRP 的工作流程

8.5.3　MRP 的输入信息

MRP 有三种输入信息，即生产计划信息、库存状态信息与产品结构信息。

1. 生产计划信息

它是生产计划系统的核心，是生产制造功能与市场营销功能的界面，是所有短期生产活动，包括原材料采购、零部件外协、制造和装配等活动的依据。生产作业计划的对象是产品，它规定在计划时间（年、月）内每一生产周期（旬、周等）最终产品的计划生产量。生产计划是根据用户订货与市场预测来确定的，但它并不等于预测，因为预测未考虑企业的生产能力，而计划则要通过对生产能力进行平衡后才能确定；预测的需求量可能随时间起伏变化，而计划可通过提高或降低库存水平作为缓冲，使各周期计划生产量趋于一致，以达到均衡、稳定生产的目的。生产计划是 MRP 的基本输入，MRP 根据生产计划展开，导出构成这些产品的零部件与原材料在各周期的需用量。

有些企业除生产成品外，同时还生产（销售）用于维修或试验用的备件、部件。它们属于独立需求，这些备件、部件的品种、数量、需求时间等，也应通过预测以及用户订货来确定，并输入 MRP 中。

2. 库存状态信息

库存状态信息应保存所有产品、零部件、在制品、原材料（统称为“项目”）的库存状态信息。其主要包括如下内容：

（1）当前库存量。它是指工厂仓库实际存放的、当前可用的库存量。

（2）计划入库量（在途量）。它是指根据正在执行中的采购订单或生产订单，在未来计划周期项目的入库量。在这些项目入库的周期内，把它们视为可用库存。

（3）提前期。它是指执行某项作业由开始到完成所需用的时间。对采购件来说，是从向供应商提出对某个项目的订货，到该项目到货入库所消耗的时间；对于制造或装配件来说，是从计划下达工作任务到制造或装配完毕所消耗的时间。

（4）订购（生产）批量。它是指在某个生产周期一次向供应商订购（或要求生产部门生产）某项目的数量。

（5）安全库存量。它是指为了预防需求或供应方面不可预测的波动，在仓库中经常应保持的最低库存量。

此外，还需输入和保存组装废品系数、零件废品系数、材料利用率等信息。

3. 产品结构信息

产品结构信息又称为零件（材料）需求明细，如图 8－2 所示：

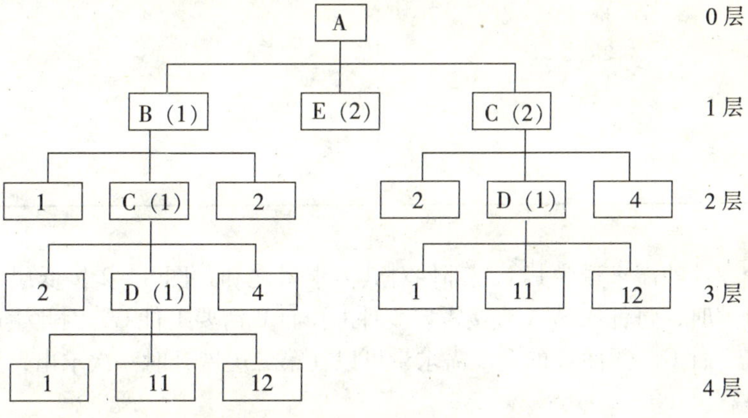

图 8－2　MRP 的产品结构示意图

图 8－2 中，字母表示部件，无括号数字表示零件，括号中数字表示装配数。从图 8－2 可见，最高层（0 层）的 A 是企业的最终成品，它是由部件 B

（每件A产品需要1件B）、部件C（每件A产品需要2件C）及部件E（每件A产品需要2件E）组成的。而1层的部件B又是由部件C及零件1、2各一件组成。以此类推，这些部件和零件中，有些是工厂自己生产的，有些可能是外购件。如果是外购件（如图8－2中的E），则不必再进一步分解。

当产品结构信息输入计算机后，计算机根据输入的结构关系自动赋予各部件、零件一个低层代码。低层代码概念的引入，是为了简化MRP的计算。当一个零件或部件出现在多种产品结构的不同层次，或者出现在一种产品结构的不同层次上时，该零（部）件就具有不同的层次代码。如图8－2中，部件C既处于1层，也处于2层，即部件C的层次代码是1和2。在产品结构展开时，是按层次代码逐级展开的，相同零（部）件处于不同层次就会重复展开，增加计算工作量。因此，当一个零（部）件有一个以上层次代码时，应以它的最低层代码（其中数字最大者）为其低层代码。图8－2中各零（部）件低层代码如表8－1所示：

表8－1　MRP的零（部）件低层代码示意表

零（部）件号	低层代码
A	0
B	1
E	1
C	2
D	3
1	4
2	3
4	3
11	4
12	4

一个零件的需求量为其上层部件对其需求量之和，图8－2按低层代码在作第二层分解时，每件成品A直接需要2件C，而B需要1件C，因此生产一件成品A共需3件C。部件C的全部需求量可以在第二层展开时一次求出，从而简化了运算过程。

8.5.4　MRP的工作逻辑

MRP的工作逻辑如图8－3所示：

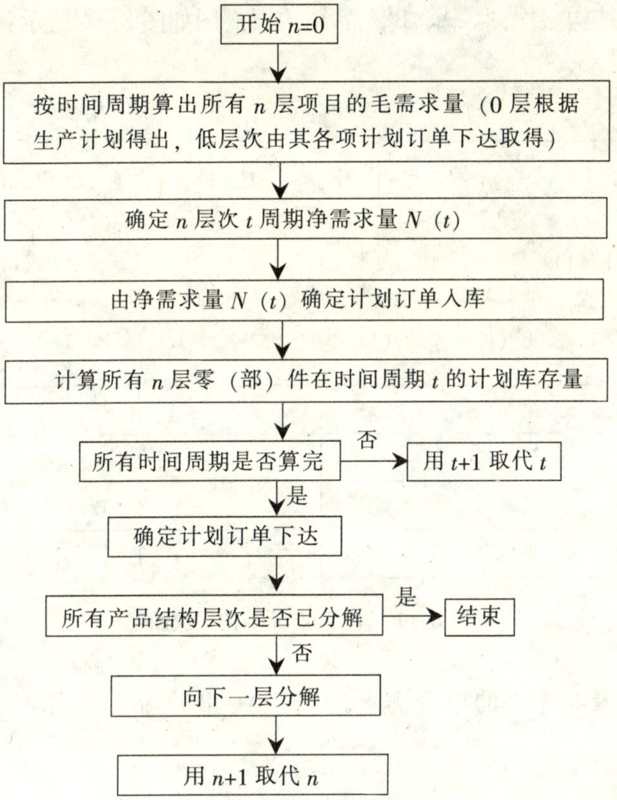

图 8－3　MRP 的工作逻辑

MRP 的计算是根据反工艺路线的原理，按照生产计划规定的产品生产数量及期限要求，利用产品结构、零（部）件和在制品的库存情况，各生产（或订购）的提前期、安全库存等信息，反工艺顺序地推算出各个零（部）件的生产数量与期限。由于它采用电子计算机辅助计算，因此，具有以下三个主要特点：

（1）根据产品计划，可以自动连锁地推算出制造这些产品所需的各零（部）件的生产任务。

（2）可以进行动态模拟。不仅可以计算出零（部）件所需数量，而且可以同时计算出它们生产的期限要求；不仅可以计算出下一周期的计划要求，而且可以推算出今后多个周期的要求。

（3）计算速度快，便于计划的调整与修正。

8.5.5　MRP 的编制方法

设 A、B 是两种不同规格的产品。

（1）产品结构层次图。A、B 产品结构层次图如图 8－4 所示：

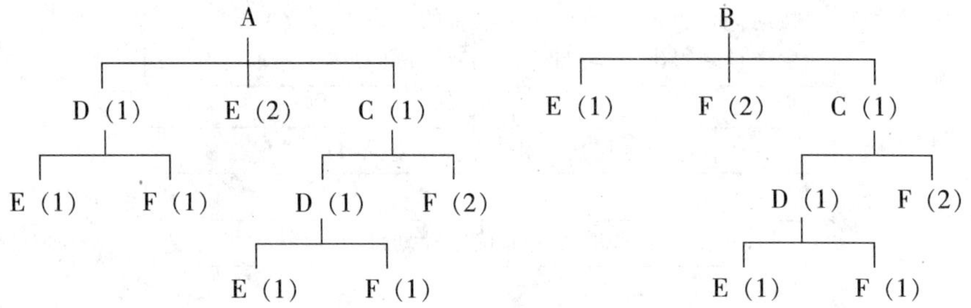

第一层	A、B
第二层	D、E、C、F
第三层	E、F、D
第四层	E、F

图 8－4　A、B 产品结构层次图

（2）产品及各零件的市场需求情况。A、B 产品及零件市场需求量如表 8－2 所示：

表 8－2　A、B 产品及零件市场需求量

时间（周） 产品及零件	9	10	11	12	13
A	1 250	—	—	—	850
B	—	460	—	—	360
D	270	—	—	—	250
E	330	—	—	—	430

从表 8－2 中可见，A、B 两种产品属于独立需求，D、E 两种零件除满足 A、B 两种产品需求（非独立需求）外，还要满足维修、备件等市场需求（独立需求）。

（3）库存量、订货周期和批量等情况如表 8－3 所示：

表 8－3　MRP 计算表

物件	时间（周） 项目	4	5	6	7	8	9	10	11	12	13
A	总需要量	—	—	—	—	—	1 250	—	—	—	850
	库存量	50	50	50	50	50	—	—	—	—	—
	计划收货	—	—	—	—	—	1 200	—	—	—	850
	计划订货	—	—	—	1 200	—	—	—	850	—	—
B	总需要量	—	—	—	—	—	—	460	—	—	360
	库存量	60	60	60	60	60	60	—	—	—	—
	计划收货	—	—	—	—	—	—	400	—	—	360
	计划订货	—	—	—	—	400	—	—	360	—	—
C	总需要量	—	—	—	1 200	400	—	—	1 210	—	—
	库存量	40	40	40	340	440	440	440	230	230	230
	计划收货	—	—	—	1 500	500	—	—	1 000	—	—
	计划订货	—	—	1 500	500	—	—	1 000	—	—	—
D	总需要量	—	—	1 500	1 700	—	270	1 000	850	—	250
	库存量	30	30	130	30	30	560	360	310	310	60
	计划收货	—	1 600	1 600	—	800	800	800	—	—	—
	计划订货	—	—	1 600	1 600	—	800	800	800	—	—
E	总需要量	—	1 600	1 600	2 400	1 200	1 180	800	2 060	—	430
	库存量	600	1 000	1 400	1 000	1 800	620	1 820	1 760	1 760	1 330
	计划收货	2 000	2 000	2 000	2 000	—	2 000	2 000	—	—	—
	计划订货	—	2 000	2 000	2 000	2 000	—	2 000	2 000	—	—
F	总需要量	—	1 600	4 600	1 000	1 600	800	2 800	720	—	—
	库存量	400	—	—	—	—	—	—	—	—	—
	计划收货	1 200	4 600	1 000	1 600	800	2 800	720	—	—	—
	计划订货	—	1 200	4 600	1 000	1 600	800	2 800	720	—	—

从表 8－3 中可见：①库存量。它是指实际的库存数量，A 为 50 件，B 为 60 件……F 为 400 件。②订货周期（L）。它是指从办理订货手续到零件进厂为止的全部时间。L_A、L_B 各为 2 周，L_C、L_D、L_E、L_F 各为 1 周。③订货批量。A、B、

F 的批量不限，C 的批量规定为 500 件，D 的批量规定为 800 件，E 的批量规定为 2 000 件。下面对表 8－3 的计算作一些说明：

表 8－3 中，A 是独立需求产品，已知市场在第 9 周需要 1 250 件，第 13 周需要 850 件，原有库存量为 50 件，计划要求第 9 周收货 1 200（1 250－50＝1 200）件，第 13 周收货 850 件。L_A 为 2 周，因此，第 7 周应订货 1 200 件，第 11 周应订货 850 件。

表 8－3 中，B 也是独立需求产品，已知市场第 10 周需要 460 件，第 13 周需要 360 件，原有库存量为 60 件，计划要求第 10 周收货 400（460－60＝400）件，第 13 周收货 360 件。L_B 为 2 周，因此第 8 周应订货 400 件，第 11 周应订货 360 件。

表 8－3 中，C 全部是非独立需求，没有市场需求的任务，主要是满足 A、B 两种产品的要求。A、B 各需要一件 C，C 的订货批量规定为 500 或 500 的倍数，原有库存量为 40 件，C 的总需要量第 7 周为 1 200 件，是满足 A 产品的需求；第 8 周为 400 件，是满足 B 产品的需求；第 11 周为 1 210（850＋360＝1 210）件，是分别满足 A 产品 850 件和 B 产品 360 件的需求。

（4）MRP 表格的计算。每周库存量的计算公式如下：

$$每周库存量=本周收货量+上周库存量-本周需要量$$

例如，表 8－3 中的 C，第 7 周库存量为 340（1 500＋40－1 200＝340）件；第 8 周库存量为 440（500＋340－400＝440）件；其余以此类推。计划收货量为 1 500、500、1 000，是计划批量 500 的倍数，L_C 为 1 周，要求订货时间提前 1 周。

表 8－3 中的 D，该零件作为独立需求直接满足市场，第 9 周需要 270 件，第 13 周需要 250 件；作为非独立需求，一件 A 需要一件 D，一件 C 需要一件 D，由于 A、B 两产品都有一件 C 各需要一件 D，如第 7 周总需要量为 1 700（1 200＋500＝1 700）件，满足 A 的需求 1 200 件与满足 C 的需求 500 件，计划收货与订货的批量按规定应为 800 或 800 的倍数。其他计算方法与前相同。

表 8－3 中的 E，既要满足市场的需要，第 9 周为 1 180 件，第 13 周为 430 件；又要满足 A、B 两种产品的需要，一件 A 需要两件 E，一件 B 需要一件 E，一件 D 需要一件 E。总需要量第 5 周和第 6 周各为 1 600 件，是满足 D 的需要；第 7 周 2 400（2×1 200＝2 400）件是满足 A 的需要；第 8 周 1 200（400＋800＝1 200）件是满足 B、D 的需要；第 9 周 1 180（380＋800＝1 180）件是满足市场的需要 380 件与 D 的需要 800 件；其余以此类推。订货批量为2 000或 2 000 的倍数。

表 8－3 中的 F，全是非独立需求，一件 B 需要两件 F，一件 C 需要两件 F，

一件D需要一件F。如第6周总需要量为4 600件，其中C的需要量是3 000（1 500×2=3 000）件，D的需要量是1 600件，故总需要量是4 600（3 000+1 600=4 600）件。F的订货批量不限，一般根据实际情况决定。

8.6 物料库存控制与仓库管理

企业为了使生产能连续进行，需要有一定数量的库存物料作为周转之用。周转库存量的大小，是库存控制要考虑的问题，若库存量大，占用流动资金就多，产品成本就会相应提高，若太少又会影响生产，所以有必要研究一个合理的周转库存量，以便于进行库存控制。

8.6.1 物料库存控制的模式

物料的库存控制，是对物料库存量动态变化的掌握和调整，是实现物料计划和控制流动资金的重要环节。库存控制应从系统的观点出发，建立系统的库存控制模型，并从定性与定量两方面进行综合分析研究，以求得经济效益最佳的库存方案。

1. 需要库存与不需要库存

企业需要的物料，哪些需要库存、哪些不需要库存，这是物料库存控制中首先要解决的问题。企业要进行周密的调查和分析，掌握企业所需物料有无可靠来源、是否能按工厂生产需要保证供应、有无可靠的运输条件等。如果这些条件都具备了，企业可以考虑不要库存；否则都要有库存。此外，还要从企业经济效益的角度来分析。在一般情况下，要从订购费用与保管费用两方面进行比较。这可用前面讲过的经济批量法进行确定。

2. 需要有补充库存和不需要补充库存

企业已决定某种物料需要有库存时，就应考虑采取何种订货方式，是组织一次性采购订货，还是分批采购计算，要进行具体分析。

（1）需要有补充库存，是指这类物料的生产或供应都不会发生中断，上次采购一批，下次可继续采购订货，有可靠的供应来源。

（2）不需要补充库存，是指这类物料的生产或供应具有很强的时间性和季节性，如果失去采购订货时机，供应就会发生中断，因此，应组织一次性订货，以保证生产需要；否则，物料库存量不足会影响生产，甚至造成停工、停产等严重损失。

8.6.2 物料库存控制的方法

1. 定期库存控制法

定期库存控制法，是以固定盘点和订购周期为基础的一种库存量控制方法，它按规定时间检查库存量并随即提出订购，补充至库存储备定额。物料订购时间是预先固定的，每次订购批量是可变的，其计算公式如下：

订购量 = 平均每日需用量 ×（订购周期 + 订购间隔期）+ 保险储备量 − 现有库存量 − 已订购未交量

式中，订购周期是指从提出订货到该批物料入库为止所需时间；订购间隔期是指相邻两次订购日之间的时间间隔；现有库存量是指提出订购时盘点的库存量；已订购未交量是指已订购，能在下次订购前到货的数量。

例：某材料的订购间隔期为 28 天，订购时间为 10 天，每日需用量为 18 吨，保险储备订购量为 200 吨，订购的实际库存量为 300 吨，已订购未交量为 0，求订购量。

解：订购量 = 18 ×（28 + 10）+ 200 − 300 − 0 = 584（吨）

2. 定量库存控制法

定量库存控制法，是以固定订购点和订购批量为基础的一种库存控制方法，如图 8 − 5 所示：

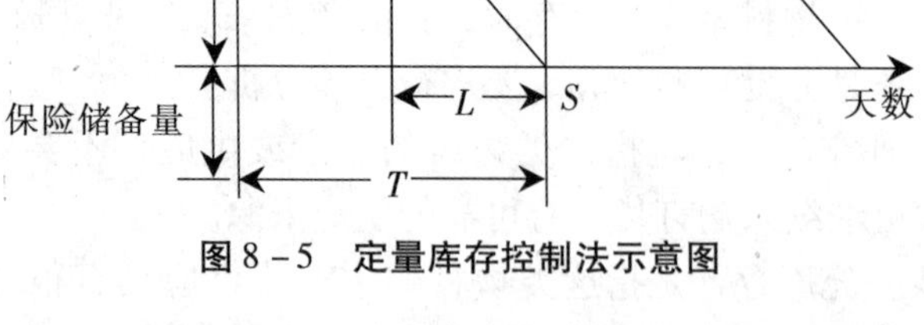

图 8 − 5　定量库存控制法示意图

从图 8 − 5 可见，当实际库存降至订购点时，立即发出订货通知，经 L 天后，库存降到 S 点，这时下一批订货到达，库存得到恢复。上述动作过程中，每经一个订货间隔期，T 重复一次。其计算公式如下：

订购点 = 平均每日需用量 × 备用天数 + 保险储备量

定量库存控制法还有一种简单形式，称为双堆法或分存控制法。实行这种方法，是将库存物料分为两堆，先用第一堆，当第一堆用完时，立即组织采购订货，并继续用第二堆物料；到第二堆物料用完时，采购的物料也同时到达，因此第二堆物料就是订购点。

3. 经济批量控制法

经济批量的原理，本书前面已经讲过，现在是讲如何用经济批量进行库存控制。这是一种侧重于从企业本身经济效益来综合分析物料订购和库存保管费用的科学方法。经济批量模型，一般分为不允许缺货的经济批量、不允许缺货一次订购分批进货的经济批量和允许缺货的经济批量。

（1）不允许缺货的经济批量。这在本章第3节已介绍。它主要是研究在保证企业需要的条件下，使订购费用和保管费用最小的订购批量。其计算公式如下：

$$\text{经济批量}=\sqrt{\frac{2\times\text{每次订购费用}\times\text{年需用量}}{\text{物料单价}\times\text{年保管费率}}}$$

（2）不允许缺货一次订购分批进货的经济批量。企业在经营过程中，往往有不少物资是一次订货分批进货的。这样就形成一边进货入库，一边耗用出库的状态。入库速度大于出库速度，一批订货全部进库后，库存只出不进，等到经常储备量降到0时，下一批订货又陆续分批入库。其计算公式如下：

$$\text{经济批量}=\sqrt{\frac{2\times\text{每次订购费用}\times\text{年需用量}}{\text{物料单价}\times\text{年保管费率}\times\left(1-\dfrac{\text{每日耗用量}}{\text{每日进货量}}\right)}}$$

（3）允许缺货的经济批量。如果生产不均衡，供货又没有绝对保证，发生缺货不可避免，加大保险储备的代价又大于因缺货造成的损失时，就应确定允许缺货的经济订购批量。这种批量是指使订购费用、保管费用、缺货损失费用三者之和费用最小的批量。允许缺货的经济批量和按期入库量的计算公式为：

$$\text{经济批量}=\sqrt{\frac{2\times\text{每次订购费用}\times\text{单位时间物料需用量}}{\text{单位物料单位时间保管费用}}}\times\sqrt{\frac{\text{单位物料单位时间保管费用}+\text{单位物料单位时间缺货损失费用}}{\text{单位物料单位时间缺货损失费用}}}$$

$$\text{按期入库量}=\sqrt{\frac{2\times\text{每次订购费用}\times\text{单位时间物料需用量}}{\text{单位物料单位时间保管费用}}}\times\sqrt{\frac{\text{单位物料单位时间缺货损失费用}}{\text{单位物料单位时间保管费用}+\text{单位物料单位时间缺货损失费用}}}$$

4. A、B、C 分类控制法

企业所需物料品种多、规格杂、耗用量大，其价值大小和重要程度各不相同，因此应区别对待。可将其分为 A、B、C 三大类，实行重点管理、照顾一般的策略。其中，A 类物料品种少，一般占企业全部物料的 10% ~15%，但占用资金较多，占75% ~80%；B 类物料品种占20% ~25%，资金占15% ~20%；C 类物料品种繁多，占60% ~65%，资金只占5% ~10%。上述三类物料在库存控制和管理中的重要程度不同：A 类物料最重要，应严加控制，一般宜采用定期库存控制法，尽量缩短订货间隔期；B 类物料较重要，可适当控制，一般宜采用定量库存控制法，即当库存量降到订购点时再订购；C 类物料为一般物资，可放宽控制，订购间隔期可长一些，如几个月或半年订购一次。这样可以简化物料管理工作，做到既能保证生产需要，又占用最少的费用，从而使企业获得良好的经济效益。

8.6.3 仓库管理

仓库管理是物料管理的重要环节，做好仓库管理工作，对于及时地按质、按量、按时供应生产所需要的物料，对于合理储备和节约使用物料、加速资金周转、降低产品成本、保证物料质量、提高企业经济效益等都有着十分重要的作用。仓库管理的内容，主要包括以下四个方面：

1. 物料的验收入库

物料的验收工作，是做好仓库管理工作的基础。物料的验收主要包括两个方面：一是对数量、品种、规格的验收，即查明运到的物资在数量、品种、规格等方面是否与订单、发票及合同的规定相符，要严格过磅点数；二是对质量的验收，查明运到的物资在质量方面是否符合合同规定的标准。在物料验收过程中，凡是仓库能检验的，由仓库负责检验；凡是需要由检验部门或专门检验单位检验的，就需要有检验合格证明，才能点收入库。要严格做到凭证不全不收，手续不齐不收，数量不足不收，质量不符合标准不收。如果在验收中发现数量、质量与单据不符等情况，应报告有关部门，查明原因，及时处理。国外进口的物料，必须在索赔期内验收完毕，以避免遭受经济损失。

2. 物料的保管

物料验收合格入库后，为了保证物料的完整无损，对于不同的物料，要根据其物理性能、化学成分、体积大小、轻重、包装等情况的不同要求进行分区、分类，并采取不同的管理方法，分别妥善保管。物料保管工作的基本任务是：要做到物料不短缺、不损坏、不变质，不同物料品种规格不混乱，特别是对有毒、易爆等危险物资保管，要按国家有关保管条例的规定严格执行。同时，物料的存放要便于发放、检验、盘点和清仓。仓库保管人员要以高度负责的精神，认真做好防盗、防水、防爆、防潮、防震、防磨、防腐、防锈、防尘等工作。

为了达到以上要求，我国广大仓库管理人员，在实践中创造了分区分类、四号定位、立牌立卡、五五摆放等一整套科学管理方法。所谓“分区分类”，是指根据物料的类别，合理规划物料摆放的固定区域；所谓“四号定位”，是指按序号、架号、层号、位号对物料统一编号，并和账页上的编号对上；所谓“立牌立卡”，是指对定位编号的各类物料建立料牌和卡片；所谓“五五摆放”，是指按各类物料的性质和形状以“五”为计量基数，做到五五成行、五五成方、五五成串、五五成包、五五成堆、五五成层等。这样既能使物料整齐美观，又便于清点、发放。

物料保管过程中必须建立和健全账卡档案，及时掌握和反映产、需、供、耗、存的情况，充分发挥仓库管理在企业生产过程中的作用。财会部门应与仓库建立定期的对账制度，以保证账、物、卡相符。

3. 物料的发放

物料的发放是保证企业正常生产和节约使用物料的重要环节。仓库的物料发放工作要面向生产、面向基层，为生产第一线服务。具体要做到以下四点：

（1）实行计划限额发料。有定额的按定额发料，无定额的按用料计划或资金限额标准发放，这有利于加强物料供应工作的预见性和计划性。

（2）实行定额分批送料。仓库供应人员根据各车间的生产进度、消耗定额，按计划定期、定量、分批送到现场，把限额发料和定额分批送料结合起来。

（3）实行以旧换新、废旧物资回收制度。对于能以旧换新的物资，应当及时组织回收、回修、回用，以充分利用和节约物资。

（4）实行补料审核制度。凡是因工废、料废、超定额而要求补领材料的，必须经过办理审核批准手续才能给予补料。

物料发放出库，必须严格检查有关单据和审批手续，如领料单、送料单、转库单、外发加工和对外销售的单据及审批手续，经检查无误后才能发料。物料发放后，应及时在账卡登记，整理原始凭证，并统计有关基础资料，以利于加强管理。

4. 清仓盘点

企业仓库的物料流动性很大，为了及时掌握物料的变动情况，避免物料的短缺丢失和超储积压，保持账、物、卡相符，每一个企业都必须进行经常和定期的清仓盘点工作。

经常的清仓盘点，主要由仓库管理人员每月通过发料，及时检查库存物资的账、卡、物是否相符，每月对处于动态的物料进行一或两次的复查或轮番抽查，年中或年末进行逐项逐件全面的清点。定期的清仓盘点，是由物料供应部门、财会部门和仓库部门，共同组织由领导干部、管理人员和工人参加的清仓盘点小组，按制定的时间，对仓库物料进行全面清点。在清点过程中，若发现盘盈盘亏，必须在分析原因的基础上，追究责任，对于清查出来的超储、呆滞物料，必须及时处理。做好清仓盘点工作，是充分挖掘物料潜力的主要措施，每个企业必须重视这一工作，并把它制度化。

8.7 现代物流管理技术

8.7.1 电子商务与物流

1. 电子商务的概念

电子商务，是指实现整个贸易过程中各阶段贸易活动的电子化。电子商务是一种多技术的集合体，包括交换数据（如电子数据交换、电子邮件）、获得数据（如共享数据库、电子公告牌）以及自动捕获数据（如条形码）等方面的现代商务技术运作过程。

2. 电子商务的发展和前景

电子商务始于网络计算。网络计算是电子商务的基础。没有网络计算，就没有电子商务。电子商务的发展形式多种多样，从最初的电话、电报到电子邮件以及其后的电子数据交换（Electronic Data Interchange，EDI），都可以说是电子商务的发展形式。传统的商业是以手工处理信息为主，并通过纸上的文字交换信息进行相应信息的处理。但是，随着企业处理和交换信息数量的剧增，该过程变得越来越复杂，这不仅增加了重复劳动量和额外开支，还增加了出现误差的机会。在这种情况下，需要一种更加便利和先进的方式来加速信息交流和处理商业往来业务。计算机技术的发展及其广泛应用，以及先进通信技术的不断完善使全球社会迈入了信息自动化处理的新时代。到了20世纪90年代，基于WWW的Internet技术飞速发展，Internet开始真正应用于商业交易，于是，电子商务日渐发展起来，并成为20世纪90年代初期美国、加拿大等发达国家的一种崭新的企业经营方式。特别是近几年来，电子商务的发展速度令世人震惊，其战略作用逐渐被全球各国所认识。毋庸置疑，今后随着网络营销业务活动的广泛开展，电子商务将成为世界新经济发展的主流。

3. 电子商务推动下的物流管理

以信息为导向，以电子商务为手段，开创现代物流管理的新模式是搞好物流管理的重要研究课题。电子商务推动下的物流管理是以物流信息化为基础的，这种新型的物流配送使商品流转较传统方式更加信息化、自动化、现代化和社会化，既可以减少库存和资金积压，又降低了物流管理成本，提高了经济效益和社会效益。电子商务为物流管理提供了现代技术条件和市场环境，为物流功能集成和物流企业实现规模化经营创造了有利的条件。运用电子商务技术促进物流管理水平提高的具体措施主要有：

（1）运用现代信息技术处理物流管理业务。运用现代信息技术处理物流管理业务的目标是根据网络营销业务的需要建设宽带网域，提供完善的信息交换平台，构建电子商务运作环境，促进物流信息管理现代化水平的不断提高。其内容主要包括商品代码、数据库的建立和运输、销售网络电子化管理等。

（2）建立电子商务物流信息控制中心。通过运用现代网络计算和网络营销技术，可以实现物流管理的低成本、高效益，提高信息化物流管理水平。一般来说，电子商务物流信息控制中心应包含以下功能模块：集中控制功能、运输流程管理功能、运输工具和货物高度管理功能、仓储管理功能、统计报表管理功能、财务管理功能、客户管理功能和客户查询功能。

（3）实行业务人员职能化。在现代企业中，为了提高运用电子商务技术处理物流业务的能力，必须培养一支专门从事电子商务物流信息管理的高素质专业人才队伍。这就需要调整现有物流管理人员的知识结构和组织结构，对现有人员进行专门培训，要求物流管理人员必须具备相关的专业知识和技能，必须坚持持证上岗。只有建立一支专业化管理队伍，才能保证物流信息管理工作的专业化及现代化水平的不断提高。

（4）提供优质的管理与服务条件。要充分利用现代电子商务信息系统的功能，提高企业的物流业务处理和管理工作的现代化水平。通过实行物料运送、装卸、仓储、配送一体化，降低物流配送成本和风险，提高物流配送的效益。建立现代物流管理体系的基本要求是零库存、无积压、无等待、全天候24小时服务、信息传递与处理快速有效。根据这样的要求，要使物流能够保障生产需要，并有效地服务于商流，运用现代信息技术和方法进行物流管理工作就成为现代企业的必然选择。

8.7.2 物流管理新技术及其运用

1. 信息产业技术

物流管理在当前是一个热门话题，无论是在既有企业的改造中，还是在新兴行业里，物流管理都已经被看作一种提高效率、降低成本的有效方法。事实上，物流管理的重要性在2 000年以前就被人们所认识，但过去物流管理被称作后勤供应问题，或粮草供应问题。这个问题曾经是影响古代战争成败的核心因素之一，如在东汉末年的官渡之战中，袁绍被曹操烧了粮草而导致一败涂地就是一个典型的例证。对物流这一概念的重新认识，严格来说是在应用信息产业（Information Technology，IT）新技术后，人们发现物流管理有很大的潜力可以挖掘，搞好物流管理可以提高效率和降低成本。所以我们今天所谈论的物流概念是指应用新技术改造后的物流概念，同过去的物流概念相比已经有了很大的差异。正是由于现代物流概念的革命，才产生了被称作第三方物流的服务性企业，其专业性更强，效率更高。在现代物流管理中，核心因素是提高效率。现代信息网络技术促使物流的管理思想和方式发生了革命性的变化，可以说 IT 技术的发展及应用是现代物流概念产生与发展的催化剂。

2. 电子数据交换技术

电子数据交换技术是指按照一套通用的标准格式，将标准的经济信息，通过通信网络传输，在贸易伙伴之间进行电子数据交换和自动处理，俗称“无纸化贸易”。以往全世界每年花在制作文件上的费用就达 3 000 亿美元，所以“无纸化贸易”被誉为一场“结构性的商业革命”。由于 EDI 技术系统是以事先商定的报文格式及形式进行数据传输和信息交换的，因此，制定统一的 EDI 标准至关重要。世界各国开发 EDI 系统得出的一条重要经验，就是必须把 EDI 标准放在首要位置。EDI 标准主要包括以下内容：基础标准、代码标准、报文标准、单证标准、管理标准、应用标准、通信标准、安全保密标准。采用实行国际化标准的电子数据交换技术，可以使企业物流管理的开放性程度和社会适应性大大提高，同时也能促进企业经营管理工作水平的提高。

3. 地理信息系统技术

地理信息系统（Geographical Information System，GIS）是将地理学、计算机科学、测绘遥感学、城市科学、环境科学、信息科学、空间科学、管理科学和信息科学等融为一体的新兴学科。它以地理空间数据为基础，采用地理模型分析方法，适时地提供多种空间的和动态的地理信息，实现了各种信息的数字化处理，为系统地进行预测、监测、规划管理和决策提供科学依据，是一种为地理研究和地理决策服务的计算机技术系统。其基本功能是将表格型数据（无论它来自数据库、电子表格文件还是直接在程序中输入）转换为地理图形显示，然后对显示结果浏览、操作和分析。其显示范围可以从洲际地图到非常详细的街区地图，显示对象包括人口、销售情况、运输线路以及其他内容。GIS 技术在物流领域的应用便于合理地在区域之间调配和使用各种资源，提高经济效益。目前，已开发出了专门的 GIS 物流分析软件，用于物流管理分析。完整的 GIS 物流分析软件集合了车辆路线模型、最短路径模型、网络物流模型、分配集合模型和设施定位模型。

4. 全球定位系统技术

全球定位系统（Globe Position-finding System，GPS）由空间卫星系统、地面监控系统和信号接收系统三大子系统构成，具有在海、陆、空进行全方位实时三维导航与定位能力。GPS 空间卫星系统由均匀分布在 6 个平面上的 24 颗高轨道工作卫星所构成，可在地球的任意地点、任意时间向使用者提供4颗以上可视卫星。地面监控系统是由5个监测站构成的，其作用是对空间卫星系统进行监测、控制，并向每颗卫星注入更新的导航电文。信号接收系统是由GPS卫星接收机和GPS数据处理软件构成的。GPS技术可以提高铁路、公路等物流路网建设的质量和速度，实现货物跟踪、确定物流配送方式、建立电子商务系统等企业物流管理工作的自动化和适时化。

5. 物联网和产品电子代码技术

物联网和产品电子代码技术是近年来出现的物流信息及其管理的最新技术。产品电子代码是射频技术在网络环境下，在自动识别技术领域的新应用。发达国家在20世纪90年代才开始研究这项技术，其近期刚刚“走”出研究室。与条形码技术相比，它有十分显著的优点：一是它的信息量大，可以满足更广泛的要求；二是它可读可写，应用更加灵活；三是它的读取方式是利用感应、无线电波或微波能量进行，不需要直接接触；四是它可以识别高速运动物体，并能同时识别多个物体；五是它具有抗环境污染、抗干扰的能力，保密性能好。这些方面都是条形码技术所不能比的，但是由于它的开发和应用成本很高，加之对信息搜集、整理和应用的网络环境没有形成，使得其应用受到限制。但是，随着现代通信信息技术发展的加快，物联网和产品电子代码技术推动物流业发展的时机已经基本趋于成熟，具有比较广阔的应用前景。

本章小结

现代企业生产技术复杂，生产所需的物料数量大，品种规格型号繁多，供应来源广泛，企业要按质、按量、按时保证所需要的物资，就必须加强对物料的科学管理。

企业的物料管理，主要是对企业所需的各种物料进行计划、组织、采购、验收、保管、发放、节约合理使用等一系列的管理工作。企业的生产过程，同时也是物料的消耗过程。企业要做到开源节流，科学合理利用是非常重要的，如制定合理的物料消耗定额和物料储备定额，编制好物料需求计划，做好库存控制等。这些对于提高企业经济效益和社会效益有着重要的作用。

复习思考题

1. 物料管理在企业管理中有何意义？其任务是什么？
2. 什么是物料消耗定额？物料消耗定额有何作用？

3. 什么是物料储备定额？物料储备定额有何作用？

4. 试述物料库存控制的两种模式及库存控制的几种方法。

5. 企业仓库管理包括哪些内容？

6. 某厂需用某种材料，全年耗用量为12 000件，材料单价为20元，每次订货采购费用为500元，年保管费用率为年平均存储值的15%，试求最优的订购批量。若供方建议将该材料分两批供应，材料价格可降低5%，应否接受这一建议？为什么？

案例分析

戴尔：供应链管理铸就“不可复制”的成功

近年来，在全球电脑市场不景气的大环境下，戴尔却始终保持着较高的收益，并且不断增加市场份额。论及戴尔的成功之道，几乎是众口一词地归结为“直销模式”。

供应商管理——严格遴选，控制风险

戴尔之所以能围绕直销实现JIT（Just In Time）生产，就是因为它有一个组织严密的供应商网络。戴尔95%的物料来自这个供应网络，其中75%来自30家最大的供应商，另外20%来自规模略小的20家供应商。

戴尔几乎每天都要与这50家主要供应商分别联系一次或多次。在生产运营中，如果生产线上某一件部件由于需求量突然增大导致原料不足，主管人员就会立刻联系供应商，确认对方是否可能增加下一次发货的数量。如果问题涉及硬盘之类的通用部件，主管人员就会立即与后备供应商协商。如果穷尽了所有办法去寻找可供选择的所有供应渠道后仍然没有收获，主管人员就会与公司内部的销售和营销人员磋商，通过他们的“直线订购渠道”与客户联系，争取把客户对于某些短缺部件的需求转向那些备货充足的部件。所有这些操作，都能在几个小时内完成。

戴尔有一整套的供应遴选与认证制度。考核的标准主要是看供应商能否源源不断地提供没有瑕疵的产品。考核的对象不仅包括产品，而且涵盖了产品生产的过程，也就是说，要求供应商具有符合标准的质量控制体系。要想成为戴尔的供应商，企业必须证明其在成本、技术、服务和持续供应能力等四个方面具有综合的优势，特别是供应能力必须长期稳定——由于戴尔库存控制极严，如果供应不稳定，就有可能最终影响戴尔对用户承诺的履行。

考核是一个循序渐进的过程。戴尔根据对供应商考核的结果，分阶段地逐步扩大采购其产品的规模，以降低新入选企业供应能力不稳定的风险。

由于戴尔与供应商之间没有中间商的阻隔，所有来自于客户的最新信息都会以最快的速度及时反馈给供应商，以便后者据此调整供应策略。与此同时，戴尔致力于同供应商建立长期的合作伙伴关系，特别是在一些流程和管理工具的开发上，充分考虑了与供应商的配合。

风险控制也是戴尔在处理与供应商关系时重点考虑的因素。供应商有可能无法及时调整供应能力，从而难以满足戴尔高速扩张的采购需求；供应商也可能无法适应产品的升级与技术的换代而导致供应中断；此外，政治、经济和环境因素的变化，乃至出现短缺时供应商的忠诚度等因素，都有可能影响供应链的稳定。对此，戴尔都加以充分考虑，并制订了相应的方案。

库存管理——物料的低库存与成品的零库存

在库存的数量管理上，戴尔以物料的低库存与成品的零库存而声名远播，其平均物料库存期只有约5天。在IT业界，与戴尔最接近的竞争对手也有10天以上的物料库存期，业内的其他企业平均物料库存期更是达到了50天左右。由于材料成本每周就会有1%的贬值，因此库存天数对产品的成本影响很大，仅低库存一项就使戴尔的产品比许多竞争对手拥有了8%左右的价格优势。

高效率的物流配送使戴尔的过期零部件比例保持在材料开支的0.05%～0.1%，而这一比例在戴尔的对手企业都高达2%～3%，在其他工业部门更是高达4%～5%。

当然，戴尔的库存管理并不仅仅着眼于“低”，通过导向管理其供应链，通盘考虑用户的需求与供应商的供应能力，使二者的配合达到最佳平衡点，实现“永久性库存平衡”，这才是戴尔库存管理的最终目的。

流程管理——电子化贯穿始终

电子工具的广泛应用是戴尔供应链管理的一个显著特征，戴尔电子化的供应链系统为处于链条两端的用户和供应商分别提供了网上交易的虚拟平台。戴尔有90%以上的采购程序通过互联网完成。有了与供应商的紧密沟通渠道，工厂只需要保持2小时的库存期即可应付生产。除此之外，戴尔还推出了其企业内联网（valueehchain. dell. com），此网站堪称供应商的入门网站，供应商可以在上面看到专属其公司的材料报告，随时掌握材料品质/绩效评估、成本预算以及制造流程变更等信息。

不仅如此，电子化还贯穿了戴尔从供应商管理、产品开发、物料采购到生产、销售乃至客户关系管理的全过程。以销售管理为例，强大的管理信息系统不仅使戴尔能够实现成品的零库存，而且可以大大提高其物流与运输效率。

戴尔实施电子商务化物流管理后取得的效果有：①1998年成品库存为零；

②零部件仅有2.5亿美元的库存量（其盈利为168亿美元）；③年库存周转次数为50次；④库存期平均为7天；⑤增长速度4倍于市场成长速度；⑥增长速度2倍于竞争对手。

尤为难得的是，在大力开展电子化的同时，戴尔特别强调要分清主次，以避免由于不当的电子化措施而形成本末倒置的局面。戴尔认为，商业模式及其所构建的供应流程是“本”，而电子工具是“末”，应用电子工具的目的是加强供应流程的效率，而不是替代供应流程本身，不能舍本逐末，为了电子工具应用的方便而破坏了供应流程自身的合理性。

思考分析

戴尔的物料管理有什么特点？

9

技术创新管理

本章要求

- □ 正确理解技术创新的含义及其特点
- □ 了解新产品的概念及不断发展新产品的重要性
- □ 了解开发新产品的程序及其管理工作
- □ 了解技术引进的内容、作用、原则和方式
- □ 正确理解技术改造的内涵及其对发展生产所起的作用
- □ 掌握价值工程的原理及其在开发新产品中的应用

9.1 技术创新概述

9.1.1 技术创新的概念

技术创新的概念源于美籍奥地利经济学家 J. A. 熊皮特（J. A. Schumpeter）的创新理论，他于1912年在其所著的《经济发展理论》一书中首先提出了创新理论。他认为，创新是企业家对生产要素的重新组合，其形式主要有：引入新的产品或提供新的产品质量（产品创新），采用新的生产方法（新技术创新），获得新的供给来源（原材料创新），开辟新的市场（市场创新），实行新的组织方式（组织创新）。创新能促进经济增长，并使经济增长呈周期性。美国学者曼斯菲尔德（Mansfield）认为，当一项发明被首次应用时，才称为技术创新。斯通曼（Stoneman）认为，技术创新是指首次将科学发明输入生产系统，并通过研究开发，努力形成商业交易的过程。

研究与开发活动的结果是新产品、新工艺、新材料等新发明，新发明仅是技术创新过程的开始。这些新发明能否转化为现实生产力，还要同时受两方面的作用和检验：一是新发明大规模生产的技术可行性检验；二是市场需求的检验。只有这些新发明同时通过这两方面的检验，才会被引入生产经营系统，并经企业家重新组合生产要素后，才能转化为现实生产力。至此，技术创新过程在全社会范围内并未结束。基于创新的扩散本质属性，只有技术创新再通过市场扩散和商业化，并逐步建立起一个新产业，技术创新过程在全社会范围内才算结束。技术创新应是“研究与开发—技术与市场检验转化为生产力—创新扩散商业化、产业化”一系列创新活动过程。技术创新是国家和民族兴旺发达的不竭动力，也是企业得以生存和持续发展的根本。

9.1.2 技术创新的主要类型

1. 按创新的程度分类

可将技术创新分为渐进性创新和根本性创新。渐进性创新是指对现有技术进行局部性改造所产生的创新。根本性创新是指在技术原理上有重大突破、改变的技术创新。如彩色电视机生产技术相对于黑白电视机的生产技术，激光打印机相对于针式打印机的生产技术，等等。

2. 按创新的对象分类

可将技术创新分为产品创新、工艺创新、材料创新。产品创新是指以改变产品为目的而进行的创新。工艺创新又称过程创新，是指对生产过程进行技术变革。材料创新，包括采用全新的材料，也包括采用代用材料而保证质量、降低成本，这也是一种技术创新。

3. 按创新技术的生产来源和创新活动的组织形式分类

可将技术创新分为自主创新、模仿创新、合作创新。自主创新是指企业通过自身的努力和探索获得技术突破，攻破技术难关，并在此基础上依靠自身的能力推动创新后续环节，完成技术的商品化，获取商业利润，达到预期目标的创新活动。模仿创新是指企业通过学习、模仿率先创新者的创新思路和创新行为，吸取率先创新者的成功经验和失败教训，引进购买和破译率先创新者的核心技术和技术秘密，并在此基础上进一步进行技术的改进完善和开发。合作创新是指企业之间或企业、科研机构、高等院校之间的联合创新行为。

9.1.3 技术创新的具体对象

在现代企业里，技术创新的对象非常广泛。其一般包括以下五个方面：

（1）产品创新。

（2）设备和工具的创新。

（3）生产工艺和操作技术的创新。如改革旧的工艺和缩短加工过程，用先进的加工方法代替旧的加工方法，创造新的加工方法和操作方法等。

（4）能源和原材料创新。

（5）改善生产环境及劳动保护工作。如解决环境污染问题，改善劳动条件，保证安全生产等。

9.1.4 技术创新的特点

1. 技术创新的不连续性

任何一种新产品的开发和加工技术的变革，往往都是经历着由渐变到突变的过程。一种技术或产品在创新的时候，脱离原来的技术基础而发生突变，如机械表发展为电子表、真空管发展为晶体管等。研究这些演变过程，可以发现它们都有一个鲜明的共同点，就是新产品所依据的技术与原来的技术不同，因此，产品在开发研制的时候就发生了突变。这就是技术创新的不连续性。

2. 技术创新的杂交性

现代高新技术有着强大的渗透力和综合力，几种技术交叉、嫁接、融合的情况日渐增多。这就是现代技术创新的杂交性。企业利用技术杂交性这一特点去开发新产品、新品种，拓宽经营范围，是大幅度提高经济效益的一个十分有效的途径。

3. 技术创新的软化性

现代产品的技术密集程度越来越高，软件的作用也日益突出。软件的比重增加，使产品价值更多地取决于软件的功能和软件技术的质量。如产品的造型、色彩控制机能、维修方法等。系统论、信息论、控制论等引入现代产品设计之中，其中心思想是让软件在更大限度上发挥硬件功能，让产品逐步智能化。

9.1.5 技术创新的重要意义

1. 科学技术是生产力中最活跃的具有决定性的因素

科学技术的社会变革功能，表现在它能推动社会生产的发展和社会历史的变革，是第一生产力。社会劳动生产率的提高、国家实力的增强、人民生活的改善，无不取决于科学进步与技术创新。

2. 通过技术创新促进生产力的发展，保证技术进步，对提高企业现代化水平具有重要意义

据有关资料显示，工业发达国家的产出，60% ~ 70% 是靠技术进步获得，而我国只有 30% ~ 40% 是靠技术进步获得。这说明我们在技术上必须迎头赶上，依靠技术进步发展生产，积极采用新技术、新材料、新工艺，开发新产品，才能使企业立于不败之地。

3. 通过技术创新，使科学技术应用于生产，提高企业经济效益

提高企业经济效益，就是以尽量少的劳动消耗，生产出尽可能多的符合社会需要的产品。实践证明，只有依靠技术进步，实现生产和管理现代化，才可能大幅度地减少劳动消耗，保证生产出高质量的符合社会需要的新产品，同时大大提高劳动生产率。科学技术投资是效益最大的投资之一。

9.2 新产品开发管理

9.2.1 新产品及开发新产品的意义

1. 新产品的概念

新产品是指在一定地域内从未生产过的具有一定新质的产品。新产品在结构、性能、材质、技术特征等某一方面或几方面都比老产品有显著改进和提高，或更有独创性、先进性、实用性，能提高经济效益，具有推广价值。对于那些产品结构、性能等没有改变，只是在外观、装潢、包装等方面改进的，不应将其列为新产品。新产品可分为全新产品、换代新产品、改进新产品等，若按地区细分可分为国际新产品、国家新产品和省市自治区新产品等。

2. 开发新产品的意义

(1) 开发新产品是实现我国经济发展战略目标的需要。我国目前企业的技术水平一般还不高，有些产品质量还不过关，迫切需要开发新产品，调整和优化产

品结构，使产品“升级换代”，为国民经济的发展提供各种新材料、新设备、新仪器，以实现我国的经济发展目标。

(2) 开发新产品是不断提高人民生活水平的需要。社会主义企业生产的目的是不断满足人民日益增长的物质文化生活的需要。随着生产力的不断发展，人民的消费水平、消费结构不断提高，迫使企业不断开发新产品。

(3) 开发新产品是提高企业竞争能力、转换企业经营机制的需要。在我国社会主义市场经济条件下，市场竞争激烈，企业要想在竞争中取胜，必须不断推出符合市场需求的新产品。同时，在转换企业经营机制的过程中，必须转换企业的发展机制，而发展机制集中体现在企业的创新能力上。只有建立适应市场经济要求的新产品开发机制，才能使企业保持旺盛的活力，不断发展。

(4) 开发新产品是提高企业经济效益的需要。开发新产品要求采用新的科学技术成就，这就推动了企业生产技术水平的提高，从而使其提高产品质量，提高劳动生产率，降低产品成本；而且新产品一般比老产品具有更好的性能和质量，更能适应市场的需求，从而扩大销路，给企业带来最大的经济效益。

9.2.2 开发新产品的方式和程序

1. 开发新产品的方式

新产品开发的方式一般有以下三种：

(1) 独立研制方式。它是指从产品的构思设计到试制成功都是独立研究制造的。

(2) 技术引进方式。它是指引进国外或其他地区已有的新技术和成熟经验来从事新产品开发。

(3) 独立研制与技术引进相结合的方式。企业在对引进技术进行消化和吸收的基础上，将引进技术与本企业的科研活动结合起来，推动本企业的科研活动，在引进技术的基础上不断创新，按照“一学、二用、三改、四创”的原则不断发展自已的新产品。

2. 开发新产品的程序

新产品的开发过程，从大的方面来分，一般可分为以下七个阶段：

(1) 调查研究阶段。根据企业的经营目标、产品开发策略和企业的资源条件确定新产品开发的目标。这就必须做好调查研究工作，做到有的放矢。

(2) 开发新产品创意阶段。根据调查研究的情况以及企业的自身条件，充分考虑用户的使用要求和竞争对手的动向，在一定范围内提出开发新产品的初步设想和构思创意。

(3) 新产品开发创意的筛选阶段。从征集到的许多方案中选择具有开发条件的构思创意。筛选时一要坚持新产品开发的正确方向，二要兼顾企业长远发展和当前市场的需要，三要有一定的技术储备。

(4) 决策方案和编制设计任务书阶段。根据新产品开发目标的要求，对未来产品的基本特征和开发条件进行概括性的描述，包括主要性能、目标成本、销售预计、开发投资、对企业现有条件的利用程度等。决策的目的是对不同方案进行技术经济论证比较，决定取舍。

新产品开发方案决定后，要组织力量编制设计任务书。设计任务书的内容要比产品开发方案具体，包括新产品的结构、特征、技术规格、用途、使用范围，与国内外同类产品的分析比较，开发这一产品的理由和根据等。

(5) 新产品设计阶段。设计任务书经审查批准后，企业便可进行产品的设计工作。新产品设计一般分为初步设计、技术设计和工作图设计三个阶段。

(6) 新产品的试制阶段。新产品试制一般包括样品试制和小批试制两个阶段。样品试制是考核设计的质量、产品结构和性能等；小批试制是考核工艺，检查图纸的工艺性等。

(7) 新产品试验与评价鉴定阶段。从新产品装配至鉴定前，应做好试制及试验工作，对样品进行全面检查、试验与调整。试验、调整后，作出总结，交有关鉴定部门鉴定。

9.2.3 开发新产品的管理工作

企业开发新产品的管理工作，主要是对新产品开发、产品设计、工艺、工装设计等技术活动的管理工作。

1. 制订新产品开发计划

每个企业要有计划、有步骤地开发新产品，就应制订好新产品的开发计划。它是实现产品开发目标和决策的重要手段，是组织、协调、控制企业内部各部门、各环节产品开发活动的基本依据，也是提高开发工作经济效益的保证。新产品开发计划的内容主要包括：

(1) 编制新产品开发计划。它一般包括具体确定计划目标，搜集编制计划的依据，提出计划措施，确定开发方式，安排进度以及明确各项工作的具体责任等。

(2) 新产品开发计划。它一般包括产品研究计划、新产品试制计划和生产技术准备计划。生产技术准备计划可分为企业年度生产技术准备综合计划、产品的生产技术准备计划、科室部门的生产技术准备计划。编制好生产技术准备计划，可以保证企业新产品开展工程的总进度和总的质量要求。

2. 加强新产品的设计管理

企业开发新产品，需要有一个科学的设计。产品设计工作是保证产品质量和获得良好经济效益，使产品投产后有良好的生产秩序的首要环节。产品设计是从明确设计任务开始，到确定产品的具体结构、性能为止的一系列工作。产品设计的基本要求是：①所设计的产品在技术上必须是先进的；②所设计的产品在使用和制造方面都有良好的经济效果；③所设计的产品要符合我国国情；④设计新产品要尽量提高标准化、系列化、通用化水平。

产品设计工作根据不同情况有不同的类型。目前在我国主要有以下四种：

（1）自行设计。

（2）老产品改型。

（3）样品测绘。

（4）引进图纸。

产品设计是一项复杂、细致、技术性很强的工作，应该严格按照科学的程序进行：

（1）编制技术任务书并进行初步设计。技术任务书是指导产品设计的基础文件。其目的是阐明产品设计的理由，正确决定产品的造型以及确定产品的基本结构。其包括该产品的用途、使用范围，设计试制该产品的理由和依据，该产品与国内外同类产品的结构、性能和技术经济指标的分析比较，该产品的基本技术参数、基本结构、总体布置、重要系统的原理图等；对系列新产品还应包括该系列产品的发展方向、产品系列谱表等。编制完后报上级审批后执行。

（2）技术设计。根据获批准的技术任务书（初步设计），对设计的产品进行基本定型，即通过技术设计来确定新产品的具体结构、技术条件、主要零（部）件的材料和尺寸等。技术设计的内容，主要是根据技术任务书的要求，确定产品总图，部件装配图，主要零件图，传动、液压和电气系统图，冷却系统图，零部件明细表，加工与装配的技术条件，产品的精度标准和检验方法，以及包括各种计算和技术经济指标在内的设计说明书等。技术设计是整个产品设计的关键阶段，是设计、工艺和供应工作的结合点，必须抓好这一环节的工作。

（3）工作图设计。这是根据技术设计做出全套完整的工作图纸和技术文件。必需的技术文件、所有的图纸技术文件应达到完整、齐全、清楚、正确的要求，为此要做好核查和审核工作。

在产品的设计过程中，往往会出现一些不同的方案，要选择一个最好的方案，就需要进行技术经济分析。技术经济分析的方法很多，本书只作一般的介绍：①价值分析，也叫价值工程，将在本章最后一节介绍；②投资效益分析，包括静态分析和动态分析，将在本书第 11 章介绍。

3. 加强新产品的工艺管理

工艺，是指劳动者利用生产工具，对原材料、半成品进行加工或处理，最后使之成为产品的方法。工艺管理工作是保证新产品试制和正式生产时达到设计要求，指导工人操作，保证产品质量，决定产品制造经济效果的一项重要的生产技术准备工作。工艺管理的主要内容包括工艺准备工作、工艺装备准备工作和日常工艺管理工作等。

（1）工艺准备工作。工艺准备工作包括：

①产品设计图纸的工艺分析和审查。这是从工艺技术的角度来分析、评定产品设计是否合理，在制造时是否经济。所设计的产品要尽量符合企业的制造条件，并力求达到最好的经济效果。所有的设计图纸都必须经过工艺性的分析审查后，才能作为工艺设计的依据交付车间使用。

②工艺方案的拟订与评价。工艺方案是工艺设计的指导性文件。它的拟订是在产品设计图纸会签后，进行具体工艺设计以前进行的。它指出产品试制中的技术关键问题及其解决方法，规定各项工艺工作应遵循的基本原则，确定工艺路线和生产组织形式的原则，确定工艺规程制定的方式、详尽程度、种类数量等原则，关键性工艺的解决方案和试验等问题，确定工艺装备系数和工艺装备的设计原则以及分析经济效果等。

生产一种产品（或零部件），在保证产品质量的前提下，往往有几种工艺方案可供选择，如何选择一个比较好的工艺方案，这就需要对工艺方案进行评价。在功能和质量得到保证的前提下，工艺方案的选择主要是对不同的工艺方案进行经济分析，即对工艺成本进行分析，选择工艺成本最低的方案。

③工艺技术文件的编制。工艺技术文件是在拟订工艺方案的基础上编制的，它是企业安排计划、布置生产、组织劳动、进行技术检验和组织材料、工具供应的依据。工艺技术文件的种类很多，其中最主要的是工艺规程。工艺规程是规定产品如何加工、指导工人操作的技术文件，其形式一般有工艺过程卡、工艺卡、工序卡、工艺守则等。

（2）工艺装备准备工作。工艺装备（简称工装），是按照工艺规程进行产品制造时所需要使用的刀具、模具、夹具、量具、工位器具等的总称。它是保证产品质量、提高劳动生产率和保证安全生产所不可缺少的。工装一般可分为通用和专用两种。通用的适合制造多种产品的零件，一般可外购；专用的只适合加工一定的零件和工序时使用，一般要自己设计制造。设计制造工装的工作量很大。在设计制造专用工装时，既要考虑产品的质量和提高劳动生产率，又要降低成本，这就要正确确定工艺装备系数。其计算公式如下：

$$工艺装备系数=专用工艺装备种数\div专用零件种数$$

如果工艺装备系数过大，则工艺准备工作量大、周期长、成本高；如果过小，则不能满足生产需要及保证质量和提高劳动生产率。因此，要合理选择工艺装备系数。一般来说，产量越大，产品越精密、复杂，工艺装备系数也越大；反之则越小。

（3）日常工艺管理工作。日常工艺管理工作主要是严格贯彻工艺文件，及时总结和推广先进经验，并在实践中不断完善。日常工艺管理工作主要包括组织职工学习工艺文件，加强遵守工艺纪律的宣传教育和检查工作，及时整理和改进工艺文件，保证工艺文件的完整和统一等。

4. 新产品的试制与鉴定

新产品经过设计和工艺准备后，还必须经过试制与鉴定。新产品试制一般分为样品试制和小批试制两个阶段。

（1）样品试制。它是根据设计图纸、工艺文件和少数工装，试制出一件或几件样品，来检验是否达到设计任务书的要求，借以考验产品结构、性能以及主要工艺是否达到设计要求，以便验证和修正设计图纸。

（2）小批试制。在样品试制的基础上进行小批试制。它的主要目的是考验产品的工艺，检查图纸的工艺性，验证全部工艺文件和工装是否合适，并对设计图纸作进一步的审查和校正，为正式投产做好必要的准备。小批试制一般可以在生产车间进行，也可以专门组织试制。

（3）鉴定。不论是样品试制还是小批试制后，都要进行鉴定。鉴定是对新产品从技术上、经济上作出全面评价，以确定是否可以进行下阶段试制或正式投入生产。鉴定一般包括：检查产品是否符合已批准的技术文件和各种技术标准；检查工艺文件和工装是否合理；检验零部件及产品质量；最后对产品进行全面的技术经济分析和评价，并写出试制鉴定书。对鉴定时发现的缺点和不足之处，企业应及时修正，有的还要在使用中广泛听取用户意见后进行改进，才能作出定型结论并正式投产。

9.3 技术引进管理

9.3.1 技术引进的含义和作用

技术引进是指国际的技术转移活动。买进技术的一方，通过各种途径从国外获得先进设备、先进工艺技术以及先进的经营管理技术和手段等。技术往往被作为商品而用来交易，从而使技术引进和技术贸易密切地结合起来。

技术引进对提高我国的科学技术水平，填补技术空白，促进国民经济发展起到了重要作用。随着我国改革开放和社会主义建设的需要，更好地利用外资，引进先进技术，促进技术进步，提高自力更生能力，已经成为企业经营管理的重要内容。技术引进的作用，主要有以下四个方面：

（1）技术引进是一个国家科学技术发展的必由之路。科学技术是人类实践活动的共同财富，它本身没有民族和国家的界限，这为各国之间的技术交流、引进提供了客观可能性。另外，科学技术具有循序性和综合性，相信任何一个国家的科学技术都只有在继承前人的成果和广泛吸收世界先进科学技术成就的基础上，结合本国实际，有选择地借鉴、吸收、消化和独立创新，才能不断向前发展。

(2) 技术引进可以加速生产的发展，增强自力更生的能力。引进技术和自己研制相比，可以大大节省技术开发的时间，节省研制费用，为国民经济的迅速发展赢得时间，少走弯路。

(3) 技术引进有利于改善经济结构，填补技术空白，发展新兴工业部门和新产品。当今社会生产的分工日趋国际化，科学技术的发展也日益具有世界性。世界上没有哪一个国家能够拥有发展本国经济所需要的全部资源，掌握世界所有的先进技术，每个国家都有自己的优势和劣势，通过技术引进，可以做到取长补短。

(4) 技术引进可以掌握国外的先进科学技术，全面提高经济效益。使用先进技术，可以使企业大幅度提高劳动生产率，减少能源和原材料消耗，降低成本，增加积累；可以提高本国科技人员和管理人员的技术、管理水平；可以提高产品质量，加速产品更新换代，增强竞争能力，从而全面提高经济效益。

9.3.2 技术引进的原则

技术引进涉及政治、经济、技术、贸易、外交、法律等各个方面，因此，要做好技术引进工作，必须坚持以下原则：

(1) 独立自主，政治上平等、经济上互利。技术引进的目的是提高我国的科学技术水平，增强我国自力更生的能力，加速我国经济的发展。

(2) 从实际出发，实事求是，适合国情，量力而行。应该认识到，我国目前仍然底子薄，人口多，工农业生产还不发达，科学技术水平较低，资金也很有限。因此，技术引进必须从我国的实际出发，坚持统筹安排，循序渐进，要区分轻重缓急，有计划、有重点、有选择地进行。

(3) 择优引进技术，讲求经济效益。技术引进，要注重提高经济效益。因此，凡是我国自己能制造的，不要引进；凡是购买关键设备，自己可以配套的，就不要成套引进。引进的技术和设备，要与我国产品的系列化、标准化相结合，逐步形成我国自己的产品系列。但也应注意技术的连续性、先进性以及配套成龙，不能“一刀切”。引进技术要与引进管理并举。

(4) 学习与独创相结合，确保消化，力求创新。学习与创新相结合，是我国赶超世界先进水平的必由之路。对外国的先进技术，应该采取“一学、二用、三改、四创”的方针。要引进先进技术为我所用，就要切实、认真地消化、吸引、发展，并力求创新；不重视自己的消化能力，不力求创新，将永远跟在别人的后面。要在消化吃透的基础上做到既不损害引进技术的专利权，又能做好仿制工作；同时，要建立从技术情报、技术力量、经费渠道到组织实施等一整套能够协调行动的体制和网络。

9.3.3 技术引进的内容和方式

技术引进的内容和方式很多，一般情况下有以下三种：

1. 引进先进设备

引进的先进设备包括进口单机、关键设备、成套设备和包建整个项目，亦称引进“硬件”。这类引进严格地说还不是本意上的技术引进。一般在进口先进设备时，都是和引进使用这种设备制造产品的各种技术联系在一起的。这类引进的优点是上马时间短，形成生产能力快，能迅速填补国内生产技术的空白或克服薄弱环节。其缺点是花费外汇多，代价高，而且只是解决了生产手段的问题，并未解决该项目设备的制造技术问题。

2. 引进先进技术

引进先进技术包括引进生产工艺技术、设备制造技术和经营管理技术。这类引进也称引进“软件”。其具体形式很多，如购买设计流程、配方、设备制造图纸和工艺技术资料，聘请专家、培训人员、技术咨询、技术服务，或为引进技术而进口关键样机和仪器仪表，引进计算机软件等。

在国际上把引进技术称为许可证贸易，即指技术的输出方将技术的使用权转让给技术引进方的一种贸易形式。许可证贸易包括以下三个内容：

（1）专利使用权的转让。专利是指一项发明、创造、设计或革新的首创者，向某个政府的专利主管机构申请专利登记，并公布发明要点，回答对发明的异议征询，经审查批准而获得的一种工业产权。专利受国家法律的保护，其他人要使用专利技术，必须经专利所有者的同意，并支付费用，否则就侵犯了专利所有者的专利权，要负法律责任。任何一项专利都只能在一定时间内有效。购买专利就是购买使用专利的权利，不一定会取得什么图纸资料。

（2）专有技术使用权的转让。专有技术是指未申请专利的技术知识、技巧和经验等，亦称技术诀窍。专有技术必须具备以下条件：能在一定范围内应用，并有良好的应用效果；能够进行鉴别和鉴定，并能用文字、资料、图表来表达、传授和转让；技术引进方使用该项专有技术能够制造出新的产品，并达到规定的技术质量要求；应具备新颖性、实用性、价值性和保密性四个要素。专有技术与技术专利的相同之处是两者都拥有技术所有权。其不同之处是：专利是公开的，专有技术是保密的；专利有法律保护，专有技术没有法律保护。

（3）商标使用权的转让。商标使用权，是指按照外国技术生产的产品，加上外国厂家的名牌商标，并支付一笔费用，即可利用该厂的销售网、技术服务网和零件供应网。其目的是利用输出方的名牌商标提高自己产品的声誉，扩大市场销售。购买商标只是购买商标使用权，而不是所有权。购买外国产品的名牌商标，对引进方有一定的好处，其不足之处是不利于创出自己的名牌产品。我们应不断创造条件提高自己的商标美誉度，创造自己的名牌产品。

3. 利用外资，引进先进技术和先进设备

这是指与外商在销售、生产和经营方面合作，以利用外资引进先进技术和先进设备。这种方式主要有“三来一补”、合资经营和合作经营等。采用这种方式可以引进“硬件”，也可以引进“软件”。

(1)“三来一补”。“一补”是指补偿贸易，它是技术引进和资金借贷相结合的一种形式。甲方（输出国）向乙方（引入国）提供贷款，乙方用此款购买甲方的设备和技术，用这些设备、技术开发自然资源或开办企业，然后用所生产的产品或双方商定的其他产品，在双方商定的时间内偿还甲方贷款本息。前一种偿还办法称直接补偿，亦称回购方式；后一种偿还办法称间接补偿，亦称反购方式。补偿贸易对双方都较有利，甲方可以得到长期需要的商品保证，并可获得贷款利息；乙方可以减少外汇支出，而且偿还贷款有保证，并用甲方贷款引进先进的设备和技术，产品由甲方承担购销义务，这样乙方生产的产品可以通过外商销售渠道进行销售，为其产品打入国际市场提供条件。

来料加工、来件装配、来样生产叫“三来”。其基本做法是，甲方（外商）提供全部或部分原材料、元器件、零部件、包装物料、技术装备，以及生产的花色品种、规格的设计图样，并提出质量要求，乙方按要求加工装配，并收取加工费和其他费用，产品由甲方（外商）在国际市场销售。这种方法有利于解决部分企业原材料、资金方面的困难，有助于引进先进技术和先进设备，可以节约外汇和创汇。其缺点是不易引进较先进的技术，生产经营主动权受制于外商。这是我国改革开放初期常采用的一种方式。

(2)中外合资经营。它是指本国企业与外国企业共同投资、经营公司或工厂。它的基本特点是共同投资、共同经营、共担风险、共负盈亏，采用股份制。合资经营能更好地促使外国投资者关心合资企业的建设情况和生产经营的经济效益，愿意把先进技术和管理经验带进来。发展合资企业，对我国企业利用外资引进技术和设备，提高生产技术和经营管理水平，以及产品打入国际市场都比较有利。

(3)中外合作经营。它是指本国企业与外国企业针对某种产品或资源共同拟定开发规划，依据法律确定合作双方的权利、义务和责任的协议，实行合作经营。目前我国兴办的中外合作企业，主要是以引进技术为主要内容，同时结合进口关键设备，与外国厂商一起从事某种产品的合作生产。这样可以直接利用国外新技术成果，加快产品的更新换代，提高产品竞争能力；可以充分利用现有企业的基础，节约外汇；可以加速消化和掌握引进技术，推动企业技术的改造和提高管理水平，有利于促进技贸结合和产销结合。

9.4 技术改造管理

9.4.1 技术改造的含义和作用

技术改造主要是指在坚持科学技术进步的前提下，把科学技术成果应用于企业生产的各个环节（如产品、设备、工艺、原材料等），用先进的技术改造落后的技术，用先进的工艺和装备代替落后的工艺和装备，实现内涵扩大再生产，达到增加品种、提高质量、节约能源、降低原材料消耗、提高劳动生产率、提高经济效益的目的。

企业进行技术改造具有以下重要的作用：

（1）技术改造投资少，见效快，经济效益高。对现有企业进行技术改造，是扩大再生产的一个重要途径。扩大再生产分为外延扩大再生产和内涵扩大再生产两种类型。外延扩大再生产是指单纯依靠增加劳动力、机器设备、原材料、能源等生产要素的办法扩大再生产；内涵扩大再生产是指用改进生产要素的质量，如改进生产技术、提高劳动生产率、提高原材料的质量和利用率等办法扩大再生产。技术改造主要是实现内涵扩大再生产。技术改造与新建同等生产规模企业相比，有其突出的优越性。技术改造可以充分利用原有的物质技术基础，如辅助生产部分和共同福利设施，从而节约费用，加快生产速度。据统计资料显示，通过技术改造来扩大再生产，投资一般可节省2/3，设备材料可节省60%，建成时间可缩短一半以上。

（2）对现有企业进行技术改造，是技术发展的客观要求。技术是不断发展的，技术的新与旧、先进与落后，是相对的、动态的。当今世界的科学技术发展日新月异，今天先进的技术、先进的工艺设备，过几年就会变成落后的，因此，企业要坚持技术改造，不断提高自己的技术水平，使企业始终保持旺盛的生命力。

（3）对现有企业进行技术改造，是提高企业素质、增强企业竞争能力和适应能力的迫切需要。一方面，随着企业体制改革以及市场经济的发展，竞争日趋激烈，企业的外部环境对企业的生产经营影响越来越大，不断提高企业的竞争能力和应变能力，已成为关系企业成败的重要因素；另一方面，我国有相当数量的企业，由于技术设备长期得不到更新改造，普遍严重磨损，陈旧落后，因而生产效率低，消耗高，质量差，品种单调，成本高，经济效益差，缺乏市场竞争能力。为解决这一问题，迫切需要企业加速进行技术改造，提高企业技术素质，从而带动企业素质的全面提高。

（4）技术改造是发展外向型经济的客观要求。目前，我国很多城市正在实施外向型经济发展战略。我国有越来越多的企业及其产品进入国际市场，这与企业技术改造和技术进步有着十分密切的关系。如果我们不改进生产技术条件，提高生产效率，降低产品成本，就没有竞争优势，就不能占领国际市场，从而无法提高国际声誉。因此，发展外向型经济说到底还是一个技术改造和技术进步的问题。

9.4.2 技术改造的原则

（1）坚持以技术进步为前提，以内涵扩大再生产为主。在技术改造中，要依靠技术进步，把科学技术的新成果应用于企业的产品生产和工艺、设备等方面的改进，提高企业的技术水平，实现内涵扩大再生产，全面提高经济效益。

（2）从实际情况出发，采用既适合我国国情和企业的实际情况，又能带来良好效益的先进技术，做到技术上先进、生产上适用、经济上合理。重视国内已有的科研成果和先进技术的推广。反对不顾客观实际，盲目追求“最新、最精、最高”的倾向。

（3）在提高经济效益的前提下提高生产能力。实行技术改造，就是要提高生产能力，但不能片面追求产量和产值的提高，而忽视经济效益。技术改造应首先着眼于改善各项经济指标，如减少消耗，生产出更多、更好的符合社会需要的产品，从而促进企业不断向前发展。

（4）勤俭节约。在技术改造中，要充分利用原有的各种物质基础，针对企业的薄弱环节进行有计划、有重点的改造，把有限的资金用在最急需的地方。

（5）走群众路线，广泛发动群众，形成一支技术改造的队伍。技术改造涉及面比较广，技术问题复杂，必须充分调动各方面的积极性，共同努力，才能取得好的效果。

9.4.3 技术改造的内容

（1）产品改造。产品改造即改进产品设计，促进产品更新换代，不断开发新产品和改造老产品，以适应市场的需要。企业产品的发展带动和制约着企业的生产工艺和技术装备等方面的改造。因此，企业的技术改造应以产品改造为中心，根据市场和用户的需要，积极开发新产品，改造老产品，促使产品不断更新换代。

（2）设备、工具的更新改造。对那些性能和精度已不能满足工艺要求、质量差、能源消耗高、污染严重、技术经济效果差的设备，应优先予以更新改造。

（3）生产工艺和操作方法的改造。工艺先进与否，往往是影响产品质量、生产效率、能源和原材料消耗、成本高低的重要原因，因此其应成为技术改造的重要内容。

(4) 节约和综合利用原材料、能源。其主要包括弃用高能耗的落后设备，采用综合利用原材料和能源的新技术，采用新型材料和代用品等。其目的是提高原材料和能源的利用率，做到一物多用、物尽其用。

(5) 劳动条件和生产环境的改造。其主要包括厂房、公用设施的翻新改造，“三废”治理，改善劳动条件，减轻劳动强度，搞好安全生产等。劳动条件和生产环境是保证生产正常进行的重要因素。随着科学技术、工业和交通运输的发展，环境污染越来越严重，影响着职工的身体健康，破坏了生态环境。因此，不断进行污染防治，变害为利，保护环境，改善劳动条件，是技术改造的重要课题。

9.4.4 技术改造的组织管理

技术改造工作直接影响到企业的技术进步和经济效益，因此要加强组织管理工作。技术改造的组织管理工作主要有以下四个方面：

(1) 广泛调查，全面规划。在进行技术改造之前，要掌握国内外同行业在产品、生产工艺、设备等各个方面的科学技术的发展趋势，以及各种科研成果应用于生产技术的情况和效果；要掌握本企业已有产品的生产技术水平，以及与其他企业相比存在哪些差距和薄弱环节。同时还应了解国家和当地政府的技术经济政策，才能全面地制定企业规划。

(2) 突出重点，择优而上。每个企业由于工艺技术和客观环境不同，技术改造的重点各异。一般来说，企业技术改造的重点，应当是影响企业生产发展水平和经济效益的主要矛盾方面。解决了这些矛盾，就能改变企业落后的生产面貌，增加生产后劲，获得更好的经济效益。在重点改造时还应兼顾一般，凡是有利于增产节约、有利于提高产品质量、有利于安全生产的技术改造项目都应适当安排并完成。

(3) 技术改造要以提高整体经济效益为目标。因此，必须进行技术改造的可行性研究，经过技术经济论证，作出科学判断，选择最优方案。这样可以减少技术改造工作中的盲目性，保证可靠性和经济性，以避免造成损失。

(4) 要切实解决好技术改造所需资金、材料和设备的问题，组织好技术改造的队伍。在施工中要实行严格的经济责任制，确定项目负责人和经济负责人，明确各自的责任、权力和奖惩。做好改造项目的预算和决算的管理工作，严格控制资金使用。加强施工组织与调度工作，保证质量，做好工程的验收和总结工作。

9.5 价值工程在开发新产品中的应用

9.5.1 价值工程的基本概念

GB8223－87 对价值工程（Value Engineering，VE）的定义是：“价值工程是通过各相关领域的协作，对所研究对象的功能与费用进行系统分析，不断创新，旨在提高所研究对象价值的思想方法和管理技术。”从价值工程的定义看，它涉及价值、功能、费用（成本）等三个基本要素，现分述如下：

1. 价值

GB8223－87 对价值的定义是：“对象所具有的功能与获得该功能的全部费用之比。”价值是功能与费用之比，这是对研究对象（产品）的功能与费用所作的一种综合的评价，反映研究对象（产品）给企业和用户带来的效益。凡是研究对象（产品）费用低、功能大的，价值就高。研究对象（产品）价值的大小是用功能和费用两者之间的相互关系来表示的。其表达式如下：

$$V = F/C$$

式中，V 是价值（Value），F 是功能（Function），C 是费用（成本）（Cost）。

这个表达式说明（以下以产品为例），产品的价值与功能成正比：在总费用不变的情况下，功能越大，价值就越大；功能越小，价值也越小。产品的价值与总费用成反比：在功能不变的情况下，总费用越高，价值就越小；总费用越低，价值就越大。因此，提高产品价值的途径主要有：①功能提高，总费用降低；②功能提高，总费用不变；③功能不变，总费用降低；④功能大幅度提高，总费用略有增加；⑤功能略有下降，总费用大幅度降低。然而，在实际工作中不能把这个表达式当成精确的函数式，它只是显示价值的取向以及功能和费用的数量取向，以表示各参数之间大致的数量关系。如果在应用中必须精确计算价值，应针对具体对象的情况充实、扩展和应用上述表达式。

2. 功能

GB8223－87 对功能的定义是：“对象能够满足某种需求的一种属性。”凡是满足使用者需求的任何一种属性都属于功能的范畴。例如，手表的功能是显示时间，家用电冰箱的功能是冷藏食物。满足使用者现实需求的属性是功能，而满足使用者潜在需求的属性也是功能，这种潜在的需求正是价值工程所提倡的技术创新的一条思路。

从以上对功能的定义来看，企业生产出来的产品，都要具有能满足用户需要的特定功能，否则便成为废物。所以，从企业的角度来说，实际上生产的是功能，这种功能是以一定的物理形态表现出来，并蕴藏在产品之内的，所以功能是产品的本质。在研究产品时，应紧紧抓住产品功能这个本质的东西。价值工程的核心就是进行功能分析，这也是价值工程最大的特点。在进行功能分析时，必须用某种数量形式表示出对象的功能大小。价值工程的功能概念中突出功能的数量，在运作过程中对功能的定量化要求非常坚决。只有在功能表述出数量的前提下，才可与成本比较出价值量，然后才能谈到提高价值的创新；若没有功能计量，计算不出价值量，也就无法按价值工程运作。

功能作为满足需求的属性，其带有客观物质性和主观精神性两个方面，称为功能的二重性。在计算功能数量的时候，必须带有客观和主观两个方面。如对一条裤子进行“漂亮”功能的计量时，有人认为喇叭裤漂亮，也有人认为直筒裤漂亮，这说明裤子本身具有客观物质性，而裤子的款式则带有明显的主观精神性。于是计算出的功能量便有二重性，包含着主观和客观两个方面。

价值工程对功能计量的精确度一般采取宽松的态度，即既要表述功能量，又不一定要求计算精确，宜精则精，难细则粗。涉及主观精神性的功能量是很难精确测算的。当把不同性质的功能汇合成产品的总功能时，汇总计算的模式也很难精确。

产品的功能可以分为使用功能和外观功能、基本功能和辅助功能、必要功能和不必要功能、不足功能和过剩功能以及目的功能和手段功能等。产品的内部存在一个功能系统，产品的整体功能常常是由产品的各个组成部分或构成单元的功能组成的，而每个组成部分的功能，又是由它们的构成单元的功能组成的。因此，在一个产品内部存在着许多大大小小的功能，这些大大小小的功能之间又存在着密切的关系，从而构成一个功能系统。

3. 成本

在价值工程中，成本是指为获得对象的功能而必须支付的费用，又称为取得（功能的）成本。这样定义成本，使价值工程运作具有较大的灵活性，可以不受会计制度定义的成本或费用所约束。价值工程考虑的成本形成，跨度可长可短。最长的跨度是“寿命周期成本”，它包括从对象的研究、形成、使用一直到退出使用所需的全部费用。同时价值工程根据需要又允许只计算某一段跨度的成本。如制造成本，是指到工厂制出成品为止的费用；购买成本，是指消费者购买商品的价格；使用成本，是指用户使用商品过程中所用的费用，等等。

理解价值工程中成本的含义和把握计算成本的跨度，关键在于掌握价值工程的含义。因为价值工程的核心内容是进行功能与成本的系统分析，然后创新方案，目的在于提高价值，获取效益，所以它的成本是针对获取功能而界定的。制造成本对应的是工厂可出售的功能；价格对应的是顾客购得的功能；价格加上使用成本对应的才是使用者获得的功能。

9.5.2 价值工程的特点和作用

1. 价值工程的特点

GB8223－87 指出，价值工程的主要特点是：①以使用者的功能需求为出发点；②对所研究的对象进行功能分析，并系统研究功能与成本之间的关系；③致力于提高价值的创造性活动；④应有组织、有计划地按一定的工作程序进行。

从以上定义来看：第一，价值工程的出发点在于满足使用者对功能的需求。价值工程认为，顾客需要的是商品的功能，如果商品本身不存在顾客所需要的功能，那么再便宜的商品对顾客也是没有意义的。第二，价值工程以功能分析为核心，功能分析是价值工程特有的分析方法。一般来说，不同的管理技术，都有各自不同的分析方法。价值工程从事物的现象中抽出事物的主要功能和辅助功能、必要功能和不必要功能等，并计算各项功能成本。通过对功能与成本关系的分析研究，找出提高价值的途径和方法。第三，价值工程致力于提高价值，即以最少的劳动消耗取得最大的效益，以提高产品（对象）的价值。任何产品都有其特定的功能和使用价值，只有从消费者的需要出发，合理地确定产品的功能，并科学利用资源，尽可能减少消耗，降低成本，才能使消费者和企业都能获得最好的经济效益。价值工程把确保功能与降低成本有机地结合起来，把技术与经济统一起来，以提高价值为目的。第四，价值工程是凭借集体的智慧开展的有计划、有组织的活动。它是一项比较复杂的管理技术，需要多方面的协作，需要各方面的知识、经验和情报资料，要求有良好的创新精神和智慧，为此必须集中人才，依靠集体的智慧和力量，发挥设计、工艺、生产、财务、供应、销售以及各方面有关人员的积极性，发挥团队精神，有计划、有组织地按程序进行，才能事半功倍，取得实质性的成果和经济效益。

2. 价值工程的作用

价值工程是一种既能提高产品的功能，又能提高经济效益的先进管理技术。据有关资料反映，通过开展价值工程活动，一般能降低 10%～30% 的成本，活动的收益与支出之比可以高出十几倍、几十倍甚至成百倍。价值工程活动面很广，不仅能用于改进企业产品、降低产品成本，而且可以用于改进设备、工具、作业及管理等。价值工程在企业生产经营活动中所起的作用，一般是指应用价值工程的原理对企业生产经营中的各个环节进行分析评价，从而实现最佳方案。它在企业管理中的作用具体表现为以下五个方面：

（1）对产品开发进行价值分析，以促进企业提高生产技术和管理水平，不断提高经济效益。

（2）以提高产品的价值为目标，把设计、工艺、制造、采购、销售、财务等各部门和各类人员的活动有机地结合起来，从而提高工作效率和工作质量。

（3）对质量管理进行价值分析，保证和提高产品质量，降低成本。

（4）推动企业面向市场，确保产品适销对路，不断开拓市场，打开产品销路。

（5）对企业的投资进行价值分析，以合理分配和利用资金，使企业取得较好的经济效益。

9.5.3 价值工程实施的程序和方法

1. 价值工程的一般工作程序

GB8223－87 规定了价值工程的一般工作程序，如表 9－1 所示：

表 9－1 价值工程的一般工作程序

阶段	步骤
准备阶段	1. 对象选择 2. 组成价值工程小组 3. 制订工作计划
分析阶段	4. 搜集整理信息 5. 功能系统分析 6. 功能评价
创新阶段	7. 方案创新 8. 方案评价 9. 提案编写
实施阶段	10. 审批 11. 实施与检查 12. 成果鉴定

企业在开展价值工程活动时，一般需按照表 9－1 中划分的四个阶段顺序进行，而细分的 12 个步骤则可针对企业和对象的实际情况灵活执行，适当调整。

2. 价值工程的具体实施步骤和方法

根据价值工程研究对象的不同，实施步骤可以分得粗些也可以分得细些，要根据具体情况而定。一般可将表 9－1 中的 12 个步骤合并为 7 个步骤进行：选择价值工程的研究对象；收集情报；功能分析与评价；提出新方案设想；分析与评价方案；试验与审批方案；实施检查、鉴定与验收。

（1）选择价值工程的研究对象。企业价值工程的研究对象是很多的，不可能一次性把所有产品或所有问题都拿来研究，必须加以选择。选择时一般可以从以下两个方面的情况来考虑：

一是从必要性来看，应选择：①对国计民生影响大的产品；②产量大、需要量大的产品；③正在研制且将要投入市场的产品；④用户意见大，质量急需改进的产品；⑤市场竞争激烈的产品；⑥成本高、利润少的产品；⑦需要扩大用户范围、提高市场占有率的产品。

二是从潜力来看，应选择：①结构复杂、落后的产品；②制造方法落后、手工劳动多的产品；③原材料种类繁多、互换性材料比较多的产品。此外，对一个产品的各个组成部分来说，应选择价值高、体积大、工序多、废品率高的组成部分。

除了以上定性分析外，还可以运用定量方法进行分析，做到定性与定量相结合地选定价值工程的研究对象。常用的计量方法有 ABC 法、百分比法、产品寿命周期选择法等。

第一，ABC 法。ABC 法又叫重点选择法，即按局部成本在总成本中所占比重的大小来选择价值工程的研究对象。一般来说，成本占的比重大，存在改进功能和降低成本的潜力也大。这种方法，首先是把一个产品的各种零（部）件按成本的大小由高到低排列起来，然后绘成费用累积分配图（见图 9－1）。从图 9－1中可以看出，有 12% 的零件，其成本占总成本的 75%，这部分零件为 A 类零件，应选为该价值工程的研究对象。

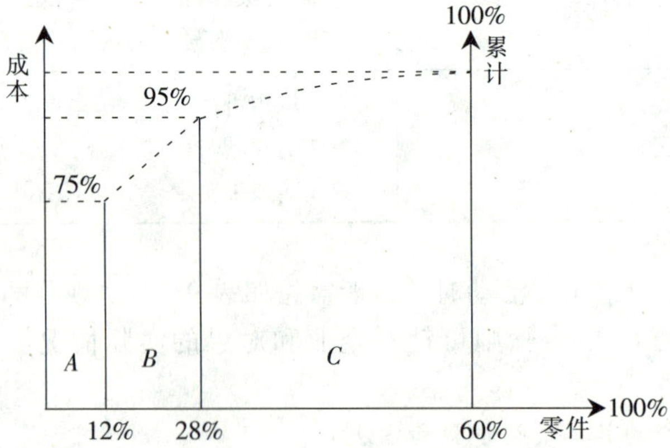

图 9－1　费用累积分配图

第二，百分比法。这是一种通过分析产品（零件）成本所占的比重和利润所占的比重两项经济指标来确定价值工程对象的方法。例如，某企业有 A、B、C、D 四种产品，其成本和利润所占百分比如表 9－2 所示。从表 9－2 可以看到，

A 产品成本占总成本的 50%，而利润只占 24%，因此应选择 A 产品作为该价值工程的研究对象。

表 9-2　某企业四种产品的成本和利润及其所占百分比

项目＼产品	A	B	C	D	合计
成本（元）	500	300	100	100	1 000
成本比重（%）	50	30	10	10	100
利润（元）	60	100	50	40	250
利润比重（%）	24	40	20	16	100

第三，产品寿命周期选择法。产品的整个寿命周期，一般分为四个阶段，即投入期、成长期、成熟期、衰退期。一般来说，处在投入期和成长期的产品应选为价值工程的研究对象。处在成熟期和衰退期的产品，除特殊情况外，一般都不选为价值工程的研究对象。

（2）收集情报。进行价值工程活动离不开情报资料，要从情报资料中取得进行价值工程的依据，从中受到启发，打开思路，深入地发现问题，科学地把握问题之所在。收集情报是价值工程活动的重要环节，收集的情报越全面就越有价值。情报收集后还要认真进行分析整理，使它成为系统的、有用的资料。需要的情报内容，大致有以下五个方面：①有关用户方面的情报；②有关市场（销售）方面的情报；③有关技术方面的情报；④有关经济（成本、利润）方面的情报；⑤有关企业内部（供应与生产）方面的情报。

收集的情报要求准确、可靠，不准确、不可靠的情报会给价值工程的研究工作造成困难，导致其产生错误，达不到预期的效果，所以收集到的情报要经过整理、归纳、鉴别、加工后才能应用。

（3）功能分析与评价。功能分析是指科学地确定产品（或零部件）的必要功能，并结合实现功能的成本，确定其价值的大小。它是价值工程的核心。功能分析一般分为功能定义、功能整理、功能评价三个步骤进行。

①功能定义。价值工程要求以最低的寿命周期成本获得用户所需要的功能。因此，在功能分析时首先要对产品的功能作出正确的定义，以揭示产品的本质。对各种产品的功能应用简明的语言进行描述。功能定义要准确，因为在改进产品、进行价值工程研究时是根据功能定义来考虑的。

②功能整理。功能整理是在功能定义的基础上进行的，其目的是要搞清楚

哪些功能是基本功能、哪些功能是辅助功能，哪些是必要的、哪些是不必要而应该取消的，还应补充哪些功能，以及功能之间的相互关系是从属关系还是并列关系等。功能整理的方法有两种：功能分析系统技术（FAST）和功能卡片排列法。我们重点介绍前一种方法。功能分析系统技术的基本步骤如下：

第一，挑出基本功能，并把其中最基本的功能排列在左端，称为上位功能，其余都是辅助功能。

第二，逐个明确功能之间的关系——是上下位关系还是并列关系。在一个功能系统中，上位功能是目的，下位功能是手段，而且目的和手段又是相对的。一个功能对它的上位功能来说是手段，对它的下位功能来说又是目的。并列关系是指两个以上的功能处于同等地位，都是为实现同一目的而必须具备的手段。

第三，画出功能系统图。按上位功能在左、下位功能在右的顺序排列。如图9－2所示：

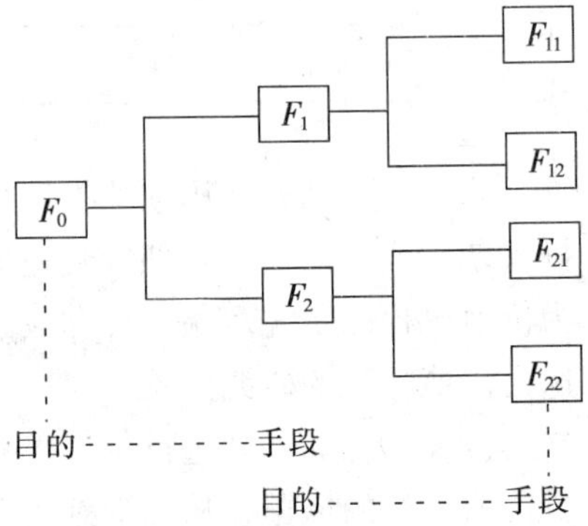

图9－2　功能系统图

③功能评价。功能评价是在功能系统图的基础上，用 $V=F/C$ 这个公式计算出各个功能的价值系数。对价值低的功能（或功能领域）采取措施，加以改进，以提高其价值。常用的功能评价方法有功能成本法和功能评价系数法等。

第一，功能成本法。功能成本法又叫功能评价价值法，是采用某种方法找出实现某一功能的功能评价值（也称最低成本），并以此作为功能评价的基准，与实现该功能的目前成本相比较，根据其比值对这一功能进行评价。其基本程序是：

首先，计算功能目前成本（C）。这是将产品零部件的目前成本转换为功能目前成本。零部件成本转换为功能成本时，如果一个零部件仅有一个功能，则该零部件成本全部摊入该功能；如果一个零部件有几种功能，则按功能重要性分摊零部件成本。将按功能摊入的成本合计起来，即可得到该功能的目前成本。

其次，计算功能评价值（F）。确定功能评价值的方法有：经验估计法，即根据经验和掌握的技术情报，尽可能设想出多种实现产品功能的方案，并预测出它们的成本，从中选出成本最低者作为功能评价者；理论计算法，即通过实现功能的各种条件和工程技术方面的有关计算公式，确定出实现功能的必需成本，作为功能评价值；实际调查法，即以社会上已有的同类产品的最低成本作为功能评价值。

最后，计算功能价值系数（V）。算出功能目前成本和确定了功能评价值之后，即可根据公式 $V=F/C$ 计算出功能价值系数。其结果可能出现三种情况：$V=1$，表明实现该功能所花费的最低成本与其目前成本相适应，这是一种比较理想的情况；$V<1$，表明实现该功能的目前成本比其最低成本大，应该大力降低目前成本，使V趋近于1；$V>1$，表明用较少的成本实现了规定的功能，在这种情况下，可保持目前成本，或在成本允许的条件下，适当提高功能。

第二，功能评价系数法。功能评价系数法是采用各种方法对功能打分，求出功能重要性系数，然后将功能重要性系数与成本系数相比较，求出功能价值系数的方法。其具体步骤如下：

首先，计算功能重要性系数。功能重要性系数是各个功能（或零部件）的得分与全部功能（或零部件）得分之和的比值。其计算公式如下：

功能重要性系数＝功能单元得分÷得分总和

确定功能重要性系数的主要问题是对功能打分。对功能打分常用的方法有强制打分法（0～1评分法）、0～4评分法、多比例评分法、逻辑评分法、环比评分法（DARE法）等。这里主要介绍强制打分法。强制打分法是指先将要分析的对象（零件）和功能单元列在表上（见表9－3），再按照功能的重要程度一一对比打分，认为重要的打1分、相对不重要的打0分，然后计算出累计分。

表9－3

零件	A	B	C	D	E	F	总分	功能重要性系数
A	×	1	1	0	1	1	4	0.27
B	0	×	1	0	1	1	3	0.20
C	0	0	×	0	1	1	2	0.13
D	1	1	1	×	1	1	5	0.33
E	0	0	0	0	×	0	0	0.00
F	0	0	0	0	1	×	1	0.07
合计							15	1.00

其次，计算成本系数。先分别计算各零件的成本值，相加后得到成本总值，然后以成本总值分别去除各零件成本值。其计算公式如下：

成本系数＝功能单元成本值÷成本总值

最后，计算价值系数。其计算公式如下：

价值系数＝功能重要性系数÷成本系数

例：见表9-4：

表9-4

零件	成本（元）	成本系数	功能重要性系数	价值系数	选择
A	2.1	0.21	0.27	1.29	
B	2.0	0.20	0.20	1.00	
C	1.2	0.12	0.07	0.58	√
D	2.9	0.29	0.33	1.14	
E	0.6	0.06	0.13	2.17	
F	1.2	0.12	0.00	0.00	√
合计	10.0	1.00	1.00		

价值系数的大小有以下三种情况：价值系数=1，说明该零件在功能上所占比重同其在成本上所占比重是基本相适应的，因此，可不作为重点改进的对象；价值系数<1，说明该零件功能系数小而成本系数大，即成本过大，应设法降低成本，这是重点改进的对象；价值系数>1，说明该零件功能分配偏高或成本分配偏低，应查明原因。在表9-4中，C、F零件价值系数<1，应选C、F零件。

（4）提出新方案设想。提出新方案设想是一个创造的过程，在价值工程中进行创新，要提倡在个人基础上发挥集体智慧。为了使人们有一个容易把个人的、集体的各种经验、知识进行分解和重新组合的环境，必须注意以下三点：①创新要敢于打破旧框框，不受原设计的束缚，应根据功能定义从各个不同角度来设想；②创新要有信心，要相信人们对客观事物是由不认识到认识逐渐深化的，改进是无止境的，同时在创新过程中要善于利用各种情报资料；③要把各种设想集中起来形成多种方案，使其逐步完善。

（5）分析与评价方案。对已提出来的方案，要从技术上和经济上逐个进行分析和评价，不能满足要求的就淘汰，有价值的就保留，并从中选出技术上先进、经济上合理的最佳方案。方案评价和选择的方法有很多，现主要介绍以下四种：

①优缺点列举法。这种方法是把每一个方案的优缺点详细地列出来，并对缺点作进一步的调查，最后根据优缺点的情况作出选择。列举优缺点应从多方面考虑，同时要分清哪些目标是必须达到的、哪些是应争取达到的，对它们的重要程度列出优先顺序，作为评价的依据或准则。评价时一般采用淘汰法，逐步缩小考虑范围，在范围不断缩小的过程中得出最后的结论。

②直接打分法。这种方法是根据各种方案能够达到各项功能要求的程度，按

10分制（或100分制）进行打分，然后算出每个方案达到功能要求的总分，再比较各个方案的总分，初步分出不可用、保留、采纳的方案，最后再对保留、采纳的方案进行成本比较，选出最优方案。

③加权打分法。这种方法是将功能、成本等各种因素，根据要求的不同，予以加权计算，权数大小应根据它在产品中所处的地位而定，最后算出综合分数后再加以选择。

例：表9－5中，乙方案85分为四个方案中的最高分数，故应选择乙方案。

表9－5

方案 \ 满足程度 \ 权重 \ 项目	性能好		寿命长		维修易		成本低		得分累计	选择
权重	0.5		0.2		0.1		0.2			
	评分	得分	评分	得分	评分	得分	评分	得分		
甲	100	50	70	14	60	6	30	6	76	
乙	100	50	80	16	90	9	50	10	85	√
丙	70	35	80	16	100	10	60	12	73	
丁	90	45	60	12	100	10	70	14	81	

④理想系数法。这种方法是首先对每种方案在各项功能指标上进行评分，并按下面的公式计算出功能满足系数（T）：

功能满足系数（T）＝方案总评分值÷满足时（理想）总分值

然后对各方案的经济性进行评价，计算成本满意系数（E）：

成本满意系数（E）＝（理想成本－方案预计成本）÷理想成本

最后由方案的功能满足系数和成本满意系数计算方案的理想系数（Φ）：

$$理想系数（\Phi）=\sqrt{T\cdot E}$$

理想系数（Φ）是综合衡量方案在功能和成本两方面距离理想状况的程度。若$\Phi=1$，则方案完全理想；若$\Phi=0$，则方案完全不理想。一般情况下，$0\leqslant\Phi\leqslant1$。在众多方案中选择Φ值最高的方案为选定方案。

（6）试验与审批方案。为了确保选用的方案是先进可行的，必须对选出的最优方案进行验证。验证的内容有：①方案的规格和条件是否合理；②方案的优缺点是否确切；③方案存在的问题有无进一步解决的措施；④正确地确定试验方法；⑤要有试验计划；⑥对试验结果进行汇总、整理、比较、评价，形成试验报告。如果试验表明某方案确是最优者，就应确定为正式采用的方案，经批准后列入实施计划。

（7）实施情况检查、鉴定与验收。在方案实施过程中，还会出现这样那样的问题，因此应对实施情况进行检查，发现问题立即解决，使其更加完善和顺利进行。方案实施完成后，要进行总结鉴定和验收，即总结价值工程活动的经验教训和评价经济效果。评价经济效果的指标有全年净节约额、节约百分比、节约倍数和价值工程活动单位时间节约数。其计算公式如下：

$$全年净节约额 = （改进前的单位成本 - 改进后的单位成本）\times 年产量$$

$$节约百分比 = （改进前的成本 - 改进后的成本）\div 改进前的成本 \times 100\%$$

$$节约倍数 = 全年净节约额 \div 价值工程活动经费$$

$$价值工程活动单位时间节约数 = 全年净节约额 \div 价值工程活动持续时间$$

本章小结

科技创新就其本质来说，是把科学技术潜在的生产力转化为直接的生产力。它既具有新产品开发应用的内涵，又具有技术研究开拓的外延。科技创新的内容很广泛，本章仅对技术创新、新产品开发、技术引进、技术改造作简要的阐述与讨论。

新产品开发是指与开发新产品有关的各项经营决策、研究试验、试制鉴定以及成批生产和市场开拓等一系列经营管理活动。它的任务是为企业提供符合市场需要的新产品，促使企业能在激烈的市场竞争中发展壮大自己。

本章还介绍了价值工程的基本原理，以及价值工程活动的程序和方法，以便在新产品开发中能更好地应用这一现代管理技术，促进生产力的发展。

复习思考题

1. 试述技术创新的含义、对象和特点。
2. 什么是新产品？企业为什么要不断发展新产品？
3. 试述技术引进的作用、原则、内容和方式。
4. 什么是技术改造？技术改造应遵循什么原则？技术改造主要包括哪些内容？
5. 何谓价值工程？价值工程有何特点？
6. 试述价值工程实施的程序和方法。

案例分析

奔驰汽车的成功之路

大胆而科学地进行创新，是奔驰汽车公司成功的一大法宝。

戴姆勒—奔驰汽车公司流行的口号是："以创新求发展，不断推陈出新。"早在1879年，奔驰公司便在"火花塞点火"研究方面获得成功，到现在为止，世界上的每一辆汽车仍在采用它。1928年，其生产了"纽尔堡460"式8缸6座汽车；1936年，其研制出布曼柴油发动机轿车。1938年，其开始成批生产著名的"260"型柴油发动机小轿车；不久，其又生产出当时速度最快的"540K"型小轿车。1938年，其生产的230马力、8个汽缸和压缩发动机的"大梅赛德斯"，被视为"梅赛德斯600"型（现已退役）的先行者。此时，这种豪华轿车已经在早期的"摩托马车"的基础上向前大大地跨出了几步，它身上留下了现代最新科技成果的痕迹。

梅赛德斯汽车显赫的声誉，并不仅仅基于它的可靠性。1894年，巴黎的《小日报》举办了首次"无马车辆"比赛。在巴黎和里昂之间的公路上，驶向终点的4辆车有一个共同点：都安装着奔驰公司的发动机。1914年，梅赛德斯赛车在法国大奖赛中获胜。到1939年为止，它的赛车在比赛中76次打破世界纪录。梅赛德斯赛车由于速度快、体型灵巧而被称为"银箭"。1953年，第一个具有根本意义的新产品——柜型底盘上的承载式焊接结构汽车进入市场，它使得衡量汽车制造的标准朝着美观又安全的方向迈出了第一步。1973年，"梅赛德斯450SEL6.9"以其尖端的技术，被世界汽车制造业选为"本年最佳汽车"。1984年年初，其又研制出一种小型车上市。这种车体积小，重量轻，耗能少，深受顾客欢迎。此后，奔驰汽车公司又向市场推出了"梅赛德斯400"型、"梅赛德斯600"型高级轿车。

近些年，奔驰汽车公司又生产出一系列豪华舒适、气派非凡的高级轿车。其于1990年推出新一代"S"系列轿车。"600SEL"是新"S"系列的"旗帜"，车身光洁度更高，制造工艺更加精密，门框和门窗玻璃与车身完全贴平，其优质和高贵的品质博得了世界声誉，成为各国政府部门首脑的首选轿车。奔驰车一直不断向前发展。

（资料来源：罗宾．企业管理成功案例．北京：团结出版社，2004）

思考分析

1. 奔驰汽车为什么历经百年而不衰？它对世界汽车工业作出了哪些贡献？
2. 奔驰汽车的发展历史对你有何启示？

10

质量管理

本章要求

- □ 掌握质量、产品质量、质量特性、质量管理的含义及其发展
- □ 正确理解质量是企业的生命，质量与整个国民经济发展以及人民切身利益的关系
- □ 正确理解全面质量管理的内涵、特点及其基本理念
- □ 了解《质量管理体系》国际标准有关内容以及质量体系认证的意义和程序
- □ 掌握质量管理常用的统计方法
- □ 了解质量检验的概念、分类及方法
- □ 了解顾客满意度的内涵及其主要测评方法
- □ 了解质量经济分析及质量成本的含义及内容

10.1 质量及质量管理概述

10.1.1 质量及质量特征

1. 质量的定义

（1）质量。ISO9000：2000 标准对质量的定义是："一组固有特性满足要求的程度。"[注1：术语"质量"可使用形容词，如差、好或优秀来修饰；注2："固有的"（其反义是"赋予的"）就是指在某事或某物中本来就有的，尤其是那种永久的特性。]

固有特性是在产品、过程或体系设计和开发及其后的实现过程中形成的属性，如物质特性（如机械、电气、化学、生物特性）、感官特性（如嗅觉、触觉、味觉、视觉等感觉控制的特性）、行为特性（如礼貌、诚实、正直）、时间特性（如准时性、可靠性、可用性）、人体工效特性（如语言、生理特性、人身安全特性）、功能特性（如飞机的航程、手表显示时间的准确性）等。这些固有特性的要求大多是可测量的。赋予的特性（如某一产品的价格），并非是产品、体系或过程的固有特性。

满足要求就是应满足明示的（如明确规定的）、隐含的（如组织的惯例、一般习惯）或必须履行的（如法律法规、行业规则）需要和期望。只有全面满足了这些要求才能被评定为好的质量。

顾客和其他相关方对产品、体系或过程的质量要求是动态的、发展的和相对的，是随着时间、地点、环境的变化而变化的，所以应定期对质量进行评审。按照变化的需要和期望，相应地改进产品体系或过程的质量，才能确保持续地满足顾客和其他相关方的要求。

（2）产品质量。产品质量（这里主要是指硬件）是指产品能够满足使用要求所具备的特性。其一般包括性能、可靠性、寿命、安全性、外观质量以及经济性等。

①性能。性能即根据产品使用目的所提出的对各项功能的要求，包括正常性能、特殊性能、效率等。

②可靠性。可靠性即产品在规定时间内和规定条件下，完成规定功能的能力，特别是针对机电产品、高压力的产品，以及飞机、隧道和那些发生质量事故会造成巨大损失或危及人身、社会安全的产品。可靠性是产品使用过程中主要的质量指标之一。

③寿命。寿命即产品能够正常使用的期限，包括使用寿命和储存寿命两种。使用寿命是指产品在规定条件下满足规定功能要求的工作总时间。储存寿命是指

产品在规定条件下功能不失效的储存总时间。医药产品对这方面的规定较为严格。

④安全性。安全性即产品在流通、使用过程中保证安全的程度。一般要求极其严格，视为关键特性而需要绝对保障。

⑤外观质量。外观质量泛指产品的外形、美学、造型、感官、装潢款式、色彩、包装等。

⑥经济性。经济性属于赋予的特性，即产品寿命周期的总费用，包括生产、销售过程的费用和使用过程的费用等。

产品质量的概念，在不同历史时期有不同的变化。随着生产力发展、科学技术发展水平的不同，以及各种因素的制约，人们对产品质量会不断提出不同的要求。

2. 质量特性

(1) 质量特性的定义。ISO9000：2000 标准对质量特性的定义是："产品、过程或体系与要求有关的固有特性。"[注 1："固有的"就是指在某事或某物中本来就有的，尤其是那种永久的特性。注 2：赋予产品、过程或体系的特性（如产品的价格、产品的所有者）不是它们的质量特性。]

(2) 质量特性参数。定量表示的质量特性，通常称为质量特性参数，或称质量适用性参数。在质量形成全过程的各个环节，应从保证使用质量的要求出发，提出定量的要求，以便明确质量责任，确保使用质量。

(3) 真正质量特性与代用质量特性。真正质量特性是用户所要求的使用质量特性，而企业为了便于生产，往往将其转化为生产中用以衡量产品的标准或规格。由产品标准所反映的质量特性称为代用质量特性。

由于人们的认识受科学技术水平和各种条件的制约，再加上用户的要求往往是多方面的，是不断更新和发展的，因此，企业所制定的质量标准与实际使用质量要求之间存在着既相互适应又相互矛盾的地方。只有明确真正质量特性与代用质量特性的区别，经常研究质量标准和实际使用质量要求的符合程度，并作必要的调整和修改，尽可能使质量标准符合实际使用质量的要求，才能促进质量的改进和发展。

(4) 质量特性值。质量特性值通常表现为各种数值指标，即质量指标。一个具体产品常需用多个指标来反映它的质量。测量或测定质量指标所得的数值，即质量特性值，一般称为数据。根据质量指标性质的不同，质量特性值可分为计数值和计量值两大类。

①计数值。当质量特性值只能取一组特定的数值，而不能取这些数值之间的数值时，这样的特性值称为计数值。计数值可进一步区分为计件值和计点值。对产品进行按件检查时所产生的属性数据称为计件值，如评定合格与不合格。每件产品中质量

缺陷的个数称为计点值，如棉布上的疵点数、铸件上的砂眼数等。

②计量值。当质量特性值可以取给定范围内的任何一个可能的数值时，这样的特性值称为计量值。如用各种计量工具测量得到的数据（如长度、重量、时间、温度等）就是计量值。

不同类的质量特性值所形成的统计规律是不同的，从而形成了不同的控制方法。由于工业产品数量很大，通常是从总体中随机抽取部分单位产品即样本，通过测定组成样本大小的样品的质量特性值，来估计和判断总体的性质。质量管理统计方法的基本思想，就是用样本的质量特性值来对总体作出科学的推断或预测。

10.1.2 质量的产生、形成、实现过程及其职能

1. 质量的产生、形成、实现过程

（1）朱兰质量螺旋。产品质量有一个产生、形成、实现、使用和衰亡的过程。对此，质量专家朱兰称之为“质量螺旋”（见图 10－1），其是指产品质量从市场调查研究开始，到形成、实现后交付使用，在使用时又产生新的想法，构成动力再开始新的质量过程，产品质量水平呈螺旋式上升。

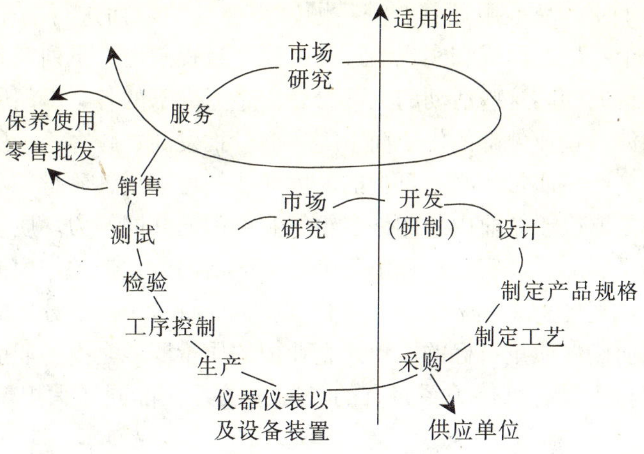

图 10－1 朱兰质量螺旋曲线

（2）质量环。质量形成过程的另一种表达方式是“质量环”。国际标准 ISO9004－1：1994《质量管理和质量体系要素第一部分指南》中就采用了这种表述。质量环包括 12 个环节（见图 10－2）。这种质量循环不是简单的重复循环，它与朱兰质量螺旋有着相同的意义。

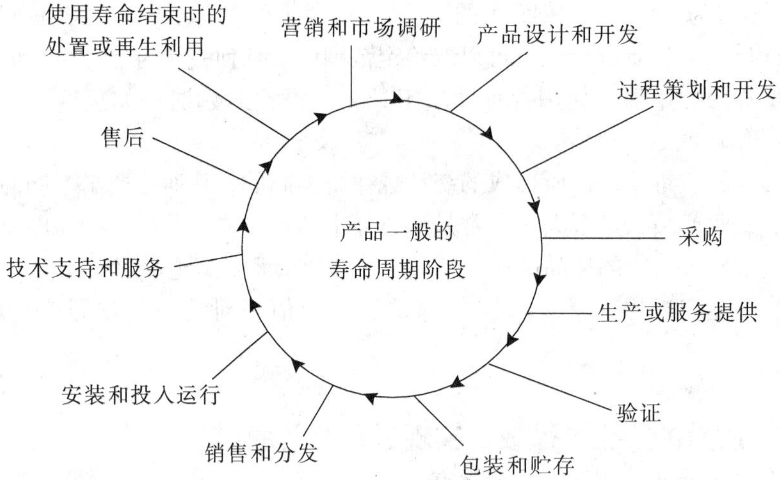

图 10－2　质量环

2. 质量职能和职责

（1）质量职能。为了做到对质量形成过程进行有效的控制和管理，不仅要对产品的质量环列出它所包含的阶段，而且要落实各个阶段的质量职能。所谓质量职能，是指为了使产品或服务具有满足顾客需要的质量而进行的全部活动的总和。质量有一个产生、形成和实现的过程。这一过程是由一系列彼此联系、相互制约的活动所构成的。这些活动的大部分是由企业内部的各个部门所承担的，但还有许多活动涉及企业外部的供应商、零售商、批发商、顾客等，所有这些活动都是保证和提高产品质量所必不可少的。因此我们可以说，质量并非只是质量部门的事情，而是取决于企业内外的许多组织和部门的共同努力。质量职能便是对在产品质量产生、形成和实现过程中各个环节的活动所发挥的作用或承担的任务的一种概括。从某种意义上来说，质量管理就是要将这些广泛分散的活动有机地结合起来，从而确保质量目标的实现。企业内的质量职能是由各职能部门分别承担，有的部门与质量有直接关系，有的是间接关系，都同样承担着一定的质量职能。

（2）质量职责。质量职能所包含的工作要真正落实搞好，还要根据质量职能的要求，进一步明确规定各部门以及企业各级各类工作人员应承担的具体任务、职责和权限。质量职责也就是指对企业各部门及各类工作人员在质量工作中应承担的义务、责任和权限所作的规定。企业只有明确和落实质量职责，才能真正做到质量工作事事有人管、人人有专责，把所有的质量职能落实到每一个部门和每个工作岗位直到每一个工作人员。这样一旦发现质量问题，就可以查清责任，总结正、反两方面的经验，从而更好地保证和提高产品质量。

10.1.3 质量与社会、质量与企业的关系

质量对于现代社会经济发展有着重要的作用。当今科学技术迅猛发展，市场竞争激烈，而竞争的核心是人才、科学技术、质量的竞争。质量是产品进入世界市场的“国际通行证”，是社会进步和生产力发展的推动力，是增加社会财富、提高人们生活水平、提高企业知名度以及企业求生存、求发展的保证。

1. 质量与社会

(1) 保证和提高质量，对于推进我国社会主义建设的进程，搞好国民经济产业结构合理调整等有着重要意义。不能只追求数量，不追求质量，那样对国民经济的发展是非常不利的。如果产品质量高，适销对路，有利于为国民经济各部门提供产品齐全、质地优良的物质资料和技术装备，就可以增强国民经济各个部门的物质技术基础，保证市场供需平衡，产销衔接，这将有利于促进社会主义建设的进程。

(2) 保证和提高质量是增加社会财富、实现增产增收的可靠保证。社会财富的增加，一个是数量的增加，这个数量是有一定使用价值的；另一个是质量的提高，因为产品质量的提高表现为性能更好、效率更高、寿命更长，一个顶几个使用，相当于产品成倍或数倍地增长。这样的实例很多，所以一定要坚持以质量求产量、求效益。

(3) 保证和提高质量符合社会主义生产目的的要求。社会主义生产的目的是最大限度地保证和满足社会和人民不断增长的物质和文化生活的需要，因此，企业生产的产品必须保证质量，因为质量的好坏，直接关系到亿万人民群众的切身利益。

(4) 保证和提高质量是最大的节约。质量提高了，可以降低消耗，促进社会资源优化合理利用，实现全社会各类资源的有效配置，减少浪费，提高整个社会的经济效益。

(5) 保证和提高质量有利于环境保护。加强质量管理，可以提高产品的综合质量，包括使用质量和用后处置。合理处理废物、废气、废水，这些都是提高质量的内容。同时，由于提高产品质量可以促使企业合理利用资源，减少浪费，减少污染物的排放，因而也起到了保护环境的作用。

2. 质量与企业

(1) 保证和提高质量，有利于增强企业在国内外的市场竞争能力。只有产品质量好，才是占领市场的根本，才能在市场竞争中取胜。产品质量的好坏，关系到企业的生存和发展，关系到企业的声誉。产品出口到国外还关系到我国的国际声誉。产品质量水平的高低是衡量一个国家、一个企业技术经济发展水平高低的标志，也是精神文明的象征。

(2) 保证和提高质量，对于促进企业技术进步、促进企业管理现代化水平的提高，有着积极的作用。提高产品质量会涉及许多技术上的问题，如对新工艺、新技术、新材料、新设备的采用等，这就需要不断提高职工的技术和管理水平，否则就不能适应提高质量的要求。因此，在提高质量的同时也会促进企业技术水平和管理水平的提高，并全面提高企业的素质。

(3) 保证和提高质量，有利于职工的发展。企业中每个岗位、每个职工的工作质量都会直接或间接地影响到企业产品的质量。要保证产品或服务质量，就要调动企业中每个人的积极性，发动全员参加质量管理，发挥每个职工的创造性和聪明才智，促进职工的发展，提高职工的素质。

(4) 保证和提高质量，是提高企业经济效益的重要途径。质量提高，产品结构合理，可降低消耗，带来成本的降低；可生产出性能先进、在满足顾客需要方面有更大适应性的优质产品；可以取得优质优价，在生产过程中降低不良品率，从而带来可观的节约，等等。这些都会直接或间接地提高企业的经济效益。

10.1.4 质量管理及其发展简史

1. 质量管理的含义

ISO9000：2000 标准对质量管理的定义是："在质量方面指挥和控制组织的协调活动。"（注：在质量方面的指挥和控制活动，通常包括制定质量方针和质量目标以及质量策划、质量控制、质量保证和质量改进。）从定义中可知，组织的质量管理是指挥和控制组织与质量有关的相互协调的活动。它是以质量管理体系为载体，通过建立质量方针和质量目标，并为实施规定的质量目标进行质量策划，实施质量控制和质量保证，开展质量改进等活动予以实现的。

2. 质量管理的基础工作

进行质量管理必须做好质量管理的基础工作，否则质量管理的有效性就难以发挥。其基础工作主要有质量教育工作、标准化工作、计量工作、质量信息工作、质量责任制等。其基本内容与第 1 章的企业管理基础工作的内容基本是一致的，其不同之处在于前者是从整个企业管理方面进行论及，后者是着重在质量管理方面进行说明。如教育工作，前者提的是基础教育，而后者是专指质量教育，并强调质量管理要始于教育，终于教育；又如建立规章制度，前者提的是建立以责任制为核心的规章制度，后者则强调质量责任制。其他如标准化工作、计量工作、质量信息工作，两者的内容是一致的，只是后者特别强调质量管理方面的内容。

3. 质量管理的发展简史

质量管理是随着生产的发展和科学技术的进步而逐渐形成和发展起来的，它发展到今天大致经历了三个阶段。

第一阶段是质量检验阶段，也叫事后检验阶段。它是质量管理的初级阶段，一般以20世纪初至20世纪40年代为界。当时为了保证产品质量，质量管理职能开始从操作者转移到工长，后来随着企业规模的扩大和产量的增长，大多数企业开始设置专门的质量检验部门，把质量检验职能从直接生产工序中分离出来成为单独的工序，从生产操作工人中分离出来成为独立的工种。专门的质量检验机构负责对产品进行检验，挑出不合格品。这种做法不仅有利于保证出厂产品的质量，而且对提高劳动生产率、固定资产的利用率以及产品质量都有显著的效果。质量检验由专门部门和专业人员负责，使用专门的检验工具，业务比较专精，对保证产品质量起到了把关的作用。但只有检验部门负责，没有其他管理部门和全体职工参加，尤其是直接操作者不参与质量检验和管理，会与检验人员产生矛盾，而且事后检验是等产品完工以后才进行检验，即便查出了废次品，材料、人工和费用等都已造成损失。不能避免和预防废次品产生，这是一大缺点，需要改进。

第二阶段是统计质量管理阶段。这一阶段以20世纪40年代初至20世纪50年代末为界。统计质量控制一方面是运用数理统计方法和手段，从产品质量波动中找出规律性，消除产生波动的异常原因，使生产过程的每一个环节都控制在正常的比较理想的生产状态中，从而保证最经济地生产出符合质量要求的合格产品。另一方面是着重于控制生产过程，做到以预防废品的产生为主。这样质量管理工作就从单纯的把关、事后检验发展到事前控制、以预防为主的统计质量管理。这是由于生产力不断发展，产品的批量越来越大，要求用更经济的手段来进行产品检验，控制产品质量，预防废品的产生。但这个阶段由于过分强调数理统计方法，容易让人产生数理统计方法“神秘化”的误解，而且忽视了组织管理工作，也限制了质量管理的效果，需要向新的阶段发展。

第三阶段是全面质量管理阶段。20世纪50年代以来，生产力迅速发展，科学技术日新月异，出现了许多推动质量管理向新的阶段发展的条件。工业产品更新换代更快，许多大型产品和系统工程相继问世，大型电子计算机、导弹、宇航技术等现代科学技术的发展，对产品质量提出了更高的要求，特别是对产品的安全性、可靠性等要求更为严格。单纯依靠过去的检验和生产过程中的统计质量控制已不能适应，必须把试验研究、设计、试制、生产过程、辅助过程、使用过程等方面的工作都纳入质量管理轨道，否则不能协调，不能保证产品质量。因此，在20世纪60年代，美国通用电气公司工程师费根堡姆和质量管理专家朱兰博士等，先后提出了新的质量管理——全面质量管理的概念。1961年，费根堡姆出版了《全面质量管理》一书，比较系统地阐明了全面质量管理的理论和方法。其主张用全面质量管理代替统计质量管理，提倡讲究质量成本，加强企业的全面质量管理，主张从产品设计、制造、检验、供应、销售、使用、服务等各个环节开展质量管理工作，把企业各部门组成一个有机的、统一的质量管理体系，以确保用最经济的办法生产出能满足用户要求的优质品。全面质量管理从费根堡姆、朱兰等人提出至今，经过四十多年来在许多国家和地区的实践，取得了显著的成效。在不断的实践、认识、总结的过程中，全面质量管理的含义、内容、方法不断得到丰富和充实，并逐步完善起来，形成了一门有一整套质量管理理论和方法的新学科。

几十年来，全面质量管理在全球得到广泛的传播和发展，各国结合自己的实践进行了创新，并提出了不少新理论和新方法，如：①质量保证理论。已由传统的只限于流通领域的范围扩展到生产经营全过程。从1987年国际标准化组织颁布《质量管理和质量保证》系列标准即ISO9000：1987系列标准，发展到现在的2000版ISO9000族标准，在世界范围内被普遍采用。②产品质量责任理论。③质量经济学。从宏观角度研究质量形成的经济规律。从微观角度研究获得一定质量投入的资源的经济效益等。④质量文化。研究企业在生产经营活动中所形成的质量意识、质量精神、质量行为、质量价值观、质量形象以及企业所提供的产品或服务质量等方面的总和，既是企业文化的核心，又是社会文化的重要组成部分。⑤质量管理与电子计算机的结合。在质量控制、质量检测、质量管理等方面已开发出不少的计算机软件可供使用。⑥质量机能展开理论（QDF理论）。⑦质量改进与田口方法。⑧质量经营理论。⑨零缺陷理论。⑩六西格玛管理。这些对全面质量管理理论与方法进行了不断的充实和发展。

质量管理发展的三个阶段不是孤立的，而是前一个阶段是后一个阶段的基础，后一个阶段是前一个阶段的继承和发展。

10.2 全面质量管理概述

10.2.1 全面质量管理及其特点

1. 全面质量管理的含义

在全面质量管理产生和发展的过程中，其概念也在不断发展。在ISO8402：1994标准中对全面质量管理的定义是：“一个组织以质量为中心，以全员参与为基础，目的在于通过让顾客满意和本组织所有成员及社会受益而达到长期成功的管理途径。”[注1：“全员”是指该组织结构中所有部门和所有层次的人员。注2：最高管理者强有力和持续的领导，以及该组织内所有成员的教育和培训是这种管理途径取得成功所必不可少的。注3：在全面质量管理中，质量这个概念与全部管理目标的实现有关。注4：“社会受益”意味着在需要时满足“社会要求”。注5：有时把全面质量管理（TQM）或它的一部分称为“全面质量”、“公司范围内的质量管理”（CWQC)、“全面质量控制”（TQC）等。]

2. 全面质量管理的特点

全面质量管理是从过去的事后检验，以把关为主，转变为以预防、改进为主；从“管结果”转变为“管因素”，即找出影响质量的各种因素，抓住主要矛盾，发动各部门全员参加，运用科学的管理方法和程序，使生产经营的所有活动均处于受控制状态之中；在工作中将过去的以分工为主转变为以协调为主，使企业联系成为一个紧密的有机整体；在推行全面质量管理时，要求做到“三全一多样”，即全面的质量管理、全过程的质量管理、全员参加的质量管理，以及质量管理所采用的方法是科学的、多种多样的。

（1）全面的质量管理。全面的质量管理是相对广义的质量概念而言的，它不仅要对产品质量进行管理，也要对工作质量、服务质量进行管理；不仅要对产品性能进行管理，也要对产品的可靠性、安全性、经济性、时间性和适应性进行管理；不仅要对物进行管理，也要对人进行管理。总之，它是对各个方面的质量进行的管理。

（2）全过程的质量管理。产品质量有一个产生、形成和实现的过程。全面质量管理的范围包括从市场调查开始，到产品设计、生产、销售等，直到产品使用寿命结束为止的全过程。为使顾客得到满意的产品，并使产品能充分发挥其使用价值，不仅要对产品的形成过程进行质量管理，还要对形成以后的过程乃至使用过程进行质量管理，把产品质量形成全过程的各个环节全面地管理起来，形成一个综合性的质量管理体系。

（3）全员参加的质量管理。由于全面质量管理是对全面质量和全过程进行的质量管理，所以全面质量管理不仅是质量管理部门或质量检验部门的事，不仅是设计、生产、供应、销售、服务过程中有关人员的事，也是企业中各个部门所有人员的事。企业中从事党政工团、人保、教育、财务、总务、卫生、炊事、环保等各项工作的人员的工作质量，都直接或间接地影响着产品质量和销售服务的质量，因此，全面质量管理要求企业全体人员都参加，并在各自有关的工作中参与质量管理工作。

（4）全面质量管理采用的方法是科学的、多种多样的。随着科学技术的不断发展，对产品质量、服务质量、管理质量提出的要求越来越高，影响产品质量的因素也越来越复杂：既有物质的因素，又有人为的因素；既有技术因素，又有管理因素；既有自然环境因素，又有人们的心理因素；既有企业内部因素，又有企业外部因素。要把这一系列的因素系统地控制起来，全面管好，生产出高质量的产品，提供优质的服务，光靠单一的管理方法是不行的，必须根据不同情况，区别不同的影响因素，采用专业技术、管理技术、数理统计、运筹学、电子计算机，如目前所采用的SPC软件和ISO9000系列软件、质量功能展开（QFC）、六西格玛法，以及思想教育等各种方法和措施，按客观规律办事，进行科学管理、综合治理，才能真正取得实效，真正做好全面质量管理工作。

10.2.2 全面质量管理的基本理念

1. 从系统和全局出发

全面质量管理是一种科学的管理系统。系统管理思想是指对与质量有关的一切方面和一切联系进行全面研究和系统分析的一种管理理念。它要求人们在研究、解决质量问题时，不仅要重视影响产品质量的各种因素和各个方面的作用，而且要把重点放在整体效应上，通过综合分析和综合治理，达到整体优化，即用最小的投入，生产出满足顾客需要的产品，以取得最佳的经济效果。在全面质量管理中，对各项质量指标、各个过程、各种工作、各类人员的协调都必须从整个系统和全局出发，进行综合性的考察和研究。在一些相互矛盾的要求中，要追求全局最优、整体效益最优，而不是追求某个局部最优，还要注意暂时利益服从长远利益，在解决质量问题时，要从全局的长远利益出发。

2. 为顾客服务

为顾客服务是指从顾客的立场出发，生产出满足顾客需要的产品，尊重顾客权益，方便顾客。社会主义生产的目的是不断满足人民日益增长的物质和文化生活需要。因此它完全符合我国办企业的宗旨和企业生产的目的，应成为社会主义企业贯彻始终的经营指导理念。为顾客服务理念兼顾企业、顾客和社会三者的利益。企业贯彻为顾客服务的理念，产品深受顾客欢迎，就能打开市场，进而占领市场，取得经济效益，这是企业生存发展的重要因素；顾客从企业服务中，能正确地掌握产品使用技术，发挥产品效能，做到物尽其用；社会从企业服务中，可避免不必要的原材料和能源的浪费，提高社会效益，对繁荣社会主义经济、提高人民生活水平、加速社会主义建设的进程都将产生积极的作用。

3. 以预防为主

以预防为主是指在分析影响产品质量的各种因素时，要找出主要因素加以重点控制，防止质量问题的发生，做到防患于未然的一种管理思想。以预防为主，就必须在产品的生产形成和实现的全过程都要重视质量管理，控制影响质量的各种因素，变管结果为管因素，从以质量检验“把关”为主转到以预防为主，充分利用数理统计等科学方法，揭示质量运动规律，把质量问题消灭在萌芽状态之中。查明实际的或潜在的质量问题，预防和控制一切质量问题的产生。

4. 用事实和数据说话

用事实和数据说话是指以客观事实为依据来反映、分析、解决质量问题的管理思想。其实质是实事求是，科学分析。质量管理中事实与数据是反映质量运动、揭示质量规律的基础，也是质量管理的科学性的体现。当然，在质量管理中有许多现象不能用数据来表达，而只能用事实来表示。但无论是事实或数据都必须是真实可靠的，这样才能真正反映出质量运动的本来面目。事实与数据只有经过加工整理、计算、归纳、分类、比较、分析、解释、推断等，才能从本质上深刻地反映出质量运动的规律性，为质量管理提供正确的信息基础。

5. 不断改进

不断改进是指企业职工要具有高度的质量意识，善于发现问题，并对产品质量进行不断的改善和提高。其实质是促使企业不断提高管理水平，改善产品质量，生产出满足用户需要的产品。随着社会的进步、科学技术的发展，人们对产品质量的追求也在不断地提高。不断追求质量改进是用户的需要，是社会发展的必然，所以应当树立不断改进的思想，促进质量工作奋发向上，不断创新。

6. 以人为本贯彻群众路线

以人为本贯彻群众路线是指在质量管理中要重视人的作用，把调动人的积极性和创造性，发动全员参加质量管理作为根本的管理思想。要在推行全面质量管理的过程中不断提高人的素质。只有高素质的职工队伍，才能创造高水平的工作质量和优良的产品质量。要采取各种形式发动职工群众参与管理工作，调动员工的积极性。要爱护、支持广大职工的首创精神、进取精神和独到的见解，做到奖罚分明，对在质量工作中作出贡献的职工要给予奖励。还要采取各种形式做好职工的培训工作，强化质量意识，不断提高职工的技术和管理水平；采取各种措施，创造出一种既严肃紧张又民主活泼的环境气氛，以利于职工心情舒畅地投入到生产和生活之中，高效率地生产和提供优质产品和服务。

7. 质量与经济统一

质量与经济统一是指在不同的经营条件下，企业用尽可能小的劳动消耗和劳动占有，生产出满足顾客需要的优质产品，以获得尽可能大的收益的一种管理理念。其实质是探求质量与经济的最佳配合条件，以最少的投入获得数量多、质量好的产品。

贯彻质量与经济统一的理念，谋求质量与数量、质量与消耗、质量与技术、质量与收益的最佳组合，优化决策，做到质量上适用、经济上合理，物美价廉，适销对路，走质量效益型的道路。在产品质量寿命周期各个阶段中质量改进的所有经济活动领域，进行质量经济分析时，要采用各种优化模式找出最佳组合条件。要开展质量成本管理，这是产品制造过程和使用过程中质量经济分析的主要内容。通过质量成本管理，不仅可以从经济上衡量管理的有效性，而且可以揭示质量改进的方向。质量成本管理是企业建立质量管理体系必须具备的要素之一。同时要克服片面追求技术上的指标高、纯、精、牢，提倡在数量、技术、价格和交货期一致的基础上达到最适宜的质量。贯彻质量与经济统一的理念，有利于提高企业管理水平与经济效益，有利于有效合理地利用资源，提高社会的整体经济效益。

8. 突出质量经营

突出质量经营是指在企业经营活动的所有环节中，必须重视质量，并把它放在重要的地位上的管理理念。企业的经营管理要以质量管理为纲。企业为实现预期的目标所开展的一切活动，包括企业的产、供、销等全部工作，都必须以质量为主线，以科学的质量管理原理为指导，进行有效的计划、组织、协调、检查、控制，正确处理数量与质量、质量与效益、质量与消耗的各种矛盾，生产出质优价廉、适销对路的产品。这样，企业首先要树立起以质量求生存、以品种求发展的经营管理理念。同时，企业还要制定出一套以质取胜的经营目标。围绕着提高质量、发展品种和提高效益，企业要提出一定时期内的奋斗目标，将其作为生产经营活动的重点，并以此为中心建立质量目标体系，把企业各单位各部门的活动连成一个有机整体，朝着质量效益型方向前进，形成本企业的经营特色。在产品设计、生产和销售各个环节，都必须贯彻以质取胜的思想。质量是企业经营的永恒主题，质量上、效益增、企业兴，这已为许多企业成功的经验所证实。全面质量管理带动企业的各项管理工作，必然成为企业管理的中心环节。

10.2.3 全面质量管理的工作程序（PDCA 循环）

1. PDCA 循环的内容

全面质量管理采用一套科学的、合乎认识论的办事程序，即 PDCA 循环法。PDCA 由计划（Plan）、执行（Do）、检查（Check）、处理（Action）四个单词的第一个字母组成，它反映了质量管理必须遵循的四个阶段：

第一阶段为 P 阶段，即计划阶段。要适应顾客的要求，并以取得经济效益为目标，通过调查、设计、试制，制定技术经济指标、质量目标，以及达到这些目标的具体措施和方法。

第二阶段为 D 阶段，即执行阶段。要按照所制订的计划和措施去实施。

第三阶段为 C 阶段，即检查阶段。对照计划，检查执行的情况和效果，及时发现和总结计划实施过程中的问题和经验。

第四阶段为 A 阶段，即总结处理阶段。根据检查的结果采取措施，巩固成绩，吸取教训。

全面质量管理的工作程序可以具体分为以下八个步骤：

第一步，调查研究，分析现状，找出存在的质量问题。

第二步，根据存在的问题，分析产生质量问题的各种影响因素，并对这些因素逐个加以分析。

第三步，找出影响质量的主要因素，并从主要影响因素中着手解决质量问题。

第四步，针对影响质量的主要因素，制订计划和活动措施。计划和措施应尽量做到明确具体。

第五步，按照既定计划执行。

第六步，根据计划的要求，检查实际执行结果。

第七步，根据检查结果进行总结，把成功的经验和失败的教训总结出来，对原有的制度、标准进行修正，巩固已取得的成绩，同时防止重蹈覆辙。

第八步，提出这一次循环尚未解决的遗留问题，并将其转到下一次 PDCA 循环中去。

其中，第一至四步是 P 阶段的具体化；第五步是 D 阶段的具体化；第六步是 C 阶段的具体化；第七、八步是 A 阶段的具体化。

2. PDCA 循环的特点

（1）大环套小环，互相促进。PDCA 循环不仅适用于整个企业，而且适用于各个车间、科室和班组以至个人。根据企业总的方针目标，各级各部门都要有自己的目标和自己的 PDCA 循环。这样就形成了大环套小环，小环里边又套有更小的环的情况。通过各级的 PDCA 循环，把企业各项工作有机地联系起来，彼此协同，互相促进［见图 10－3（a)］。

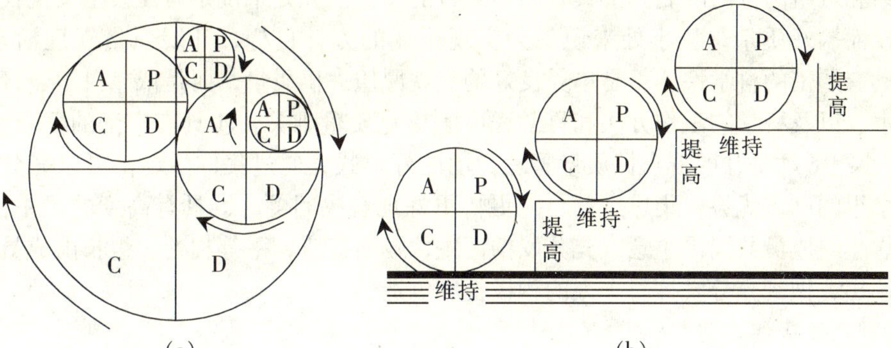

（a）　　　　（b）

图 10－3　PDCA 循环特点示意图

（2）不断循环上升。四个阶段要周而复始地循环，而每一次循环都有新的内容和目标，因而就会前进一步，解决一批问题，质量水平就会有新的提高。就如上楼梯一样，每经过一次循环，就登上一级新台阶，这样一步一步地不断上升提高［见图 10－3（b)］。

（3）推动 PDCA 循环的关键在于 A 阶段。总结，就是总结经验，肯定成绩，纠正错误，提出新的问题以利再干。这是 PDCA 循环之所以能上升、前进的关键。如果只有前三个阶段，没有将成功经验和失败教训纳入有关标准、制度和规定中，就不能巩固成绩，吸取教训，也就不能防止同类问题的再度发生。因此，推动 PDCA 循环，一定要抓好总结这个阶段。

10.2.4 质量管理小组活动

全面质量管理要求全员参加质量管理工作，提倡人人参与，这突出地反映在质量管理的群众性，通过开展多种形式的群众性质量管理活动，尤其是开展质量管理小组（即QC小组）活动，充分发挥广大职工的聪明才智，形成一个人人参与质量管理活动的生动活泼的局面，是提高企业管理水平、解决质量问题的有效途径。

1. QC小组的概念与特点

QC小组是指在生产或工作岗位具体从事各种劳动的职工，围绕企业的质量方针目标和现场存在的问题，运用质量管理的理论和方法，以改进质量、降低消耗、提高经济效益和提高人的素质为目的而组织起来，并开展活动的小组。QC小组与企业的班组不同，它是企业职工参与民主管理的新发展，是群众性组织。

QC小组具有以下五个特点：①具有明显的自主性。一般以职工自愿参加为基础，实行自主管理，以自我学习、自我控制、自我提高为主，不受行政命令的制约和班组岗位的限制。②具有明确的目的性。从大处来说是为社会主义现代化建设而搞好质量，从小处来说是为实现企业的方针目标，开展质量管理活动。③具有严密的科学性。不是单凭良好的主观愿望去搞质量，而是依靠科学、管理技术，以及科学的工作方法和科学程序去攻克质量难关。④具有广泛的群众性。QC小组活动是开展群众性质量管理活动的好形式，通过集体活动，可以充分发挥小组的群体优势，集思广益，能更快更好地解决问题。⑤具有高度的民主性。依靠小组成员共同出主意，充分发扬民主，畅所欲言，平等相处。组长由成员民主选出，做到充分发挥每个人的积极性和创造性。

2. QC小组的建立

QC小组组建的原则是自愿结合、形式多样、方便活动、易出成果。在自愿结合的前提下，也可以遵循行政出面组织，自上而下和上下结合的原则组建，但仍应坚持以自愿为主、行政出面为辅。

建立QC小组应从实际出发，根据工作的性质和内容，可以在企业的班组或车间内建立，也可以跨车间（部门）建立，但应着重发展以工人为主体的生产现场、施工现场、服务现场的“现场型”、“服务型”QC小组，提倡工人、技术人员、领导干部相结合的“攻关型”QC小组，也可以以管理人员为主，组成以提高工作质量、改善和解决管理中的问题、提高管理水平为目的的“管理型”QC小组等形式。

每个QC小组的人数一般以5~10人为宜，否则不便于开展活动，而且要选好小组长。QC小组组建后，应向质量管理部门注册登记，以及向上级QC小组主管部门备案。主管部门每年都进行一次检查和重新登记，没有进行重新登记的小组，以前的注册登记自行失效，不搞终身制，这样做有利于推动 QC 小组的活动。

3. QC 小组的活动

QC 小组建立后关键是抓好活动，做好课题选择和加强小组活动的管理。

（1）选择活动课题。课题选择的原则是围绕企业的方针目标，立足现场，先易后难，由浅入深，量力而行，从小到大，具体明确，短期见效。课题选择的依据是：根据企业的质量方针目标和发展规划选题；根据生产（工作）中的关键或薄弱环节选题；根据用户的需要选题。其范围是很广泛的。

（2）QC 小组活动的程序。QC 小组活动的基本程序是按 PDCA 循环开展活动的。其包括：①选课题、定目标；②调查现状；③分析原因；④找出主要原因；⑤制订措施计划；⑥实施措施计划；⑦检查效果；⑧制定巩固措施；⑨遗留问题处理；⑩总结成果资料。

4. QC 小组的评价与奖励

（1）评价。QC 小组的评价要把活动评价和成果评价相结合，并以活动评价为主。活动评价贯穿于小组活动的全过程，以其经常性、持久性、全员性、科学性和有效性为主要依据。活动评价既是评价过程又是管理过程。而成果评价则主要是评价 QC 小组活动的效果、成果总结和发表的水平，以推动活动的深化。

（2）奖励。对 QC 小组的活动和成果进行评价之后，应进行奖励和表彰。这是激励 QC 小组成员奋发进取和推动 QC 小组活动的重要手段。奖励的透明度要高，要把奖励纳入到正常的管理工作之中，要做到技术性成果与管理性成果并重、成果奖与活动奖并重，明确规定以课题注册登记、活动记录、成果报告书作为奖励的凭证，体现成果的有效性。奖励与表彰可分为颁发 QC 成果发表奖和授予优秀 QC 小组光荣称号两大类。奖励可同时施以物质奖励与精神奖励。

10.3 质量管理体系

10.3.1 质量管理体系与 ISO9000 族标准的产生

1. 质量管理体系的含义

ISO9000：2000 标准对质量管理体系的定义是：“在质量方面指挥和控制组织的管理体系。”一般来说，体系是指相互关联或相互作用的一组要素。管理体系是指建立方针目标并实现这些目标的体系。根据定义替代的原则，质量管理体系可定义为：“建立质量方针和质量目标并实现这些目标的一组相互关联或相互作用的要素。”在这一组要素中，每个要素是组成质量管理体系的基本单元，既有相对的独立性，又有各个要素之间的相关性，相互之间存在着影响、联系和作用的关系。质量管理体系包括四大要素：管理职责、资源管理、产品实现、测量分析改进等。

2. ISO9000 族标准产生的背景

《质量管理体系》标准（ISO9000 族标准）的产生不是偶然的，它是现代化大生产、科学技术的发展以及质量管理科学发展的必然产物。

（1）科学技术的发展和生产力水平的提高，是 ISO9000 族标准产生的客观条件。随着生产力的发展，产品的结构日趋复杂，在市场购买过程中，用户很难凭自己的能力和经验来判断产品的优劣，往往容易上当受骗，甚至造成巨大损失，因此逐步形成了“产品责任”（PL）的概念。1936 年年初，美国成立了“消费联盟”，这一消费者组织要求在法律上保护消费者的利益。产品质量要求是通过技术规范来体现的，但对于现代产品来说，其结构和制造工艺复杂，仅对制成品按技术规范进行验证显然是不够的。当技术规范和生产方面的组织体系不完善时，规范本身就不能保证产品质量始终达到要求。因而必须在产品质量的形成过程中加强管理和监督，建立相应的质量体系，以保证产品质量。

（2）质量保证活动的成功经验，为 ISO9000 族标准的产生奠定了基础。最早的质量保证标准产生于美国军工系统。1959 年，美国国防部发布了MIL－Q－9858A《质量大纲要求》，此后又发布了 MIL－Q－45208A《检验系统要求》以及《承包商质量大纲评定》等，从而形成了一套比较完整的质量保证标准文件。1979 年，英国发布了一套三级质量保证规范标准（BS5750：1979，包括三个部分）。此外，加拿大、法国、挪威等国家也都制定了有关质量管理和质量保证的国家标准。这为制定出一套国际上公认的、科学的、统一的质量体系标准提供了依据。

（3）质量管理学的发展为 ISO9000 族标准的产生提供了必要的理论基础。20 世纪以前，主要是靠操作者的手艺和经验来保证质量。20 世纪初，以泰勒为代表的学者提出了“科学管理”，把检验从生产中分离出来成立质量检验部门，质量管理进入检验质量管理阶段。20 世纪 20 年代以后，休哈特发表了“控制图法”，使质量管理进入“统计质量管理”阶段。20 世纪 50 年代以后，出现了一大批高安全性、高可靠性的技术密集型产品和大型复杂的产品，任何一个元件的失效都可能产生严重后果。在这种情况下，仅靠制造过程实施质量控制，已不足以保证产品质量，必须应用新的科学理论、技术和手段来进行管理，许多企业开始了全面质量管理的实践。1961 年，美国的费根堡姆提出了比较系统的“全面质量管理”的新理论，并较快地被各国所接受。各国企业对全面质量管理的实践，丰富和发展了质量管理学的理论基础。

（4）贸易的国际化加速了 ISO9000 族标准的产生。20 世纪 60 年代，随着国际交往的日益增多，必然带来的是产品质量保证和产品责任国际化问题。到了

20世纪70年代，这个问题已引起国际社会的广泛关注。为了解决国际产品质量争端和明确产品责任，1973年在荷兰海牙召开的海牙国际私法会议上通过了《关于产品责任适用法律公约》。为了有效地开展国际贸易，一些地区国际性的组织开始研究质量管理国际化问题，许多国家和地区性组织发布了一系列的质量管理和质量保证标准，作为贸易往来供需双方认证的依据和评价的规范。但由于缺乏国际统一的评价标准，给不同国家企业之间的技术合作、质量认证和贸易往来带来了困难。在这种背景下，国际标准化组织（ISO）于1979年成立了“质量保证技术委员会”，并开始着手制定质量管理和质量保证方面的国际标准，1987年正式发布了ISO9000：1987系列标准。

综上所述，质量管理和质量保证标准的产生，既是生产力发展的必然产物，又是质量管理科学发展的成果和标志；既适应国际贸易发展的需要，又能为企业加强质量管理、提高管理水平提供指导。它的产生是科学和经济发展的必然结果。

3. ISO9000族标准的制定

质量保证技术委员会（ISO/TC176）于1987年6月在挪威举行的第六次会议上改为“质量管理和质量保证技术委员会”。该委员会在总结各国质量管理和质量保证的基础上，经过各国质量专家近10年的努力工作，几易其稿，并通过广泛的协商，于1986年6月正式发布ISO8402《质量管理和质量保证术语》。1987年3月正式颁布ISO9000：1987《质量管理和质量保证》系列标准。

ISO9000族标准自1987年正式颁布后，世界各国都先后贯彻采用。经过7年的实践，于1994年进行了第一次修改，修改后的ISO9000：1994由五个核心标准组成：①ISO9000－1：1994（质量管理和质量保证标准——第一部分：选择和使用指南）；②ISO9001：1994（质量体系——设计开发生产、安装和服务的质量保证模式）；③ISO9002：1994（质量体系——生产安装和服务的质量保证模式）；④ISO9003：1994（质量体系——最终检验和试验的质量保证模式）；⑤ISO9004－1：1994（质量管理和质量体系要素第一部分指南）。这套标准经过6年的贯彻实践，于2000年经第二次修改后，推出ISO9000族标准第三版。

10.3.2 2000版ISO9000族标准的构成

第一部分 核心标准

ISO9000：2000 质量管理体系 基础和术语

ISO9001：2000 质量管理体系 要求

ISO9004：2000 质量管理体系 业绩改进指南

ISO19011：2002 质量管理体系 审核指南

以上四项标准构成了一组密切相关的质量管理体系标准，称为ISO9000族标准核心标准。其中ISO9000：2000是在合并原ISO8402和ISO9000－1：1994的基础上重新制定的；ISO9001：2000是在合并原1994版ISO9001、ISO9002、ISO9003的基础上重新制定的；ISO9004：2000是在合并原1994版ISO9004－1、ISO9004－2、ISO9004－3、ISO9004－4的基础上重新制定的。

第二部分　其他标准

ISO10005　质量计划指南（代替ISO10005：1995）

ISO10006　项目质量管理指南（代替ISO10006：1997）

ISO10007　技术状态管理指南（代替ISO10007：1995）

ISO10012　测量管理体系指南（代替ISO100012－1：1992和ISO100012－2：1997）

ISO10015　培训指南

ISO10018　顾客投诉的处理

ISO10019　质量管理体系咨询师选择和使用指南

第三部分　技术文件（包括技术报告、技术规范等）

ISO/TR1003：2001　质量管理体系文件

ISO/TR10014　质量经济性管理指南（代替ISO/TR10014：1998）

ISO/TR10017　统计技术指南（代替ISO/TR10017：1999）

ISO/TS16949：2002　汽车供方质量管理体系要求

第四部分　小册子

ISO/TC176根据实施ISO9000族标准的实际需要，陆续编写了一些小册子形式的出版物，作为指导性文件。《ISO手册：质量管理原则及其应用》和《ISO手册：适于小型组织的ISO9001：2000》已于2002年正式出版发行。以后根据实践的情况，将不断出版一些技术文件、标准和小册子等。

10.3.3　简单介绍几项核心标准的主要内容

由于篇幅关系，这里只简单介绍ISO9000族标准几项核心标准的主要内容。

1.《ISO9000：2000质量管理体系　基础和术语》标准简介

（1）本标准范围。《ISO9000：2000质量管理体系　基础和术语》标准，替代原来的ISO8402：1994标准和《ISO9000－1：1994质量管理和质量保证标准第一部分选择和使用指南》标准的第4章基本概念及第5章文件的作用。ISO9000－1：1994标准的其他条款将作为ISO9000族标准的路线图（选择和使用指南将以ISO小册子形式单独发布）。本标准是ISO9000族标准的基础标准。它阐明了质量管理体系的基础，规定了质量管理体系术语。它不仅为生产不同种类产品和不同规模的组织建立、实施、保持和改进质量管理体系提供理论基础，而且适用于其他相关方（指与组织的业绩或成就有利益关系的个人或团体）。本标准由引言、范围、质量管理体系基础术语和定义等部分组成。

（2）质量管理原则。为了成功地领导和运作一个组织，需要采用一种系统和透明的方式进行管理。针对所有相关方的需求，实施并保持持续改进其业绩的管理体系，可使组织获得成功。质量管理就是组织各项管理的内容之一。

八项质量管理原则已得到确认，最高管理者可运用这些原则，领导组织进行业绩改进。

①以顾客为关注焦点（customer focus）。组织依存于顾客，因此，组织应当理解顾客当前和未来的需求，满足顾客要求并争取超越顾客期望。

②领导作用（leadership）。领导者确立组织统一的宗旨及方向。他们应当创造并保持使员工能充分参与实现组织目标的内部环境。

③全员参与（involvement of people）。各级人员都是组织之本，只有让他们充分参与，才能使他们的才干为组织带来收益。

④过程方法（process approach）。将活动和利用相关的资源作为过程进行管理，可以更高效地得到期望的结果。

⑤管理的系统方法（system approval management）。将相关联的过程作为系统加以识别、理解和管理，有助于组织提高实现目标的有效性和效率。

⑥持续改进（continual improvement）。持续改进总体业绩应当是组织的一个永恒目标。

⑦基于事实的决策方法（factural approach to decision making）。有效决策是建立在数据和信息分析的基础上的。

⑧与供应方互利的关系（mutually beneficial supplier relationships）。组织与供应方是相互依存的，互利的关系可增强双方创造价值的能力。

这八项质量管理原则形成了ISO9000族管理体系标准的基础。

（3）质量管理体系的基础。ISO9000：2000标准第2章阐述了质量管理体系的基础，它将八项质量管理原则应用于质量管理体系，着眼于指导组织如何以正确的指导思想和方法来建立、实施和持续改进质量管理体系，确保质量管理体系运行的有效性和效率。质量管理体系基础分12节：①质量管理体系的理论说明；②质量管理体系要求与产品要求；③质量管理体系方法；④过程方法；⑤质量方针和质量目标；⑥最高管理者在质量管理体系中的作用；⑦文件；⑧质量管理体系评价；⑨持续改进；⑩统计技术的作用；⑪质量管理体系与其他管理体系的关注点；⑫质量管理体系与组织优秀模式之间的关系。

（4）本标准鼓励采用“过程方法”管理组织。任何使用资源将输入转化为输出的活动都可视为一个过程。过程是将输入转化为输出的一组相互关联或相互作用的活动。质量管理体系是通过一系列过程来实施的。该标准指出：“为使组织有效运行，必须识别和管理许多相互关联和相互作用的过程。”通常一个过程的输出将直接成为下一个过程的输入，系统地识别和管理组织所应用的过程，特别是这些过程之间的相互作用，称为“过程方法”。该标准要求一个组织必须应用过程方法来管理。为使大家易于理解这一基本概念，下面用以过程为基础的质量管理体系模式图，清晰地表明质量管理体系的组成，以及其与顾客和其他相关方之间的关系，如图 10－4 所示：

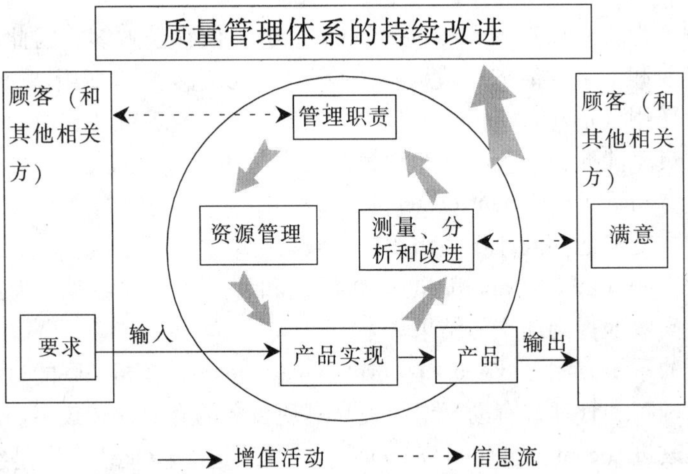

图 10－4　以过程为基础的质量管理体系模式

（5）术语。ISO9000：2000 标准列出了 80 个有关质量管理体系的术语，相对于 ISO08402：1994 标准规定的 67 个术语，从术语的数量和组成情况来看，已发生了很大的变化，不仅术语的类别划分作了较大的调整，还紧紧围绕着 ISO9000 族标准的内容提出了新概念，并且有针对性、系统性、实用性，方便使用。80 个术语共分十大类。

2.《ISO9001：2000 质量管理体系　要求》标准简介

ISO9001：2000 标准是 ISO9000 族标准中规定质量管理体系要求的标准，采用本标准能帮助组织建设质量管理体系。它的名称为“质量管理体系　要求”。它规定了质量管理体系方面应满足的要求，是与 ISO9004：2000 标准成对的，并可一起使用的质量管理体系标准。1994 版的 ISO9001、ISO9002、ISO9003 都称为“质量保证模式”，而 2000 版 ISO9001 没有采用“质量保证”一词，且代替了 1994 版三个“质量保证模式”。尽管 2000 版 ISO9001 标准不再称为“质量保证模式”，但仍然有质量保证的属性，其主要内容仍属质量保证范畴。然而，标准名称的修改也反映了 2000 版 ISO9001 标准已属于质量管理标准。它除了作为质量保证外还旨在提高顾客的满意程度。

该标准共分为八个部分：①范围（总则和应用）；②引用标准；③术语和定义；④质量管理体系（总要求、文件要求）；⑤管理职责；⑥资源管理；⑦产品实现；⑧测量、分析和改进。

3.《ISO9004：2000 质量管理体系　业绩改进指南》标准简介

各种规模、类型的组织为了追求卓越，要进行业绩的改进。ISO9004：2000标准为这些组织更好地理解、实施、评价和构筑质量管理体系提供支持。它为实现更好的质量管理体系及更广泛的目标提供指南。ISO9004：2000 标准与ISO9004：1994 标准相比，发生了多方面的变化，ISO9004：1994 标准由四个部分组成，即 ISO9004－1、ISO9004－2、ISO9004－3、ISO9004－4；而 ISO9004：2000 标准则是以 ISO9004－1：1994 标准为基础，并纳入其他三个分标准的内容修改而成。

在质量管理方面，2000 版的 ISO9001 和 ISO9004 是一对协调的标准。ISO9001：2000 标准旨在给出产品的质量保证并提高顾客的满意程度；而ISO9004：2000 标准则通过使用更广泛的质量管理观点，提供业绩改进指南。

10.3.4　质量管理体系认证

1. 认证的概念

认证是指为确信产品过程或服务完全符合有关标准或技术规范而进行的第三方机构的证明活动，也即根据相应的标准或要求的程序或规范，对产品质量或质量管理体系进行检查验定。认证通过后，由认证机构颁发认证合格证书或进行注册。在条件具备时还允许使用合格标志。

2. 产品质量认证与质量管理体系认证

产品质量认证也叫合格认证，其定义是：经权威机构确认并通过合格证书或合格标志证明某一产品或服务符合相应标准或规范的活动。

独立的质量管理体系认证派生于合格认证，而又不同于产品质量认证。所谓质量管理体系认证，是指对供方的质量管理体系进行第三方的评定和注册的活动。其目的在于通过评定和事后监督来证明供方的质量管理体系符合其特定的质量管理体系标准，并对供方的质量管理能力给予独立的证实。

产品质量认证与质量管理体系认证具有不同的特点：第一，认证对象不同。产品质量认证的对象主要是产品，包括有形产品和无形产品；质量管理体系认证的对象主要是供方的质量管理体系。第二，认证的依据不同。产品质量认证的依据是经过标准化机构正式发布，及认证机构认可的产品标准和技术规范，经认证后，证明产品符合特定标准规定和技术规范的要求；质量管理体系认证是依据特定的质量管理体系标准，如国际标准化组织发布的 ISO9000 族标准或某一地区和国家标准化机构正式颁布的类似标准。第三，认证的获准表示方法不同。产品质量认证的获准表示方法是颁发“认证证书”和“认证标志”；质量管理体系认证的获准表示方法是由认证机构对认证合格单位给予注册，并以质量管理体系认证企业名录形式公开发布。获准企业可在宣传品、展览会和产品推销活动中使用注册标志，但不能将标志直接用于产品或产品包装上面。

3. 质量管理体系认证的程序

（1）供方向认证机构提出质量管理体系认证的申请。

（2）认证机构对企业作非正式的访问。

（3）认证机构和供方一起根据需要，确定质量管理体系标准。

（4）认证检查机构提出关于评定费用的估价。

（5）供方准备质量手册和质量管理体系评定附件。

（6）认证检查机构评定质量管理体系文件，并通知供方对不符合要求的地方或重大遗漏之处进行修正与补充。

（7）供方做好准备工作。在进行现场评审前，供方向认证机构提供与申请认证有关的全部文件及相应的执行记录。

（8）认证机构进行现场评审。初评结束后评定组将调查结果做成书面报告，通知供方领导，并对不符合要求的限时要求改正。

（9）供方修改体系。在规定期限里供方完成了体系修改，评定机构再对修改过的体系作部分或全部评价。

（10）批准注册。经评定小组推荐，由认证管理机构确认，即可批准注册，颁发注册证书。批准供方使用认证管理机构规定的标志。

（11）监督。对质量管理体系评定和注册的有效期一般为 3 年。其间，认证机构根据评定规则监督供方的质量管理体系，以证实是否始终符合有关要求。

（12）重新评定。每隔 3 年需要对供方的质量管理体系重新评定。

4. 实行质量认证制度的意义

质量认证制度能得到世界各国（地区）普遍重视而迅速地发展起来，关键在于它使一个公正机构对产品质量或质量管理体系作出了正确的、公正的、可靠的评价，为人们提供了可以完全信赖的质量信息，这对供方、需方及社会等方面都有着重要的意义：

（1）提高供方的质量信誉。实行质量认证后市场上便会出现认证产品与非认证产品、注册企业与非注册企业的界线，凡属认证产品或注册企业都会在质量信誉上取得优势。

（2）指导需方在复杂的市场中选择从获准注册的企业中寻找供应单位和从认证产品中选购产品。

（3）促进企业健全质量管理体系，提高企业的管理水平和企业素质。

（4）增强企业在国际市场上的竞争能力。如果获得国际上有权威的认证机构的认证注册，便会得到世界各国的认可，并按协定享受一定的优惠政策和待遇，对增强企业在国际上的竞争能力起重要作用。

（5）可减少社会上重复的检查费用。根据国外有关资料报道，实行质量认证不仅可以减少8%左右的重复检查工作量，而且可以大大提高采购供应工作的效率。

（6）有利于保护消费者的利益。特别是关系到人们安全健康的产品，实行强制制度后，从法律上保证了未经认证的安全性产品一律不得销售或进口，这就杜绝了不安全产品的生产和流通，极大地保护了消费者的利益。

10.4 质量管理常用的统计方法

10.4.1 主次因素排列图法

主次因素排列图法是找出影响产品质量的主要问题的一种有效方法。主次因素排列图中有两个纵坐标、一个横坐标、几个长方形和一条曲线。左边的纵坐标表示频数（件数或金额等），右边的纵坐标表示频率（累计百分比）；横坐标表示影响质量的各个因素；一条曲线称巴雷特曲线。通常把累计百分数分为三类：0～80%为A类，是主要因素；80%～95%为B类；95%～100%为C类。

例：某厂铸造车间生产某零件，上月废品数为68件，合计重8 160千克，废品率为12.14%；焊补数为67件，合计重52 440千克，焊补率为78%。不合格的情况统计如表10－1所示，试作出相应分析。

表10－1

原因	数量（千克）	比率（%）	累计百分数（%）
气孔	4 200	51.5	51.5
砂孔	2 640	32.3	83.8
浇不足	960	11.7	95.5
偏心	240	3.0	98.5
裂纹	120	1.5	100.0

解：根据资料可绘出以下主次因素排列图（见图10－5）。从图10－5中可以明显看出气孔是造成不合格的最主要原因，其次是砂孔。如果把这两个问题解决了，不合格率就可降低83.8%。

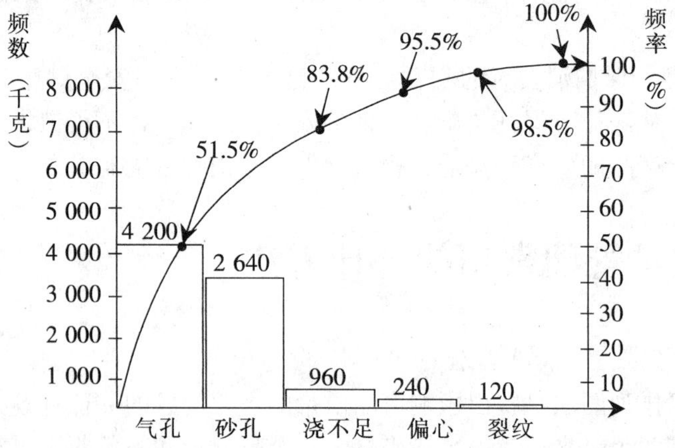

图10－5

10.4.2　因果分析图法

因果分析图，又叫鱼刺图，它可以帮助企业寻找产生某种质量问题的原因。因为造成废品的原因是多方面的，此图就是根据结果分析原因，将可能造成问题的因素加以分类，并在同一图上把其关系用箭头表示出来。图10－6是找出前例所说的产生气孔原因的因果分析图。

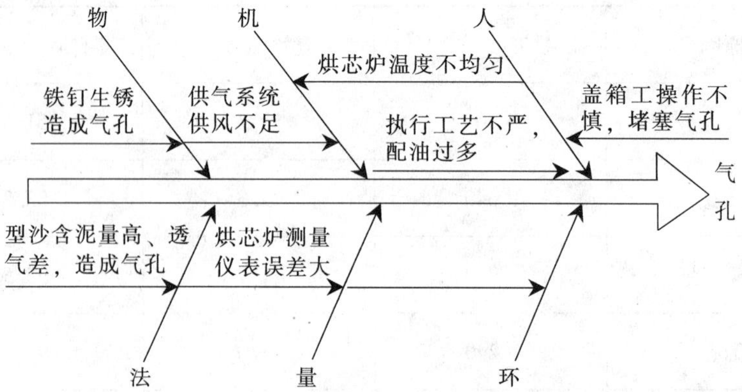

图10－6　产生气孔原因的因果分析图

进行因果分析时，应注意找出影响质量的最大原因，通常有以下六个方面：

人、机器、材料（物）、方法、量器具、环境。可发动群众查找原因，并把各种意见记录下来。原因分析应细到能采取措施的程度。画出因果分析图后，再到现场去落实解决问题的措施。

10.4.3 分层法

分层法也叫分类法，目的是通过分类，把性质不同的数据及错综复杂的影响质量的因素及其责任理出头绪，便于找出问题的原因。做法是将收集来的质量数据按照一定标志，把性质相同的归为一类。这样可使数据所反映的原因和责任更明确、更清楚，做到对症下药。

例如，两个工人在同一台车床上用一批原材料按同一操作方法加工同一零件，若要研究这两个工人的产品质量，可按分层法将这两个工人加工的零件分别存放并进行分析研究，这样就可以看出哪一个质量好、哪一个质量差。若将两人加工的零件混放在一起，就很难区分出谁好谁差，也更难找出产生质量问题的真正原因。

质量数据分层一般可按以下标志进行：①按不同时间分；②按不同操作人员分；③按使用的不同设备分；④按不同原材料分；⑤按不同操作方法分；⑥按不同检测手段分，等等。

10.4.4 直方图法

直方图法是适用于对大量计量值数据进行整理加工，找出其统计规律，即分析数据分布的形态，以便对其总体的分布特征进行推断，对工序批量产品的质量水平及其均匀程度进行分析的方法。主要图形为直角坐标系中若干按顺序排列的矩形，各矩形底边相等，为数据区间。矩形的高为数据落入各相应区间的频数。

在相同的工艺条件下，加工出来的产品质量不会完全相同，总在一个范围内变动，这样就可以将一定数量的抽样分成若干组，按其顺序分别在坐标上画出一系列的矩形，并将矩形连起来，用来观察图的形状，判断生产过程的质量是否稳定，即通过观察质量数据波动的规律来了解产品总体质量波动的情况。

1. 直方图的作法

例：已知某一轻工产品的质量特性（技术标准），要求伸长为 8 ~ 24 毫米，试从加工过程中抽取 50 件进行分析。

解：第一步：取出 50 件产品并按先后顺序测量其特性值并排列成若干行和列，如表 10 – 2 所示：

表 10－2

10	19	11	21	16
14	12	18	14	12
15	16	16	16	23
13	14	15	19	18
17	16	12	17	16
16	10	14	18	20
15	17	15	16	13
16	19	17	15	22
15	16	14	16	14
16	17	15	18	13

第二步：找出所有数据中的最大值 $X_{最大}$ 和最小值 $X_{最小}$。本例最大值为 23，最小值为 10。

第三步：求出全体数据的分布范围 R，即极差。$R=X_{最大}-X_{最小}$，本例 $R=23-10=13$。

第四步：根据数据的个数进行分组，分组多少的原则一般是数据在 50 以内的分 5～7 组，50～100 分 7～10 组，100～250 分 10～20 组。本例可分 7 组，组数 $k=7$。

第五步：计算组距 h。其计算公式为：

$$h=\frac{R}{k}$$

本例：$h=\frac{13}{7}\approx 2$。

第六步：计算第一组的上、下界限值。其计算公式为：

$$X_{最小}\pm\left(\frac{h}{2}\right)$$

本例：$10\pm\left(\frac{2}{2}\right)=\frac{11}{9}$，即上界限值为 11，下界限值为 9。

其余各组的上、下界限值是：第一组的上界限值就是第二组的下界限值，第二组的下界限值加上组距（h）就是第二组的上界限值，其余类推。故本例第二组的上、下界限值分别是 13 和 11，第三组是 15 和 13，其余类推。

第七步：计算各组中心值 x_i。其计算公式为：

$$x_i=\frac{该组下界限值+该组上界限值}{2}$$

本例：第一组 $x_1 = \frac{9+11}{2} = 10$。其余类推。

第八步：记录各组的数据，整理成如下频数分布表：

表 10－3

组号	组距（h）	中心值（x_i）	频数统计	① f_i	② u_i	③ f_iu_i = ①×②	④ $f_iu_i^2$ = ②×③
1	9～11	10	···	3	－3	－9	27
2	11～13	12	······	6	－2	－12	24
3	13～15	14	·············	13	－1	－13	13
4	15～17	16	·················	17	0	0	0
5	17～19	18	·······	7	1	7	7
6	19～21	20	··	2	2	4	8
7	21～23	22	··	2	3	6	18
				$\sum f_i = 50$	0	$\sum f_iu_i = -17$	$\sum f_iu_i^2 = 97$

第九步：统计落入各组的频数 f_i（本例为各组数值出现的次数），记入 f_i 栏下面。

第十步：计算各组简化中心值 u_i。以频数（f_i）最大一栏的中心值为 x_0，各组中心值为 x_i，用下式确定各组的 u_i 值：

$$u_i = \frac{x_i - x_0}{h}$$

本例：$x_0 = 16$

第一组中心值：$u_1 = \frac{10-16}{2} = -3$

第二组中心值：$u_2 = \frac{12-16}{2} = -2$

其余类推。

第十一步：计算频数（f_i）与简化中心值的乘积，即 f_iu_i（见表 10－3 之③）。

第十二步：计算频数与简化中心值平方的乘积，即 $f_iu_i^2$（见表 10－3 之④）。

第十三步：计算平均值 $\bar{x}$。其计算公式为：

$$\overline{x}=\frac{\sum_{i=1}^{n}x_i}{n}$$

可以用简化公式：

$$\overline{x}=x_0+h\,\frac{\sum f_i u_i}{\sum f_i}$$

本例：$\overline{x}=16+2\times\frac{-17}{50}=15.32$

第十四步：计算标准偏差 s。其计算公式为：

$$s=\sqrt{\frac{\sum_{i=1}^{n}(x_i-\overline{x})^2}{n}}$$

可以用简化公式：

$$s=h\sqrt{\frac{\sum f_i u_i^2}{\sum f_i}-\left(\frac{\sum f_i u_i}{\sum f_i}\right)^2}$$

本例：$s=2\times\sqrt{\frac{97}{50}-\left(\frac{-17}{50}\right)^2}=2\times\sqrt{1.94-0.1156}=2.7$

第十五步：画直方图。直方图的画法是以纵坐标为频数、横坐标为组距，画出一系列直方形。如图 10－7 所示：

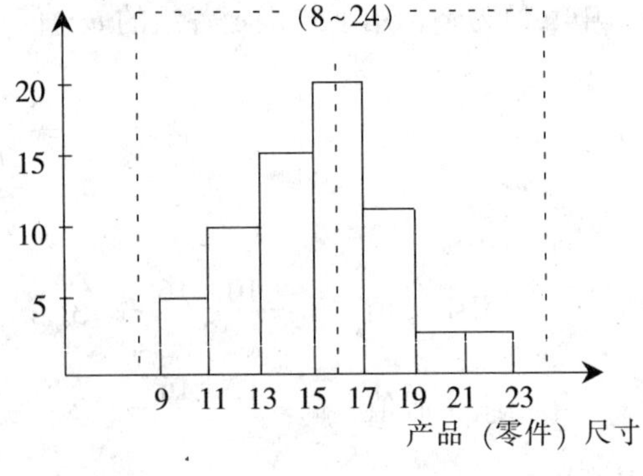

图 10－7

2. 直方图的观察分析

根据直方图，观察它的整体分布形状，推测生产过程中质量是否发生异常，主要从以下角度观察分析：整体分布位置是否适当，整体分布的宽度如何；整体分布形状是否向左或向右倾斜，是否对称，在整体分布中有无形成缺齿或折齿的情况；整体分布的左右有无陡壁状；整体分布是否过于尖峰状；有无孤岛型跳离整体之外，有无形成双峰形；整体分布是否过于平坦。如图 10－8 所示：

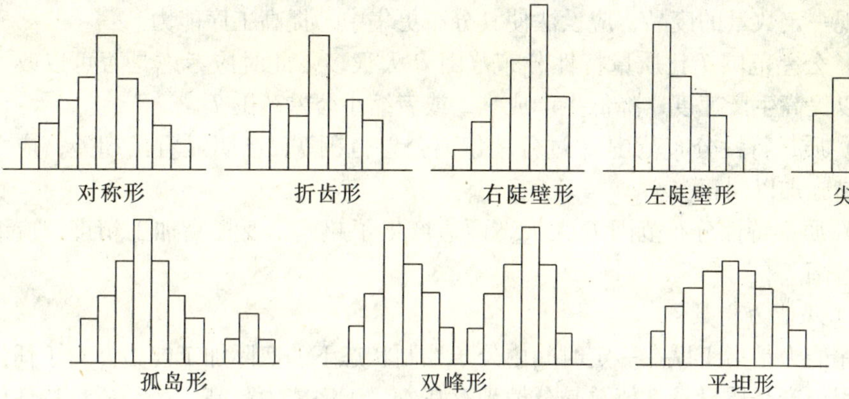

图 10－8 直方图的分布形状

另外，还可以通过将直方图和公差对比来观察直方图，这种对比大致有六种情况，如图 10－9 所示：

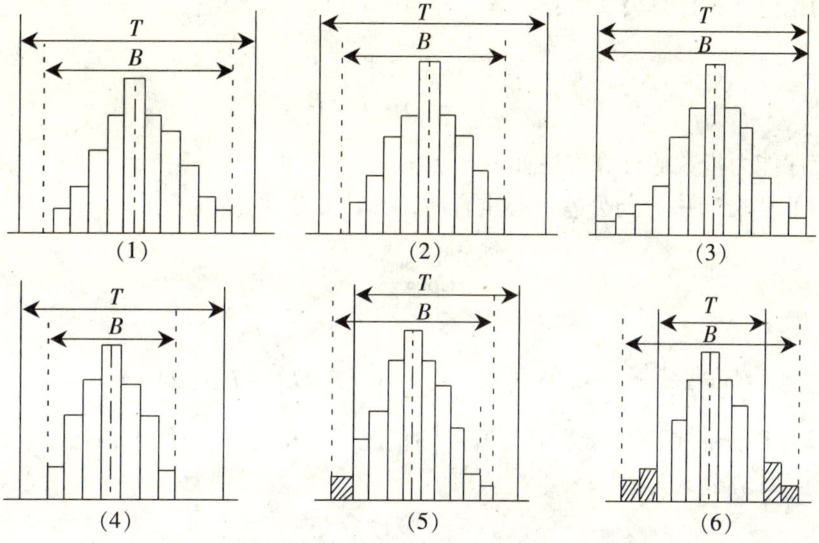

图 10－9 直方图和公差对比图

图 10－9 中：

（1）质量特性分布范围 B 在公差范围 T 的中间，平均值 $\bar{x}$ 基本与公差中心重合，质量特性分布的两边还有一定的余地，这是很理想的。

（2）质量特性分布范围 B 虽然落在公差范围 T 之内，但因偏向一边，故有超差的可能，应采取措施纠正。

（3）质量特性分布范围 B 落在公差范围 T 之内，但完全没有余地，说明总体已出现一定数量的废品，应设法使其分布更集中，提高工序能力。

（4）公差范围 T 比质量特性分布范围 B 大很多，此时应考虑是否可以改变工艺，以提高生产速度，降低生产成本，或者缩小公差范围 T。

（5）质量特性分布范围 B 过分地偏离公差范围 T，已明显看出超差，应立即采取措施加以纠正。

（6）质量特性分布范围 B 太大，两边产生了超差，要提高加工精度，应缩小分布范围。

3. 工序能力指数

工序能力是指工序在一定时间内处于控制状态下的实际加工能力。对于任何生产过程，产品质量特性值总是分散地存在着。工序能力越高，产品质量特性值的分散就越小；反之，工序能力越低，产品质量特性值的分散就越大。一般工序能力 $B=6\sigma$，其中 σ 为质量的标准偏差。

工序能力这个参数本身还不能反映出加工过程是否能满足产品的技术要求，要引入工序能力指数，一般用符号 Cp 表示工序能力指数。它是技术要求和工序能力的比值。其计算公式为：

$$Cp=\frac{\text{技术要求}}{\text{工序能力}}=\frac{T}{B}$$

工序能力指数的计算方法如下：

（1）当分布中心与公差中心重合时，其计算公式为：

$$Cp=\frac{T}{6\sigma}$$

上例：$Cp=\frac{16}{6\times2.7}=0.98$（用 s 代入 σ，$T=T_{上}-T_{下}=24-8=16$）

（2）在分布中心与公差中心偏离的情况下，Cp 值要作修正，修正后用 Cp_K 表示。其计算公式为：

$$Cp_K=Cp\cdot(1-K)$$

$$K=\frac{|M-\bar{x}|}{T/2} \qquad |M-\bar{x}|=\varepsilon$$

式中，ε 为绝对偏移量，K 为相对偏移量，M 为公差范围中心值（上例：$M=\frac{T_{上}+T_{下}}{2}=\frac{8+24}{2}=16$），$T$ 为公差，$\bar{x}$ 为质量特性分布中心（上例：$\bar{x}=15.32$）。

上例：$K=\frac{|16-15.32|}{16/2}=0.085$

$$Cp_K = 0.98 \times (1-0.085) = 0.98 \times 0.915 = 0.896\,7$$

如果用查表法求总体不合格率，可查表 10－4。

表 10－4　根据工序能力指数 Cp 和相对偏移量 K 求总体不合格率 p 的数值表（%）

K / Cp	0.00	0.04	0.08	0.12	0.16	0.20	0.24	0.28	0.32	0.36	0.40	0.44	0.48	0.52
0.50	13.36	13.43	13.64	13.99	14.48	15.10	15.86	16.75	17.77	13.92	20.19	21.58	23.09	24.71
0.60	7.19	7.26	7.48	7.85	8.37	9.03	9.85	10.81	11.92	13.18	14.95	16.51	17.85	19.90
0.70	3.57	3.64	3.83	4.16	4.63	5.24	5.99	6.89	7.94	9.16	10.50	12.10	13.84	15.74
0.80	1.64	1.66	1.89	2.09	2.46	2.94	3.55	4.31	5.21	6.28	7.53	8.88	10.62	12.48
0.90	0.69	0.73	0.83	1.00	1.25	1.60	2.05	2.62	3.34	4.21	5.27	6.53	8.02	9.76
1.00	0.27	0.29	0.35	0.45	0.61	0.84	1.14	1.55	2.07	2.75	3.59	4.65	5.94	7.49
1.10	0.10	0.11	0.14	0.20	0.29	0.42	0.61	0.88	1.24	1.74	2.39	3.23	4.31	9.66
1.20	0.03	0.04	0.05	0.08	0.13	0.20	0.31	0.48	0.72	4.06	1.54	2.19	3.06	4.20
1.30	0.01	0.01	0.02	0.03	0.05	0.09	0.15	0.25	0.42	0.63	0.96	1.45	2.13	3.06
1.40	0.00	0.00	0.01	0.01	0.02	0.04	0.07	0.18	0.22	0.36	0.59	0.98	1.45	2.19
1.50			0.00	0.00	0.01	0.02	0.03	0.06	0.11	0.20	0.35	0.59	0.96	1.54
1.60					0.00	0.01	0.01	0.03	0.06	0.11	0.20	0.36	0.63	1.07
1.70						0.00	0.01	0.01	0.03	0.06	0.11	0.22	0.40	0.72
1.80							0.00	0.01	0.01	0.03	0.06	0.13	0.25	0.48
1.90								0.00	0.01	0.01	0.03	0.07	0.15	0.31
2.00									0.00	0.01	0.02	0.04	0.09	0.20
2.10										0.00	0.01	0.02	0.05	0.12
2.20											0.00	0.01	0.03	0.08
2.30												0.01	0.02	0.05
2.40												0.00	0.01	0.03
2.50													0.01	0.02
2.60													0.00	0.10
2.70														0.01
2.80														0.00

在表 10 - 4 中查找 $Cp = 1$，$K = 0.08$ 的交点处，查到总体不合格率 p 为0.35%。

另外，求出 Cp 值后也可以用计算法求总体不合格率 p，这里从略。

(3) 单向公差的情况下质量特性只限于某一单边范围，其计算公式为：

$$Cp = \frac{T_{上} - \bar{x}}{3\sigma} \quad (只有公差上限时)$$

$$Cp = \frac{\bar{x} - T_{下}}{3\sigma} \quad (只有公差下限时)$$

以上是在计量值情况下工序能力指数的计算方法，计数值情况下工序能力指数的计算方法，这里从略。

10.4.5 控制图法

1. 控制图法的含义

控制图利用控制界限对生产过程的质量状态进行控制，是用来分析研究质量特性在运动状态下分布波动情况的一种统计图，借助它可以区分出质量波动究竟是由偶然原因还是系统原因引起的，从而判明生产过程是否处于控制状态。

控制图上一般有三条线，上面一条叫控制上限线，下面一条叫控制下限线，中间一条叫中心线。将被控制的质量特性值变为点子描在图上，如果点子落在上、下控制界限内，而且点子的排列没有异常状况，就可判断生产过程处于控制状态，否则就认为生产过程中存在异常因素，必须查明原因并予以消除。因此，控制图中的控制界限就是判明生产过程是否存在异常因素的基准。它是根据数理统计学的原理计算出来的。用“3σ 法”（“三倍标准偏差法”）来确定控制界限，即把中心线定在控制对象的平均值上，然后以中心线为基准向上量三倍标准偏差就确定了控制上限，向下量三倍标准偏差就确定了控制下限（见图 10 - 10）。

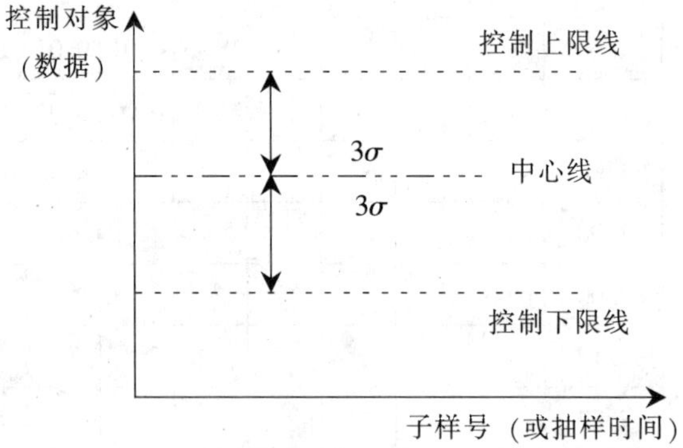

图 10 - 10　三倍标准偏差法示意图

2. 控制图的分类

（1）计量值控制图，包括平均值与极差控制图（$\bar{X}-R$ 图）、中位值与极差控制图（$\tilde{x}-R$ 图）、单值控制图（X 控制图）等。

（2）计数值控制图，包括不合格品数控制图（Pn 控制图）、不合格品率控制图（P 控制图）、缺陷数控制图（C 控制图）、单位缺陷数控制图（U 控制图）等。

（3）其他控制图。

3. 控制图的用途

（1）计量值控制图的用途。

①$\bar{X}-R$ 控制图，是一种应用比较普遍的控制图，它适用于控制对象为长度、重量、强度、纯度、时间和生产量等计量值的场合。$\bar{X}$ 图主要用于观察分布的平均值的变化，R 图主要用于观察分布的分散情况的变化。而 $\bar{X}-R$ 控制图则将二者联合应用，因此可以用来观察整个分布的变化。

②$\tilde{x}-R$ 控制图，与 $\bar{X}-R$ 控制图相似，只是用中位数 $\tilde{x}$ 代替平均数 $\bar{X}$，由于 $\tilde{x}$ 的计算比 $\bar{X}$ 简单，所以多用于工作现场。

③X 控制图，是利用一个质量特性值 X 来管理工序，将测得的数据直接在图上打点，具有快速和简便的特点；但不易发现工序分布平均的变化状况，一般用于希望尽快发现并必须及时消除的不正常因素，或只能获得一个测定值和不需要取多个测定值的情况。它经常与移动极差 R_s 配合起来应用，即 $X-R_s$ 控制图（单位与移动极差控制图）。

（2）计数值控制图的用途。

①Pn 控制图，用于控制对象为不良品个数的场合，由于不良品率计算费时，所以在样本大小相同的情况下，用 Pn 控制图比较方便。

②P 控制图，用于控制对象为不合格率的场合，如废品率、交货延迟率、缺勤率以及邮电、铁道、交通等部门的差错率。

③C 控制图，用于控制对象为一部机器、一个部件、一定的面积或任何一定的单位所出现的缺陷数目。

④U 控制图，当样品的大小不一定时，换算为每单位的缺陷数后，就要使用 U 控制图。

4. 控制图的作法（以 $\bar{X}-R$ 控制图为例）

例：某厂生产的某一产品的质量特性（质量标准）要求伸长为 8～24 毫米，现在分 10 天随机抽样，每组为 5 件，抽取了 50 件，测量数据如表 10－5 所示：

表 10－5

组号	x_1	x_2	x_3	x_4	x_5	$\sum x_i$	$\overline{X}$	R
1	10	19	11	21	16	77	15.4	11
2	14	12	18	14	12	70	14.0	6
3	15	16	16	16	23	86	17.2	8
4	13	14	15	19	18	79	15.8	6
5	17	14	12	17	16	76	15.2	5
6	16	10	14	18	20	78	15.6	10
7	15	17	15	16	13	76	15.2	4
8	16	19	17	15	22	89	17.8	7
9	15	16	14	16	14	75	15.0	2
10	16	17	15	18	13	79	15.8	5
							$\overline{\overline{X}}=15.7$	$\overline{R}=6.4$

解：①计算各子样的平均数 $\overline{X}$ 和极差 R：

如第一组：

$$\overline{X}_1=\frac{10+19+11+21+16}{5}=15.4$$

$$R_1=21-10=11$$

其余类推。

②计算各子样平均数 $\overline{X}_i$ 的平均值 $\overline{\overline{X}}$ 和极差 R_i 的平均值 $\overline{R}$：

$$\overline{\overline{X}}=\frac{\sum\overline{X}_i}{K}=\frac{157}{10}=15.7$$

$$\overline{R}=\frac{\sum\overline{R}_i}{K}=\frac{64}{10}=6.4$$

③确定 $\overline{X}$ 图的中心线及上、下控制界限：

中心线（CL）$=\overline{\overline{X}}=15.7$

上控制界限（UCL）$=\overline{\overline{X}}+A_2\overline{R}$（$A_2$ 查以下控制界限数表得 0.58）

$=15.7+0.58\times6.4=19.412$

下控制界限（LCL）$=\overline{\overline{X}}-A_2\overline{R}=15.7-0.58\times6.4=11.988$

④确定 R 图的中心线及上、下控制界限：

中心线（CL）$=\overline{R}=6.4$

上控制界限（UCL）$=D_4\overline{R}=2.11\times6.4=13.504$（$D_4$ 查以下控制界限数表得 2.11）；下控制界限一般不考虑。

表 10－6

样本组内样品数	A_2	D_4
4	0.73	2.28
5	0.58	2.11
6	0.48	2.00
7	0.42	1.92
8	0.37	1.82
9	0.34	1.82
10	0.31	1.78

⑤作图。从图 10－11 中的 $\bar{X}$ 图可以看出，该工序生产出合格品数能力较强，都在中心线附近摆动，没有什么异常现象，而图 10－11 中的 R 图波动稍为大一些。

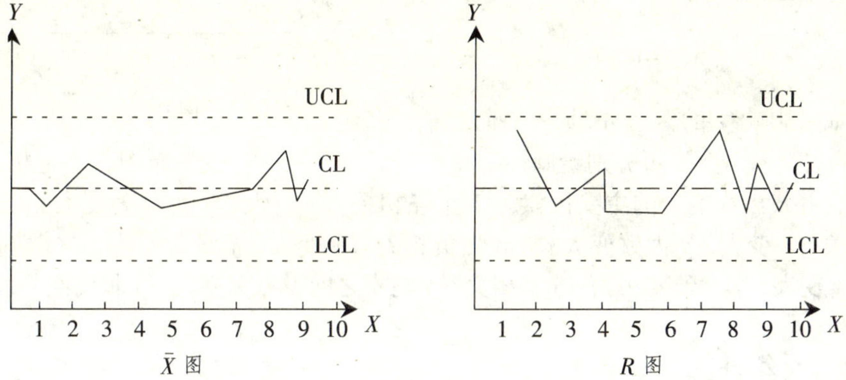

图 10－11

5. 控制图的观察分析

控制图上的数据（点子），反映了生产工艺过程质量的稳定程度。

（1）正常情况，点子不越出控制界限；点子排列无缺陷。

（2）不正常情况。如果点子在控制界限以外，说明生产工艺过程发生了异常变化；虽然点子未跳出控制界限，但其排列有下面情况的也应判为工艺过程有异常变化：①点子在中心线一侧连续出现 7 次以上；②连续 7 个点子一直上升或一直下降；③连续 3 个点子中至少有 2 个点子靠近控制线，即在上方或下方 2σ 横线以外出现；④点子出现周期性变动，忽上忽下，剧烈波动，有一部分接近控制线，等等。

10.4.6 散布图

散布图也叫相关图，它是一种分析变量与变量之间关系的数学方法。在原因分析中，常常会遇到一些变量共处于同一个统一体中，它们相互联系、相互制约，在一定的条件下又相互转化。有些变量之间存在着确定性的关系；有些变量之间却存在着相关关系，即这些变量之间既有关系，但又不能由一个变量的数值精确地求出另一个变量的数值。通常将两种有关的数据列出，并用点子填在坐标纸上，观察两种因素之间的关系，这种图称为散布图。对它进行的分析称为相关分析。

例：分析淬火的温度与硬度的关系，如图 10－12 所示：

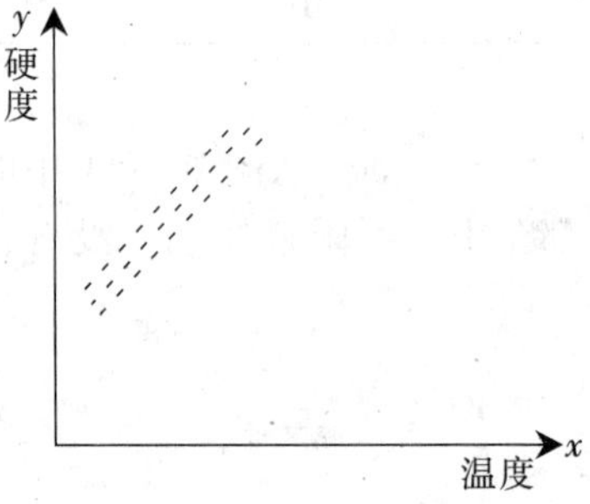

图 10－12

解：从图 10－12 中可以看出，数据点近似一条直线，在此情况下可以说明硬度与淬火温度近似线性相关，并可用下列线性回归方程表明它们之间的关系：

$$y = a + bx$$

如果影响 y 的因素不止一个而是若干个（x_1，x_2，…，x_n），可分别绘制$y-x_1$，$y-x_2$，…，$y-x_n$ 的散布图，确定相关的关系，并找出影响 y 的主要因素。①正强相关（x 变大，y 也显著变大）；②正弱相关（x 变大，y 大致变大）；③强负相关（x 变大，y 显著变小）；④弱负相关（x 变大，y 大致变小）；⑤不相关（x 与 y 之间没有关系）；⑥非线性关系。

10.4.7 统计调查表法

统计调查表法是利用统计表进行数据整理和分析原因的一种工具。其格式有多种多样，一般随着调查质量的目的不同而有所区别。常用的有以下四种：

（1）调查缺陷位置用的统计表。每当缺陷发生时，将其发生位置标记在产品示意图上，经过若干次统计，我们可以找到产品缺陷位置出现的规律，发现影响产品质量的某个具体原因，从而使产品质量得到改进。

（2）工序内质量特性分布统计表。可以帮助我们大致了解产品质量分布的状况，判断工序内产品质量是否稳定。如前面讲到的直方图中的频数分布统计表。

（3）按不合格项目分类的统计表，即前面讲到的排列图法中的不合格产品统计表。

（4）其他。如调查效果的统计表，以及针对出现问题采取措施的对策表等。

以上七种质量管理统计工作方法，也叫“老七种工具”。此外还有“新七种工具”，即单关联图法、亲和图法、系统图法、过程决策图法、矩阵图法、矩阵数据分析法、箭条图法；另外还有六西格玛法等质量管理方法。因篇幅所限，不能全部介绍，读者可以参阅有关专著。

10.5 质量检验

10.5.1 质量检验的基本概念

在质量管理中，一方面要对生产过程进行质量控制，保证生产的稳定性；另一方面还要对生产出来的产品进行严格的质量检验。对产品的质量检验是保证产品质量的重要环节之一。产品质量检验的目的，一是决定已经生产出来的产品是否合格，二是当制造产品的过程不稳定时，可通过检验及时地发现问题，以便采取措施使生产过程保持稳定，以确保产品质量。

国际标准《ISO9000：2000 质量管理体系 基础和术语》中对“检验”的定义是：“通过观察和判断，适当时结合测量、试验所进行的符合性评价。”产品质量检验是通过观察和判断并采用测量、试验、检查等方法，将单个产品与技术要求相比较的过程。通过质量检验，可以决定已生产出来的产品是否合格、投产的原材料是否符合要求，有助于及时发现生产过程中产品质量不稳定的苗头，从而做到“成品不合格不出厂，原材料不合要求不投产，在制品不合格不流入下道工序”，起到提高和保证产品质量的作用。

10.5.2 衡量产品质量的方法

1. 单位产品的质量

对于制成品而言，一件产品就是一个单位产品。单位产品就是构成产品总体的基本单位。有些产品的单位产品可以自然地划分，如一批灯泡中的每个灯泡、一批电视机中的每台电视机都可以叫做一个单位产品；有时则不能自然地划分，要按照需要的不同而变更，如在不同的需要之下，一公尺布、一尺布、一丈布以至一匹布都可以作为一个单位产品。单位产品的质量可以用不同的方法来衡量，常用的方法有计数和计量两种。但在实际工作中为了节省人力、物力和时间，往往采用计数方法，只将单位产品分为合格与不合格来衡量产品的质量。

判断单位产品质量是否合格，主要依靠产品质量标准，产品不符合质量标准中的任何一项要求，都会构成产品的一个缺陷。按照缺陷的严重程度可分为以下三级：致命缺陷；严重缺陷；轻缺陷。一个单位产品如果有其中任何一项缺陷则为不合格品。

2. 一批产品的质量

一批产品是指需要检验的一组单位产品，通常称为检验批，简称批。批中所包含的单位产品的总数称为批量。构成一个批的所有单位产品，应当尽可能一致，即批内的产品必须是相同生产条件下生产出来的。一批产品在检验过程中常常被看成一个总体。检验一定涉及双方，即提供产品的一方和接受产品的一方。在实际中，他们可以是供应方与使用方、生产方与消费方、卖主与买主、厂家与用户、上道工序与下道工序等。构成的检验批就处于这样的双方交流中，如：供方将产品组成批，经检验交使用方使用；上道工序加工后的产品可以组成批，经检验交下道工序继续加工。

衡量一批产品质量的方法，常用的有以下五种：

（1）批中不合格的单位产品所占的比例。其计算公式为：

$$\text{批不合格产品率}（P）=\frac{\text{批中不合格品个数}}{\text{批量}}\times 100\%$$

（2）批中每百个单位产品平均包含的缺陷个数。其计算公式为：

$$\text{每百个单位产品平均缺陷个数}（\mu）=\frac{\text{缺陷个数}}{\text{批量}}\times 100$$

（3）批中所有单位产品的某种质量指标的平均值 u。如电灯泡的平均使用寿命。

（4）批中所有单位产品的某种质量指标的标准差 δ。

（5）过程平均不合格品率 $\overline{P}$。其计算公式为：

$$\overline{P}=\frac{D_1+D_2+\cdots+D_k}{N_1+N_2+\cdots+N_k}\times 100\%=\frac{\sum_{i=1}^{k}D_i}{\sum_{i=1}^{k}N_i}\times 100\%$$

式中，N_i 为第 i 批产品的批量；D_i 为第 i 批产品中的不合格品；k 为批数。

过程平均不合格品率 $\overline{P}$ 通常无法得到，一般可以用最近接连生产出的若干批产品的抽样检查结果，算出样本的过程平均不合格品率 $\overline{P}$。它是过程平均不合格品率的一个良好的估计值。其计算公式为：

$$\overline{P}=\frac{d_1+d_2+\cdots+d_k}{n_1+n_2+\cdots+n_k}\times 100\%=\frac{\sum_{i=1}^{k}d_i}{\sum_{i=1}^{k}n_i}\times 100\%$$

式中，n_i 为第 i 批产品中抽取样本的含量大小；d_i 为第 i 批产品样本中出现的不合格品个数；k 为批数。

10.5.3 产品质量检验的分类

进行产品质量检验是为了保证产品质量，检验的方法各种各样，并可按不同情况进行分类：

（1）根据检验的数量分类可分为全数检验和抽样检验。

（2）根据流程分类可分为购入检验、中间检验、成品检验、出厂检验、库存检验和监督检验。

（3）根据检验的内容分类可分为试制品的检验、性能检验、可靠性检验、苛刻检验和分解检验。

（4）根据检验差别的方法分类可分为计数检验和计量检验。

10.5.4 全数检验

全数检验是对批中每一个产品逐一进行检验，以确定每一个产品的质量是否符合标准。但在什么情况下可以进行全数检验呢？一般处于以下的情况可以进行全数检验：①检验是非破坏性的；②检验的项目少，而且检验的数量不大；③检验费用少；④影响产品质量的重要特性项目；⑤生产中尚不够稳定的又比较重要的特性项目；⑥单件、小批生产的产品和零部件；⑦昂贵的、高精度或重型的产品以及有特殊要求的产品和零部件；⑧能够应用自动化检验方法的产品和零部件。

产品和零部件是否要进行全数检验，首先，要考虑检验后是否为破坏性。如电灯泡的寿命试验、棉布的拉力试验，一经试验产品就被破坏了，当然就不能进行全数检验。其次，还应全面地、综合地考虑，即从检验后产品检验的效果以及经济性如何等来确定。如对一些螺钉、螺帽、垫圈等不很重要、价值低、数量大的产品，如果要全数检验就会消耗大量的人力、物力和时间，增加了成本，经济效益差，所以最好不要采用全数检验的方法。当然对于那些重要的、关键的质量特性，为了保证产品质量，即使费用大也要进行全数检验。

对于经过全数检验的产品，是否就一定不会漏过不合格品呢？这要根据具体情况而定。使用自动化检验的场合，误差会小一些，而对于不使用自动化检验的场合，往往会产生一定误差。

影响全数检验误差的大小与下列五个因素有关：①产品批量的大小；②不合格率的高低；③检验工作的性质；④检验工具的使用方法；⑤检验人员的技术水平和责任心。

当产品批量非常大，不合格品率很低，检验工作单调，检验工具使用方法复杂，检验人员技术水平低和责任心不强的时候，全数检验的误差就大；相反就小。

10.5.5 抽样检验

从一批产品中随机抽取一小部分样本单位进行检验，然后根据不合格品的多少或质量特性值的界限，按一定规则对产品总体（或产品批）的质量状况作出判断，就称为抽样检验。在生产实践中工序与工序、库房与车间、生产者与使用者之间进行产品交换时，要把产品划分为批。一个产品批总是由一定数量的产品构成，抽样检验就是从产品批量里抽取一部分产品进行检验，然后根据样本不合格品数或质量特性的规定界限，来判断整批产品是否合格。因为抽样检验不是检验批的全部产品，所以即使判定为合格的产品批，其中也可能含有一定数量的不合格品。如果我们允许批量中有一定比率的不合格品，从经济上考虑是有利的，那么检验的目的就是保证这批产品里的不合格品数不超过这个限制比率。在这种情况下，利用抽样检验就可以使检验的数量少、费用少、时间省、成本低。检验时要严格执行抽检方案，它比全数检验具有更大的优越性。

抽样检验适合于在破坏性的检验、测量对象是连续体、产品数量多、希望检验费用少以及需要促使供应方加强质量管理等情况下采用。

抽样检验的缺点就是存在着犯两类错误的可能，即把合格批误判为不合格批，或把不合格批误判为合格批。但从统计检验的原理可知，这两类错误都可以被控制在一定的概率以下。

抽样检验的方法是根据一定的抽检方案进行。具体抽检方案的确定，目前常用的有标准型抽检方案（通过查 JISZ9002 检验表来确定）和计数调整型抽检方案（通过查 ISO2859 国际标准来确定）。其具体确定过程由于篇幅所限，这里从略。读者若要了解可参考关于抽样检验的有关专著。

10.6 顾客满意度

10.6.1 顾客满意度的提出及其含义

1. 顾客满意的提出

质量管理发展到今天，经历了几个阶段。20 世纪 60 年代建立全面质量管理，80 年代全面质量管理成为企业讨论的热门话题，使质量管理工作从产品的制造扩展为整个企业生产经营的全过程，到了 90 年代，世界各国企业界开始热衷于顾客满意的研究和尝试。经过不断的探求，达成了共识。顾客满意是汇聚全面质量管理的交点，也是企业制定质量标准的重要依据。这是由于质量观念和服务方法的变化、经营和竞争环境的变化，以及顾客消费观念的变化，顾客满意的内涵是顾客价值观的实现。由于市场竞争日益激烈，而市场竞争的本质就是占领市场、争夺顾客。因此在企业生产经营领域，企业以顾客为导向，极力满足顾客的需求，在追求顾客满意的经营理念的指导下，质量的概念和质量管理的理念都发生了变化，这一点已体现在ISO9000：2000标准中。该标准明确指出，组织实施该标准的目的是建立一种寻求使顾客满意的持续改进过程。它要求把"以顾客为关注焦点"作为首要的管理原则，并要求"组织必须监测顾客的满意程度"。

2. 顾客满意的含义

顾客满意（Consumer Satisfaction，CS）。ISO9000：2000标准对顾客满意的定义是："顾客对其要求已被满足的程度的感受。"（注1：顾客抱怨是一种满意程度低的最常见的表达方式，但没有抱怨并不是一定表明顾客很满意。注2：即使规定的顾客要求符合顾客的愿望并得到满足，也不一定确保顾客很满意。）

顾客对产品或服务的期望和需求是千差万别的，但通常可归纳为下列质量特性：性能、可靠性、便用性、安全性、环保性、美观性、价格、附加服务、文化性、社会性等。顾客对产品或服务的满意程度与其所接受产品或服务的质量特性、满足要求的程度密切相关。有专家认为，从顾客的角度看，产品或服务的质量可以分为当然质量、期望质量和兴趣点质量三个类型。当然质量是指产品或服务应当具有的最基本的质量特性，认为具有这种特性是理所当然的。如果缺少或不足会招致顾客的强烈不满。期望质量是指顾客对产品或服务的质量的具体要求其实现程度与顾客满意水平同步增长。兴趣点质量是指能激发顾客进一步满意的附加质量，若具有这种质量，则会带来顾客满意程度的大幅度上升。

一般来说，顾客满意是指顾客在消费特定的商品或服务后所感受到满足程度的一种心理体验，不仅受商品或服务本身状态的影响，还会受到顾客的观念、心理、经济等方面自身因素的影响，因此，顾客满意是一种综合折射了特定经济和社会现象的复杂的心理感受。

10.6.2 顾客满意度的含义及其特征

1. 顾客满意度的含义

顾客满意度是指顾客对其消费过的特定商品或服务所感受到的满足程度。它是在对这种心理体验过程进行归纳分析后所形成的一种态度。购买一种商品或接受一种服务的人，必然抱有一种期望，希望所获得的商品或服务具有一定的功能，能够对自己有帮助。这种期望有些是清楚的想法，有些是潜意识的，这些都可以说是一种"事先期望"。顾客在使用这种商品或接受服务后，如果其效果达到或超过"事先期望"，即可称为满意，否则就是不满意。应该注意的是：①顾客满意度应该是以全体（或大多数）顾客为出发点。顾客千差万别，需求各有不同，但企业应满足大多数顾客的需求，而不是某一个顾客的特殊要求。②顾客的需求是相对的。顾客的满意不可能是绝对的，其满意度是会随着时间、地点及其他条件的变化而发生改变。如顾客对住宿服务的需求，在其收入低时，他需要的是简单的、便宜的服务；而当其收入提高后，他需要的则是高档的服务。③企业应努力提供个性化的、有差异的服务，以满足不同顾客的不同需求。

2. 顾客满意度的特征

顾客满意度概括地说具有以下特征：

(1) 社会客观性。顾客对某类商品或服务的满意程度不是固有的或与生俱来的，而是顾客在经过一定的社会实践活动后，特别是在对该类商品或服务的消费实践活动中逐步形成的。它的存在以及它对企业产生的作用都是客观的，不以提供商品或服务的企业的主观意愿为转移。

(2) 个体主观性。对于每一个顾客而言，关于满意与否以及满意的程度如何评价，又是建立在各个不同个体消费经历的基础上，并受个人的各种主观因素的影响。如不同的文化修养、价值观、经济地位、生活背景等，都会影响顾客的评价。因此，不同顾客对同一商品或服务的满意度评价可能是完全不同的。

(3) 动态可变性。市场环境、经济、科学技术的发展，社会生活的变化，会导致顾客对原有的满意程度的变化，即使原来对某一商品或服务是满意的，而这一商品或服务的水平没有变，但顾客的满意评价不会一成不变，而是会随着市场环境、经济、科技发展的变化而变化的。

10.6.3 顾客满意度测评模式简介

在顾客满意度测评过程中，由于评价的出发点不同，采用的测评模式也不一样，一般来说主要有以下三种测评模式。

1. 直接绩效测评模式

顾客满意反映了他购买商品或享受服务所获得的收益，收益越大当然越满意，可以采用直接绩效测评方式度量顾客的满意程度。其计算公式为：

$$Y = \sum_{i=1}^{n} W_i P_i$$

式中，Y 是顾客总满意度；W_i 是权数，表示第 i 项属性的重要程度；n 是属性的项数；P_i 是第 i 项的直接评分。其中，Y 越大表示顾客越满意。

2. 直接差异测评模式

直接绩效测评模式较简便、易理解，也能很快给出评价。但由于个体之间的差异，不同个体给出的评价没有可比性，对测评很难深入分析。其实顾客满意度不仅仅取决于其所得的收益，而且更重要的是其所获得的收益与预期的比较。如购买汽车，原来有汽车的购买者和原来没有汽车的购买者购车时的期望（预期）会有所不同，即使购买同样的汽车和享受同样的服务，满意程度也会有差别。因此，衡量顾客的满意程度，可采用与期望的直接比较形式，即将顾客使用产品或享受服务后的感觉与期望进行比较，因而个体之间的测评结果可以比较。用这种模式进行数据采集后，除了可以进行各种描述统计分析外，还可以运用一般的参数统计方法进行研究，所以直接差异测评较之直接绩效测评对数据有较深入的剖析。

3. 绩效与期望差距测评模式

绩效与期望差距测评模式认为，顾客满意是一种购买与使用商品或享受服务的结果，是由顾客比较预期结果的收益与投入成本所产生。其模式包括四个基本变量：顾客期望、商品绩效、一致性、顾客满意。根据这四个变量可建立如图 10－13 所示的潜变量关系模式：

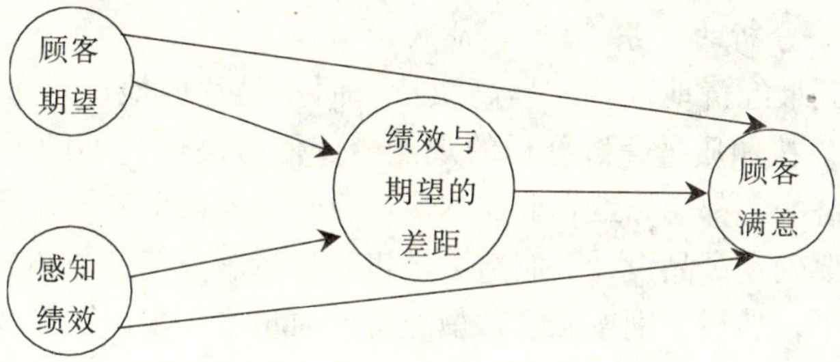

图 10－13　潜变量关系模式

其中，感知绩效就是上述的商品绩效；绩效与期望的差距就是一致性（差距越小越一致），以顾客购买产品或享受服务后的“实际感知绩效”减“顾客期望”测量。这四个变量中的“期望”与“绩效”包含哪些内容，是与要研究的问题有关的。如果是研究医疗服务的满意度，首先应考虑影响顾客（或称患者）满意的因素，比如服务内容、便利性、服务设备、医院形象、价格、服务人员和服务过程等。以上这些是无法直接测量的，因而被称为潜变量，它们通常和一些可以直接观测的变量相关。可以直接观测的变量称为可测变量。一个潜变量常常对应几个可测变量。可测变量是衡量、计算满意度的基础，其选择合适与否对最后的结果影响较大，因此，要充分考虑各种因素后再确定。一般来说，其确定性与所研究的问题有关。例如，研究医疗服务满意度的便利性变量时，对患者来说，便利性主要体现在地点便利、办理各项手续便利以及排队等候的时间不长等，那么这些因素可以作为可测变量。采集数据时，在问卷中设计适当的问题，包括期望和实际感受，由患者分别给出评价。问卷的问题进行细化后得到的数据，可以进行验证性因素分析和线性结构关系模型分析，并可以在此基础上建立顾客满意度综合指数。将其标准化称为顾客满意度指数。顾客满意度指数的内容因篇幅关系，这里从略。

10.7 质量经济分析

10.7.1 质量经济分析的概念、任务与内容

1. 质量经济分析的概念

我们这里所说的质量经济分析，就是对企业的质量和质量管理进行经济性分析和经济效益评价，以达到在改善质量的同时为企业创造最佳的经济效益。应从经济和经济效益的角度用经济分析的方法，对不同的质量水平和不同的质量管理措施进行分析和评价，从中挑选出能使质量和经济效益达到最佳结合的质量管理方案，并用以指导日常的质量管理工作。

2. 质量经济分析的任务

要力求做到最经济地改善和提高质量，而不是片面地追求不切实际的所谓“高质量水平”。按照质量经济分析的观点，任何过高或过低的质量水平，都是不可取、不经济的，都会导致企业成本增加，经济效益下降。开展企业的质量经济分析，就是要确定产品设计、制造、销售和售后服务等各个环节、各道工序的最经济质量水平，然后分别按照这种最经济的质量水平来组织生产，以保证企业在产品设计、制造、销售及售后服务全过程中取得最好的经济效益。

3. 质量经济分析的内容

质量经济分析的内容包括从产品设计、制造到产品的销售和售后服务的全过程，对质量和质量管理进行的全面系统的经济分析。其具体包括以下四个方面：

（1）产品设计过程的质量经济分析。

（2）产品制造过程的质量经济分析。

（3）产品销售及售后服务的质量经济分析。

（4）质量成本分析。

10.7.2 质量成本分析

1. 质量成本的概念与项目

（1）质量成本的概念。据 ISO8402：1986 标准的定义：质量成本是指为了确保和保证满意的质量而发生的费用以及没有达到满意的质量所造成的损失。（注 1：组织根据各自的准则对质量成本进行分类。注 2：某些损失可能难以定量，但很重要，如丧失信誉等。）

（2）质量成本项目。从质量成本的定义中可看出质量成本的总体轮廓，但我们分析质量成本的目的在于具体实施，这就有必要把质量成本的概念具体化，明确哪些成本属于质量成本的范畴。一般认为，质量成本应由预防成本、鉴定成本、内部故障成本和外部故障成本 4 个二级子目构成。这 4 个二级子目中又包括多项具体三级细目。但到底有多少个三级细目尚未有一个统一的规定，只是视具体情况而定。下面根据有关资料对 4 个二级子目和 20 个三级细目分述如下：

①预防成本。预防成本的费用包括：一是质量工作费。企业质量体系为预防、保证和控制产品质量，开展质量管理所发生的办公宣传、收集情报、制订质量标准、编制质量手册、制订质量计划、进行质量审核、工序能力研究、开展质量管理活动等所支付的费用。二是质量培训费。为达到质量要求、提高人员素质，对有关人员进行质量意识、质量管理、检测技术、操作水平等的培训费用。三是质量奖励费。为确保和改进产品质量而支付的各种奖励费用，如 QC 小组成果奖、产品升等创优奖、质量管理先进奖及有关质量合理化建议奖等符合国家规定的奖励支出。四是产品评审费。新产品设计方案的评审、试制产品质量的评审所发生的费用。五是质量改进措施费。建立质量体系，提高产品质量及工作质量，改进产品设计、调整工艺、开展工序控制、进行技术改进的措施费用（属成本开支范围的）。六是工资及福利基金。质量管理科室及车间从事专职的质量管理人员的工资及福利基金。

②鉴定成本。为评定是否符合质量要求而进行的试验、检验和检查的费用包括：一是检测试验费。对进厂的材料、外协外购件、配套件、工量具以及生产过程中的在制品、半成品、产成品，按质量要求进行检查、测试、试验及对设备的检测维修、校正所发生的费用。二是工资及福利基金。专职检验和计量人员的工资及福利基金。三是办公费。为检验、试检所发生的办公费。四是检测设备折旧费。

③内部故障成本。交货前因产品未能满足质量要求所造成的损失包括：一是废品损失。无法修复或经济上不值得修复的在制品、半成品、产成品报废而造成的净损失。二是返修损失。对不合格的产成品、在制品及半成品进行返修所耗用的材料和人工费用。三是停工损失。由于质量问题而引起的停工损失。四是事故分析处理费。对质量问题进行分析处理所发生的直接损失。五是产品降级损失。产品因外表或局部的质量问题达不到质量标准，又不影响主要性能而降级处理所造成的损失。

④外部故障成本。交货后因产品未能满足质量要求所发生的费用包括：一是保修费用。按合同规定在保修期内为用户提供修理服务所发生的费用。二是退货损失。产品出厂后由于质量问题而造成的退货、换货所发生的损失。三是索赔费

用。产品出厂后由于质量缺陷而赔偿用户的费用。四是诉讼费。用户认为产品质量低劣，提出申诉要求索赔，企业为处理申诉所支付的费用。五是产品降价损失。产品出厂后因低于质量标准而进行降价所造成的损失。

以上关于质量成本的4个二级子目和20个三级细目，是质量成本的基本内容，可供我们在开展质量成本工作时参考。

2. 质量成本比例与分析

由于各个企业的产品性能、服务对象、规模以及人数等不同，质量成本总额是不可能相同的，即便是情况大致相近的企业，质量成本总额也可能相差甚远，但也不是说就没有共同的规律了。根据大量研究，发现下面五组数据对一般企业来说都有指导意义：

（1）简单的低公差的工业部，质量成本的总额一般不超过销售总额的2%。

（2）在异常情况，如高精密度、高可靠性、高复杂性的情况下，质量成本总额可能超过销售总额的25%。

（3）如果把内部故障损失成本与外部故障损失成本统称为质量损失成本，那么在消费品工业中，质量损失成本一般是几倍于鉴定成本。

（4）预防成本一般不到全部质量成本的10%，普遍认为接近10%较好。

（5）质量损失成本的较理想比例是占质量成本总额的50%左右。

图10－14表示四个质量成本项目之间存在的关系。其中，C_1表示预防成本和鉴定成本之和，它随着合格率的增加而增加；C_2表示内部损失、外部损失成本之和，随着合格品率的增加而减少；C是C_1与C_2之和，即为质量总成本曲线，C曲线有一个极小值M点，M点所对应的合格率Q_m，就是企业进行生产时应当控制的经济的制造质量水平（适宜的质量水平），其所对应的质量成本是适宜的质量成本。现将质量总成本曲线C的最低点附近放大，如图10－15所示：

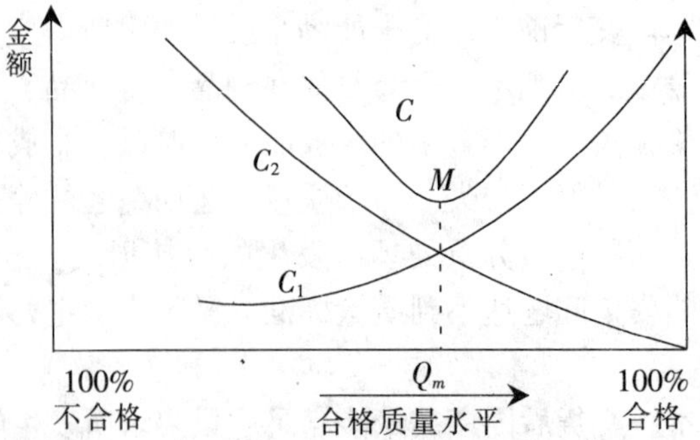

图10－14 质量成本各项目关系图

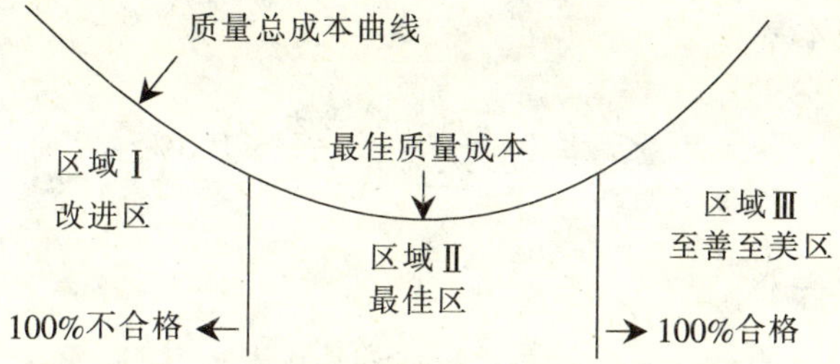

图 10－15　质量总成本曲线最低点附近放大图

根据各质量成本项目在质量总成本额中所占的比例，可以把 C 曲线分为三个区域：

区域Ⅰ的特点是质量损失成本占质量成本总额的 70% 以上，而预防成本低于总额的 10%，鉴定成本和预防成本偏低。在此情况下，应设法降低质量损失成本，工作的重点应放在增加鉴定成本和提高预防成本。

区域Ⅱ是比较理想的区域。从图 10－15 中可以看出，质量成本总额曲线存在着一个最小值 Q_m，我们进行质量成本分析和管理，正是要使质量成本总额达到这一最小值。区域Ⅱ基本上处于或接近质量成本总额的最小值。所以是比较理想的区域。这一区域的特点是，质量损失成本占质量成本总额的一半左右，而预防成本占质量成本总额的 10% 左右。当质量成本总额处于这一区域时，应尽量保持这一理想水平，严格控制各项质量成本，以免偏离这一区域。

区域Ⅲ的特点是鉴定成本超过了质量损失成本，且占质量成本总额的一半以上。出现这种情况，一般是因为对合格率和产品质量提出了过分高的要求，而又没有很好地考虑产品质量的经济性。此时要减少质量成本总额，力求发现并消除因要求产品质量所谓的“至善至美”而带来的不必要成本。

3. 质量总成本分析

只计算质量总成本和各项质量成本在质量总成本中所占的比例，虽然可以说明各项质量成本的比例是否合理并找出改善措施，但还不足以说明企业所支出的质量总成本是高还是低、是合理还是不合理；而且由于各个时期企业的总成本、总产值和销售收入各不相同，所以单独计算质量总成本和各项质量成本的数值，在不同的时期便不具备可比性。因此，应该以企业的总成本、总产值和销售总收入作为比较的基数，将质量总成本和各项质量成本与这些基数进行比较，建立一系列的分析比较指标，通过这些指标来分析不同时期企业的质量管理工作和改善产品质量对企业经济效益所作的贡献，以及由于产品质量问题给企业带来的经济损失。

分析比较质量总成本的指标主要有以下六个：

(1) 质量成本率。

$$质量成本率 = \frac{质量总成本}{企业总成本} \times 100\%$$

(2) 产值质量成本率。

$$产值质量成本率 = \frac{质量总成本}{企业总产值} \times 100\%$$

(3) 销售额质量成本率。

$$销售额质量成本率 = \frac{质量成本总额}{销售收入总额} \times 100\%$$

(4) 质量损失成本率。

$$质量损失成本率 = \frac{内部损失成本 + 外部损失成本}{企业总成本} \times 100\%$$

(5) 产值质量损失成本率。

$$产值质量损失成本率 = \frac{内部损失成本 + 外部损失成本}{企业总产值} \times 100\%$$

(6) 销售额质量损失成本率。

$$销售额质量损失成本率 = \frac{内部损失成本 + 外部损失成本}{企业销售收入总额} \times 100\%$$

本章小结

质量关系到一个国家、一个地区、一个企业、一个人的利益，是对国家、对企业兴旺发达至关重要的大问题。质量管理是整个企业管理的中心环节。以质量求生存，以品种求发展，走质量效益型道路是成功企业先进经验的总结。

本章从质量基本概念的讨论开始介绍了质量管理以及全面质量管理的基本理论、基本原理、原则和程序。由于国际间贸易发展的需要，充分讨论了《质量管理体系》国际标准(ISO9000 族标准)，以及质量管理体系和产品质量认证的有关内容。为了更好地控制生产过程的质量，本章着重讨论了质量管理常用的七种统计方法（“老七种工具”），讨论了质量检验、顾客满意度以及质量经济分析等方面的内容。

质量管理已成为一门新兴的学科。本章由于篇幅所限，仅从质量管理的几个比较重要的方面加以讨论介绍，未能对质量管理进行全面讨论和介绍。读者可以参阅有关质量管理方面的专著。

复习思考题

1. 什么是质量、质量特性、质量职能和质量管理？

2. 什么是全面质量管理，其特点有哪些？全面质量管理的基本理念是什么？

3. ISO9000 族标准是个什么标准？2000 版 ISO9000 族标准的核心标准有哪些？

4. ISO9000：2000 族标准提出的质量管理原则是什么？

5. 什么是质量认证？产品质量认证与质量管理体系认证有何异同之处？

6. 质量管理常用的统计方法有哪七种？

7. 什么是质量检验，质量检验如何分类？

8. 什么是顾客满意度？研究顾客满意度有何意义？

9. 试述质量经济分析和质量成本的概念和内容。

10. 某精密铸造机匣小组一周的质量不良项目有表面疵点、气孔、未充满、形状不佳、尺寸超差及其他等项，其缺陷记录如表 10－7 所示。要求：计算及作主次因素排列图。

表 10－7

缺陷项目	频数	频率（%）	累计（%）
表面疵点	41		
气孔	18		
未充满	13		
形状不佳	10		
尺寸超差	6		
其他	7		
合计	95		

11. 某厂生产某种产品，经随机抽样得到 100 个数据，按大小顺序排列如表 10－8 所示。要求：（1）进行统计整理，作出直方图；（2）计算平均值 $\overline{X}$ 和标准偏差 s。

表 10－8

202	204	205	206	206	207	207	208	208	209
209	210	210	210	211	211	211	211	212	212
212	213	213	213	214	214	214	215	215	215
215	216	216	216	216	217	217	217	217	217
217	218	218	218	218	218	218	218	218	219
219	219	219	220	220	220	220	220	220	220
220	220	220	220	221	221	221	221	221	221
221	222	222	222	223	223	223	223	224	224
224	225	225	225	226	226	227	227	228	228
229	229	230	213	231	232	233	234	235	237

12. 根据第 11 题的资料，如技术标准要求公差范围为 $220^{\pm 20}$ mm。要求：（1）求工序能力指数 Cp 值；（2）判断是否要对 Cp 值进行修正，如果需要则要计算 Cp_K；（3）查表估计总体不合格率 P。

13. 对某圆柱齿轮磨孔，加工尺寸要求 $\Phi\, 23^{+0.024}_{-0.000}$ mm。开始投产时，每隔 2 小时抽取 5 个样本，共 10 次，其测量值数据如表 10－9 所示（数值精确到 0.001）。要求：作出 $\bar{X}-R$ 控制图并进行分析。

表 10－9

组号	x_1	x_2	x_3	x_4	x_5	$\sum x_i$	$\bar{X}$	R
1	19	16	18	16	20			
2	14	18	12	20	10			
3	8	9	10	12	19			
4	10	12	10	17	7			
5	7	10	17	9	11			
6	20	9	21	12	14			
7	11	16	17	10	11			
8	10	13	14	9	21			
9	14	10	12	14	10			
10	19	10	15	20	10			

案例分析

德国“奔驰”质量走天下

在大量日本汽车冲击欧洲市场的情况下，奔驰车不仅顶住了日本车的压力，还增加了对日本的出口。尽管一辆奔驰车的价格可以买两辆日本车，但奔驰车始终能在日本市场上保住一块地盘。奔驰公司取得这种成就的重要突破点在于它充分认识到公司提供给顾客的产品，不只是一个交通工具——汽车本身，还应包括汽车的质量、造型、维修服务等，即要以自己产品整体来满足顾客的全面要求。

奔驰公司为使产品质量首屈一指，专门建立了一支技术熟练的员工队伍及对产品和部件进行严格的质量检查。产品的构想、设计、研制、试验、生产直至维修都突出质量标准。

奔驰汽车公司还建有完整而方便的服务网。服务网包括两个系统：一是推销服务网，分布在德国各大中城市。在推销处，人们可以看到各种车辆的图样，了解到汽车的性能特点。在订购时，顾客还可以提出自己的要求，如车辆颜色、空调设备、音响设备，乃至保险式车门钥匙等。二是维修站。公司仅在德国就有1 244个维修站，工作人员5.6万人。在公路上平均不到25公里就可以找到一家奔驰车维修站。在国外的171个国家和地区，奔驰公司有3 800个服务站。维修人员技术熟练，态度热情，车辆检修速度快。

奔驰车一般每行驶7 500公里需换机油一次，每行驶15×10^4公里需要修理一次。这些服务项目都能在当天办妥。在换机油时，如发现某个零件有损耗，维修站还会主动打电话通知车主，征求是否更换的意见。如果车由于意外在途中发生故障，开车人只要向就近维修站打个电话，维修站就会派人来修理或把车拉回去修理。

奔驰汽车公司正是杰出地树立、贯彻了整体的理念，才使自己成了世界汽车工业中的一颗明星。

（资料来源：罗宾．企业管理成功案例．北京：团结出版社，2004）

思考分析

1. “奔驰”取胜的条件是什么？为什么“奔驰”价位这么高，反而在市场上具有较稳定的占有率？

2. 如果你是奔驰公司的领导，你会从哪些方面为“奔驰”创品牌？

11

设备综合管理

本章要求

- □ 正确理解设备综合管理的内容和任务
- □ 掌握设备投资的目的及对设备投资的经济评价
- □ 了解合理使用设备的要求
- □ 掌握设备日常管理工作的内容
- □ 了解设备的维护保养、检查修理的内容以及掌握做好这些工作的具体方法
- □ 了解设备更新的意义以及确定设备最优更新周期的具体方法
- □ 了解设备改造的重要性及设备改造的内容
- □ 了解“5S”活动的基本内容

11.1 设备综合管理概述

11.1.1 设备综合管理的内容

设备综合管理本质上是对设备运动全过程的管理。设备在运动全过程中，存在着两种运动形态：一是设备的物质运动形态，包括调查、研究、规划、设计、制造、选购、验收、安装、调试、使用、维修、更新改造以及设备的事故处理到报废“一生”的整个过程；二是设备的价值（资金）运动形态，包括设备的最初投资、维修费用支出、折旧、更新改造资金的筹措、积累与支出等。前者通常叫做设备的技术管理，后者叫做设备的经济管理，这两种管理的有效结合，便构成了一个有机的设备管理体系。

传统的设备管理工作主要集中在设备的维修上面，很少注意到设备全过程的管理，并把设计制造过程的管理与使用过程的管理严格分开。其实，充分地使用设备，提高设备的生产效率，仅仅依靠设备制造出来以后的管理是不行的，一定要把设备的技术管理、经济管理与组织管理结合起来。传统的设备管理在处理设备的技术、经济、管理三者关系方面，侧重于技术管理，忽视经济管理和组织管理，而且只是部分职工、部分部门参加，而没有组织全企业的人员参加设备管理。

现代设备管理，.将系统的观点应用在设备管理之中，对设备进行全面综合管理。设备综合管理主要包括设备综合工程学和全员设备维修制。

1. 设备综合工程学

设备综合工程学是英国戴尼斯·巴库斯于1971年在美国召开的国际设备工程学术会议上提出来的。英国工商部下的定义是：“设备综合工程学是这样一门学科，它对适用于固定资产的工程技术管理、财务等实际业务进行综合研究，以求实现设备寿命周期费用的最大限度节约。工厂机械、装置、建筑物的可靠性和有关可靠性的方案设计、使用和费用的信息反馈，都属于它的研究范围。”它具有以下四个特点：

（1）设备综合工程学把使设备的寿命周期费用最经济作为研究的目的，要求设备从规划、设计、制造、安装到使用、维护、修理、改造、更新等整个过程所消耗的总费用最经济。

（2）设备综合工程学要求对设备从技术、经济、管理等各个方面进行综合管理。在技术方面不仅要考虑设备本身的性能，还要把各种专门技术综合起来研究。在经济方面要研究设备的制造费用、维修保养费用、运行费用、折旧费用等。在管理方面，要解决组织人员等方面的问题。

(3) 设备综合工程学以可靠性、可维修性设计为重要目标。可靠性就是无故障，可维修性就是容易维修保养。在现代生产活动中，由于设备突发故障导致停产、产品质量下降、维修保养费用大幅度增加等，都会使企业承受严重损失，所以在设备设计阶段就要重视使用时的可靠性和可维修性，以减少甚至消除故障，易于维修甚至不用维修。

(4) 设备综合工程学强调对设备从规划、设计、制造、安装到使用、维修保养、改造更新，直到报废全过程进行系统的分析，以提高各个环节的机能。设备综合工程学要求建立一套设计、使用情况及费用的信息反馈系统。信息反馈不仅局限于企业内部，还应在设备制造厂和设备用户之间进行。不论设备在什么地方使用和维修，都应有原始记录，并反馈给相关部门。

总之，设备综合工程学是一门以设备“一生”为研究对象，以提高设备综合效率，使其寿命周期费用最经济为目的的综合性管理学科。

2. 全员设备维修制（TPM）

20 世纪 70 年代，日本对设备管理进行革新。日本设备工程协会决定在整个工业界开展全员参加的生产维修活动，即全员设备维修制（TPM）。其要点是：

(1) 全员设备维修制的基本特点是“三全”，即全效率、全系统、全员参加。全效率是指设备的综合效率，即设备的总费用与总所得之比。它包括产量、成本、交货期、安全、环保和人机配合关系。其目的是以尽可能少的寿命周期费用来达到产量高、质量好、成本低、按期交货、安全好、环保好、人机配合好的综合效果。全系统是指对设备从规划、制造、使用、维修、保养直至报废的整个系统所进行的管理。全员参加是指从企业最高领导者到生产第一线的工人都参加设备管理。基层组成生产维修小组，开展自主活动。

(2) 设备的维修方式。它全部吸取了预防维修制的所有维修方式，包括日常维修、事后维修、预防维修、生产维修、改善维修、预知维修、维修预防等。它强调操作工人参加日常的检查。

(3) 设备的分类管理。对企业的设备划分等级（A、B、C 三类），以便区别对待，对重点设备（A 类）加强管理。

(4) 生产维修目标管理。通过推行设备维修目标管理来确定设备维修工作的方向、目标及其具体目标，并对取得的效果进行分析评价。

(5) 在企业职工中进行工作作风教育，开展“5S”活动，即整理、整顿、清洁、清扫、素养（指职工的举止态度和作风）。其详细内容将在本章最后一节介绍。

11.1.2 设备综合管理的任务

设备综合管理的基本任务就是对设备实行全面管理，以达到设备的寿命周期费用最少而综合效率最高的目的。

（1）根据技术上先进、经济上合理、生产上可行的原则，考虑各种产品的特点，正确地选购和配置设备。为了能够合理地选购设备，要在有关部门的配合下，随时掌握国内外技术发展的现状、动向以及各种机器设备在应用新技术方面的成就，为企业提供优良的技术装备。

（2）保证企业的设备始终处于良好的技术状态。选购的设备在投入使用时，要按照设备的性能、用途和效率等要求，制定完整的操作规程以求合理使用；同时，要根据设备的寿命周期和生产状况，确定采用何种维护保养制度及方式，并制订检修计划，以求减少磨损，恢复精度，延长寿命周期，保证设备处于良好状态。

（3）做好对现有设备的改造更新工作。这是为了不断提高企业现代化水平，使产品在国内外市场具有竞争能力。

（4）保证引进设备的正常运转，尽快掌握引进设备的使用和维修技术，及时解决产品配件的供应问题，根据引进设备的具体情况，分别承担引进设备的部分或全部测绘、仿造、翻版和改进等工作。这些工作做好了不仅能很好地发挥引进设备的作用，而且有利于“洋为中用”，吸取国外的先进技术，以提高我国设备生产的设计制造能力。

11.2 设备投资分析

设备投资是企业的重要决策内容，必须考虑各方面的因素。如投资的目的是否明确，受哪些因素影响，投资后的新增利润能否抵偿投资费用等；而且要考虑企业长远稳定的发展，如能否充分有效地利用资金等。

11.2.1 设备投资的目的

设备投资的目的一般分为以下六种：

（1）扩大生产能力。这是指为制造新产品或增加产量而需要增添新设备。

（2）维持和提高质量水平。如增加精度更高和更先进的设备等。

（3）降低成本。这是指为了降低消耗，提高原材料利用率而增加一些精度更高和效率较高的新设备。

（4）提高效率。这是指为了降低劳动强度，增加自动化程度较高的设备。

（5）维持生产能力。这是指为了保证原有生产能力而对设备进行的更新改造等。

（6）其他。这是指涉及企业各个方面的设备投资，如科研设备、防治公害、保护环境等。

11.2.2 设备的选择

企业进行设备投资都会面临选择，选择的总原则应该是按照企业生产技术上目前与将来发展的要求，做到技术上先进、经济上合理。在一般情况下，技术先进和经济合理是统一的。但是，由于设备的设计、制造以及使用条件等原因，两者也常会出现一些矛盾。因此在选择设备时要全面考虑技术和经济的要求，综合多方面的因素进行考虑。一般来说，应考虑以下八方面的因素：

(1) 设备的生产效率。这是指设备在单位时间内能生产产品的数量，是衡量机器设备好坏的一个重要指标。设备的生产效率除直接以单位时间产量表示以外，还往往表现在设备的功率、容量、速度、压力等一系列的技术参数上。设备的工作时间是指在一定时期内设备利用的有效工作时间，如果设备利用不充分或被闲置，即使单位时间生产效率很高也是一种浪费。所以在选择设备时还要考虑企业的技术水平和管理水平，否则往往不能取得预期的效果。

(2) 设备对产品（或工程）质量的保证程度。这要求设备能够完成生产高质量产品或高质量工程的任务。如设备所加工产品的性能、精度、可靠性等技术参数，应与产品的工艺要求相适应。在实际工作中一般以工序（或工程）能力指数来表示设备对产品（或工程）质量的保证程度。

(3) 设备对能源和原材料消耗的情况。设备的能源消耗，通常用单位功率小时的消耗指标来表示，如马力小时耗油量等。设备对原材料的消耗是指使用某种设备进行加工时，对原材料的利用程度。在选择设备时，应尽可能选择那些能源消耗低、原材料加工利用率高的设备。

(4) 设备使用和维修的方便性。在选择设备时，要充分考虑操作者使用的方便灵活，以适应不同工作条件和环境的需要，并能减轻操作者的劳动强度。维修的方便性，一般是指设备的结构简单，零件组合标准合理，容易检修，拆卸迅速，互换性好。这样不仅能缩短修理时间，提高设备利用率，还可以大大降低修理费用。

(5) 设备的使用寿命和投资费用。设备的使用寿命，一般是指设备在使用过程中的自然寿命。设备的使用寿命越长，分摊在每一个单位产品上的折旧费用就越少。但是，这并不是说设备的使用寿命越长越好，还要考虑到设备的经济寿命和技术寿命；如果进行经济评价，主要是以经济寿命为依据。设备的投资费，更应成为企业选择设备时必须充分考虑的重要因素。目前国外一般采用每一工作小时的设备投资费为选择设备的重要依据。其计算公式如下：

每一工作小时的设备投资费 = 设备投资费 ÷ 设备使用寿命（小时）

(6) 设备的安全可靠性。在选择设备时，还应考虑设备操作时的安全性、可靠程度、对操作者人身安全的保证程度，以避免发生人身或设备事故，保证生产的顺利进行。

(7) 设备的环保性。设备的环保性即设备对环境的影响。在选择设备时，要考虑设备排放的有害物质对环境污染的程度，以及设备的噪音情况。要尽量选择噪音小，排放有害物质控制在保护人体健康的卫生标准范围内的设备。

(8) 设备的成套性。在选择设备时，要按生产的工艺技术要求，使设备在生产能力、性能等方面配套，以便充分发挥设备的生产能力。

以上谈到的选择设备的因素是互相联系、互相制约的，在评价时应根据生产技术上的要求具体地进行定性分析和定量分析，然后从几种设备中选择最优的设备。

11.2.3 设备投资的经济评价

进行设备投资经济评价，首先要测算设备的寿命周期费用。它包括两大部分：一是设备的初始投资，指一次支出或集中在短期内支出的费用。自制设备费用包括研究、设计、制造、安装费用。外购设备费用包括设备的价格、运输费、安装调试费等。二是生产使用费（运行费、维持费），是指设备在寿命周期内，为了保证设备正常运行而定期支付的费用。其包括能源消耗费、维修费、固定资产税、保险费、折旧费、操作该设备的人员工资等。

为了进行设备的经济评价，首先要了解不同投资方案中在购置设备时支付的投资费各是多少，然后估算不同投资方案中在设备投产使用后，平均每年必须支付的使用费。

设备投资决策的经济评价分析方法有很多，这里主要介绍两类：一类是静态分析方法，包括投资回收期法、投资收益率法和追加投资回收期法等；另一类是费用换算法（动态分析方法），包括年费用法和现值法等。

1. 静态分析方法

(1) 投资回收期法。投资回收期是指某个投资项目（设备）所支付的总投资额，用该项目（设备）建成投产后带来的收益回收全部投资所需年限。其计算公式如下：

$$投资回收期（年）=投资总额÷年平均收益额$$

上式中的年平均收益额，既可采用企业纯（年）利润加折旧费，亦可采用包括税金在内的年盈利额加折旧费。具体采用哪一种要看分析问题的需要。年平均收益额可用该项目投产后每年能增加的收入总额减去年使用费求得。利用投资回收期法计算出投资回收期后，应与标准投资回收期进行比较，小于标准投资回收期者可取。投资回收期越短的方案，其经济效益越好。

(2) 投资收益率法。投资收益率是指单位投资所获得的年收益。它是投资回收期的倒数。其计算公式如下:

投资收益率 = 年平均收益额 ÷ 投资总额

投资收益率越高的方案,其经济效益越好。

(3) 追加投资回收期法。若有甲、乙两个方案,甲方案投资少而经营费用高,乙方案投资多而经营费用低,乙方案比甲方案多投的资金称为追加投资,乙方案比甲方案少支出的经营费用称为经营费用节约额。在此情况下,要比较两方案经济效益的优劣,需采用追加投资回收期法。

追加投资回收期是指乙方案的追加投资,用它的经营费用节约额来全部偿还所需的时间。其计算公式如下:

$$T_{追} = \frac{K_2 - K_1}{C_1 - C_2}$$

式中,$T_{追}$ 为追加投资回收期(年),K_1 为甲方案投资额,K_2 为乙方案投资额,C_1 为甲方案经营费用,C_2 为乙方案经营费用。

分析评价两方案时,一般来说,当追加投资回收期小于标准投资回收期时,投资多的方案好;反之,则投资少的方案好。但是,在追加投资回收期大于标准投资回收期的情况下,仍需具体分析投资回收以后,在设备寿命周期内,哪个方案的收益多。若两个方案的生产能力不同,则需要用单位产品的投资额与单位产品的经营费用来计算。

上述三种方法计算简便,易于理解,但其缺点有:一是没有考虑货币的时间价值对方案经济效益的影响,因而不能确切地反映各方案的经济效益;二是忽视了投资回收期后各方案的收益情况。

2. 费用换算法

这种方法是根据设备第一次投资额和设备每年支出的使用费,按照设备的寿命周期和利率,换算为设备年费用或寿命周期总费用,然后对不同方案进行比较,选择最优方案。

(1) 货币的时间价值。从经济学的观点来看,即使不考虑通货膨胀的因素,货币在不同时间的价值也是不一样的。这种随时间变化而变化的资金价值就是货币的时间价值。

设备的投资决策涉及长期决策问题。这就要考虑资金利用的时间因素和利息。评价时间要统一在同一基础上进行比较。一般时间价值可采用现值、几年后的终值、每一年的年值等,在对这些时间价值进行评价时,要进行等值换算。在同一时间值的基础上加以比较,才能选出满意的方案。

①单利的本利和计算。我国目前银行接受存款计算利息是用单利计算。单利就是只有本金计息，而利息不计息。其计算公式如下：

$$S=P(1+ni)$$

式中，S 为本利和，P 为本金，n 为期数，i 为年利率。

②复利终值计算。单利不能充分体现货币的时间价值，一般应用复利计算。复利就是本金及其利息都同样计息。资金从投入到一定期末按既定的利率计算的本利和叫复利终值。其计算公式如下：

$$S=P(1+i)^n$$

式中，S 为期末复利终值，P 为期初值，i 为利率，n 为期数。

③复利现值计算。现值是指若干年后准备支付或取得的一笔资金，折算为现在的货币额。这个计算过程叫贴现。其计算公式如下：

$$P=S\div(1+i)^n$$

④年金终值计算。年金是指逐年等额支付或收入的金额。年金终值是指定期等额支付或收入的期末本利和总额。其计算公式如下：

$$S=A[(1+i)^n-1]\div i$$

式中，A 为年金额。

⑤年金现值计算。年金现值是指将未来各期的等额收入或支出折算为现值的总和。其计算公式如下：

$$P=A[(1+i)^n-1]\div[i(1+i)^n]$$

式中，$[(1+i)^n-1]\div[i(1+i)^n]$ 为年金现值系数。

⑥投资回收额计算。投资回收额计算是指一次性投资（或贷款）总额，按既定利率，在一定时间内，逐年等额回收（或偿还）每年应回收（或偿还）多少金额的计算。其计算公式如下：

$$A=P[i(1+i)^n]\div[(1+i)^n-1]$$

式中，$[i(1+i)^n]\div[(1+i)^n-1]$ 为投资回收系数。

（2）年费用法。年费用法就是将初期投资按货币的时间价值原理，折算为在项目有效期内每年应分摊的投资额，加上每年平均支出的经营费用之和，然后再进行比较。其计算公式如下：

年费用 = 投资额 × 投资回收系数 + 年经营费用

例：有两个设备投资方案，其各种资料数据见表 11－1。试用年费用法选择较优方案。

表 11－1

方案	投资额（元）	年经营费用（元）	使用寿命（年）	年利率（%）	年销售收入（元）
甲	80 000	25 000	8	8	120 000
乙	120 000	20 000	10	8	120 000

解：甲方案投资回收系数 $=\dfrac{8\% \times (1+8\%)^{8}}{(1+8\%)^{8}-1}=0.174$

甲方案投资回收系数 $=\dfrac{10\% \times (1+10\%)^{10}}{(1+10\%)^{10}-1}=0.149$

甲方案年费用 = 80 000 × 0.174 + 25 000 = 38 920（元）

乙方案年费用 = 120 000 × 0.149 + 20 000 = 37 880（元）

两方案对比，乙方案比甲方案年费用少，乙方案优于甲方案，应选乙方案。

（3）现值法。现值法就是将未来每年的收益或费用，按货币时间价值原理折算成投资时的现值，再进行计算和比较。现值法可分为以下三种：

①现值总费用法。现值总费用法就是把投资方案在有效期间逐年发生的经营费用折算为投资时的现值，与方案的初次投资额相加，然后比较各方案的费用总额，在效率相同的情况下，哪个方案的总费用低，哪个方案的经济效益就好。其计算公式如下：

现值总费用 = 年经营费用 × 年金现值系数 + 投资额

例：现有三个投资方案，其各种资料数据见表 11－2，试用现值总费用法选择较优方案。

表 11－2

方案	投资额（元）	年经营费用（元）	使用寿命（年）	年利率（%）
甲	1 000 000	20 000	10	10
乙	700 000	40 000	10	10
丙	600 000	50 000	10	10

解：三个方案的使用寿命和年利率相同，其年金现值系数是相同的。

年金现值系数 = [（1+10%）^{10} −1] ÷ [10%×（1+10%）^{10}] =6.144

甲方案现值总费用 =20 000×6.144 +1 000 000 =1 122 880（元）

乙方案现值总费用 =40 000×6.144 +700 000 =945 760（元）

丙方案现值总费用 =50 000×6.144 +600 000 =907 200（元）

三个方案比较，丙方案现值总费用最少，选丙方案。

②净现值法。净现值法是指将投资方案在有效期内各年的现金净收入折算为投资时的现值，减去投资额，得净现值额。净现值为正数时，说明该投资方案的净收益按现值回收全部投资后，尚有盈余。因此，这种方案是基本可取的。净现值越大，说明方案的经济效益越好。净现值的计算公式如下：

$$净现值 = \sum_{i=1}^{n} \frac{S_t}{(1+i)^n} - K_0$$

式中，S_t 为第 t 年的现金净收入，K_0 为投资额，i 为利率，t 为年份，n 为方案有效期（年）。

如果方案每年净收入相同，可按下式计算：

$$净现值 = 年收益额 \times 年金现值系数 - 投资额$$

例：现有两个设备投资方案，其各种数据资料见表 11 −3，试用净现值法选择较优方案。

表 11 −3

方案	投资额（元）	年经营费用（元）	使用寿命（年）	年增加收入（元）	年税率（%）
甲	80 000	75 000	10	100 000	8
乙	90 000	80 000	10	110 000	8

解：两个方案使用寿命和年利率相同，年金现值系数相同。

$$年金现值系数 = \frac{(1+8\%)^{10}-1}{8\% \times (1+8\%)^{10}} = 6.71$$

甲方案净现值 =（100 000 −75 000）×6.71 −80 000 =87 750（元）

乙方案净现值 =（110 000 −80 000）×6.71 −90 000 =111 300（元）

两方案比较，乙方案净现值比甲方案大，应选乙方案。

③现值指数法。现值指数又称净现值率。如果有若干个方案，而各方案的投资额和年收益均不相同，则不能用各方案的净现值进行比较来决定方案的取舍，

而需用现值指数法进行计算比较。

现值指数是用现值总额与投资额的比值，即单位投资额可获得的净现值额，来反映投资方案的经济效益。

当投资方案各年收益不同时，其计算公式如下：

$$现值指数 = \sum_{i=1}^{m} \frac{S_t}{(1+i)^t} \div K_0$$

当投资方案各年收益相同时，其计算公式如下：

$$现值指数 = 年收益额 \times 年金现值系数 \div 投资额$$

在进行各方案的经济效益比较时，现值指数越高的方案，其经济效益越好。

11.3 设备的使用

11.3.1 设备的磨损规律与故障规律

研究设备的磨损规律与故障规律，是做好设备的使用、维护、修理工作的客观依据。

1. 设备的磨损规律

设备在使用过程中，由于摩擦、应用和化学反应等的作用，会发生零件的磨损。这种磨损，大致可分为三个阶段，如图11－1所示：

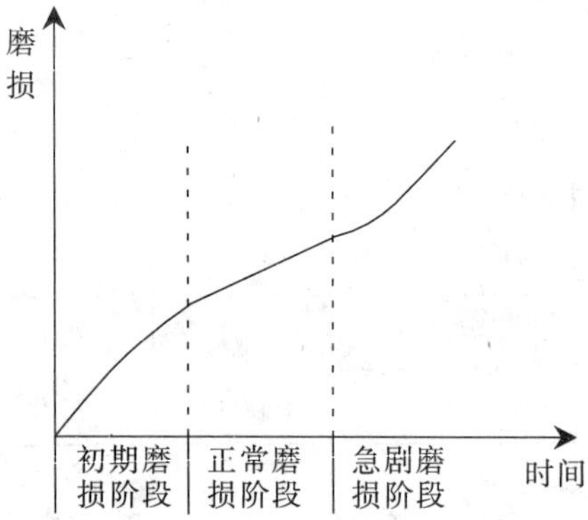

图11－1 机器零件磨损曲线

(1) 初期磨损阶段。在这个阶段，零件之间表面上的高低不平，以及氧化层、脱炭层，由于零件的运转所产生的相互摩擦力的作用，很快被磨损。这一阶段的磨损速度很快，但时间较短。

(2) 正常磨损阶段。在这个阶段，零件的磨损随着时间匀速增加，磨损缓慢。这个时期设备处于最佳技术状态，设备的生产率、产品质量最有保证。

(3) 急剧磨损阶段。在这个阶段，因零件磨损超过一定限度，破坏了正常配合关系，使得零件磨损速度急剧增加，设备的性能、生产率迅速下降，所以一般是不允许设备的零件使用到这个阶段的。当零件达到正常磨损阶段的后期，进入急剧磨损阶段前就应修复或更换。

2. 设备的故障规律

像设备的磨损规律一样，一般机械设备故障的发生也是有规律的。故障的发展过程可分为三个时期，如图 11－2 所示：

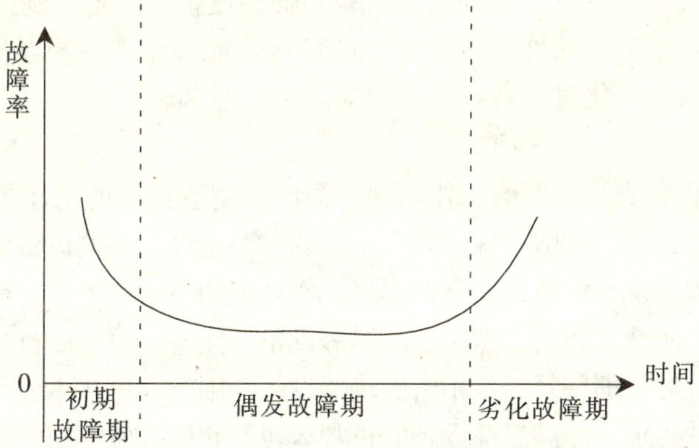

图 11－2　设备典型故障曲线

（1）初期故障期。这个时期的故障主要是由于设计上的缺陷、制造质量不佳或操作者不适应等原因造成的。开始时故障率较高，随后逐渐减少。在这一时期，应细致地研究操作方法，并将设计、制造中的缺陷反馈给设备制造部门。

（2）偶发故障期。这一时期设备处于正常运转时期，故障率最低。故障的发生多是由于操作错误、保养不善、使用条件不完善等所致，此阶段一般持续相当长的时间。这个时期是设备的实际使用期，决定了设备使用寿命的长短。在此时期应加强操作管理，做好日常维护保养工作。

（3）劣化故障期。这一时期的故障主要是由于零件的磨损与疲劳或腐蚀所致，故障率呈急剧上升趋势，所以，必须在零件达到使用期限之前加以更换。这一时期的重点工作是进行预防性维修和改善维修。

11.3.2　设备的合理使用

设备寿命的长短、效率的高低、加工质量的好坏，固然取决于设备本身，但在很大程度上也取决于人们对设备的使用。正确、合理地使用设备，可以减轻磨损，延长设备寿命，保持设备应有的精度和良好的性能，从而充分发挥设备应有的生产效率。

合理地使用设备应做到以下六方面：

（1）要合理安排机器设备的加工任务和工作负荷。各种机器设备是根据不同的科学技术原理设计制造的，它们的结构、性能、加工精度、使用范围、工作条件、生产能力以及其他技术条件各不相同。因此，在使用时，必须根据设备的具体情况，合理安排加工任务和工作负荷，使设备正常运转，避免意外损失，保证安全生产。

（2）要正确配备各种类型的设备。根据企业的生产特点和工艺过程的要求，合理配备各种类型的设备。各种主要设备和辅助设备的配备达到适当比例，才能使它们有机结合起来。此外，各种主要设备在性能和生产效率上也要相互协调。当产品品种、数量变化时，各种设备也应随之及时调整。只有这样，才能充分发挥设备的作用。

（3）要为设备创造良好的工作条件。为设备创造良好的工作条件，是保证设备正常运转、延长使用期限、保证安全生产的重要条件。不同设备要求的工作条件是不同的。一般来说，设备都要保持本身工作环境的整洁和正常的秩序，安装必要的防护、保安、防潮、防腐、保暖、降温等设备，配备必要的测量、控制和保险用的仪器装备等。对于那些复杂、精密的机器设备，则要有更严格的要求。只有符合它们的工作条件要求，才能保证设备的正常运转，并保持应有精度。

（4）要为设备配备一定熟练程度的操作者。设备是由人来操作的，要正确使用和发挥设备的效能，就要求每个操作者熟悉地掌握设备的结构、性能、工艺加工范围和维护保养等基本知识，做到“三好、四会”（用好、管好、保养好，会使用、会保养、会检查、会排除故障）。尚未掌握操作技术的新工人，不能单独操作，必须有人进行指导。其一定要经过技术考核合格后，才能独立操作。

（5）建立健全设备使用与维护方面的规章制度。设备使用与维护保养方面的规章制度，是指导工人操作和维护保养设备的技术文件，要根据设备的特点制定出设备的使用保养规程，如设备使用的最高允许负荷、设备的润滑规程、正确的操作方法和要点、设备的保养要求、设备与人身安全注意事项等，同时还要建立设备的维护保养制度，如定机定人制度、交接班制度、定期保养制度等。正确地执行这些制度、规程和要求，是使设备得到合理使用的重要保证。

（6）要经常对职工进行爱护设备和合理使用设备的教育。职工爱护设备，正确地操作设备，才能使设备经常处于良好的技术状况，充分发挥它的效用。所以，必须加强职工的思想教育工作和提高职工的技术水平，使操作人员能自觉地爱护设备。

衡量设备使用情况的指标有设备完好率、设备数量利用率、设备时间利用率、设备生产效率。其计算公式如下：

$$设备完好率=完好设备台数\div在册设备台数\times100\%$$

$$设备数量利用率=实际使用设备台数\div实有设备台数\times100\%$$

$$设备时间利用率=生产设备实际开动台时数\div按制度可能开动台时数\times100\%$$

$$设备生产效率=产品产量\div设备实际作业时间（台时）\times100\%$$

11.3.3 设备的日常管理

设备的日常管理，是指设备从验收入厂、安装试车、移交生产到报废或调出、转让等管理工作。

1. 设备的编号、建账

设备在交付生产使用之前，必须办理正式验收移交手续，并需进行试车。凡未办理移交手续的设备，一律不得使用。设备正式移交生产使用后，企业设备管理部门要进行分类编号、登账，并建立设备卡片。设备编号在企业内应有统一的规定。每年复查核对一次。

设备在分类编号的基础上，由设备管理部门填写“设备投产移交单”，交给生产使用部门进行移交验收。在移交验收的同时，由生产部门、使用单位和财务部门三方共同登记固定资产卡片和设备台账。这些账册一般包括设备的编号、名称、型号、规格、使用单位、购置安装和开始使用日期、原始价值、折旧率、耐用年限、动力配置、随机附件以及转移情况记录等。这些内容都是加强设备管理、进行设备利用情况分析、实行计划检修所不可缺少的资料。

2. 设备的封存、迁移、调出

凡因生产任务不足，设备闲置1个月以上的，应封存保管。设备的封存与启封均由车间提出计划，经生产计划部门和设备管理部门审核，报请领导批准。设备封存时应清扫、查点，采取防尘、防锈、防潮措施。设备封存后应指定专人保管，定期检查。

设备的厂内迁移，可由申请部门提出要求，报请工艺部门审查是否符合工艺过程和生产的需要，经设备管理部门在设备使用的合理性方面提出意见后，报请领导批准，办理迁移。

对企业不适用、长期闲置或利用率过低、使用不合理的设备，应予以调出有偿转让。

3. 设备的改装

生产设备需要改装时，应办理设备改装申报手续，经设备管理部门审查，报请领导批准。改装的方案、图纸、审批等文件，以及改装的费用、鉴定资料等，均应存入设备档案。

4. 设备事故的处理

企业要积极防止设备事故的发生。一旦发生事故，应立即分析原因，采取措施使设备尽快恢复正常状态，并总结经验教训，采取措施杜绝事故的重复发生。对肇事的责任者要根据情况进行教育并作相应的处理。如发生重大事故，应详细记录和分析事故发生的日期、地点、性质与类别，以及事故发生的原因、处理情况以及今后防止事故发生的措施等。对隐瞒事故者要作严肃处理。

5. 设备的报废

设备如果已达到规定的使用年限，或遇到事故被损坏而无法修复，或从经济上考虑已不值得修复和改装的，可以报废，但需经过设备部门组织有关方面进行技术鉴定和有关负责人批准实行。

6. 设备技术资料的管理

建立设备档案，做好设备档案管理工作，是设备管理的重要环节。设备档案包括设备的全部附件清单，设备安装工程的详细记录，设备安装后的精度检验记录，试车记录，设备移交使用部门的交接单，设备修理专用卡，设备历次修理记录，修理质量检验和修理交接单，设备的定期检验和预防检验记录，设备的改装、调拨、迁移记录，设备事故记录等。

此外，企业要管理好设备，需要建立健全相应的设备管理机构和精干的维修队伍，并要贯彻执行设备管理和维修工作的原则、方针、政策，以及国家的有关规定，并结合本企业的实际情况制定实施细则，保证设备的正常运转。

11.4 设备的维护保养和检查修理

机器设备在生产使用过程中，由于不断地运转，就会产生磨损。要使设备尽量减少磨损，以及磨损后能得以及时修复，保证设备正常运转，就需要对设备进行维护保养和检查修理工作。

11.4.1 设备的维护保养

设备在使用过程中，会发生技术状态的变化和出现一些不可避免的异常现象，如松动、干摩擦或动力设备的跑、冒、滴、漏等。若不及时进行维护保养，就会造成设备的过早磨损，以致发生故障，甚至会造成严重事故。设备维护保养的目的就是及时地处理设备在使用过程中经常发生的不正常的技术状况，维护设备的正常效能，保证设备的正常运转，延长设备的正常磨损和使用寿命。

企业的设备维护保养，一般可以分为以下三种类别：

(1) 日常保养（例行保养）。其主要内容是对设备各部位进行清洁、润滑、紧固松动的螺丝，检查零部件是否完整，工作附件放置是否整齐以及填写交接班记录等。这种保养是一种经常性的、不占工时的、由操作者每天进行的工作。

(2) 一级保养。一级保养比日常保养的内容多一些，工作深入一些。不仅要完成日常保养的工作，还要根据设备的使用情况，对部分零部件进行拆卸清洗；对设备某些配合间隙进行适当的调整，清除设备的表面油污，检查调整润滑油路，保证畅通不泄漏；清扫电器箱、电动机电器装置，做到固定整齐，安全防护装置牢置；清洗附件和冷却装置，等等。一级保养要在专职检修人员的指导下由操作人员完成。

（3）二级保养。二级保养的主要内容是根据使用情况，对设备进行部分解体检查和清洁。重点是对设备的内部进行清洁，即对各传动箱、液压箱、冷却箱进行清洗、擦油；检修电器箱、电动机，整修线路；检查、调整、修复精度，校正水平。二级保养由专职检修人员承担，由操作人员协助完成。

上述三类保养制度，各个行业的实施标准不是完全一样的。如有的行业实行三级保养，即除上述保养外，还增加一个三级保养。三级保养除了解体设备进行检查调整外，还对已达到规定磨损程度的零件进行更换，对主要零件的磨损情况实行测量鉴定，为编制修理计划提供依据。还有的企业实行强制性的保养制度，严格规定了保养周期和保养内容，即设备运转到规定的期限，不论设备的技术状况如何，都必须按照规定实行保养。

11.4.2 设备的检查

设备的检查是指对设备的运行情况、工作性能、磨损程度进行检查和校验。检查是设备维修工作中的一个重要环节，通过检查可以比较全面地掌握设备技术状况的变化和磨损情况，便于及时发现问题，消除隐患，为编制设备维修计划提供依据，有目的地做好修理前的准备工作，提高修理质量和缩短修理周期。

1. 按时间间隔分类

（1）日常检查。日常检查由操作人员执行，同日常保养结合起来，目的是及时发现不正常的现象，进行必要的维护保养工作。

（2）定期检查。定期检查是按照计划日程表，在操作人员的配合下，定期地由专职维修人员执行。通过检查，全面而准确地掌握零件的磨损情况，以便确定更换的零件和修理的部位。

2. 按检查性能分类

（1）机能检查。对设备的各项机能进行检查与测定。如检查油封是否漏油，防尘密闭是否严密，滑动面有无划痕等。

（2）精度检查。对设备的加工精度进行的检查和测定，以确定设备精度的劣化程度。

11.4.3 设备的修理

设备的修理就是修复和更换由于正常或不正常的原因引起的设备的损坏，使其物质磨损得以补偿，以恢复设备的效能。

1. 计划预修制

这是我国在20世纪50年代开始推行的维修制度，它是按照以预防为主的原则，根据设备的磨损规律，有计划地对设备进行维修，以保证设备经常处于良好状态的一种组织措施。计划预修制主要包括日常维护、定期检查、计划修理（小、中、大修）。

（1）小修是对设备进行局部的修理，工作量较小。它不全部拆卸设备，只更换部分易损件，局部调整设备机构。

（2）中修是更换和修复主要零部件和较多的易损件，检查整个机械系统，紧固所有机件，消除扩大了的各种间隙和调整设备，校正设备基准，以保证修理部位达到规定的标准和技术要求。

（3）大修是对设备进行全面的修理，将设备全部解体，更换和修复所有的磨损件，校正和调整整个设备，全面恢复原有的精度、性能和生产效率，达到规定标准，配备安全装置和必要的附件。

设备的修理方法有：

（1）根据确定修理日期的方法，可分为：①标准修理法。它也叫强制修理法，是根据设备的磨损规律和零件的使用寿命，预先规定检修的日期、类别和内容，到了规定的修理时间，就按照原计划进行强制修理，而不管设备当时的技术状况如何。②定期修理法。它是根据设备的实际使用情况和检修定额资料，制订修理计划，大致地计算出修理的工作量，再根据修理前检查的结果确定修理类别、日期和内容。③检查后修理法。它是预先规定设备的检查期限，再根据实际检查的结果和掌握的有关资料，确定修理类别、日期和内容。究竟采用哪种方法，应根据具体情况而定。

（2）根据设备修理的技术组织方法，可分为：①部件修理法。它是将需要修理的部件拆卸下来，换上事先准备好的同样部件。这种方法可节省时间，适用于同类设备数量较多的企业和某些关键设备。②分部修理法。它是将设备的各个部件不在同一时间内修理，而是按照顺序分别修理，每次只修理一个部分。这样就可以利用节假日或非生产时间进行修理，增加了设备的生产时间，提高了设备的利用率。它适用于各部件之间具有相对独立性的设备。③同步修理法。它是将那些在工艺上相互紧密联系的若干台设备安排在同一时间内修理，实现修理工作的同步化，以减少分散修理的停机时间。这种方法适用于流水生产线的设备和联动设备中的主机、辅机及配套设备等。④运用计划评审法（PERT）组织修理。它是运用网络计划技术（本书第7章已介绍），把修理过程中的各个环节紧密地衔接起来，以节省修理时间。

企业编制修理计划，首先应有设备修理的工作定额。这些定额一般包括修理周期、修理间隔期、修理周期结构、修理复杂系数、修理工时定额、修理停机时间定额、材料配件定额以及修理费用定额等。

（1）修理周期，是指相邻两次大修理之间设备的工作时间。对于新设备则是指从投产到第一次大修理设备的工作时间。

（2）修理间隔期，是指相邻两次修理（不论大、中、小修）之间的工作时间。

（3）修理周期结构，是指在一个修理周期内，大、中、小修的次数和排列次序。

（4）修理复杂系数，是指设备的复杂程度，以及修理工作量的假定单位。设备越复杂，该系数就越高。目前我国通常以中心高为 200 毫米、中心距为 1 000毫米的 C620 车床作为标准，其修理复杂系数定为 10。其他设备依此标准计算确定，比 C620 车床复杂的设备，其修理复杂系数大于 10，反之则小于 10。

（5）修理工时定额，是指完成设备的修理工作所需的时间标准，一般是用一个修理复杂系数所需要的劳动时间来表示。

（6）修理停机时间定额，是指从设备停机修理起直到修理完毕，重新投入生产为止的全部时间标准。它通常用一个修理复杂系数所需的修理停机时间来计算。

（7）材料配件定额。可以用一个修理复杂系数所需的材料来制定定额。

（8）修理费用定额，是指为完成设备修理所规定的费用标准，包括材料配件费、工人工资、车间经费、企业管理费等。可以用一个修理复杂系数所需要的费用来计算。

设备修理工作定额确定后，就可以编制设备修理计划。设备修理计划包括年度、季度和月度修理计划。年度修理计划主要是确定企业需要修理的设备数量、修理种类、修理的具体内容、修理时间、修理劳动总量、修理材料配件、修理费用和修理停机时间等项目。

修理的设备数量、修理的种类和修理日期，是根据修理周期、修理间隔期，并参照上期修理计划的完成情况，以及本期的生产任务和当前设备的完好程度来确定的。

修理劳动总量根据修理复杂系数和相应的一个修理复杂系数的工时定额来确定。其计算公式如下：

$$\text{修理劳动总量} = \sum_{i=1}^{n} t_i f_i$$

式中，n 为设备台数，t 为一个修理复杂系数的工时定额，f 为该设备的修理复杂系数。

修理停机时间可根据下面公式计算：

$$\text{一台设备修理停机时间}=\frac{\text{一个修理复杂系数的工时定额}\times\text{该台设备的修理复杂系数}}{\text{一个工作班内修理该设备的工人数}\times\text{每班工作小时}\times\text{工作班次}\times\text{修理定额完成系数}}+\text{其他停机时间}$$

修理材料、配件、修理费用，既可以根据以一个修理复杂系数为单位制定的定额和修理复杂系数来确定，也可以参照历年的统计资料，并结合当前实际，分析研究后确定。

在编制年度修理计划时，要与生产计划协调好，在安排进度时要从时间和能力上尽量做到平衡，以防忙闲不均。计划编制完后最重要的是贯彻落实，并经常检查计划的完成情况，发现问题及时解决，以保证计划按质、按量、按时完成。

2. 全员生产维修制

全员生产维修制是我国20世纪80年代从日本引进的一种设备维修制度，本章第1节已谈及其要点，这里将这一维修制度的主要内容加以介绍。

（1）设备按重点设备和非重点设备进行分类管理。全员生产维修是以设备的全效率为最终目的，因此对设备按A、B、C分类法进行分类管理。A类设备为重点设备，即价值高以及出了故障会给生产和安全带来重大影响的设备。对这类设备采用预防修理，精心维护，定期检查，认真修理。对那些价格便宜、对生产影响不大、容易修理的设备，采用事后维修。因为事后维修比预防修理更经济一些，这类设备为C类设备。而B类设备则是比较一般的设备，也不是重点设备，是处于A类与C类之间的设备。

（2）设备的点检。设备的点检是指为了维持设备的性能，按规定标准对设备有计划地定点检查。其目的在于及早发现隐患，及时采取措施，避免突发性故障，保证生产正常进行。设备的点检分为日常点检和定期点检，以及精密检查和专门检查等。

（3）设备的修理。

①计划修理。计划修理分为预防性修理和改善性修理两种。预防性修理属于恢复性修理。改善性修理是对经常发生重复性故障的设备或设计上存在缺陷的设备，需要在可靠性、维修性、操作性等方面进一步改进时的一种修理。设备修理计划的编制在本章“计划预修制”中已介绍，在此不再重复。

②故障修理。故障修理是设备修理工作的重要环节，它直接影响修理时间和生产能否正常进行。设备使用部门遇到以下情况，可以向维修部门提出修理要求：发生突然事故；日常点检发现必须由维修人员排除的缺陷和故障；定期点检发现必须立即修理的故障；由于设备状况不好造成废品。维修部门接到故障修理通知后，必须立即组织力量进行抢修。

（4）设备维修记录及其整理分析。为了加强设备管理，提高维修管理水平，必须认真做好每一项设备维修记录。设备维修记录是推行全员生产维修的基础，为探索维修规律、寻求处理对策提供第一手资料。它一般分为输出数据资料和输入数据资料两大类，其中输入数据资料即原始数据资料，包括分析数据和成果数据等。

设备维修的原始记录是第一手资料，是进行统计分析的依据。原始记录的设计和建立，要考虑全面，切合实际，力求完整、具体、明确，而且要形成制度，及时对原始记录进行整理分析，以便达到设备管理的目的。

此外，还应针对故障进行统计和分析。一般按日期顺序记录设备的各种故障情况，用以统计故障次数、原因、停机时间、修复工时、处理办法等，这是进行故障分析的主要依据。通过分析找出主要矛盾，以制定维修对策和掌握维修规律。

（5）生产维修小组（PM 小组）。PM 小组是由工人、技术人员、管理人员为减少设备事故、提高设备生产率而自愿组织起来进行自主活动的集体。它自主地关注设备“一生”的各个阶段，为设备生产率达到最高水平开展活动。PM 小组的性质和组建与第 10 章介绍的 QC 小组是一样的，其不同的是这里强调的是在生产维修方面的内容。

（6）全员生产维修。全员生产维护的开展程序包括：制定全员生产维修的基本方针目标；建立 TPM 的组织机构；明确 TPM 的组织和职责分工；制定开展 TPM 活动的措施和方法；制定 TPM 的各种标准；对维修人员进行专门的和多能的教育培训；评价 TPM 的成果；开展文明生产和科学生产的活动。（日本叫“5S”活动，即整理、整顿、清洁、清扫、素养。）

11.5 设备的更新与改造

11.5.1 设备更新

1. 设备更新的概念

设备的更新，主要是指企业用新的、效率更高的设备去更换已经陈旧得不能继续使用，或虽然可继续使用，但在技术上不能保证产品质量、在经济上极不合理的设备。企业为了提高设备的现代化水平，适应生产发展的需要，保证生产的顺利进行，就必须重视设备的更新工作。

2. 设备更新周期

更新设备要注意经济效益，分析设备的寿命周期，以确定企业设备的最佳更新周期。

（1）设备的寿命。现代设备的寿命，不仅要考虑自然寿命，而且要考虑技术寿命和经济寿命。

①设备的自然寿命。它是指设备从投入使用到报废为止所经历的时间。

②设备的技术寿命。它是指设备投入使用后，由于不断出现在技术上更先进合理的同类设备，使自然寿命未结束就被淘汰所经历的时间。随着科学技术发展的速度越来越快，设备的技术寿命趋向越来越短。

③设备的经济寿命。在设备的自然寿命后期，由于设备老化，必须支付较多的维修费用来维持设备的寿命，花费过多的维修费用可能得不偿失，因而需要考虑更新。这种根据使用费用来决定的设备寿命，叫做设备的经济寿命。

(2) 设备的最佳更新周期。为了提高设备更新工作的经济效果，需要确定设备的最佳更新周期。以下介绍两种方法：

①面值法。这种方法是通过分析和计算同类设备的统计资料，求出年平均使用费最低的年份为最优更新年份。其计算公式如下：

年平均使用费 = (使用费 + 折旧费) ÷使用年限 (年)

②低劣化数值法。假设某设备的原值为 K_0（考虑残值），已使用 T 年，则每年的设备使用费为 K_0/T_0。随着年份 T 的增长，年平均设备使用费不断减少，而设备的物质磨损和精神磨损却随之增加。由此而带来设备年维修费以及动力、燃料消耗的增加，这就叫做设备的低劣化。如果这种低劣化每年以 λ 数值增加，则第一年的低劣化数值为 λT，T 年平均低劣化数值为 $\lambda T/2$，于是得到年平均设备总使用费。其计算公式如下：

$$y = \frac{\lambda}{2} + \frac{K_0}{T}$$

式中，K_0 为设备的原值，T 为设备使用年限，K_0/T 为考虑低劣化时的年平均设备使用费，λ 为年低劣化增加值。

为得到 y 的最小值，将上式两端对 T 微分，并令 $\frac{dy}{dT}=0$，可得：

$$T_0 = \sqrt{\frac{2k_0}{\lambda}}$$

式中，T_0 为最优更新期。

3. 设备更新应注意的问题

(1) 设备更新之前，要做好调查研究工作。

(2) 设备更新要注意克服薄弱环节，提高企业的综合生产能力。

(3) 设备的更新要同加强原有设备的维修和改造相结合。

(4) 设备更新所需资金的筹措，是更新工作的一个重要课题。在原有规模条件下，设备更新资金主要来源于企业固定资产的折旧资金。因此，折旧率的确定和折旧费用的提取，应保证设备更新资金的需要。

(5) 更新设备要注意减轻工人的劳动强度，提高安全性和环保性，不仅要考虑企业的利益，也要考虑国家和人民的利益，这是社会主义制度的基本要求。

(6) 对已更换下来的设备要妥善处理，尽可能地发挥其应有的作用。

11.5.2 设备改造

1. 设备改造的概念及其重要性

设备改造是指应用现代科学技术成就，根据生产发展的需要，改变原有设备的结构，或对原有旧设备增添部件、新装置，改善原有设备的技术性能和使用指标，使原有设备经改造后能局部或全部达到新设备的水平。

设备的改造主要是在原有设备的基础上进行的。由于现有设备比新型设备的数量大得多，因此，没有任何一个国家能够按期把现有的全部设备一代又一代地全部更新，而大都是在原有设备的基础上进行改造，而且设备改造比研制新设备周期短、费用省、见效快。这对发展新产品，促进科技进步十分有利，而且针对性强，对产品的适应性好。因此，国外工业发达国家的一些企业在开发新产品或增产现有产品时，总是添置一部分反映现代技术水平的设备，保留一部分可用的原有设备，改造相对数量的现有设备。对技术老化的设备进行改造，能够获得更好的技术经济效益。

2. 设备改造的方案和内容

(1) 设备改造的方案。设备改造的方案，必须经过初步设计和技术经济评价，与各种方案进行对比分析，选择确定最佳方案。设备改造既要考虑设备的技术性、适用性，又要考虑它的经济性。如果改造一台旧设备的费用效果不如购买一台新设备，那这台设备就没有改造的必要了。一般来说，设备的改造是在原有基础上改进，或者增加某些机件，以改善原有设备的技术性能。

(2) 设备改造的内容。设备改造的内容很广泛，主要包括：①提高设备的自动化程度，实现数控化、联动化；②提高设备的功率、速度、刚度，扩大改善设备的工艺性能；③将设备改装成高效、专用设备；④提高设备零部件的可靠性、可维修性；⑤实现加工对象尺寸公差的自动控制；⑥改装设备的监测、监控装置；⑦改进润滑、冷却系统；⑧改进安全、保护装置及环境污染系统；⑨降低设备原材料及能源消耗；⑩使零部件通用化、系列化、标准化，提高"三化"水平。

3. 设备改造的实施

设备改造是一项复杂而细致的工作，既要符合生产发展的需要，也要充分考虑技术上的可能性和经济上的合理性。如企业改造一条生产线，往往包括制造一些专用设备、改造数量比较多的老设备、采购少量新设备、充分利用原有老设备。因此，设备改造计划工作由企业主管生产部门统一负责，确定设备改造方案，并通过厂部向有关单位下达设备改造计划和安排制造、施工任务。设备改造设计要按设备改造计划提出的设计任务进行，较小单台设备改造，大部分是结合设备修理进行的，一般由设备修理主管部门负责。

每项设备改造工程，无论是进行较大的工程还是结合设备修理进行的较小工程，都必须有改造设计图纸，并将竣工图及修理技术资料整理存档，以备今后查用。设备改造完毕后，对原有设备的技术管理资料要重新整理，对原有设备的专用件要进行妥当处理，以避免浪费。

11.6 开展“5S”活动

11.6.1 “5S”活动的内容

整理（Seiri）、整顿（Seiton）、清扫（Seiso）、清洁（Seiketsu）、素养（Shitsuke）这五个词在日语中罗马拼音字的首个字母都是“S”，所以简称为“5S”。开展以整理、整顿、清扫、清洁、素养为内容的活动称为“5S”活动。它起源于日本，并在日本企业中广泛推行，其对象是现场环境。它对生产现场环境全局进行综合考虑，并制订切实可行的计划与措施，从而实现规范化管理。“5S”活动的核心和精髓是素养，如果没有职工队伍素养的相应提高，“5S”活动就难以开展和坚持下去。

1. 整理

将生产现场要与不要的人、事、物分开，再将不需要的人、事、物加以处理，这是开始改善生产现场的第一步。

整理的目的是：改善和增加作业面积；实现现场无杂物，行道畅通，提高工作效率；减少磕碰的机会，保障安全，提高质量；减少管理上的混放、混料等差错事故；有利于减少库存量，节约资金；改变作风，提高工作情绪，提高工作效率。

2. 整顿

把需要的人、事、物定量、定位地摆放整齐，明确地标示。其目的是整齐、有标示，不用浪费时间找东西。通过前一步整理后，对生产现场需要留下的物品进行科学合理的布置和摆放，以便用最快的速度取得所需之物，在最有效的规章、制度和最简捷的流程下完成作业。生产现场物品的合理摆放有利于提高工作效率和产品质量，保障安全生产。

整顿活动有以下三个要点：

（1）物品摆放要有固定的地点和区域，以便寻找，避免因混放而造成差错。

（2）物品摆放地点要科学合理，如经常使用的东西应放在靠近作业区，不经常使用的应放得远一些，危险品应放在特定的场所内保管。

（3）物品摆放目视化，便于对定期装载的物品做到过目知数；摆放不同物品的区域采用不同的色彩和标记加以区别。

3. 清扫

把工作场所打扫干净，防止发生污染；设备异常要马上修理，使之恢复正常。在生产过程中会产生灰尘、油污、切屑、垃圾等而使生产现场变脏。污脏的生产现场会使设备精度降低，故障多发，影响产品质量，使安全事故防不胜防；污脏的生产现场更会影响人们的工作情绪，使人不愿久留。因此，必须通过清扫活动来消除那些脏物，创造一个洁净、舒适的工作环境。

4. 清洁

整理、整顿、清扫之后要认真维护生产现场，使其保持完美和最佳状态。清洁是前三项活动的坚持与深入，以清除发生安全事故的根源，创造一个良好的工作环境，使职工能愉快地工作。

5. 素养

素养即教养。应努力提高人员的素养，使其养成严格遵守规章制度的习惯和作风，这是"5S"活动的核心。没有人员素养的提高，各项活动就不能顺利开展，即使开展了也坚持不了。所以抓"5S"活动，要始终着眼于提高人员的素养。

11.6.2 "5S"活动的作用

开展"5S"活动可以给企业带来以下作用：

1. 提升企业形象

整齐清洁的工作环境，能使顾客对企业产生一种信任感，并可使企业成为其他企业学习的对象，树立起企业的良好形象。

2. 保障质量

开展"5S"活动，能提高员工的归属感，并促进其自身素养的提高。这体现在员工的质量意识增强，不仅能自觉按要求生产，减少半成品的不合格数，减少问题的发生，而且能正确使用和保养检测用具，保证产品质量要求。

3. 提高工作效率

开展"5S"活动能减少库存量，排除过剩生产；降低设备故障发生率，延长设备使用寿命；减少卡板、叉车等搬运工具的使用费，减少不必要的仓库、货架和设备。同时，物品摆放有序，不用花时间寻找，减少取出、安装、盘点、搬运等无附加价值的活动，员工工作情绪好、工作效率高，最终实现成本降低。

4. 推行标准化

开展“5S”活动可使现场工作与管理更加规范化和制度化，通过潜移默化的作用，可提高员工的标准化意识，使员工能正确地执行已经规定的事项，在任何岗位都能立即上岗作业。

5. 提高现场生产的安全性

保持宽敞、明亮的工作场所，使物流作业一目了然；对货物堆高进行限制；人车分流，道路畅通；“危险”、“注意”等警示标志明确；员工正确使用保护器具，不会违规作业；灭火器放置位置以及逃生路线标志明确，以防万一。这样可大大提高现场作业的安全性，这也是“5S”活动的自然结果。而且通过“5S”活动，可强化员工的安全意识，使其注重职业安全健康，实现全员参与，重视预防，降低劳动强度，改善工作环境。

11.6.3 “5S”活动的推行步骤

开展“5S”活动的步骤并没有一个明确的标准，但从实践经验来看，一般可按以下六个步骤进行：

（1）成立一个推行的组织，以便工作有人负责。

（2）制定实施规划，形成书面制度。

（3）展开宣传造势，并进行教育培训。

（4）全面实施“5S”活动的规定，实行区域责任制。

（5）制定检查考核制度并组织检查考核。

（6）制定激励措施，根据考核结果分别给予奖励。

本章小结

企业的设备工具，是企业进行生产活动的重要劳动手段，是生产力的重要要素之一，是实现现代化建设的物质技术基础。在现代化生产条件下，设备的技术状态和工具质量的优劣，对产品的数量、质量、品种，产品的更新换代，以及安全、环保、企业经营等方面都有着重大的影响。

科学地管好设备，合理地选择和评价设备，做好对设备投资的经济分析，以及经济合理地使用设备，及时对设备进行维护保养和检查修理，做好对设备的更新改造工作，是企业管理的主要内容之一。本章对以上提到的各个方面都进行了阐述和分析。最后介绍了“5S”活动的内容、作用和实施步骤。

复习思考题

1. 试述设备综合工程学的要点。

2. 综合设备管理的主要任务是什么?

3. 试述设备投资的目的以及应如何正确选择设备。

4. 如何对设备投资进行评价?

5. 如何对设备进行维护保养和检查修理，才能使设备保持正常运转?

6. 试述“5S”活动的内容和作用。

7. 某一项设备更新改造方案总投资为60万元，该项目完成投产后可使用10年，平均每年收益额为8万元，试计算投资回收期和投资收益率。

8. 某厂购置一台设备需投资12 000元，由此增加年收入10 000元，每年经营费用为6 000元，估计设备使用寿命为10年，年利率为6%，试计算分析购置这台设备是否可行。(用现值法计算)

9. 假设选择设备的方案有甲、乙两个，现值投资费用甲为6 000元、乙为8 000元，每年维持费用甲为1 720元、乙为1 300元，年利率为6%，设备使用年限为10年，试计算分析甲、乙两个方案哪个好。(用年费用法计算)

10. 某企业2008年12月31日的统计资料表明：各种生产运转设备有800台；因故障维修停用设备10台；正在中修、大修的设备20台。试计算该企业2008年年末的设备完好率。

12

人力资源管理

本章要求

- □ 明确人力资源及人力资源管理的概念及特征
- □ 了解职务分析的作用与方法
- □ 掌握人力资源规划的内容和程序
- □ 了解人员招聘的意义、原则、程序和方法
- □ 了解人员培训的原则、内容和方法
- □ 了解职业生涯规划的含义、特点及其管理
- □ 正确理解员工绩效考评的作用、内容和主要方法
- □ 正确理解劳动定额的含义、内容及其制定方法
- □ 了解劳动保护工作的意义、内容及其组织工作
- □ 掌握企业工资、福利、社会保险的内容、性质以及它们之间的区别

12.1 人力资源与人力资源管理的概念与特征

12.1.1 人力资源的概念与特征

1. 人力资源的概念

人力资源，是指能够推动整个社会和经济发展的、具有脑力劳动和体力劳动能力的劳动者，即一个国家或地区有劳动能力并在劳动年龄范围之内的人口总和。对企业来说，人力资源是指在生产过程中投入的具有劳动能力的人的总量，是一种经济资源。

人力资源包括人的智力、体力、知识和技能等，其作为一定人口总体中所拥有劳动能力的总和，表现为数量和质量两个方面。

（1）人力资源数量。人力资源在数量上的构成包括：①处于劳动年龄（我国目前对劳动年龄的规定是：男18～60岁；女干部18～55岁，女工人18～50岁）之内，正在从事社会劳动的人口。他们占人力资源的大部分，也叫适龄就业人口。②尚未达到劳动年龄，已经从事社会劳动的人口。③已经超过劳动年龄，继续从事社会劳动的人口。④处于劳动年龄之内，具有劳动能力，并要求参加社会劳动的人口（失业、下岗人口等）。⑤处于劳动年龄之内，正在学习的人口。⑥处于劳动年龄之内，正在从事家务劳动的人口。⑦处于劳动年龄之内，正在军队服役的人口。⑧处于劳动年龄之内的其他有劳动能力的人口。

（2）人力资源质量。它是指人力资源所具有的体质、智力、知识和技能的水平以及劳动者的劳动态度等。一般体现在劳动者的体质水平、文化水平、专业水平以及劳动者的积极性等方面，往往用健康指标、受教育状况、劳动者的技术等级状况和劳动态度指标等来衡量。人力资源质量是非常重要的。随着社会生产以及经济的发展，现代科学技术对人力资源的质量提出了更高的要求。

（3）人力资源数量和质量的关系。一方面，一定数量的人力资源是大到一个国家、地区，小到一个企业或部门存在和发展的基础和前提条件。然而，数量的确定，往往依赖于人力的基础和质量状况，即“兵不在于多，而在于精”；而且21世纪是一个知识经济时代，经济的发展主要取决于知识和科技的进步。因此，对人力资源的质量要求越来越高。另一方面，人力资源的质量对其数量有很强的替代性。所以，如何提高人力资源的质量，即如何进行人力资源投资，合理开发、利用、配置和管理人力资源就显得非常重要。要在人力资源管理中正确处理好人力资源的数量与质量的关系，做到数量适中而且素质精良，这是人力资源管理的理想目标之一。

2. 人力资源的特征

与其他资源相比，人力资源具有以下特征：

(1) 人力资源的生物性。人力资源存在于人体之中，是一种活的资源，并与人的自然生理特征相联系。这一特性决定了在人力资源的使用过程中需要考虑工作环境、工伤风险、时间弹性等因素。

(2) 人力资源的能动性。人力资源的能动性体现在人活动的两个方面：一方面是人活动的目的性，人是有思想、有感情、有思维活动的，能够有意识、有目的地利用其他资源去实现自己的目标。而其他资源则是处在被利用、被改造的地位。另一方面是人活动的创造性，人类的创造性思维使得人类社会不断向前发展。

(3) 人力资源的时效性。人力资源的形成、开发和使用，都受到时间方面的限制。作为生物有机体的人，是有其生命周期的，人的生命周期决定了人力资源开发的时效性。人力资源的开发利用必须遵循人的生命周期规律，以取得最好的效果。如果人的能力得不到及时利用，不仅荒废了人的年华，也浪费了最宝贵的人力资源。

(4) 人力资源的社会性。从人类社会活动的角度来看，任何人都生活在一定的群体之中，人类劳动是群体性劳动，不同的劳动者一般都分别处于各个劳动群体之中，构成了人力资源社会性的微观基础。从宏观上来看，人力资源总是与一定的社会环境相联系，其形成、开发、配置和使用都是一种社会活动，是离不开社会环境和社会实践的。离开了社会，人就不能正常地成长与发展，人类社会对人力资源的形成具有重要的作用。

(5) 人力资源的再生性。资源可分为可再生资源和不可再生资源。不可再生资源是指自然资源被消耗后一般不会再生出来的资源，如煤矿、金矿、铁矿、石油等。可再生资源是指自然资源被开发使用过后，只要保持必要条件就可以再生的资源，如森林、粮食等。人力资源也具有再生性，人力资源在劳动过程中被使用后还可以通过人类的自身繁衍而连续不断地再生。人力资源在被使用的过程中会产生有形和无形的损耗：有形的损耗是指人自身的疲劳和衰老，无形的损耗是指人的知识和技能落后于社会和科学的发展。但人是可以通过继续学习不断更新知识、提高技能的，可以通过工作不断积累经验、充实提高，所以人力资源能够实现自我补偿、自我更新、自我丰富和发展，在使用过程中实现其自身的增值。

(6) 人力资源的资本性。人力资源是资本性资源，可以进行投资并得到回报。人力资源是一种活的资本，是劳动者能力和价值的资本化，有自己的意识、需要、权利和感情，可以能动地进行自我投资、自主择业、自主创业。人力资源可以自我增值、自我利用。

12.1.2 人力资源管理的概念与特征

1. 人力资源管理的概念

对构成生产力的最主要的资源——人力资源，必须进行科学有效的管理，才能使其最大限度地造福于人类社会。一般来说，人力资源管理是指以凡是与人力有关的事情，即从事社会劳动的人和有关的事物的相互关系为对象，根据其变化，通过组织、协调、控制、监督等手段，谋求人与事以及共事人之间的相互适应，实现充分发挥人的积极性和潜能，把事情做得更好这一目标所进行的管理活动。

作为一个人力资源管理部门，其主要工作包括人力资源规划、职务分析、招聘与聘任、员工素质测评、培训与开发、职工发展、晋升与调配、绩效考评、劳动组织管理、激励与薪酬、安全与保护、社会保险等。

人力资源管理并不是简单地对人和事进行管理，而是对社会劳动过程中人与事之间的相互关系进行管理，是谋求社会劳动过程中人与事、人与人、人与组织之间的相互适应。人力资源管理是通过组织、协调、控制、监督等手段进行的。人力资源管理也并不是使人消极地、被动地适应事的需要，而是要根据每个人的能力水平和特点，将其安置在合适的岗位上，而且要根据人的聪明才智的提高和能力的增强，及时调整其工作岗位，为其提供发挥才能的条件。所以人力资源管理不是消极的静态管理，而是积极的动态管理，以充分发挥人的主观能动性，做到事得其人，人尽其才，人事相宜，事竟成功，以实现组织的目标。

2. 人力资源管理的特征

（1）普遍性。可以说自从有了人类社会，有了集体生产劳动，就有了人力资源管理。物质生产是人类生存的基础，要进行生产就必须对人力资源进行管理。它随着社会历史的发展而发展，而且越来越显示出它的重要作用。世界上每个国家（地区）都有自己的人力资源管理，而且把它与国家的发展紧密地联系在一起。人类要生存、要发展，就要组织、协调社会劳动过程中人与人、人与事、人与组织之间的关系，就必须要有人力资源管理，由此决定了人力资源管理普遍性的特征。

（2）综合性。人力资源管理是一门相当复杂的综合性学科，需要综合考虑各种因素。人是最具有丰富个性的，事物也是多种多样的，而且人和事也是随着客观情况的变化而变化的。因此，人力资源管理是一项复杂而细致的工作。随着科学技术的发展、社会生活的多样化，要做好人力资源管理工作就要综合考虑各种因素的相互关系，如经济因素、政治因素、文化因素、组织因素、心理和生理因素、民族因素、地缘因素等。它涉及经济学、社会学、人类学、心理学、人才学、技术学、管理学等多门综合性学科。

(3) 适应性。人力资源管理制度属于上层建筑的范畴，它与经济基础、生产力发展是相适应的。由于生产力不断发展，劳动过程中的社会协作不断加强，社会生产方式也随之不断变革，从而推动着社会不断进步。人力资源管理制度正是适应生产力不断发展的要求，在社会不断前进的历史过程中不断完善，不断地进行改革。

(4) 民族性。人力资源管理的重点是人。人的思想、感情深深地影响着人的行动，而人的思想、感情是受到民族文化传统的影响和制约的。因此，人力资源管理带有鲜明的民族特色。如果不顾民族特点而对其他国家民族的经验盲目地搬用，那是非常有害的。我们必须考虑不同的民族特点进行人力资源管理。

(5) 社会性。管理具有二重性，从社会属性方面来看，管理过程实际上是生产资源占有者维护和实现其利益的过程。所以，作为客观文化环境的一部分，社会制度是民族文化之外的另一重要因素。现代经济是社会化程度非常高的经济。在影响劳动者工作积极性和工作效率的诸多因素中，生产关系和意识形态是其中的两个重要因素，而它们都是与社会制度密切相关的。因此，我们在借鉴和研究不同国家的人力资源管理经验时，千万不要忘记人力资源管理的社会性这一特点。

3. 人力资源管理的原则

(1) 任人唯贤。要做到任人唯贤，首先应根据每个人员的不同才干，安排适合其的岗位，做到适才适用。每个人的才能是不同的，所以在人事安排上要给予调适，才能够做到人事相配，职能相称，人尽其才。同时，人的能力是不断发展变化且不断提高的，而且每个人对工作都有由不熟识到熟识、由不相称到相称的过程。因此，对人的安排是一个动态的过程，而不是一职定终身，一定要根据人的才能合理安排，不能论资排辈，更不能任人唯亲，一定要坚持任人唯贤的原则。

(2) 注重实绩。评价工作人员工作的好坏、能力的高低应以其工作的实际成绩为根据，工作实绩反映了一个人的敬业精神、专业实际能力、精力等状况。工作实绩是人们通过脑力和体力劳动创造出来的。在这个过程中，人们投入的脑力劳动和体力劳动的质量和数量取决于他们的敬业精神、专业能力水平以及精力状况，即德才兼备原则。绩是德的实际反映，是能的具体体现，是勤的结晶，也是每一位工作人员德、才的聚光点。只有道德而缺乏才能往往是心有余而力不足；相反，能力很强但欠缺道德，也不能把事情办好，所以一定要德才兼备，注重实绩。

(3) 激励原则。激励是指激发人的行为动机的心理过程，即通过各种客观因素的刺激来引发和增强人的行为的内在驱动力，也即运用各种有效的方法去调动人的积极性和创造性。

（4）竞争原则。我国自改革开放以来，逐步地将竞争机制引入人力资源管理。市场经济的一个最大特点是“开展竞争”，经济生活中的竞争规律向人力资源部门提出了新的要求，即只有那些有能力保证企业在激烈的竞争中不断发展的人，才有资格担任企业领导者和各个层次的工作人员。

（5）精干原则。一个单位或企业的组织机构设置，要本着精简、高效、节约的原则，根据机构的职能任务来组织职工队伍，既要有合理的层次和系统，又要有相互间合理的比例和有机的结合，形成一个具有最佳效能的群体，建立起一支能掌握现代科学技术、事业心强、管理有方、组织严密的精干队伍，才能使组织创造出显著的业绩。

（6）民主监督原则。人力资源管理的直接对象是人，而人是最复杂的，这也决定了人力资源管理的复杂性和艰巨性。其表现在：一方面，人的本身是复杂的，人力资源管理要做到完全彻底地了解人、“知人”，是一件复杂的事情，但对人了解不深，就很难做到合理地任用。另一方面，人是有思维、有感情的，而且人的心理变化也是很快、很复杂的，人与外部世界事物的任何接触都会引起人的一系列心理活动，也会影响其工作积极性。任何一项人事决策，不管其正确与否，其影响之广、之深、之久是其他决策无法比拟的，因此，要求人力资源管理要引入监督机制。所谓监督也即对人力资源管理的民主化过程要提高透明度，做到民主监督。

12.2 职务分析

12.2.1 职务分析的含义与作用

1. 职务分析的含义

职务分析又称工作分析（job analysis），是全面了解一项具体的工作或具体职务的管理活动。它是对组织中各项职务的工作内容、规范、任务、任职资格、所需技能、责任、知识与目标进行研究和描述，并制定具体的工作说明书和工作规范的管理活动过程。简单地说，工作分析就是确定某一工作的任务和性质是什么，以及哪些类型的人适合从事这一工作。工作说明书主要明确规定了工作的内容，工作规范则明确了任用什么样的人来从事这一工作。工作分析是人力资源管理工作所必不可少的环节，是人力资源管理的基础工作。

2. 职务分析的目的与作用

（1）职务分析的目的。职务分析的目的是了解工作的性质、内容和方法，以及确定从事该项工作需要具备的条件和任职资格。职务分析可以为解决以下问题提供答案：①此项工作的完成需要什么样的脑力和体力活动；②此项工作将在什么时候完成；③此项工作将在什么地方完成；④将如何完成此项工作；⑤为什么要完成此项工作；⑥完成此项工作需要具备哪些条件。

（2）职务分析的作用。职务分析是人力资源管理最重要的基础工作，它为人力资源管理的各个方面工作提供信息和依据。通过职务分析，可以将相近的工作归类，为合理安排、选拔任用员工以及绩效评估建立科学合理的薪酬体系，统一平衡关系，提高人力资源规划的质量等方面提供信息依据。其作用包括：①职务分析是人力资源规划的基础；②职务分析为招聘、选拔、任用员工提供依据；③职务分析为人力资源开发和培训提供信息；④职务分析为员工绩效评价提供有效的标准；⑤职务分析为科学合理地设计薪酬体系提供依据；⑥职务分析有助于把握员工和企业之间的劳动关系；⑦职务分析对考虑员工的安全与健康很有价值；⑧职务分析有助于对人力资源的研究。

12.2.2 职务分析的程序和方法

1. 职务分析的程序

其包括：①成立职务分析小组。②搜集与工作相关的背景信息。③搜集职务分析的信息。④整理和分析所得到的工作信息。⑤编写职务说明书。

2. 职务分析的方法

职务分析的方法，是为了能够进行深入而透彻的工作分析，进而搜集到足够的、可靠的、准确和全面的信息的一种手段。职务分析的方法有很多，而且各种方法都有自己的优缺点，要根据具体情况有选择地使用。其包括：①观察法；②访谈法；③工作实践法；④问卷法；⑤工作日志法；⑥专家讨论法；⑦指导定向工作分析法（即对某一职位的任职者的工作行为进行发现和研究基础上开展的工作分析）；⑧关键事件记录法（也称典型事例法，即让熟悉该工作的员工回忆报告对他们的工作绩效来说比较关键的工作特征和事件，从而获得职务分析的信息资料）。

12.2.3 职务说明书和工作规范

职务分析是人力资源管理活动的起点，在职务分析之后，还要应用职务分析中所得到的资料和数据，进行综合整理并制成表格，形成书面文件，即职务说明书。它指明了任职者实际在做什么、如何做以及在什么样的条件下做该种工作。工作规范说明了任职者为了圆满地完成该种工作所必须具备的知识、技术、能力以及经验等。职务说明书和工作规范是职务分析的最终成果。工作规范可以单独编写，也可以列入职务说明书中一起编写。下面介绍职务说明书和工作规范的内容。

1. 职务说明书的内容

职务说明书需要对工作的物质特点和环境特点加以说明，主要解决工作内容与特征、工作责任与权力、工作目的与结果、工作标准与要求、工作时间与地点、工作岗位、工作流程与规范等问题。其一般包括以下方面的内容：①工作标志（工作名称、工作所属部门等）；②工作概述；③工作目标任务；④工作职责范围（或工作活动和程序）；⑤工作环境（指工作的条件）；⑥工作与社会的联系；⑦工作绩效标准；⑧工作规范。

2. 工作规范的内容

工作规范书也称任职说明书，即担任某项职务的人员必须具备的生理要求和心理要求。其一般包括以下内容：①一般要求（年龄、性别、学历、工作经验）；②生理要求（健康状况、智力与体力、活动的灵活性、感觉器官的灵敏度）；③心理要求（胜任工作所需要具有的心理素质等）。

职务说明书和工作规范是用来指导人们如何工作以及规范人们的工作的。它是企业的财富，是经验和训练的积累；它不是用来约束人的，而是用来激励人的；它应该使员工的工作做得更好，成为员工的好帮手。

12.3 人力资源规划与招聘

12.3.1 人力资源规划

1. 人力资源规划的含义与内容

人力资源规划是指一个组织科学地预测、分析组织在内外环境变化中的人力资源需求与供给状况，制定必要的政策和措施，以确保组织在需要的时候和需要的岗位上得到各种所需要的人力资源的过程。人力资源规划是一种战略性规划，它着眼于组织未来的经营管理活动，预先准备各种人力，并持续系统地分析组织在不断变化条件下对人力资源的要求，开发制定出与组织长期效益相适应的政策策略，因此，它是组织整体战略规划的有机组成部分。

人力资源规划的内容包括两个层次，即总体规划和各项业务计划。人力资源总体规划是指在有关规划期内人力资源管理和开发的总目标、总政策、实施步骤以及总预算安排等。人力资源所属的各项业务计划，是人力资源总体规划的进一步展开和细化，一般包括以下八个方面：①人员补充计划；②人员任用计划；③晋升计划；④教育培训计划；⑤评价及激励计划；⑥薪酬计划；⑦退休计划；⑧劳动关系计划。

2. 人力资源规划的程序

人力资源规划的程序包括：①搜集组织内外部有关信息进行调查分析；②预

测人力资源的供需状况；③确定人力资源的供需差异得出“净需求”；④制定人力资源规划；⑤人力资源规划的实施；⑥人力资源规划实施结果的评估与审核；⑦人力资源规划的反馈与修正。

12.3.2 人员招聘

1. 人员招聘的含义和目的

人员招聘，是指组织采取一些科学的方法寻找吸引具备资格的个人到本组织来应聘，从中选出组织需要的人员并予以录用的管理过程。

组织招聘的原因一般有以下四种情况：一是新组建一个企业或单位，需要招聘人员；二是原有企业由于业务的发展人手不够，需要招聘人员；三是员工队伍结构不合理，在裁减多余人员的同时，需要及时补充短缺的专业人才；四是企业内部由于原有员工的调任、离职、退休、升职等原因出现职位空缺而需要招聘人员。总之，人力资源部门需要不断吸收新生力量，为组织不断适应需要提供可靠的人力保障。企业招聘人员的工作是企业人力资源管理中的一项最基本的日常管理活动，在人力资源管理中具有重要的意义。

人员招聘的直接目的是获得组织需要的人，但除了这一直接目的外还有以下三个潜在目标：①树立形象。招聘过程是企业代表与应聘者直接接触的过程，在此过程中，企业招聘人员的表现就成为应聘者评价企业的依据，既可能帮助企业树立良好的形象，吸引更多的应聘者，也可能损害企业形象，使应聘者失望。此外，企业树立良好的形象，能够降低受聘者离开企业的可能性。②企业不仅要把人员招来，更要把人员留住。这就要靠招聘后对人员的有效培养和管理，也要靠招聘过程中有效选拔以及在招聘过程中的对招聘者的准确评价。③履行企业的社会义务。提供就业岗位是企业的社会义务之一，招聘正是企业履行这一社会义务的过程。

2. 人员招聘的程序

（1）确定职位空缺，制订人员招聘计划。

（2）制定招聘策略。选择招聘人员、地点、时间、渠道和方法。

（3）发布招聘信息。通过各种方法发布信息，接受申请。

（4）招聘测试和筛选。用笔试、面试或其他方法测试和筛选。

（5）录用与试用。作出决策，发出通知。

（6）招聘评估。招聘成本评估、录用人员评估，最后写出招聘工作小结。

3. 人员招聘的原则

（1）公开招聘原则。将招聘单位、种类、条件、数量、时间、地点以各种方式公布于众。

（2）公平公正原则。坚持公平竞争，对所有应聘者一视同仁。

（3）全面考核原则。对应聘者的德、智、能、体等各方面进行综合考察和测试。

（4）择优录用原则。根据应聘者的考核成绩，从中选择优秀者录用。

（5）双向选择原则。招聘单位根据自己的需要选择优秀者，被聘者也根据自己的条件自主地选择职业。

（6）效率优先原则。合理地节约招聘成本。

4. 人员招聘的途径

人员招聘的途径包括两个方面：内部招聘和外部招聘。

（1）内部招聘。如内部提升，当企业中有些比较重要的职位需要招聘人员时，让企业内部符合条件的员工，从一个较低级的职位晋升到一个较高级的职位的过程。再如职位转换，企业空缺的职位与现有员工职位调到同一层次的职位，平调或调到下一层次空缺职位的过程。内部招聘的方法包括在企业内颁发公告、通过推荐或采用职位投标法等。

内部招聘的优点是：对员工是一种有效的激励，在提高员工的工作绩效和士气的同时，也增强了员工对工作的忠诚度，会减少员工的流失，而且组织对员工的品德、技能了解得比较清楚，能做到人尽其才，应聘者也可以更快地适应工作，还可以节约招聘费用。但其也存在一些缺点：来源局限于企业内部，水平有限，还容易造成“近亲繁殖”，也可能会因操作不公或员工心理原因造成内部矛盾，或引起嫉妒、攀比等心理问题，如果被提升的人员被证明不适合新职位，组织将会面临比较尴尬的局面。

（2）外部招聘。它是指组织从本单位外部寻找、吸引求职者以补充本组织空缺职位的过程。其方法包括刊登广告、召开人才招聘会、员工推荐、在顾客中挖掘、在校园中招聘、就业机构介绍、猎头公司介绍、网络招聘等。

外部招聘的优点是：人员来源广，选择余地大，有利于招到理想的人才，招到的新员工也能带来新思想、新方法，人才现成，可节省一部分培训费用。其缺点是：新招来的员工不了解企业情况，进入角色比较慢，对应聘职位了解少、不全面；内部员工得不到发展机会，积极性可能受到影响等。

12.3.3 人员选拔与人事测评技术

对应聘者的选拔是招聘过程中至关重要的一步，同时这也是技术性很强的一步。在这一过程中，需要运用多种测试方法，包括人事测评的各种有关技术。所谓人事测评，就是测评主体采用科学的方法，搜集被测评者在主要活动领域中的表征信息，针对某一素质测评目标作出量值或价值的判断的过程。人事测评常用的方法有申请表、笔试、工作模拟、评价中心、面试、心理测验、体检、背景调查等。

1. 申请表

申请表是一种初始阶段的筛选工具，其作用在于搜集关于求职者背景和现在情况的信息，以评价求职者是否能满足最起码的工作要求。

2. 笔试

笔试主要是用来测试应聘者的知识和能力以及性格和兴趣等。知识和能力的测试包括两个层次，即一般知识和能力与专业知识和能力等。

3. 工作模拟

工作模拟是模拟实际工作情境让应聘者参与，从而对其作出评价的测试方法，工作模拟必须具体到工作。最常用的工作模拟方法有：文件筐测试法、无领导小组讨论法和商业游戏法。

4. 评价中心

人们在研究和实践中发现，某一方面的管理技巧和管理能力用某些测验方法来进行测试效果最佳。如测试经营管理技巧可采用文件筐测试法；测试人际关系技巧可用无领导小组讨论法、商业游戏法；测试智力状况可用笔试法；测试工作的恒心可用文件筐法、无领导小组讨论法、商业游戏法等；测试工作动机可用想象能力测验法、面试、模拟法等。

评价中心由几种工作模拟方法组合而成，利用现场测试或演练，由评估人员现场观察候选人的具体行为，并给予评分。评价中心尤其适用于复杂的属性和能力测试，是目前测试准确率最高的一种方法。

5. 面试

面试是企业最常用的也是必不可少的测试手段。调查结果表明，99%的企业在招聘中都采用这种方法。根据面试的结构化程度，可将其分为结构化面试和非结构化面试。根据对面试的控制方式，可分为一对一面试与多对一面试、连续性面试与一次性面试。

6. 心理测验

心理测验，是指在控制的情境下，向应试者提供一组标准化的刺激，以其所产生的反应作为代表行为的样本，从而对其个人的行为作出评价。心理测验大致包括成就测验、性向测验、智力测验、人格测验、能力测验五方面。

7. 体检

体检通常要委托医院进行。体检的目的是要判断应聘者的身体状况能否适应工作的要求，特别是能否满足工作对任职者身体素质的特殊要求。

8. 背景调查

背景调查就是企业通过第三者对应聘者的情况进行了解和验证。这里的“第三者”主要是指应聘者原来的雇主、同事以及其他了解应聘者的人员。背景调查的方法包括打电话、访谈、要求提供推荐信等。企业在运用这种方法时，需注意以下问题：第一，只调查与工作有关的情况；第二，慎重选择“第三者”；第三，判断调查材料的可靠程度。

12.4 人员培训与职业生涯规划

12.4.1 人力资源开发与培训

1. 人力资源开发与培训的含义与作用

人力资源管理中的培训是指根据实际工作的需要，为提高劳动者的素质和能力而进行的训练。由于在实际工作中，员工培训与人力资源开发两者关系密切，培训是人力资源开发的基础，而人力资源开发则是在培训基础上有针对性地提高或更新知识，所以将这两者简称为培训。

加强对职工的培训是很重要的。第一，培训的目的是使培训对象获得目前工作所需要的能力和知识，社会不断发展进步，对人员的要求也越来越高，如果员工的素质还是停留在原有水平上，就不能适应形势发展的要求，所以加强培训，便于其更新观念，增长知识，提高能力，以适应新形势下的要求，更好地工作。第二，社会主义建设、企业的发展需要各类人才，开发培训工作是达到快出人才、多出人才的重要途径。第三，加强培训工作，是调动员工积极性的有效方法。大多数员工都渴望自己能有所成就，都渴求能够不断充实自己、完善自己，使自己的潜力能够充分发挥出来，这种自尊、自我实现的需要一旦得到满足，将会产生深刻而持久的工作动力。国内外大量事实说明，安排员工去参加培训，到国外去考察学习，到外单位去跟班学习，脱产到国内外高等学院去深造等，都是满足员工这种需求的途径。经过学习的人员，不仅提高了素质和能力，也改善了工作态度和工作动机。第四，加强培训可以使组织和员工双方均受益。职工的知识技能提高了，可减少在工作中的失误，获得更高的效率或更好的产出。职工的技术水平改善和提高了，会使其在岗位上更加自信，工作起来能更得心应手，效率高，质量好，得到的报酬也更高。组织也可以因此取得更好的效益，实现更好的运转。

2. 职工培训的原则和形式

为了使培训能达到预期的目的，在培训中应遵守以下原则：

（1）专业技术知识和政治素质培训统一。对员工的要求是德才兼备，而不仅仅是技术业务标准，所以要兼顾两个方面的要求。

（2）理论联系实际，学用一致。培训是为了使用，如果培训与使用脱节，培训就失去目的，也会失去动力。

（3）全员培训与重点提高相结合。全员培训是有计划、有步骤地对在职的各类各级员工进行培训，是提高全员素质所必需的；但全员并不等于平均用力，而是仍然要有重点，即重点培养中、青年骨干，重点培养技术和管理方面的骨干力量。

（4）严格考核与择优奖励。培训工作和其他工作一样，必须通过检查来了解培训工作的效果。因此要严格考核和择优奖励，以提高培训的效能。

职工培训工作的形式是多种多样的，概括起来有下面五种：

（1）从培训与工作关系来分，可分为在职培训与脱产培训。

（2）从培训的组织形式来分，可分为正规学校（包括大中专院校、成人教育学校）、短期培训班、自学等。

（3）从培训的目标来分，可分为学历培训、文化补习、岗位业务培训等。

（4）从培训的层次来分，可分为高层培训、中层培训和初级培训等。

（5）从培训的对象来分，可分为职前培训教育（先培训后上岗）、新员工培训（新员工进入企业进行入厂教育）、在职继续教育、全员培训等。

3. 职工培训的内容和方法

职工培训的内容一般包括以下三个方面：

（1）知识培训。知识培训是指与企业生产和工作有关的各方面知识（如基础知识、管理知识、技术知识）以及结合企业的现实情况开展的学习。如企业的发展战略、经营方针、规章制度等。

（2）业务技术能力培训。针对职工从事本职工作需要掌握的业务技术能力方面进行的培训。

（3）品德和工作态度方面的培训。如职业道德教育、价值观、敬业精神、团队精神、责任感、奉献精神、对组织的忠诚度等方面的教育培训。

职工培训的方法是多种多样的，一般有以下六种：

（1）讲授教学法，即课堂教学法。由老师通过语言和演示传授知识的方法。

（2）视听教学法。通过幻灯片、投影仪、收录机、电视、电影、录像等进行教学。

（3）案例教学法。通过事先让受培训者阅读一份完整的涉及经营管理或一个重要问题的真实情景的描述的案例资料，然后要求受培训者找出一个适当的解决方案。

（4）情景模拟教学法，事先设计好一种情景，由受训人员扮演模拟真实环境中的角色，从事指定的活动，训练受训者在复杂的情况下处理问题的能力。

（5）专业研究或讨论教学法。这是组织研究小组进行研究的开发培训方法。

（6）电脑网络教学法。这是一种远程教学，通过卫星电视、网络等通信和视听手段，实现人员异地交流的一种教育培训方法。

此外还有传统的师傅带徒弟以及工作轮换等方法。

12.4.2 职业生涯规划

在人力资源管理过程中，会出现许多有才华的专业人才因为其上级主管不理解“工作满意”这一心理效应而离开了所在的公司。许多专业人员，尤其是那些接受过现代技术和现代管理课程的良好教育，并有一定工作经验的人员，他们具有强烈的自我成就感，一心想着要在工作中取得成功。因此，在许多情况下，企业能否赢得员工的献身精神的一个关键因素，就在于其是否能使员工获得成就感并实现自我。一个组织的效能取决于组织中人力资源的发挥程度。由于职位的要求是不断发展的，人也需要不断提高知识与技能，因此，企业应该帮助员工进行职业生涯规划，最大限度地发挥员工的潜能，通过职业生涯规划的手段，发展和提高员工对组织的满意度，从而能很好地吸引、保留和激励员工。同时，进行职业生涯规划在很大程度上是员工的自我管理。企业的管理者特别是高层次的管理者，应为员工的自我管理创造良好条件，并采用各种方式，将员工的自我管理、自我规划转移到组织的既定目标上来，使个人目标与组织目标取得一致，达到个人利益与组织利益的双赢。

1. 职业生涯的含义及特点

（1）职业生涯的含义。职业生涯又称职业发展，是指一个人在其一生中从事工作的经历，一个人一生中所走的道路，也即与工作相关的活动、行为、价值、愿望等的综合。职业生涯又分为外职业生涯和内职业生涯。外职业生涯是从受教育开始，经历工作直至退休为止的活动。内职业生涯是指一个人对职业的追求的一种主观愿望以及所期望的职业发展规划。

（2）职业生涯的特点。职业生涯一般来说具有以下五个特点：

①独特性。每一个人都有自己对职业的不同理想和不同选择，而且每一个人也都有自己不同的条件和不同的职业道路，其表现的方式、努力实现理想的程度都各有不同，从而也就有着独特的职业生涯。

②阶段性。每一个人的职业生涯一般都分为不同的阶段。如可分为准备阶段、选择（或探索）阶段、适应阶段、稳定阶段、衰退阶段等。

③发展性。每一个人的职业生涯都在不断的发展变化之中，是一个动态过程，不是一成不变的，是根据每个人在不同阶段的不同追求而成长发展，直至终身的。

④整合性。每个人所从事的工作或职业往往决定着他的生活形态、行为方式、价值观等；而且职业与生活两者在实际生活中又很难区别，因此，职业生涯具有整合性，涵盖人生整体发展的各个层面，而不是仅仅局限于工作或职业。

⑤互动性。每一个人的职业生涯都是存在于社会之中，不能离开社会而单独存在，都是与别人、与环境、与社会互动的结果。个人的自我观念，人的主观能

动性，个人所掌握的社会职业信息、职业决策技术等，都与社会和个人所处的环境相联系，这些对其职业生涯都有着重要的影响。

2. 职业生涯规划的含义及意义

（1）职业生涯规划的含义。职业生涯规划是指通过员工的工作及职业发展的设计，来协调员工个人需求与企业组织需求，实现个人和企业组织的共同成长和发展。这是一种以人为中心的管理方法。职业生涯规划包括个人职业生涯规划和企业组织的职业生涯规划。个人职业生涯规划是个人为了实现在目前和将来的工作中得到成长、发展和获得满意的要求和愿望，不断地追求理想的职业，并使自己的职业生涯能得到顺利的成长和发展，以此目标来制定自己的成长、发展规划。企业组织的职业生涯规划是指企业为了不断地增强员工的满意度，并使其能与企业组织的发展目标统一起来，而制定协调有关员工个人成长、发展与组织需要和发展目标相结合的规划。

（2）职业生涯规划的意义。职业生涯规划对企业组织和从业个人都有重要的意义。

①一个企业组织的存在与发展离不开员工的努力工作，而一个员工的发展也离不开合适的组织集体的存在，他们之间是互相依存的，两者都需要有一个良好的发展，有着目标上的一致性。现代企业的成败更是取决于企业的管理者以及企业战略的有效性，企业战略的制定者以及实施者的能力、人力资源的质量和存量。现在，越来越多的企业重视对员工的开发与管理，重视人力资本投资，而职业生涯规划也已成为人力资本投资的核心。对这一理论的研究探索会对企业人力资源管理的实践工作有很强的指导作用。

②通过职业生涯规划，可以明确个人职业发展目标。一个新员工来到企业，企业会详细询问了解他有什么发展愿望和计划，对哪些工作感兴趣，希望以后做什么，有什么长远的打算和愿望，并与他共同寻找个人发展与企业发展的结合点。这些将会使员工因企业组织对自己的关怀而感动，而且对自己的发展前途增强了信心，通过制定职业生涯规划使自己有了一个明确的发展目标，在今后职业发展的道路上少走弯路。有了职业生涯发展目标，就会使人在每天的工作和学习中都在为这个目标积累资源、创造条件，为达到目标而努力工作和学习。

③通过职业生涯规划，可以使人了解自己、了解周围的环境，以便在纷纭的环境中找到适合自己的人生坐标，并不断地发现和拓展自己的潜能，实现个人的人生价值，并促进企业、社会的进步和发展，最终实现事业的辉煌。

3. 企业对职业生涯规划的管理

（1）协调企业目标与员工个人目标。

第一，企业要树立人力资源开发思想。人力资源管理不仅要用人，更要培养人，职业生涯规划正是培养人的重要途径。企业只有牢固树立人力资源开发的思想，才能真正实施职业生涯规划。

第二，了解员工需求。员工的需求是多样化的，不同的员工有不同的主导需求，企业只有准确把握员工的主导需求，才能采取针对性措施满足其需求。特别是企业的骨干员工，他们在个人发展上愿望更为迫切，其职业生涯规划也更为清晰，企业尤其应注意重点了解和把握。

第三，要使企业与员工结为利益共同体。企业在制定目标时，要使企业目标包含员工个人目标，还要通过有效的沟通使员工了解企业目标，让他们看到实现企业目标给自己带来的利益；在企业目标实现后，企业要兑现自己的承诺。

（2）帮助员工制定职业生涯规划。

第一，设计职业生涯规划表。职业生涯规划表是指一张工作类别结构表，即通过将企业中的各项工作进行分门别类的排列，而形成一张较系统地反映企业人力资源配给状况的图表；借助这张表，企业的普通员工、管理人员以及专业技术人员就可以瞄准自己的目标，在有经验的人员及主管经理的指导下正确选择自己的职业道路。

第二，为员工提供职业指导。可以从三方面进行：一是通过管理人员进行，这也是管理人员的义务，管理人员长期与下属共事，对下属的能力和专长有较深的了解，应在下属适合从事的工作方面提供有价值的建议，并帮助下属分析晋升及调动的可能性；二是通过外请专家进行，企业可以外请专家为员工进行职业发展咨询；三是向员工提供有关自测工具，有许多自测工具可以帮助员工进行能力及个人特质方面的测试，企业可购买这类工具供员工使用，把这类工具装在内部网上，让员工自己上网测试。

第三，帮助员工实现职业生涯规划。

①在招聘时重视应聘者的职业兴趣，并提供较为现实的发展机会。企业在招聘人员时既要强调职位的要求，又要重视应聘者的愿望和要求，特别是要注重了解应聘者的职业兴趣和对未来的职业发展计划，这是企业正确使用和培养人才的基本条件。

②为员工提供阶段性的工作轮换。工作轮换对员工的职业发展具有重要意义。一方面可以使员工在一次次新的尝试中了解自己的职业性向和职业目标，更准确地评价自己的长处和短处；另一方面可以使员工经受多方面的锻炼，拓展视野，培养多方面的技能，从而为将来承担更重要的工作打下基础。

③多样化、多层次的培训。培训与员工职业发展的关系最为直接。职业发展的基本条件是员工素质的提高，而这种素质不一定要与目前的工作相关，这就有赖于持续不断的培训。

④为员工提供职业发展咨询。企业可以购买有关软件为员工进行职业性向等的测试，也可以聘请专家为员工进行咨询；企业的管理人员也可以在职业发展方

面为员工提供有价值的建议。

⑤以职业发展为导向的考核。许多人认为考核的目的是评价员工的绩效、态度和能力，或是为分配、晋升提供依据。其实考核的根本目的是保证组织目标的实现，激励员工进取以及促进人力资源的开发。考核不能满足于为过去作一个结论，而要使员工了解怎样在将来做得更好。以职业发展为导向的考核就是要着眼于帮助员工发现问题和不足，明确努力方向和改进方法，促进员工的成长和进步。

⑥晋升与调动管理。晋升与调动是员工职业发展的直接表现和主要途径。企业应建立合理的晋升和调动的管理制度，保证员工得到公平竞争的机会，在招聘人员时应允许企业内部员工与外部人员平等竞争，在同等条件下，应优先录取内部员工。

12.5　员工绩效考评

12.5.1　绩效考评及其作用

绩效考评是指企业人力资源主管按照一定的标准，采用科学的方法检查和评定员工对职位所规定的职责的履行情况，以便确定其工作成绩的一种有效的管理方法。绩效考评是绩效考核和评价的总称。绩效考核，是用一定的方法对员工绩效进行客观的描述；绩效评价，是根据客观的描述来确定绩效的高低。考核是为评价提供事实依据，评价只有建立在客观考核基础上才是公平合理的，考核的结果也只有通过评价才能得到进一步的运用而发挥作用；否则，为了考核而考核将毫无意义。

人员绩效考评是人力资源管理的重要组成部分，是人力资源管理的基本任务之一。要保持人与事的科学结合以及共事人之间的密切配合，以达到提高工作效率的目的。要做到这一切，就必须通过绩效考评以“知人”，了解人与事是否实现了科学结合，了解人与人之间是否密切配合。因此，对工作人员作绩效考评在人力资源管理中有着重要的作用：第一，考评是人员任用的依据；第二，考评是决定人员调配和职务升降的依据；第三，考评是确定劳动报酬的重要依据；第四，考评是作为员工培训、开发的依据；第五，考评是实行奖惩的依据；第六，考评是实行对员工激励的重要手段。同时，考评也是作为人力资源、财务预算、工作进度安排、相关政策制定等方面的基本信息来源。通过考评向员工反馈企业对其执行工作任务的看法和评价，使之了解自己的长处和不足，以便明确其今后的努力方向。

12.5.2 绩效考评的内容

人员绩效考评，一般分为德、能、勤、绩四个方面。

1. 德

德是指人的政治素质、道德素质、心理素质、思想作风等。德是一个人的灵魂，起统率作用。它决定着一个人的行为方向——为了什么人生目的而奋斗；决定着行为的强弱——为达到目的所作努力的程度；决定着行为的方式——采取什么手段达到目的。德的标准不是抽象的，在不同的历史时期、不同的行业、不同的层次有所不同。如在革命战争年代，德的标准是立场坚定，英勇善战，不怕牺牲，依靠群众；在改革开放的今天，德的标准是坚持党的基本路线，坚持四项基本原则，坚持“三个代表”重要思想，坚持科学发展观，坚持集体主义价值观，爱国爱民，富有使命感、责任心和进取精神，遵守职业道德，遵纪守法，廉洁奉公。

2. 能

能是指人的能力，是指认识世界和改造世界的本领，是指人完成各项工作的能力。人的能力是人的各种素质相互作用的结果，不是抽象和孤立存在的。因此，对能力的考评应以素质考核为依据，结合他在工作中的种种具体表现来判断其能力。一般来说，能力包括一个人的动手操作能力、认知能力、思维能力、研究能力、创新能力、口头表达能力、文字表达能力、组织指挥能力、协调能力、综合分析能力、自学能力、决策能力等。对于不同职位、不同层次的工作人员，对其能力的要求应有所侧重。

3. 勤

勤是指人的勤奋敬业精神。其主要表现在工作人员工作的积极性、主动性、创造性、纪律性和出勤率。出勤率高是勤的一种表现，但不能简单地理解为勤就是出勤率高。如果是“出勤不出工”、“出工不出力”，那么这种出勤就不是勤的表现。当然，在日常的人员考评中，也应有“考勤”活动，考查一下职工是否上班、是否迟到早退，这只能是形式上的考勤活动，考勤活动应将形式上的考勤和实质上的考勤结合起来。“勤”实质上是责任感的具体表现。只有对社会主义事业有高度责任感的人，才可能在实际工作中有高度的勤奋精神。所以说，真正的勤，不仅是出勤率高，更重要的是有强烈的责任感和事业心，在工作中投入全部的智力和体力，因此，考勤的重点应该考核其敬业精神。

4. 绩

绩是指工作人员的工作实绩。工作实绩包括完成工作的数量、质量、经济效益和社会效益。数量多、质量好、效益好是对工作人员实绩的要求。数量、质量、效益之间，经济效益与社会效益之间，都存在对立统一的辩证关系，在考核和评价工作人员的绩效时，应充分注意这一点。对不同的职位，考核的侧重点应有所不同，但效益应该是处于中心地位的。在考查“绩”时，不仅要考核工作人员的工作数量和质量，更应该考核其工作满足社会需要所带来的经济效益和社会效益，也即工作的社会价值。

12.5.3　绩效考评的程序

绩效考评的效果很大程度上取决于考评系统的设计、考评方法的选择和实施过程的安排。一般来说，完整的绩效考评程序包括以下八个步骤：

1. 设计、制定考评规划

对员工进行考评，单位领导人和人力资源主管部门应着手制定考评活动的实施规划，明确考评目的的要求和内容，涉及考评方案和具体执行办法，发布相应文件。

2. 确定绩效考评标准

在考评规划确定后，接着是要确定绩效考评的标准，这是重要的一环。考评标准的合理性，直接决定考评工作的有效性。若没有客观的考评标准，考评者就无法客观地对被考评者作出正确的评价；同时，若考评标准制定得不合理，则考评结果和员工的实际情况之间就会存在偏差，从而影响考评的公正与公平。

3. 做好组织和动员工作

成立相应的组织机构，指定工作人员，明确职权划分。在考评对象或全体工作人员范围内进行实际操作前的动员，说明考评的目的、内容、方法、要求以及考评结果的运用方式，以端正态度，消除有意无意的抵制情况和抗拒心理。

4. 培训考评工作人员

对考评工作人员进行特别培训，提高他们的业务能力，减少评定中人为的非正常误差。培训的目的，一是树立正确的态度，二是提高专业知识和技术水平。

5. 选择考评方法

根据不同的考评目的确定不同的考评方法。考评方法的设计首先要解决的问题是考评需要掌握哪些信息，从何处获得这些信息，以及采用何种方法搜集这些信息。通常，搜集考评信息的方法是查阅考勤记录、工作日志、生产报表、备忘录、现场视察记录、群众反映及立功、评奖记录等。根据考评的目的、对象和内容确定采用哪些具体方法进行考评。

6. 实施考评

这是具体实施阶段，考评人员在考评计划的指导下，以考评标准为依据对被考评人员各方面的表现进行考核。应以严肃认真的态度，取得真实、可靠、有效的信息；安排有关人员填写各种考评表格，以期全面反映考评对象的绩效情况；然后对信息资料进行审查与核实，剔除虚假信息，修正有误差的资料。

7. 分析评价

这主要是对被考评员工的德、能、勤、绩等方面作出综合性的评价。分析评价是一个由定性到定量再到定性的过程，等级评定可以定量分为五级评定，每个项目也可以分为5分、4分、3分、2分和1分进行评定，最后进行考核结果的综合。

8. 考核结果的反馈与运用

考评结果确定后，企业的相关部门要将考评结果通过一定的方式反馈给被考评者。被考评者若有异议，可以提出，并要求上级主管或人力资源部门予以裁定。另外，考评者与被考评者可以面对面交谈，了解其对考评的看法，并作出记录，对绩效考评的意见也需要被考评者签字认可。

考评是一种手段，人力资源主管应注意对考评结果的运用，如将考评结果给被考评者帮助其改进工作，也可以为本部门的管理决策如任用、晋级、提薪、奖励等提供依据，另外通过考评结果可以检查企业管理的各项政策是否有失误、是否有效等。

12.5.4 绩效考评的方法

人员绩效考评的方法是多种多样的，可以在工作中根据实际情况选择使用。

1. 个人判断法与民意测验法

（1）个人判断法是指以领导者个人的判断来评定其下属工作人员优劣的考评方法。

（2）民意测验法是把考评的内容分为若干项，制成考评表，每项后面空出五格：优、良、中、及格、差，然后将考评表发至相应范围填好后，再交给考评组进行综合，从而评出被考评者的考评结果。

2. 自我评价法与他人评价法

（1）自我评价法是指被考评者对照自己工作岗位的职务说明书的要求进行自我对照总结，在此基础上同一小组人员进行民主评价。

（2）他人评价法一般是指被考评者的直接上级领导，根据对被考评人的了解，对其自我评价提出意见，再由上一级主管人员根据被考评者的自我评价和其直接领导的意见提出最后的评价意见。

3. 工作标准法与代表人物比较法

（1）工作标准法是根据职务分类对从事各种职位的工作人员的各项具体要求制定工作标准，进行考评时，由考评组织以此标准去衡量工作人员的优劣。

（2）代表人物比较法是首先确定若干考核要素以及各个要素在整个考评

中所占的比重，然后从被考评者中选出各种考评要素的代表人物，并给出等级或分数，再按照各项要素的顺序，把每一个被考评者与这些代表人物相比较并给出等级或分数，然后将每一个人各要素的得分合计，得出各个人的总分。

4. 序列比较法与相对比较法

(1) 序列比较法是首先确定若干考评要素，再根据每一要素来确定这一组被考评者在组中的排序，最后综合各要素的考评成绩，得出最终序列数和成绩，总序数越小成绩越好。如表 12－1 所示：

表 12－1　序列比较表

评定要素 / 序列数 / 被考核者	工作态度	工作数量	工作质量	业务水平	组织能力	表达能力	团结协作	身体状况	总序列数	总成绩
李××	1	1	2	2	1	1	3	3	14	优
赵××	3	2	3	1	2	2	1	5	19	优
钱××	2	4	1	3	3	6	2	7	28	良
王××	6	3	5	4	4	4	5	4	35	良
周××	4	5	4	5	5	5	4	2	34	良
陈××	8	7	6	7	7	7	6	1	49	中
罗××	7	8	7	8	8	8	8	6	60	差
何××	5	6	8	6	6	3	7	8	49	中

注：本例总序列数 20（含 20）以下者评定为优秀，21～35 者评定为良好，36～49 者评定为中等，50（含 50）以上者评定为差。

序列比较法的优点是比较简单易行，缺点是一次考评的人数不宜过多，而且这一方法只适用于考评从事同一职务或同类职务的工作人员，否则就没有可比性。

(2) 相对比较法是根据考评要素，把所有的被考评者分别按两两一组的方法进行比较，并判断出优者和劣者。如优者为 1 分，劣者为 0 分，然后综合其结果，得出最终的序列和成绩。这种方法在第 9 章价值工程一节中提及 0～1 评分法时已介绍。

5. 分定考评法

分定考评法是运用定量的方法，对各项考评指标进行计算，并根据得分的多少来评定考评结果。这种方法比较科学合理，适合全面综合性的考评。这种方法的基本原理是分类、分级、定时、定量。

（1）分类，就是按工作人员从事的工作性质进行分类。

（2）分级，就是按工作人员所担任的职务进行分级。

（3）定时，就是对工作人员进行定期考评。

（4）定量，就是按照事先规定的考评项目，凭考绩计分，可用百分制、百分比、累加和、平均值等表示，一般采用百分制。每一单独项目的考绩和所有项目的总考绩，均用百分制计分，单项考评成绩乘以此项的百分比系数，即为该项考绩的有效分值。各项有效分值的累加之和，即为有效总分值（见表12－2）。

表 12－2　分定考评法设计实例

考评要素	考评项目具体标准要求	百分比系数（%）		总计（%）
德	①政治思想表现：模范执行党的路线、方针、政策和党委的决议	40	25	100
	②道德品质：为人正派，办事公道，坚决抵制不正之风，模范遵守法律、法规	30		
	③组织纪律：模范遵守单位各项规章制度，任劳任怨，服从领导	30		
能	①业务水平：精通本职业务，有较丰富的工作经验	45	25	
	②管理能力：办事能力强，能独立实施工作计划，能指导、帮助他人开展工作	30		
	③思维及表达能力：思维清楚，表达准确、条理清晰、简练通顺	25		
勤	①工作态度：热爱本职工作，责任心强，工作主动刻苦，肯钻研业务，敬业精神好	60	20	
	②出勤情况：能出满勤并模范执行请假制度	40		
绩	①工作效率：工作效率高，各项任务能按时完成，工作质量优	30	30	
	②工作成绩：超额、圆满完成各项任务，工作成绩显著	50		
	③工作对比：与同事相比绩效突出，与上年相比有显著进步	20		

分定考评法适合于考评各类工作人员，如科技人员、管理人员、工程技术人员、情报资料人员、党政干部等。但对于不同的考评对象，其考评内容的设计、考评的侧重点，以及计分标准、评分办法等，应有所不同。

例：某甲本年度考评的结果是：

德：①80 分，②78 分，③85 分

能：①90 分，②80 分，③85 分

勤：①75 分，②85 分

绩：①85 分，②90 分，③85 分

解：计算结果：

德的得分为：80×40%+78×30%+85×30%=80.90（分）

能的得分为：90×45%+80×30%+85×25%=85.75（分）

勤的得分为：75×60%+85×40%=79.00（分）

绩的得分为：85×30%+90×50%+85×20%=87.50（分）

总分为：80.90×25%+85.75×25%+79.00×20%+87.50×30%=83.71（分）

100 分为满分，90（含 90）分以上为优秀，90 分以下 80（含 80）分以上为良好，80 分以下 70（含 70）分以上为中等，70 分以下 60（含 60）分以上为合格，60 分以下为不合格。

结论：某甲本年度考评总成绩为 83.71 分，应评为良好。

6. 共同确定法与考试评议法

（1）共同确定法是指组成考评小组，由考评小组共同确定的方法。这种方法目前被广泛地用于职称的评定。这种方法通常是这样进行的：首先，由基层考评小组推荐；其次，由学科考评小组初评；再次，由专业（文科、理科、经济管理等）职称评定委员会评议投票；最后，由职称评定总委员会审定。这种方法除了上面所说的评定职称时采用外，进行专业方面的考评时也可以采用此法。采用此法时第一步的基层推荐是很重要的，因为基层推荐的组成人员应该是最了解被考核者的情况的。其做法一般是由考评小组成员按照考核内容，逐人逐项打分，然后去掉一个最高分和一个最低分，余下的取平均分以确定最后的得分。

（2）考试评议法是指首先进行考试，主要是考察工作人员的文化知识水平、专业理论和技术知识水平，在此基础上实行评议的一种方法。评议，就是采用多种方式征求有关人员对被考评者的看法和评价，并组织分析、讨论，最后根据考试的结果和有关人员评议的意见，由考评组织作出公平、正确的评价。目前，最常见的是同行评议法。它的具体做法是：把有关的人员请来，组织面对面的答辩，然后进行评议；或者对被考评者的有关业务材料进行背靠背的评议、鉴定，等等。但不管采用哪一种具体做法，都应事先深入了解有关人员的全面业务及其工作情况，以避免作出片面的评议结论。

7. 多维考评法与关键事件法

（1）多维考评法一般用于选拔业务干部或选拔某一层次的领导干部。考评过程大致分为以下五个步骤：

①进行民主推荐，也可以自我推荐，在此基础上，组织人力资源部门对被推荐人进行初审。

②对初审合格者的素质和绩效进行综合考评。考评情况与其上级、同级、下级、本人进行“四见面”，对其中的重点人物和有争议的人物，还要展开内查外调，进行深入考察，并进行集体评议，审慎筛选，确定候选人。

③对候选人进行全面的定性和定量的考评。

④进行笔试。笔试分为普通知识考试、专业知识考试、模拟考试和撰写论文四类。

⑤进行面试，即由考评小组对候选人中通过上述考评者，进行类似论文答辩式的面试。

最后，由考评小组提出使用意见和建议。

（2）关键事件法是主管对下属与工作相关的优秀事件和不良行为进行记录，并在预定的时间内进行回顾考评的一种方法。在运用关键事件法时，负责考评的主管人员将每一位员工在工作活动中所表现出来的非同寻常的良好行为或不良行为记录下来，形成一个书面报告，然后在每半年左右的时间里，主管人员和员工根据所记录的特殊事件，面对面地讨论员工的工作绩效。关键事件法一般与其他方法结合使用，作为其他方法的一种补充。

关键事件法的记录为考评者向被考评者解释绩效考评结果提供了一些确切的依据，通过对关键事件的记录，可以使管理人员得出有关被考评者的长处与不足，在对被考评者进行反馈时，不但因有具体事实作支持而易于被接受，也有利于以后的改进。但是由于这种方法得到的工作报告是非结构化的，在衡量指标上缺乏统一的规范，而且是对不同员工的不同工作侧面进行描述，无法在员工之间、团队之间和部门之间进行工作情况的比较，因此容易产生评价误差。

8. 量表考绩法

量表考绩法是指根据设计的等级考评量表来对被考评者进行考评的方法。这种方法从定性和定量两个方面进行考评，适用于被考评者人数不等的考评工作。其具体方法是：先设计等级考评量表，列出考评的绩效因素，再根据被考评者的真实情况对照每一绩效因素，将被考评者分成若干等级并给出分数。考评者对被考评者进行等级评定和打分，最后加总得出总的考评结果（此法与分定考评法相类似）。

12.6 企业劳动管理

12.6.1 劳动定员

1. 劳动定员的概念和作用

劳动定员是指企业根据已定的产品方向、生产规模，在一定时期内和一定技术组织条件下，规定企业必须配备的各类人员的数量标准。

劳动定员是人力资源管理的一项重要工作，它的主要作用是为企业配备各类人员、编制员工需要量计划、确定工资奖金的依据，是衡量和监督人力使用节约或浪费的尺度，是组织劳动竞赛、开展技术革新、挖掘企业劳动潜力、提高劳动生产率的有效措施，是改善劳动组织、巩固劳动纪律、明确岗位责任、实行企业内部经济责任制的前提。总之，劳动定员必须以实现企业生产经营目标为中心，以精简、高效、节约为目标，精打细算，在保证生产和工作需要的前提下，科学合理地使用劳动力，不断提高劳动生产率和经济效益。

2. 劳动定员的要求

企业人员配备必须先进合理，其具体要求是：①从实际出发，既要考虑到现实的技术组织条件，又要充分挖掘劳动潜力，使定员建立在尽量采用先进工艺技术、改善劳动组织和生产组织，实行先进合理的劳动定额，发挥职工群众积极性的基础之上。②参照国内外同类企业的定员标准，并与同行业先进水平和企业历史最高水平进行比较。③合理确定基本工人与辅助工人的比例、管理人员与职工总数比例、女工占职工总数的比例等。总之，企业劳动定员必须满足高效率、满负荷和充分利用工时的要求。

3. 劳动定员的方法

由于各企业的具体情况不一样，在一个企业内，各类人员的工作性质和影响他们数量的因素不同，所以确定人员数量的具体方法是多种多样的，要根据具体情况灵活使用。

（1）按劳动效率定员，即根据生产任务（工作量）和工人的劳动效率来计算定员人数。其计算公式如下：

$$\text{定员人数} = \frac{\text{每一轮班应当完成的工作量}}{\text{工人的劳动效率} \times \text{出勤率}} \times \text{班次数}$$

（2）按设备定员，即根据机器设备的数量、工人的看管定额和设备的开动班数来计算定员人数。其计算公式如下：

$$定员人数=\frac{为完成生产任务的必需设备台数\times每台设备开动班数}{看管定额\times出勤率}$$

(3) 按岗位定员，即根据工作岗位的多少来计算定员人数。采用这种方法，首先要确定需要工人操作的岗位数，然后再根据各个操作岗位的工作量、工人的劳动效率和出勤率等因素计算定员人数。

(4) 按比例定员，即按照职工总数或某一类人员总数的比例计算某种人员的定员人数。这种方法通常适用于计算服务人员的定员人数。但对于某些生产人员也可用这种方法定员。

(5) 按组织机构、职责范围和业务分工定员。这种方法主要用于确定企业管理人员的定员人数。

12.6.2 劳动组织

1. *劳动组织工作的作用*

劳动组织工作是企业根据生产的需要，正确处理劳动过程中劳动者之间以及劳动者与劳动工具、劳动对象之间的关系，采用先进的劳动组织形式，不断调整和完善生产过程中的分工与协作关系，以充分利用劳动时间和机器设备，提高劳动生产率。其具体作用有以下四点：

(1) 合理地组织劳动，是保证企业进行正常生产的必要条件。

(2) 合理地组织劳动，对促进生产力的发展有着重要的意义。

(3) 合理地组织劳动，既是一个组织生产力的问题，也是不断调整生产关系使之适应生产力发展的问题，它对提高劳动生产率、加快企业生产发展的作用是很大的。

(4) 合理地组织劳动，不断改善劳动组织，是挖掘企业内部潜力、合理地节约和使用劳动力的重要措施。通过改善劳动组织，可以使分工更加合理、协作更加密切，使工作布置和轮班组织更科学，因而可以充分利用工时，为节约劳动力提供条件。

2. *劳动组织形式*

企业应从有利于加强协作、合理使用劳动力、提高劳动生产率的角度出发，根据企业具体的生产条件来选择相应的劳动组织形式。

(1) 生产小组。生产小组既是企业最基本的劳动组织形式，又是企业内部最基层的生产单位和行政管理环节。它的组织形式有两种，一种是按工艺专业化形式组成的，一种是按对象专业化形式组成的。采用哪种形式组织生产小组，要与车间（工段）的生产形式保持基本一致。生产小组的人员应根据生产任务、生产技术特点和厂部规定的定量标准进行配备。生产小组内每个人都应有明确的分工，以及建立严格的岗位责任制度。

（2）作业组。作业组又称工作组，它是在劳动分工的基础上，为完成某项工作，而将相互协作的有关工人组织在一定的劳动集体内。在作业组内，每个工人都有明确的分工和职责，并由组长负责领导全组成员进行工作，以保证全组成员的工作相互协调。

（3）工作轮班组织。工作轮班也是企业劳动组织的基本形式。在现代工业企业中，由于生产工艺的特点，为了充分利用生产设备，常常采用多班制生产。通过工作轮班组织，可以把最基本的分工协作关系通过时间安排有效地组织起来，保证生产顺利地进行。由于企业生产工艺特点不同，其多班制的组织方法也不同。如冶金、化工等企业，由于生产的工艺过程须连续不断地进行，因此，必须组织三班制连续生产。而有些企业，如机械制造业，其工艺过程可以间歇地进行，可以实行单班生产或两班制和三班制。这主要是根据企业的生产任务以及有关的生产条件而定。

企业实行多班制生产，必须正确地进行轮班组织工作，充分发挥生产班组每个工人的工作效能。这里首先要解决各班工人的倒班问题。因为在一天中，各个轮班的工作条件有较大差别，如进行夜班生产，对工人的生活和健康有较大的影响，所以必须进行倒班。倒班分为正倒班和反倒班。正倒班是指甲、乙、丙三班工人都按早班、中班、夜班正顺序倒班，即原来的早班倒中班、中班倒夜班、夜班倒早班，每周轮换一次，三周一循环。反倒班是指甲、乙、丙三班工人按早班、中班、夜班反顺序倒班，即原来的中班倒早班、早班倒夜班、夜班倒中班，每周轮换一次，三周一循环。

在生产工艺特点允许生产有一定间歇的企业里，上述两种倒班方法都可以采用，但是倒班时间应该尽量避开公休日，以保证工人得到充分休息。在生产工艺特点不允许生产中断的企业里，由于工人是轮流休息的，倒班时间不能安排在每个工人的轮休时间内，如采用正倒班遇到上完夜班就倒早班时，工人要连续工作 16 小时是很不合理的，所以应采取反倒班的方法进行倒班。

在进行轮班组织的时候，还必须正确地处理好以下问题：①为了保证生产的稳定增长，应注意使各班人员的数量大致相等，在技术力量的搭配上，也要注意各班之间的平衡。②要为各班生产准备充分的、尽可能相同的生产条件，特别是夜班生产，更要做好生产准备和组织领导工作。③要建立严格的岗位责任制。每班的成员明确自己的职责，各班的职责也要划分清楚。各班完成的工作，应当分别验收、记录和考核。各班之间要建立严格的交接班制度，加强各班之间的协作。④在生产工艺特点不允许生产中断的企业里，要合理地组织工人轮休。为了使工人在轮休时不耽误生产，必须配备替休人员。

（4）多机床管理组织。多机床管理，是指一个工人或一组工人同时看管几台设备。这是充分利用工时、有效挖掘劳动力潜力、大幅度提高劳动生产率的一种先进的劳动组织形式。

多机床管理的基本原理是：工人利用机器设备的自动时间，去完成其他各台机器的手动或机手并动操作。因此，工人看管的任何一台机器的机动时间，必须大于或等于工人看管其他机器的手动、机手并动与工人来往机器间的走路时间之和。机器设备的机动时间越长、工人操作的手动时间越短，工人看管的设备数就越多；反之，则越少。

3. 工作地的组织

工作地是指工人进行生产活动的场地。工作地的组织工作，是指在一个工作地上合理安排工人与劳动工具、劳动对象之间的关系。合理组织工作地，可以节省劳动时间，减轻劳动强度，使工人能够在最方便、效率最高、安全和卫生的条件下从事生产活动。因此，工作地组织工作是企业劳动组织工作中一个重要的环节。

合理组织工作地应达到以下要求：①使工作地便于工人进行操作，节约工时，提高生产效率，并保证产品质量；②充分利用工作地的装备，尽可能节省生产面积；③有良好的工作环境和劳动条件，保证工人的安全和健康。

工作地组织工作的基本内容一般包括以下三个方面：①合理地装备和布置工作地，方便操作，节省工人的动作和体力，少占用生产面积，便于工作地服务工作的进行；②保持工作地的正常秩序和良好的工作环境，如经常保持工作地的整洁，有良好的照明，空气流通，防尘、防震、防毒，噪音少等；③正确地组织工作地的供应服务工作，防止出现停工待料，及时处理加工好的半成品和成品，避免堆积过多而占用生产面积的情况，按时供应工具图纸和技术资料等。

12.6.3 劳动定额

1. 劳动定额的概念和作用

劳动定额是指在一定的生产技术组织条件下，生产一定产品所必须消耗的时间，或者在一定时间内生产的合格产品的数量标准。

劳动定额有两种基本表现形式：工时定额和产量定额。工时定额是指生产单位产品所必须消耗的工时；产量定额是指在单位时间内必须完成的产品数量。工时定额和产量定额为倒数关系，成反比，即工时定额越低，产量定额越高。

此外，劳动定额还可以采用看管定额的形式。看管定额是指一个或一组工人同时能看管机器设备的数目，或者机器设备上的操作岗位数目。在实际工作中，企业可根据自己的生产特点采用不同形式的劳动定额。

劳动定额对于组织和推动企业生产的发展有多方面的作用：第一，劳动定额是企业计划工作的基础，是科学地组织生产的依据；第二，劳动定额是组织和动员广大职工努力完成和超额完成生产计划目标、提高劳动生产率的重要工具；第三，劳动定额是进行经济核算、实行经济责任制、衡量职工贡献大小的依据之一，也是控制成本的标准；第四，劳动定额是合理地组织工资、奖励工作，正确贯彻按劳分配原则的依据。总之，劳动定额是社会化大生产的客观要求，是企业管理的一项极为重要的基础工作。

2. 工时消耗分类和时间定额的构成

（1）工时消耗分类。工时消耗是指工人在一个轮班内全部劳动时间的消耗，研究工时消耗的目的在于确定哪些工时消耗是必要的、哪些工时消耗是不必要的，以便采取措施降低产品工时消耗，减少工时损失，不断提高定额水平。工人在生产过程中的工时消耗是多种多样的，但可以将所有的工时消耗分为两大类：定额时间和非定额时间。

①定额时间。它是指为完成某项工作所必需的工时消耗。它是由作业时间、布置工作地时间、休息与生理需要时间以及准备与结束时间四个部分组成。

作业时间，是指直接用于完成生产任务、实现工艺过程所消耗的时间。它是定额时间中最重要的组成部分。作业时间按其作用可分为基本时间与辅助时间。其中，辅助时间可分为与基本时间交叉进行的和不与基本时间交叉进行的两种。这样划分的目的是避免把同基本时间交叉进行的辅助时间重复计算到工时定额中去。作业时间按其性质又可分为机动时间、手动时间和机手并动时间。

布置工作地时间，是指工人用于照管工作地，使工作地经常保持正常工作状态所需要的时间。

休息与生理需要时间，是指工人休息、喝水和上厕所等所需要的时间。

准备与结束时间，是指在工作时间内，工人为生产一批产品或完成一项工作，事前进行准备和事后结束工作所消耗的时间。

②非定额时间。非定额时间。它是指那些不是为了完成某项工作所必需的时间。它包括非生产工作时间、工人造成的损失时间和非工人造成的损失时间三部分。

非生产工作时间，是指工人做了除本身任务以外的工作所消耗的时间。如修理与本人无关的工具设备和返修不合格件等工作所用的时间。

工人造成的损失时间，是指由于工人不遵守劳动纪律所损失的时间。如无故缺勤、迟到、早退，以及在工作时间内办私事、闲谈等。

非工人造成的损失时间，是指由于企业技术组织工作的缺陷、管理不善或受企业外部条件的影响，使工作发生中断的时间，如停工待料、停电停水以及工作分配不当、窝工等所损失的时间。

非定额时间是由各种原因引起的损失时间，因此，在制定工时定额时，这部分时间不应计入定额中，否则劳动定额就不可能充分发挥其作用。

（2）时间定额的构成。时间定额的构成，是指将劳动定额中应该包括的工时消耗，体现在一件产品或一道工序的时间定额之内。时间定额的构成在不同的生产类型中是不同的：

①在大量生产条件下，由于工作地经常固定地加工同样的产品，分摊到一个产品上去的准备与结束时间量很小，可以忽略不计。因此，时间定额中包括作业时间、布置工作地时间和休息与生理需要时间。其计算公式如下：

$$单件时间定额=作业时间+布置工作地时间+休息与生理需要时间$$

上式的布置工作地时间、休息与生理需要时间都是指单位产品应当分摊的数额。这个数额可以按照它们占作业时间的百分比来确定，因此上述公式可写成：

$$单件时间定额=作业时间\times(1+k_1+k_2)$$

式中，k_1 为布置工作地时间占作业时间的百分比，k_2 为休息与生理需要时间占作业时间的百分比。

②在成批和单件生产条件下，由于工作地轮番生产多种产品，而每生产一种产品就需要进行一次准备与结束工作，因此，可把准备与结束时间按批量分摊到单位产品的时间定额中。这种定额叫做单件计算时间定额。其计算公式如下：

$$单件计算时间定额=单件时间定额+\frac{准备与结束时间}{批量}$$

$$一批产品的计算时间定额=单件时间定额\times批量+准备与结束时间$$

③在单件生产条件下，单件时间定额应包括全部定额时间。其计算公式如下：

$$单件时间定额=作业时间+布置工作地时间+休息与生理需要时间+准备与结束时间$$

时间定额表明单位产品消耗的时间，而产量定额则是表明单位时间内应当完成的产品产量。其计算公式如下：

$$产量定额=\frac{一个轮班制度工作时间}{单位产品时间定额}$$

制定劳动定额时还应考虑定额水平。劳动定额水平是指定额的高低程度。正确的定额水平必须是先进合理的。也就是说，它是在正常的生产条件下，大多数工人经过努力可以达到、部分工人可以超过、少数工人可以接近的水平。这样的定额水平既不是个别先进生产者的水平，也不是绝大多数工人已经达到的水平，而是既低于先进生产者的水平，又高于现行已经达到的水平。这样才能发挥劳动定额应有的作用。

3. 劳动定额的制定方法

（1）经验估工法。它是指由有经验的工人、技术人员和定额人员根据实践经验，结合分析设计图纸、工艺规程和产品实物，以及考虑所使用的设备、工具、原材料及其他生产条件，直接估算并制定定额的方法。这种方法优点是简便易行，工作量小，也便于定额的及时制定和修改；缺点是易受估工人员主观因素影响，技术依据不足，容易出现定额偏高、偏低现象，因而定额的准确性较差。

（2）统计分析法。它是指根据过去生产同类型产品或相同的零件、工序的工时统计资料，在整理分析的基础上，结合考虑今后生产技术组织条件的变化来制定定额的方法。这种方法的优点是简单易行，计算方便，工作量小，既有较大量的统计资料为依据，又考虑了当前和今后的生产条件，比经验估工法更接近实际；缺点是如果统计资料失准，便会影响到制定定额的正确性。

（3）技术测定法。它是指根据对生产技术组织条件的分析研究，在挖掘生产潜力的基础上，通过实地观察测定、分析计算制定定额的方法。它一般按照工时定额的各个组成部分，分别确定它们的定额时间。根据确定定额时间方法的不同，技术测定法又可分为分析研究法和分析计算法。

①分析研究法。它是用工作日写实与测时的方法来确定工时定额各个部分的时间。工作日写实是对操作者整个工作日的工时利用情况，按时间消耗的顺序进行观察、记录和分析，找出工时损失的原因，拟定改进工时利用的措施，提高工时利用率，为制定布置工作地时间、休息与生理需要时间、准备与结束时间提供资料。测时以工序作业时间为对象，按操作顺序进行多次重复观察，并测量作业时间消耗，寻求合理的操作方法，确定合理的工序结构，为制定作业时间提供资料。

②分析计算法。它是通过现场工作日写实与测时、摄影、录像等手段积累各种定额标准资料，然后根据这些定额标准资料计算时间定额。技术测定法的优点是比较科学，有一定的技术依据，准确性高；缺点是工作量大，不易做到及时。因而此法适合于品种少、生产稳定、机械化程度高的大批量生产企业。

4. 劳动定额的贯彻与修改

劳动定额制定以后，必须组织好定额的贯彻执行。要加强思想工作和管理工作。注意对贯彻定额过程中出现的问题要及时解决。贯彻定额应与经济责任制结合起来，以调动员工贯彻定额的积极性。还应加强工时消耗的原始记录和统计工作，对工时的利用情况可用以下两个公式进行计算分析：

$$工人出勤率=\frac{工人出勤工日（工时）}{制度工日（工时）}\times 100\%$$

$$工人工时利用率=\frac{实际工作工时}{制度工时}\times 100\%$$

随着生产的不断发展和技术水平的提高，还要对定额作相应的修改，除特殊情况外，一般一年修改一次，使之保持先进合理的水平。所谓先进合理的水平，就是在正常生产条件下，大多数工人经过努力可以达到，部分工人可以超过，少数工人可以接近的水平。

12.6.4 劳动保护

1. 劳动保护的意义和任务

劳动保护是指为了保护劳动者在劳动生产过程中的安全与健康，在预防和消除工伤事故、防止职工中毒和职业病，改善劳动条件等方面所进行的工作和所采取的措施。做好劳动保护工作有着十分重要的意义。劳动保护是实现安全生产，使生产能顺利地进行的重要保证，对调动职工积极性、促进生产的发展，具有十分重要的作用。劳动保护工作的基本任务，是不断改善劳动条件，同伤亡事故及职业病作斗争，使不安全的、有害健康的作业实现安全化，使繁重的体力劳动机械化、自动化，实现安全生产和文明生产，合理规定职工的工作时间、休息时间和休假制度，保证劳动者有适当的休息时间和休假日，使他们在劳动生产过程中保持旺盛的精力，同时还应根据妇女的生理特点，对女职工实行特殊的劳动保护等。

2. 劳动保护的内容

劳动保护的内容，一般包括安全技术、工业卫生和劳动保护制度三个方面。

（1）安全技术。安全技术是为了消除生产中引起伤亡事故的潜在因素，保证工人在生产中的安全，在技术上采取的各种措施。它主要解决如何防止和消除突发事故对职工安全的威胁方面的问题。

不同行业的安全技术问题是不相同的，但一般来说包括以下三个方面：

①机器设备的安全。主要是避免在设备使用过程中发生事故，伤害工人。因此，要安装保护装置，加强对设备的维修工作，以保证设备的安全。

②电器设备的安全。主要是保证电器设备的安全运转，防止火灾和触电事故的发生。对电器设备要配置可熔保险器和自动开关，电动工具在使用前必须采取保护性接触措施，高压线经过的地方要有安全设施和警告标志等。

③动力锅炉的安全。主要是防止产生锅炉爆炸事故，要配置压力表、水位表和安全阀等装置，加强保养和检修等工作。

此外，有井下作业的还要做好井下安全作业的准备，防止事故发生。

(2) 工业卫生。工业卫生是指在生产过程中为了改善劳动条件，避免有毒、有害物质危害职工健康，防止发生职业中毒和职业病而采取的技术措施，主要是解决对职工健康的威胁问题。预防职业病和职业中毒的措施主要有：①改进生产与改进工艺过程；②合理设置预防毒害的设备；③开展爱国卫生运动，搞好厂区和车间清洁卫生；④加强医疗预防措施；⑤加强个人防护；⑥加强体育运动，如开展车间工间操以及多种业余体育健身运动等。⑦优化环境，防治“三废”及噪音等对社会环境的污染。

(3) 劳动保护制度。工人的安全和健康，不仅同安全技术和工业卫生有关，也同劳动保护制度有关。因此，建立和执行正确的劳动保护制度，也是劳动保护的一项重要内容。

劳动保护制度包括两个方面：一是属于生产行政管理方面的制度，如安全生产责任制度、安全教育制度、安全生产监督检查制度、工伤事故的调查分析处理制度、加班加点审批制度、卫生保健制度、劳保用品发放制度以及特殊保护制度等；二是属于生产技术管理方面的制度，如设备维护检修制度、安全操作规程等。

以上是劳动保护的内容，这些内容互相联系，在实践中应将其结合起来。

3. 劳动保护的组织工作

企业劳动保护，是一项需要由专门的部门和人员经常进行的工作。一般由安全技术部门负责组织，主要应做好以下六项工作：

(1) 编制和组织实施安全技术劳动保护措施综合计划，有组织、有计划地做好企业的劳动保护工作。

(2) 正确使用和管理个人劳动保护用品。根据需要和可能供给职工必要的劳动保护用品，建立一定的劳动用品管理制度，做到合理和节约使用。

(3) 做好女职工的特殊劳动保护工作。这关系到保护妇女和下一代的健康。为了保护女职工的安全和健康，发挥她们在生产中的作用，要根据其生理特点，做好特殊保护工作。

(4) 进行安全卫生教育，帮助职工正确认识安全生产的重要意义，提高他们做好劳动保护工作的责任感、自觉性和安全生产技术水平，是实现安全生产的重要保证。通过教育，使职工牢固地树立起安全生产的思想，明确安全生产的重要性。

(5) 做好伤亡事故的统计分析工作。分析和研究伤亡事故发生的原因，分清责任，提出预防措施以避免重复出现。发生伤亡事故时必须及时报告，而且资料要准确齐全，使广大职工能受到教育。

(6) 进行安全生产检查工作。做到及时发现问题，总结经验，采取措施，消除隐患。安全检查工作必须有组织地、经常地和定期地进行，以保证安全生产，保证职工的身心健康。

12.7 工资福利与社会保险

12.7.1 我国目前常用的工资制度

我国的工资制度，在改革开放以前，无论是国家政府机关、事业单位还是企业，都是由国家统一规定的，工资总额由国家统一控制。改革开放至今，企业已获得了内部分配权，可以根据自身的实际情况，选择决定采取最佳的工资制度和工资形式。而国家公务员和公有制事业单位（如公立的各类学校、公立的医疗单位等）的工作人员的工资制度，仍然由国家统一规定。从总体来看，我国目前的工资制度和工资形式主要有以下六个方面：

1. 技术等级工资制度

技术等级工资制度是根据职工的劳动复杂程度、繁重程度、精确程度和责任的大小划分出技术等级，并按等级规定制定出工资标准的一种工资制度。其特点是主要以劳动质量来区分劳动差别，进而依此规定工资差别。

技术等级工资制度，由技术等级标准、工资等级表和工资标准三个因素组成。

（1）技术等级标准。它是确定工人技术等级和工作量等级的依据，是用来衡量工作技术水平的。它是按不同产业、不同工种工作的复杂性、繁简性、精确性、责任大小以及工人为完成该工作所必须具备的理论知识和生产技能来制定的。技术等级标准一般包括应知、应会、工作实例三个组成部分。

（2）工资等级表。它用来确定工资等级数目和各等级之间的工资差别，包括三项内容：工资等级数目、工资等级系数和级差。

①工资等级数目。一般来说，工资等级数目与技术等级数目是相一致的。它是根据该工种生产技术复杂程度、工人熟练程度来规定等级的多少。

②工资等级系数。它是指某一等级工资额同第一等级（最低等级）工资额之比，即第一等级（最低等级）工资标准是工人获得工资的起点和基数，其他等级工资标准就是以最低一级工资标准为基数，乘以该级工资等级系数计算出来的。

③级差。级差是指相邻两级之间的工资差别。与此相关联的一个概念叫工资级差百分比，指相邻两级的后一级工资额同前一级工资额之比。

例：已知工资等级数目为10，最高与最低的等级倍数为6，选用等比递增累进。这就是说，设最低一级工资系数为1的情况下，等比递增9次，到十级为6，这样就可把6这个数字开9次方，求出方根再减去1，从而得到我们所要求的级差百分比。我国一般都是采用等比级差计算的，其计算公式是：

$$a_n = a_1 \cdot r^{n-1}$$

式中，n 为工资等级数目；a_n 为 n 级工资等级系数；a_1 为最低一级工资等级系数（$a_1 = 1$）；r 为级差公比。

上例中，当 $n = 10$ 时，$a_n = 6$，代入级差计算公式得：

$$6 = 1 \cdot r^{10-1}$$

$$r = \sqrt[9]{6} = 1.22$$

则级差百分比为：$(1.22 - 1) \times 100\% = 22\%$

有了级差百分比后，又可以依次求出各个等级的工资等级系数，即各等级工资额同最低一级工资额之比（倍数）是：

二级工资等级系数 $= 1.00 \times (1 + 22\%) = 1.220$

三级工资等级系数 $= 1.00 \times (1 + 22\%)^2 = 1.488$

四级工资等级系数 $= 1.00 \times (1 + 22\%)^3 = 1.816$

其他各级的工资等级系数可以依此类推。

（3）工资标准。它是规定在单位时间内某等级工人的工资数额。按小时规定的工资数额叫小时工资标准，按日、月规定的分别叫日工资标准和月工资标准。我国绝大部分工人的工资标准是按月规定的。由于有了工资等级系数，当最低一级的工资标准确定后，就可以推算出其他等级工人的工资标准了，也就是按最低一级工人的标准工资乘以该级的工资等级系数即得。综合以上各因素，可以列出一个工资等级表来。

例：如上例，假设某工种的技术等级数目为 10，一级最低，十级最高，最高一级与最低一级的工资额之比为 6∶1，最低一级的工资为 800 元。按以上原理，计算出工资等级。

解：根据以上资料可列表如下：

表 12－3　工资等级表

工资等级	一级	二级	三级	四级	五级	六级	七级	八级	九级	十级
级差百分比（%）	1	22	22	22	22	22	22	22	22	22
工资等级系数	1.000	1.220	1.488	1.816	2.215	2.703	3.297	4.023	4.908	6.000
标准工资额（元）	800.0	976.0	1 190.4	1 452.8	1 772.0	2 162.4	2 637.6	3 218.4	3 926.4	4 800.0

2. 职务等级工资制度

职务等级工资制度是对事业单位、企业的工程技术人员、管理人员、行政人员所实行的按职务等级规定工资的制度。所谓职务等级，就是对上述人员按其所从事职务的责任重要程度、工作繁简程度、技术复杂程度等因素，按照职务的高低规定工资标准。在同一职务内，又划分为若干等级，分别规定不同工资数额。各职务之间用上下交叉的等级来区别工资差别线，呈现出职数级上下交叉的“一条龙”式的工资制度。

职务等级工资制由职务名称表、职务工资标准、业务标准、职责条件等构成。

3. 结构工资制度

结构工资制度是根据劳动者物化的、流动的、潜在的三种形态的劳动，将职工工资分解为几个部分，并确定各部分工资的职能和工资标准，每个职工的工资均由这几部分组合而成。目前一般分为以下四个部分：

（1）基础工资，也称基本工资。它是保障职工最基本的生活，维持劳动力再生产所必需的工资。

（2）职务（技术、岗位）工资。它是结构工资中最重要的部分，是按照各个不同职务（岗位）的业务技术要求、劳动条件、责任大小等因素来确定的。

职务工资，是按照工作人员的职务、技术人员的职称和责任的大小等因素划分等级，从而确定其工资标准。

技术工资，是根据工作人员掌握的技术复杂程度、熟练程度，按技术等级确定其工资标准。

岗位工资，是根据工作人员从事劳动的难易程度、劳动环境优劣等因素划分等级，从而确定其工资标准。

（3）年功工资。它主要是考虑职工的工龄，是企业、单位对职工随着工作年限的自然增长而积累的劳动贡献的报酬。它的职能是保障职工生活水平逐年有相对稳定的提高。

（4）活工资，也称贡献浮动工资。它属于超额劳动报酬的部分，主要是指奖金等，是根据企业经营的好坏、个人业绩的优劣来确定的。

结构工资各部分占工资总量的比重以及等级的划分，目前并无统一的规定，各企业、单位可根据实际情况自行确定。

结构工资是在改革开放后出现的一种工资制度，考虑的因素比较全面，其主要优点是：①较好地体现工资的几种不同的功能，把物化的、流动的、潜在的三种劳动形态都考虑进去了。如职务、学历、学衔、工龄等主要反映劳动的潜在形态；劳动态度、劳动条件等主要反映劳动的流动形态；劳动成果、贡献大小、工龄（积累贡献）等主要反映劳动的物化（凝固）形态。而职工的基本工资则保

障了劳动者的基本生活需要。结构工资全面地反映了这些因素，并且选取较为合理的比例。②有利于实行工资的分级管理，从而克服“一刀切”的弊病，有利于克服平均主义。③能够适应各企业的特点。

4. 岗位技能工资制

岗位技能工资制是近几年出台的一种工资制度。它是按照工作人员的实际操作岗位及技术水平来规定工资标准。这种工资制度，适用于专业化程度较高、分工较细、工种技术比较单一、工作对象和工作物等级比较固定的产业或企业。岗位技能工资制将工资、技术和工作成效三者密切地结合起来，能够更好地贯彻按劳分配、多劳多得、同工同酬的原则，特别有利于调动青年工人的积极性。在不同行业和企业中，岗位技能工资的等级和标准各有不同，有的一岗一级、一岗一薪，有的一岗多级、一岗多薪，具有一定的灵活性，使岗位技能工资制适应性强。在改革过程中，制造业和采掘业中较广泛地采用这种工资制度，并取得了一定的效果。

5. 年薪制

年薪制是以企业的有关经营业绩指标为依据，确定经营者年度薪酬的一种工资制度。它以企业会计年度为时间单位计发薪酬，主要用于企业经理及高层管理人员。这是一种风险薪酬制度，依靠的是约束和激励相互制衡的机制。年薪制包括基本薪金和风险收入两大部分。基本薪金主要依据企业经济效益水平和企业经营规模以及支付能力而定，包括基本工资和福利性报酬。风险收入则依据经营者的经营业绩来确定，包括短期激励报酬（如奖金、红利等）和长期激励报酬（如股票期权等）。

实行年薪制，首先要制定明确的目标和完善的评估体系，否则便无法发挥其优势。可以量化的指标如销售额、利润额、产品质量指标、优秀人才的选拔、企业文化的形成以及员工的归属感等，都应成为对经营者考评的内容。其次，年薪的设定应具有很强的刺激性，如果年薪定得太低则不能有效地激发经营者的积极性。再次，要拉开差距。一般来说，企业所设定的职等职级可将年薪差距拉开。以管理层次来看，最低级与最高级之间最多可以达到几十倍至上百倍之差。这对企业高层管理者来说，体现了多劳多得的原则，实现了贡献与报酬的平衡，具有使企业高层管理者感到体现其自身价值的功效。最后，设置风险制约。同时，年薪制必须奉行奖罚分明的原则，如果只奖不罚，企业一旦经营不善，且触及不到高层经营者的利益的话，就无人负责，则会给企业带来很大的风险。

6. 职工升级制度

职工升级是按照国家政策规定，根据职工技术、业务及实际贡献情况，晋升工资级别。不论采用哪种工资制度，都有一个合理升级、调整职工工资的问题。坚持正常升级制度，能改善职工之间的工资关系，提高职工的生活水平，调动职

工的劳动积极性，激发他们学文化、学技术、学管理的热情，从而提高职工的素质，促进生产的发展，提高经济效益。

为了在升级工作中更好地贯彻按劳分配的原则，必须正确掌握升级条件。升级条件一般主要考虑以下三个方面的情况：

（1）贡献大小主要是指职工的工作实绩，即职工完成任务的数量、质量以及有关技术经济指标的完成情况和完成本职工作的情况、效益等。

（2）技术高低主要是指职工的生产、技术业务知识情况，实际操作技能，以及解决生产、技术、业务问题的能力。

（3）劳动态度主要是指职工的敬业精神，积极性、主动性和创造性，出勤情况，遵守劳动纪律，服从分配，遵守各项规章制度等情况。

以上所说的三个方面其中应以贡献大小为主，择优升级。贡献大小是职工的劳动态度、技术业务水平的综合反映，所以贡献大小更值得重视。当然，贡献大小也不是只看一时一事，而是应该全面地观察其一贯的表现情况来考虑。

为了做好职工的升级工作，还必须做好对职工的升级考评工作。通过对职工的考评，不仅能够为职工的升级提供依据，还能使职工本人找出差距，明确今后的努力方向，同时可以为以后的技术、业务培训工作和思想教育工作，以及发现人才、合理地使用人才创造条件。有关考评的内容和考评的方法等，本章第6节已进行了讨论，这里不再赘述。

12.7.2 工资形式

工资是贯彻按劳分配原则的基本形式。除了具有一定的合理工资制度以外，还需要有一个合理的支付职工工资的形式。目前，我国职工工资形式主要有计时工资和计件工资两种，这是基本的工资形式。此外，还有工资的辅助形式，如奖金、津贴等。近几年，随着我国经济体制的改革，企业在建立经济责任制的过程中，还创造了浮动工资、佣金等工资形式。企业采取何种工资形式，主要视企业的具体条件及管理水平，以及对调动职工积极性、发展生产、提高劳动生产率、提高经济效益是否有利而定。

1. 计时工资

计时工资是根据职工工资等级相应的工资标准和工作时间来计量支付职工劳动报酬的一种工资形式。它通过工资等级及劳动时间两个方面来体现按劳分配原则。

计时工资一般分为三种：①以小时工资计算，即根据小时工资标准和实际工作小时数来支付工资；②计日工资，即根据日工资标准和实际工作天数来计付工资；③计月工资，即根据月工资标准按月支付工资。在企业和有关单位，具体采用何种计时工资形式，可根据实际情况而定。我国一般采用月工资形式，日工资和小时工资可以进行换算求出，其计算公式如下：

$$日工资=该等级工的月工资标准\div每月制度工作日数$$
$$小时工资=该等级工的日工资标准\div每日制度工作小时数$$

计时工资形式是我国企业广为采用的一种工资形式。这是因为时间是衡量工人劳动量的天然尺度，在工资等级制度合理的情况下，用时间来计算报酬，是符合按劳分配要求的；而且它又具备简便易行的优点，对企业的领导干部、管理人员、工程技术人员、生产辅助人员，以及对那些机械化自动化水平高、技术要求复杂、不易用产品数量来直接计量个人成绩的工种，都可以采用这种工资形式。随着企业生产过程自动化程度提高，计时工资运用范围还会扩大。但是计时工资不能反映同一等级劳动者实际付出劳动量的差别，而且工资等级一经确定，在下次升级前，工资收入额是不变的，而劳动者实际能力、熟练程度以及所付出的劳动量等是有变化的，计时工资就不能及时、准确地反映这些变化。为了克服这些缺陷，就需要用奖金等报酬形式来补充。所以，实行计时工资的企业，多是把计时工资和奖金结合起来，形成一种计时加奖励的工资形式。

2. 计件工资

计件工资是根据劳动者完成合格产品的数量或作业数量，按预定的计件单价来核算支付劳动报酬的一种工资形式。计件工资具体计算公式如下：

$$工人应得的计件工资=生产某合格产品的数量\times该产品计件单价$$
$$计件单价=\frac{按照某工作物等级计算的单位时间工资标准}{该工作物单位时间的产量定额}$$

计件工资不是直接用劳动时间计量，而是用一定质量的产品数量来计量。当然产品数量也是一定时间内的劳动成果。可见计件工资是间接地用劳动时间计量，是计时工资的转化形式。马克思指出："在实际计时工资的情况下，劳动由劳动的直接的持续时间来计量；在实行计件工资的情况下，则由在一定时间内劳动所凝结成产品的数量来计量。"[《马克思恩格斯全集》(第23卷)，第605页]马克思的话，揭示了计件工资的性质与特点。

计件工资不仅能反映不同等级工人之间的劳动差别，还能反映同一等级工人实际劳动成果上的差别，它不是简单地以劳动时间来度量劳动者的工作成绩，而是用一定时间的实际劳动成果来度量其工作成绩，并以此计酬。计件工资在一定条件下，把劳动者的工资收入与其劳动成果紧密地联系在一起。工人工资收入的多少，取决于其在单位时间内生产合格产品的数量，这样可促使工人有效利用工时，激励工人学习科学文化技术知识和生产技能，提高劳动效率，促进生产率的不断提高，使企业获得好的经济效益。但是计件工资也可能产生副作用，如单纯追求数量，忽视质量，忽视原材料的节约，不注意职工之间的团结互助，不注意安全和健康，等等。因此必须加强思想教育工作，管理工作也要跟上来，也就是说，实行计件工资要具备一定的条件，必须有组织、有领导地进行。

在企业中，有多种多样的计件工资形式，常用的主要有以下八种：

（1）直接计件工资。它也叫直接无限计件工资，就是不论工人完成和超额完成劳动定额的多少都按统一的计件单价来支付工资。

（2）累进计件工资。先规定一个定额，即工人完成的产量，在定额范围内，按一种计件单价计算工资。另外，按超额程度不同，规定不同的计件单价，超额程度越高，单价越高，从而获得的工资也越多。

（3）计件奖励工资。这是把计件工资同奖励制度结合起来的一种工资形式。工人除了按规定生产的合格产品数量领取计件工资外，在节约原材料、能源以及提高产品质量、安全生产等方面取得突出成绩者，还可以获得一定的奖金。

（4）分段计件工资。它也叫超额计件，这是把计时工资与计件工资结合使用的一种工资形式。工人完成劳动定额部分，领取本人的计时标准工资，超额部分按照计件单价计算工资。

（5）按质分等计件工资。按照工人生产产品的不同质量规定不同的计件单价来计发工人工资。

（6）包工工资。把一定数量和符合质量要求的生产任务包给职工个人、班组或工程队，事先规定完成工作的期限和工资的总额，如按质、按量、按期完成，可以得到全部包工工资，否则按规定扣发工资。

（7）提成工资。按照职工个人的劳动成果、技术水平和在完成任务的情况下，从企业的利润或营业额中提取一定比例计发工资。

（8）间接计件工资。它是指那些为第一线服务、从事辅助性工作的二线工人，按第一线工人完成产量进行折算计发工资，如运输工作，可根据直接生产的第一线工人完成产量的多少间接地按件计酬。

计件工资的形式是多种多样的，它们各有自己的优缺点，企业要根据自己的具体情况有选择地采用。

3. 奖金

奖金是超额劳动的报酬，是工资的补充形式。标准工资是同定额内劳动报酬相联系，职工完成定额或完成工作任务后领得的工资；奖金是同超额劳动相联系的，职工付出了超额劳动，才能得到奖金。奖金具有较大的灵活性和较强的针对性，能比较准确、及时地反映劳动者付出实际劳动的差别和变化，弥补标准工资的不足，激发职工劳动的积极性。应根据本企业的实际情况，实行合理的奖金制度，才能比较全面地贯彻按劳分配的原则，促进职工努力工作，创造更多的超额劳动，为完成企业目标多作贡献。

奖金的形式是多种多样的，常用的有以下两种：

（1）综合奖。这是以职工全面完成各项技术经济指标为得奖条件。其中，有的指标可以确定为得奖的主要指标，其他为辅助指标。这样做的好处是主次分明，目标明确，使奖金的激励作用更强，更有利于全面完成任务。有的企业把各项指标折合成为百分数，总分是100分，对关键指标给以较高的百分比，然后根据各项指标的执行情况计分，再拿奖金总额折合成每个分值计奖。

（2）单项奖。这是以职工完成某一项指标作为奖励条件，并以完成其他相关指标作为得奖的前提。也就是说，在完成相关指标的基础上，某一项指标完成了才能得奖。如质量奖，得奖的条件是质量指标的完成情况，得奖的前提条件是要完成产量任务、物料节约等。

此外，近几年来，特别是企业推行经济责任制以来，又先后出现了联利计奖、联责计奖等多种形式。它们的一个共同特点就是把奖金与各人的经济责任和经济成果紧密地结合在一起。经验告诉我们，要搞好奖励工作，必须注意做好以下五项工作：

（1）要明确奖励性质，合理确定奖励条件。

（2）要合理规定奖金标准，奖金分配要有差别。

（3）奖金合理发放需要具备一定的条件。这主要是要有先进合理的劳动定额、合理的原材料燃料动力的消耗定额、科学的质量标准、健全的计量和统计制度等。

（4）要加强对发放奖金的管理。企业要根据国家有关规定发放奖金。

（5）必须做好思想教育工作。做好思想教育工作是搞好奖励工作的根本保证。要教育职工树立社会主义劳动态度、集体主义思想，防止产生单纯依靠奖金解决问题，一切向“钱”看的错误倾向。

4. 津贴

津贴是工资的补充形式。但它与奖金不同，有它自己的特点。奖金发放的对象是全体职工，只要符合奖励的条件都可获得奖金。而津贴主要是用于那些处在特殊劳动条件下（或特殊工作环境下）工作的职工。所以说，津贴是职工特殊劳动的报酬，即补偿给他们特殊的体力消耗、额外的劳动支出所必需的补贴。它对保障职工身体健康和生活水平，促进生产的发展是有积极作用的。

企业生产性质和劳动条件不同，所实行的津贴项目也不同，但大体有以下九种：

（1）地区津贴。为鼓励到边远、艰苦地区工作而设置的津贴。

（2）野外作业津贴。对于地质普查、勘探、采油、管线工程等野外工作的补贴。

（3）井下和高空作业津贴。为了补偿职工在井下或在高空作业的劳动消耗，保护职工身体健康而设立的津贴。

（4）流动施工津贴。为补偿建筑安装、水电、铁路施工等单位职工在生活上的额外支出而设立的津贴。

（5）夜班津贴。为补偿职工夜间工作的劳动消耗而设立的津贴。

（6）高温津贴。为补偿钢铁工业、铸造、锻造等工种从事高温作业的工人而设立的津贴。

（7）放射性或有毒环境中工作的津贴。对化工、原子能行业以及其他工种接触放射性物质、有毒气体等的职工给予的保健津贴。

（8）冬季取暖津贴。为补偿职工冬季取暖额外支出而设立的津贴。

（9）其他津贴。由于职工在本职工作以外承担了额外的工作而设立的津贴。如师傅带徒弟津贴、科技专业人员兼课津贴等。

在实行津贴制度中，企业应按国家规定的有关办法执行。津贴是企业工资总额的组成部分，是在工资总额中支付的。企业不应随便改变国家的规定，要防止滥发津贴。津贴是支付给特殊劳动条件下职工的报酬，随着职工工作劳动条件的变化，原享受的津贴也应相应地变化。

5. 佣金制

佣金制广泛应用于对销售人员的奖励计划中。其基本佣金是针对销售人员的业绩（如销售额），以一定比例提成的，作为销售人员的收入。佣金制又可以分为三种形式：

（1）单纯佣金制，即销售人员收入完全来自佣金。佣金等于销售量（额）与佣金率的乘积。

（2）混合佣金制。对于销售难度比较大的行业，单纯佣金制很难提高销售人员的积极性，于是产生了混合佣金制。其做法是，销售人员的收入分两部分：一部分是固定工资（底薪），另一部分是佣金。其佣金的计算方法与前相同。

（3）超额佣金制。对于一些相对较稳定的行业，可以采用这种超额佣金制形式。其做法是规定销售人员在完成一定定额销售量（额）而取得规定的收入外，超额部分按一定比例给予提成。

12.7.3 福利工作

1. 福利的概念

社会主义福利包括社会福利和员工福利（或称单位福利）两个层次。社会福利是指社会为改善人民的物质和文化生活而举办的一切事业和采取的一切措施，其享受对象是全体社会成员。员工福利是指企业、事业、机关等单位通过办集体福利设施（如员工食堂、托儿所、幼儿园、浴室、俱乐部、图书室、职工活动中心等）和个人福利（如职工个人困难补助、职工上下班交通补贴、伙食补贴、探亲福利待遇、小额优惠、法定福利等)，以满足他们带有共同性或普遍性的消费需要，解决职工个人的某些困难，其享受对象是本单位职工。下面主要讲员工福利。

2. 员工福利的作用

(1) 表现为对员工的基本生活需要给予必要的保障。例如，当某员工本人的工资不足以负担其应赡养人口的基本生活时，他可以从员工福利中得到生活费补助。此外，对某些遇到天灾人祸的员工，也可以通过员工福利给予必要的帮助，解除员工后顾之忧，让其以充沛的精力投入到生产劳动之中。

(2) 通过员工福利，可以提高员工的物质文化生活水平。例如，通过建立员工食堂、浴室、图书室、文化活动中心等来改善员工的生活。经济条件好的单位，还可以组织员工旅游、建职工休养院、组织员工休养等，以满足员工的文化娱乐以及学习文化知识和科学技术的需要，提高员工的生活质量。

(3) 员工福利是激励员工的重要手段。员工福利是企业、事业单位内部分配的一部分，它有利于满足员工的生活和安全的需要（为员工排忧解难，增加其安全感)；员工福利体现了组织对员工的关心，最易使员工感受到个人与企业(事业单位）的利益相关性，从而形成归属感、认同感，激发出其主人翁精神；通过丰富员工业余文化生活，便于培养员工健康的情趣、高尚的追求、良好的品德，这是建设优良的企业文化、机关文化、校园文化、院所文化所不可缺少的一部分，因而是提高员工素质、满足自尊、实现自我需要的重要途径，从而使员工更加热爱祖国、热爱企业，努力地工作。

(4) 法定福利。我国目前以社会保险的形式表现、建立社会保险制度，使劳动者在年老、患病、工伤、失业、生育等情况下获得帮助和补偿。这在我国劳动法作了明确的规定。这种保障制度使劳动者遇到劳动风险时在生活上有了基本保证，免除了他们的后顾之忧，从而调动了他们的生产积极性。

3. 员工福利的范围

员工福利的范围从大的方面来说有以下六项：

(1) 员工集体生活方面的福利。如食堂、浴室、理发室、托儿所、幼儿园对员工实行优惠，以及提供免费或折价的工作餐等。

(2) 员工集体文化娱乐及相关设施。如员工俱乐部、健身房、业余学校(培训中心)、图书室、员工活动中心，以及组织集体旅游等。

(3) 对经济有特别困难的员工实行困难补助。

(4) 必要的补贴。如交通补贴、住房补贴、服装补贴等。

(5) 带薪节假日。如年休假、探亲假、婚假、丧假、法定节假日等。

(6) 法定福利，即社会保险项目。这是我国劳动法规定的，目前实行的保险项目有养老保险、生育保险、工伤保险、医疗保险、失业保险，这是带有强制性质的，各单位、企业必须执行。

12.7.4 社会保险

1. 社会保险的概念

社会保险是国家依法建立的在劳动者遇到年老、疾病、失业、工伤以及生育等劳动风险时，由国家和社会给予一定物质帮助的法律制度。它是以法律的形式体现的。我国宪法规定了公民享有社会保险的权利。《劳动法》第七十条规定："国家发展社会保险事业，建立社会保险制度，设立社会保险基金，使劳动者在年老、患病、工伤、失业、生育等情况下获得帮助和补偿。"社会保险制度是发展市场经济的客观要求和必不可少的条件，是实现社会公平分配以及促进经济发展、维护社会安定团结的重要保证。它与每一个劳动者的切身利益息息相关。《劳动法》第九章《社会保险和福利》中，对劳动者享受社会保险和福利的权利和义务，以及与之相关的国家和用人单位的责任作出了规定。在劳动领域，由于外界因素作用于劳动者肌体引起的风险，如疾病、工伤事故和职业病、失业、年老、女职工生育等带来的劳动能力丧失或暂时中断的情况是客观存在的，而在这些风险出现时，仅仅依靠劳动者个人或局部的力量难以独立支撑经济上的负担。这就需要以某种方式来分散风险，于是便产生了社会保险制度。这种制度在欧美一些国家中已经实行了几十年，是社会化大生产的产物。在我国，实行社会保险制度是社会主义市场经济发展的重要条件。由国家法律规定的专门保险机构，对各项社会保险基金实行社会统筹，共同承担劳动者个人遇到的风险困难，以保证劳动者及其家庭成员的基本生活，这是社会保险的基本功能。

2. 我国目前的社会保险项目（内容）

《劳动法》第七十条明确了社会保险的内容包括养老保险、工伤保险、医疗保险、失业保险、生育保险五个项目。关于社会保险的待遇，《劳动法》第七十三条规定："劳动者在下列情况下，依法享受社会保险待遇：（一）退休；（二）患病伤；（三）因工伤残或者患职业病；（四）失业；（五）生育。""劳动者死亡之后，其遗属依法享受遗属津贴。""劳动者享受社会保险待遇的条件和标准由法律、法规另行规定。""劳动者享受的社会保险金必须按时定额支付。"

3. 社会保险的特征

《劳动法》第七十条明确了国家"发展社会保险事业"的职责。社会保险作为社会对劳动者在特殊情况下分配消费品的一种形式，应当是政府管理经济的行为。既然是政府行为，它就具有明显的强制性、互济性和非营利性的特征。

（1）强制性。这是指社会保险是通过国家立法和政府的行政手段建立并强制实施的。这是社会保险与商业保险的根本区别。商业保险实行自愿原则，而社会保险实行强制原则。社会特定的主体必须按国家法律、法规的规定参加社会保险；社会保险项目是依法确定的；基本保险的缴费标准和保险金支付标准也是依法确定的。这种强制性原则，在任何一个商业保险中都无法实现，只有通过国家立法和政府行政的手段实现。

(2) 互济性。这是指社会保险是按照社会共担风险的原则进行组织的，费用分别由国家、单位和劳动者个人共同负担。遇到风险的劳动者从没有遇到风险的劳动者那里获得一部分帮助。商业保险也具有互济性，在这一点上，社会保险与商业保险没有区别。如用人单位和劳动者缴纳的养老保险费用，弥补已经年老退休的劳动者丧失收入来源的损失，而现在劳动者未来养老的费用由未来的劳动者提供，这是一种典型的“代际互济”。所不同的是，社会保险由于采取强制性手段，覆盖面宽，因此，在大范围、长期性、互济性的功能上都较商业保险更强。只有国家举办社会保险，建立社会保险基金，实现风险共度，这种互济功能才能充分体现。

(3) 非营利性。这是指社会保险是由政府的专业机构承办经营，保险金的筹集、运营不以追求利润为目的。这与商业保险不同，商业保险是由自负盈亏的企业组织经营，必须有盈利才能维持。社会保险由于实行强制性原则，如果追逐利润目标，就等于借助法律强制来为社会保险基金经办机构谋取利益，实际上损害了用人单位和劳动者的权益。社会保险基本金也会增值，只是增值来的钱只能纳入基金，而不应给保险经办机构自身带来收益。社会保险必须实行非营利性原则。所以，由政府主管部门举办专门的社会保险机构来经办社会保险基金是必然的选择。

4. 社会保险的作用

社会保险制度通过有保障的货币支付，发挥以下具体的作用：

(1) 社会保险可以保护退出劳动领域的劳动者的正当权益，维护劳动力再生产的正常进行。劳动者遇到劳动风险时，无论是暂时退出劳动领域（如生病、女职工生育、工伤、暂时失业等），还是永久退出劳动领域（如年老退休、工伤致残失去劳动能力等），都能从社会得到物质帮助，以维持其基本生活，维护其再生产的正常进行。

(2) 社会保险可以保障劳动者及其家庭成员的基本生活，免除他们的后顾之忧，以调动他们的生产积极性。

(3) 实行社会保险后，劳动者遇到劳动风险时就有了基本的保障条件。劳动者专心于劳动生产，是保证安全生产的前提，同时也能促进企业单位加强劳动保护，保证安全生产。如果出了问题，企业单位是要负法律责任的。

(4) 社会保险的实行，使劳动者遇到劳动风险时，在生活上有了基本保证，这是实现社会安定团结的基本条件之一。

本章小结

本章涉及的范围比较广泛。企业人力资源管理是通过一整套行之有效的制度、方法和手段，以充分发挥劳动者的积极性和创造性，提高劳动生产率，促进企业的发展。

企业人力资源管理的内容十分丰富。本章对人力资源、人力资源管理的概念、特点以及职务分析、人力资源规划、招聘工作进行了论述；对企业的人员培训、职业生涯规划管理等方面进行了阐述；对企业的劳动力管理、员工绩效考评、工资福利工作以及社会保险等方面进行了讨论。

企业加强人力资源管理，对于调动全体员工的积极性，促进生产发展，提高企业的经济效益都有着重要的作用。以人为中心的管理，是现代管理的特征之一，因此，加强人力资源管理工作是提高企业管理水平重要的一环。

复习思考题

1. 试述人力资源、人力资源管理的概念及其特征。
2. 试述职务分析的目的和程序。
3. 职务说明书包括什么内容，如何编写？
4. 企业招聘工作应掌握什么原则，如何进行招聘工作？
5. 企业培训工作有何重要性，如何开展培训工作？
6. 什么是劳动定额？企业制定劳动定额有何作用，如何制定？
7. 什么是劳动保护？企业劳动保护的内容有哪些？
8. 试述工资、奖金、津贴、生活福利、社会保险的性质以及它们之间的区别。
9. 某零件一个轮班（按 8 小时计算）的产量定额是 400 件，试求该零件的时间定额。
10. 某零件的现行时间定额为 4 分/件，计划期间该零件的产量定额将增长 20%，试求该零件的时间定额降低百分数和计划时间定额。
11. 某厂某零件产量定额每日（一个轮班）为 60 件，该零件的技术等级为四级，四级工的月工资为 1 500 元，试求该零件的计件单价（每月制度工作日按 22 天计算）。

13

财务管理

本章要求

- □ 理解企业财务管理的含义
- □ 掌握资金运动体现的财务关系
- □ 理解财务风险、资金时间价值和资金成本对企业财务的影响
- □ 理解资金筹集、运用和收入、盈利的基本内容
- □ 理解企业筹资的目的及渠道
- □ 掌握资金时间价值的计算方法
- □ 理解影响资金成本的因素
- □ 掌握投资效益分析指标及应用
- □ 掌握和灵活运用财务管理中的各种技术方法
- □ 理解利润分配的原则和程序

13.1 企业财务管理概述

财务管理是企业管理的重要组成部分，财务部门应以尽可能有利的条件筹集到生产经营活动所需的资金，同时在企业内部合理地分配资金，以提高资金的利用效果。

13.1.1 财务管理的概念

在商品经济条件下，企业的生产经营过程与财务活动具有密切的联系，财务活动就是企业在生产经营过程中与资金筹集、使用和分配等有关的经济业务活动。它是企业生产经营活动的重要组成部分。

资金，从整个社会来说，是指在整个社会再生产过程中，即在生产、交换、分配、消费等环节中各项资产的货币表现（包括货币本身）；就一个企业来说，资金是指用于从事生产经营活动和其他投资活动的资产的货币表现。一定数额的资金表现着一定数量资产的价值。由于存在商品生产与商品流通，社会产品不仅以实物形态表现，还以价值形态表现。所以，企业资产一方面表现为实物资产和没有实物形态的无形资产以及递延资产和其他资产，另一方面又需用货币形态来表现它们的价值量，由此形成了资金概念。

企业的生产经营活动在工业企业中主要表现为供应、生产和销售活动；在商品流通企业则主要表现为购销和储运活动。企业作为商品生产者和经营者，其生产过程就是使用价值与价值相统一的过程。在这个过程中，劳动者不但生产出新的商品，而且将生产中消耗掉的生产资料的价值转移到产品中去，并且创造出新的价值，再通过销售使商品的价值得以实现。所以，企业的生产过程，一方面表现为实物形态的物资运动；另一方面表现为价值形态的资金运动。企业的资金运动构成了企业经济活动的一个独立方面，与其他各方面发生一定的经济联系。企业财务的实质就是企业在生产经营过程中的资金运动及其所体现的经济关系。前者称为财务活动，后者称为财务关系。

企业财务管理就是利用价值形式组织财务活动，处理企业与各方面的财务关系的经济管理工作。它是企业管理的一个重要组成部分。

13.1.2 财务管理的内容

1. *财务活动*

企业的财务活动包括投资、资金营运、筹集资金和资金分配等一系列行为。

（1）投资活动。投资是指企业根据项目资金需要投出资金的行为。企业投资可分为广义的投资和狭义的投资两种。广义的投资包括对外投资和内部使用资金。狭义的投资仅指对外投资。

（2）资金营运活动。企业在日常生产经营活动中，会发生一系列的资金收付行为。首先，企业需要采购材料或商品，从事生产和销售活动，同时，还要支付工资和其他营业费用；其次，当企业把商品或产品售出后，可取得收入，收回资金；最后，如果资金不能满足企业的经营需要，还要采取借款方式来筹集所需资金。为满足企业日常营业活动需要而垫付的资金，称为营运资金。因此，企业日常经营引起的财务活动，也称为资金营运活动。

（3）筹集资金活动。筹资是指企业为了满足投资和资金营运的需要，筹集所需资金的行为。它是企业一项重要的财务活动，包括确定资金需要量，选择筹资来源渠道和方式等。资金进入企业，就是资金运动的起点，是财务管理活动的基本环节。

（4）资金分配活动。企业通过投资和资金的营运活动可以取得相应的收入，并实现资金的增值。企业取得的各种收入在补偿成本、缴纳税金后，还依据有关法律对剩余收益进行分配。广义地说，分配是指对企业各种收入进行分割和分派的行为；而狭义的分配仅指对企业净利润的分配。

2. 财务关系

企业资金投放到投资活动、资金运营活动、筹资活动和分配活动中，与企业各方面有着广泛的财务关系。企业的财务关系主要表现在以下五个方面：

（1）企业与政府之间的财务关系。主要是上交各种税款的经济关系。企业应按照国家税法的规定，及时足额地缴纳各种税款，以保证国家财政收入的实现。

（2）企业与债权人、债务人之间的财务关系。这方面的财务关系包括：企业与银行和非银行金融机构的借款、还款的信贷关系；企业与其他企业单位之间由于相互提供商品或劳务而发生的资金结算关系；企业因发行债券筹集资金而形成的与其他企业单位、个人之间的借款和还款的债权债务关系。

（3）企业内部各部门、各单位之间的财务关系。这种关系主要是在实行企业内部经济核算制条件下，企业财务部门与供、产、销各部门和各生产单位之间的资金结算关系，以及各部门、各单位之间互相提供产品或劳务所发生的资金结算关系。

（4）企业与投资者之间的财务关系。这主要是维护投资者的合法权益和分配利润的关系。企业从不同的投资者手中筹集到资本金，经过一定时期的生产经营活动之后取得了收益。企业实现的税后利润按规定的程序向投资者进行分配。根据投资者的不同，企业与投资者之间的财务关系可以分为企业与国家、企业与其他单位、企业与个人、企业与外商等之间的投资与利润分配关系。

（5）企业与职工之间的财务关系。企业与职工之间的财务关系，主要是贯彻按劳分配原则，对职工支付工资、奖金、津贴等劳动报酬的结算关系，以及为职工垫付各种款项、举办各种福利事业等的结算关系。

上述企业与各方面的财务关系，反映了国家、企业、投资者、职工个人之间的经济利益，企业应当正确处理好这些关系。

13.1.3 财务管理的环节

财务管理的环节是指财务管理的工作步骤与一般工作程序。一般而言，企业财务管理主要包括以下环节：

1. 财务规划和预测

根据企业的整体战略目标和规划，结合对未来宏观、微观形势的预测，建立企业财务的战略目标和规划。企业的财务战略目标和规划是企业战略目标和规划的具体体现。

在财务战略的指导下，企业财务人员要根据企业财务活动的历史资料，考虑现实要求和条件，对企业未来的财务活动作出较为具体的预计和预算。预算各项生产经营方案的经济效益，为决策提供可靠的依据；预计财务收支的发展变化情况，以确定经营目标；测定各项定额和标准，为编制计划、分解计划指标服务。

2. 财务决策

企业财务决策是财务管理的核心，是企业财务管理人员按照财务战略目标的要求，运用各种方法对各种备选方案进行比较和分析，从中选出最佳方案的过程。财务决策包括确定决策目标、提出备选方案、方案优选等步骤。

3. 财务预算

财务预算是企业根据各种预测信息和各项财务决策确立的预算指标和编制的财务计划。

企业在制定财务目标和规划后，建立企业内部财务预算体系，并根据各种预测信息和各项财务决策确立财务预算的指标和编制财务计划。预算体系的建立和财务预算的编制是实现企业财务目标乃至实现企业整体战略目标的出发点和基础。财务预算是企业财务战略规划的具体计划，是控制财务活动的依据。

财务预算一般包括：分析财务环境，确定预算指标；协调财务能力，组织综合平衡；选择预算方法，编制财务预算。

4. 财务控制

财务控制是对预算和计划的执行进行追踪监督，对执行过程中出现的问题进行调整和修正，以保证预算的实现；对财务活动的各个环节进行风险控制和管理，以保证目标和预算的执行。

5. 财务分析、业绩评价与激励

财务分析是根据财务报表等有关资料，运用特定方法，对企业财务活动过程及其结果进行分析和评价的一项工作。财务分析是对已完成的财务活动的总结，也是财务预测的前提，在财务管理的循环中起着承上启下的作用。财务分析是评价和衡量企业、部门及各级管理人员的经营业绩的重要依据，是挖掘潜力、改进工作、实现财务管理目标和企业战略的重要手段，是合理实施企业决策的重要步骤。企业在财务分析基础上建立的经营业绩评价体系，是企业建立激励机制和发挥激励作用的依据和前提，而激励机制的有效性又是企业目标实现的动力和保证。

以上五个环节的财务管理工作是相互联系、相互依存的。

13.2 财务管理目标、任务、原则和环境

13.2.1 财务管理目标

财务管理目标又称理财目标，是指企业进行财务活动所要达到的根本目的。它决定着企业财务管理的基本方向，是企业开展一切财务活动的基础和归宿。财务管理目标应与企业总体战略目标一致。从目前企业财务管理理论和实践看，财务管理目标主要有以下三种提法：

1. 利润最大化目标

传统的观点认为，企业是一种组织机构，衡量其工作行为和业绩，公认的指标是利润。尽管用利润最大化来定位企业理财目标易于理解、简明实用，但是，会计上的“利润”存在许多不足，以利润最大化作为财务管理的最终目标是不合适的。

2. 股东财富最大化目标

股东财富最大化目标，是指企业通过有效地组织财务活动，为股东带来更多的财富。股东是公司的所有者，对公司的投资目的就是取得尽可能大的投资收益。股东财富最大化也是股票市场价格最大化。这一目标能反映资本投入与获利之间的关系，能考虑资金时间价值，在一定程度上克服企业的短期行为；但由于过分强调公司股东利益，而有可能忽视或损害其他有关方面的利益。

3. 企业价值最大化目标

企业价值是指企业本身值多少钱。企业虽不是商品，但可以通过市场评价来确定企业的市场价值而被买卖，即企业内在价值可以通过未来预期实现的现金净流量的现在价值来表达。因此，企业价值并不等于账面资产的总价值，它不是简单地反映企业已获得的利润水平，而应当是企业潜在或预期的获利能力。从投资

者角度看，企业价值最大化更能表现出投资的回报。

13.2.2　财务管理任务

企业财务管理是为实现企业的目标服务的，并受财务管理内容的制约。企业财务管理的基本任务，总的来说，是依法合理筹集资金，有效地利用企业各项资产，努力提高经济效益，实现企业利润最大化。具体来说，企业财务管理的任务包括以下四方面的内容：

1. 依法合理筹集资金，满足企业资金需要量

企业财务管理工作的首要任务是依法从各种渠道，采用各种方式合理地筹集到生产经营活动所需要的资金。这项任务有两个方面：一是要正确确定企业的资金需要量。财务部门必须根据企业的生产经营任务，综合考虑影响企业资金需要量的各种因素，结合企业使用资金的要求，从资金的数量上和时间上正确测算保证生产经营活动顺利进行所必需的资金数额。二是要选择好获得资金的渠道和方式。因为企业筹资有多种渠道和方式可供选择，在进行比较选择时主要考虑资金成本、偿还期限、担保条件、可能性和资金供应者的其他具体要求，并考虑其对企业投资收益和风险的影响，据此选择确定企业筹资的最佳组合方式，使企业能够以尽可能低的资金成本及时取得所需要的资金。

2. 有效地分配和使用企业资金，提高资金利用效果

企业筹集的资金应合理地配置在各项资产上。企业的资产一般分为流动资产、长期投资、固定资产、无形资产和其他资产等。财务管理部门应有计划、合理地安排各类资产，使其形成合理的资产结构（指各类资产在全部资产总额中所占的比重），防止出现有些资产占用过多、有些资产占用不足的情况，加速资金周转，提高资金的利用效果。

3. 分配企业收益，协调各方面的经济关系

企业的营业收入，首先要用来补偿生产经营中耗费的成本和费用，并依法缴纳税金。税后利润按照规定的顺序进行分配。在分配中要正确处理好各方面的经济关系，以调动企业、职工、投资者等各方面的积极性。

4. 实行财务监督，维护财经纪律

财务监督是利用货币形式对企业的经济活动进行监督。它是通过对财务收支的审核控制和对财务指标的检查分析，及时发现生产经营活动中存在的问题并进行处理。实行财务监督，能够促使企业严格贯彻执行国家的有关法律、法规、财经制度，维护财经纪律，保护企业财产的安全完整。

13.2.3　财务管理原则

财务管理原则是企业组织财务活动、处理财务关系的准则。

1. 资本金保全原则

按照国际惯例，在企业财务管理中一般都实行资本金保全和完整原则。这是因为企业的资本金是投资者投入企业的资本，是企业进行生产经营活动的本钱，是所有者权益的基本部分，也是企业向投资者分配利润的依据。贯彻执行企业资本金保全和完整原则，企业固定资产盘盈盘亏、转让、报废及毁损发生的净损益，不能增减资本金。实行资本金保全原则，是为了确保投资者的权益。

2. 资金合理配置原则

资金合理配置原则，就是通过资金活动的组织和调节来保证各项物质具有最优的结构比例关系。企业物质资源配置是资金运用的结果，企业只有把资金按比例配置在生产经营的各个阶段上，才能保证企业资金活动的继起和各种形态资金占用的适度，才能保证生产经营活动顺利进行，取得最佳的经济效益；否则，就会影响企业生产经营各环节的正常运行，使企业无法持续经营，甚至于无法生存。因此，资金合理配置是企业取得竞争优势、获得持续发展必不可少的条件，是对企业财务管理的一项基本要求。

3. 收支积极平衡原则

企业财务管理不仅要保持各种资金存量的协调平衡，而且要保持资金流量的协调平衡，在资金收支的总量和时间上协调平衡。资金收支平衡，取决于企业购、产、销活动的平衡。只有坚持生产与流通的统一，使企业购、产、销三个环节互相衔接，保持平衡，企业资金的周转才能正常进行。因此，企业财务管理工作要十分重视资金收支平衡。

4. 成本效益原则

成本效益原则，就是对经济活动中的所费与所得进行分析比较，对经济行为的得失进行衡量，使成本与收益得到最优结合，以求获得最高盈利。在企业的财务管理工作中，人们既要关心资金存量和流量，更要关心资金的增量。企业资金增量是资金的增值额，是由营业利润或投资收益形成的，因此，对于形成资金增量的成本与收益的因素必须进行分析和权衡。例如，在企业筹资活动中，有资金成本率和税前资金利润率对比分析；在投资活动中，有投资额与各期投资收益额对比分析；在日常经营活动中，有营业成本与营业收入对比分析；还有劳务供应、设备修理、材料采购、人员培训等，都应考虑经济得失问题。可见，企业在经济活动中所发生的费用与成本，最终都是为了取得收益，都可以对费用与收益进行比较。因此，企业在进行财务决策时，应考虑成本效益原则。

5. 收益风险均衡原则

在市场经济的激烈竞争中，企业的财务活动不可避免地要遇到风险。财务风险是指获得预期财务成果的不确定性。在企业财务活动中，要想取得收益，就不能回避风险，通常低风险只能获得低收益，高风险往往获得高收益。因此，无论是对投资者还是受资者，都要求收益与风险相适应，风险越大，要求收益也越高。当然，由于经营者对风险的态度不同，有甘愿冒险与不愿冒较大风险的，这决定了其决策行为。

不管市场的状况是繁荣还是衰落，不管人们的心态是稳健还是激进，都应对决策项目按照风险与收益适当均衡的原则，分析比较每一项具体项目的收益性与安全性，以此来决定采取的方案，做到趋利避害，争取获得较多收益。

6. 统一领导与归口分级管理原则

在财务管理上实行统一领导与归口分级管理，就是要按照管理物资与管理资金相结合、使用资金与管理资金相结合、管理责任与管理权限相结合的要求，合理安排企业内部各部门在资金、成本和收入等管理的权责关系。如工业企业，通常分为厂部、车间、班组三级，厂部是企业行政部门的指挥中心，企业财务管理的主要权力集中在厂部。厂部财务部门对各项财务计划指标进行分解，分别落实到购、产、销各有关部门，实行归口管理。同时，把财务计划指标进一步落实到有关仓库、车间、班组等单位，实行分级管理，以保证各项财务计划指标的全面完成，各归口部门和分级管理单位要明确有关员工在归口分级管理中的责任和权限，认真执行财务计划，对比分析财务计划的完成情况，定期考核。

13.2.4 财务管理环境

财务管理环境又称理财环境，是指对企业财务活动产生影响作用的企业外部条件。财务管理环境是企业财务决策难以改变的外部约束条件，企业财务决策更多的是适应它们的要求和变化。财务管理环境涉及的范围很广，其中最重要的是法律环境、经济环境和金融环境。

1. 法律环境

财务管理的法律环境是指企业和外部发生经济关系时所应遵守的各种法律、法规和规章。其主要包括以下三个方面：①企业组织法律规范；②税务法律规范；③经济法律规范。

2. 经济环境

经济环境是指企业进行财务活动的宏观经济状况，影响的因素主要有经济发展状况、经济周期、利息率波动和宏观经济政策等。

3. 金融环境

企业总是需要资金从事投资和经营活动。而资金的取得，除了自有资金外，主要从金融机构和金融市场取得。因此，金融环境的变化对企业的筹资、投资和资金运营活动必然产生影响，它是企业最为主要的环境因素之一。影响的因素主要有：金融机构、金融工具、金融市场、利率。

13.3 资金时间价值、资本成本和风险程度衡量

资金时间价值、资本成本和财务管理中风险程度的衡量，是现代财务管理的重要概念，是企业进行筹资和投资决策不可缺少的方法。

13.3.1 资金时间价值

资金时间价值，是指资金经历一定时间的投资和再投资所增加的价值。资金投入生产经营过程后，在周转运动过程中，不仅会发生价值形态的变化，而且会发生价值量的变化。资金循环和周转的起点是投入货币资金，企业用它来购买各种所需要的资源，然后投入生产并生产出产品，产品出售后得到的货币量大于最初投入的货币量。资金的循环和周转以及由此而产生的资金增值需要一定的时间，随着时间的延续，资金总量在循环和周转中不断增长，使资金具有时间价值。

由于资金时间价值的存在，不同时间的资金具有不同的价值。现在的 1 元钱，与将来的 1 元钱经济价值是不相等的。资金的时间价值取决于社会平均资金利润率，通常以利率表示。在市场经济条件下，各部门投资的利润率趋于平均化，每个企业在投资时，至少要取得社会平均的利润率。资金时间价值从量的规定性来看，是在没有风险和没有通货膨胀条件下的社会平均资金利润率。在财务管理中，主要是对资金的筹集、使用和回收等从量上进行分析，以提高财务决策的准确性。

资金时间价值的计算方法在第 11 章介绍过，此处从略。

13.3.2 资本成本

1. 资本成本概念

在市场条件下，企业筹集和使用资金往往要付出代价，企业为筹措资金和使用资金而付出的代价即资本成本。它包括筹资费用和用资费用两部分。筹资费用是指取得资金而发生的费用，如企业发行债券、股票而支付的发行费用，它通常是在筹集资金时一次性支付。用资费用是指企业在生产经营、投资过程中因使用资本而付出的费用，如股息、利息等，这是资金成本的主要内容。

在财务管理中，资金成本具有重要作用。从企业筹资来看，资金成本是选择资金来源、确定筹资方案的重要依据，企业要选择资金成本较低的筹资方案；从企业投资来看，资金成本是评价投资项目、决定投资方案取舍的重要标准，只有在投资项目的收益率高于资金成本时，方案才是可取的。此外，资金成本还可作

为衡量企业经营成果的尺度。只有经营利润率高于资金成本，企业经营才有利，否则，表明业绩欠佳。

2. 资本成本计算

企业从不同来源以不同方式筹集的资本所付出的代价是不同。资本成本可以用绝对数表示，也可以用相对数表示。在一般情况下，如果不作特别说明，为了便于理解与比较，资本成本以相对数（资本成本率）表示，资本成本率是指用资费用与筹资总额的比率。可用以下公式表示：

$$K=\frac{D}{P-f}\times 100\%$$

或

$$K=\frac{D}{P(1-F)}\times 100\%$$

式中，K 为资本成本率；D 为用资费用；P 为筹资总额；f 为筹资费用；F 为筹资费用率，即筹资费用与筹资总额的比率。

以上公式说明企业每取得单位资本并在一定时期内加以运用需负担的费用。在不同的筹资方式下，企业应负担的资本成本，可根据影响资本成本的因素，通过资本成本的一般公式推导出它们各自的资本成本具体计算公式。下面介绍三种主要筹资方式的资本成本率计算方法。

（1）债务成本。债务成本是指长期银行贷款和企业债券的资本成本。银行借款和企业债券利率一般是事先约定的，利息作为企业的费用在税前利润中扣除，企业少缴纳一部分所得税，具有减税效应；另外，企业以长期银行贷款和企业债券的方式筹资要发生的筹资费用，使企业实际取得的资金少于银行借款总额或债券的票面额。

①债券筹资成本的计算。债券筹资成本费用一般比较高，主要包括申请发行债券的手续费及债券注册费、印刷费、上市费以及推销费等。债券筹资成本的计算公式为：

$$K_b=\frac{I_b(1-T)}{B(1-F)}\times 100\%$$

式中，K_b 为债券的资本成本率；I_b 为债券年利息；T 为企业所得税税率；B 为债券筹资总额，按发行价格确定；F 为债券筹资费率。

上列公式也可以写成如下形式：

$$K_b=\frac{R_b(1-T)}{1-F}\times 100\%$$

式中，R_b 为债券年利息率。

例：某企业等价发行面值1 000元、5年期、票面利率为9%的长期债券3 000张，每年结息一次，筹资费率为5%，所得税税率为25%。求该批债券的资本成本。

解：长期债券的资本成本率 $= \dfrac{1\,000 \times 9\% \times (1-25\%)}{1\,000 \times (1-5\%)} \times 100\% = 7.11\%$

如果企业债券以溢价100元发行，则债券筹资成本为：

长期债券的资本成本率 $= \dfrac{1\,000 \times 9\% \times (1-25\%)}{1\,100 \times (1-5\%)} \times 100\% = 6.46\%$

如果企业债券以折价30元发行，则债券筹资成本为：

长期债券的资本成本率 $= \dfrac{1\,000 \times 9\% \times (1-25\%)}{970 \times (1-5\%)} \times 100\% = 7.33\%$

②长期借款筹资成本的计算。在长期银行借款合同中，银行要求企业在借款期内保留借款金额的一定百分比的存款余额，企业实际可以使用的金额比借款金额少，但企业要按借款金额支付利息。长期银行借款的资本成本率的计算公式为：

$$K_i = \frac{I_i(1-T)}{C} \times 100\%$$

式中，K_i 为长期银行借款的资本成本率；I_i 为长期银行借款年利息；C 为实际可使用的金额。

例：某公司向银行借款1 000万元，年利率为5%，手续费率为0.1%，期限为3年，每年结息一次，到期一次还本，公司所得税税率为25%。求这笔长期借款筹资成本。

解：长期借款的资本成本率 $= \dfrac{I_i(1-T)}{C} \times 100\%$

$$= \frac{1\,000 \times 5\% \times (1-25\%)}{1\,000 \times (1-0.1\%)} \times 100\%$$

$$= 3.75\%$$

由于银行借款手续费率很低，数额很少，有时可略去不计。另外，有些银行贷款要求企业在银行中经常保持一定的存款余额作为抵押，在这种条件下计算企业借款所得的资金总额时，应从借款总额中扣除存款保留余额。

（2）权益成本。权益成本主要有优先股成本、普通股成本和留用成本等。由于股票的股利是以税后利润支付的，不会减少企业应缴的所得税，所以，权益成本的计算方法与债务成本的计算方法有所不同。

①普通股筹资成本计算。普通股筹资的成本就是普通股投资的必要报酬，其

测算方法一般有三种：股利折现法、资本资产定价法和无风险利率加风险溢价法。在此主要介绍股利折现法。

运用股利折现法测算普通股筹资的成本，因具体的股利政策而有所不同。

一是公司采用固定股利政策。如果公司采用固定股利政策，即每年分红分派固定数额的现金股利，则普通股筹资成本可按下式测算：

$$K_e = \frac{D_e}{P_e\ (1 - F_e)} \times 100\%$$

式中，K_e 为普通股筹资成本；D_e 为每年固定股利；P_e 为普通股筹资额；F_e 为普通股筹资费用率。

例：某公司拟发行一批普通股，发行价格为 10 元，每股发行费用为 2 元，预定每年分派的现金股利每股 1.2 元。求该普通股筹资成本。

解：普通股筹资成本 $= \frac{D_e}{P_e\ (1 - F_e)} \times 100\% = \frac{1.2}{10 - 2} \times 100\% = 15\%$

二是公司采用固定股利增长率政策。如果公司采用固定股利增长率政策，股利每年预计的增长率为 G，则普通股筹资成本可按下式测算：

$$K_e = \frac{D_e}{P_e\ (1 - F_e)} \times 100\% + G$$

式中，G 为普通股股利每年预计的增长率。

例：某公司拟发行一批普通股，发行价格为 10 元，每股发行费用为 2 元，预定第一年分派的现金股利每股 1.2 元，以后每年股利增长 5%。求该普通股筹资成本。

解：普通股筹资成本 $= \frac{D_e}{P_e\ (1 - F_e)} \times 100\% + G$

$$= \frac{1.2}{10 - 2} \times 100\% + 5\% = 20\%$$

②留存收益筹资成本计算。留存收益是企业每年从税后利润中按一定比例提取的收益，它包括有盈余公积和未分配利润两部分。它属于权益资本，是企业资金的一种重要来源。企业留存收益等于股东对企业进行追加投资，股东对这部分投资与以前交给企业的股本一样，要求获得同普通股等价的报酬，所以，从表面上看，企业使用留存收益不花什么成本，但也应计算成本。留存收益筹资成本的计算与普通股筹资成本相同，只是不考虑筹资费用。

在普通股股利固定的情况下，留存收益筹资成本的计算公式为：

$$留存收益筹资成本 = \frac{每年固定股利}{普通股筹资金额} \times 100\%$$

在普通股股利逐年固定增长的情况下，留存收益筹资成本的计算公式为：

$$留存收益筹资成本 = \frac{第一年预期股利}{普通股筹资金额} \times 100\% + 股利年增长率$$

例：某公司普通股目前的股价为10元/股，筹资费用为8%，刚刚支付的每股股利为2元，股利年固定增长为3%。求该企业留存收益筹资成本。

解：留存收益筹资成本 =2×（1+3%）÷10×100%+3%=23.6%

（3）总资本成本。企业在一定时期内，一般都会从不同的来源渠道以不同的筹资方式取得资金，而其成本率有高有低，为进行筹资决策和投资决策，需要计算全部资金来源的成本，综合起来成为企业总资本成本。它通常采用加权平均资本成本计算方法。加权平均资本成本是指企业全部长期资本的总成本，通常是由个别资金成本率和以各种长期资金占总资本的比例为权数，对各种来源的资本成本进行加权平均确定。其计算公式为：

$$K_W = \sum_{j=1}^{n} K_j W_j$$

式中，K_W 为加权平均资本成本；K_j 为第 j 种来源的资本成本；W_j 为第 j 种来源的资本成本占总资本的比重；n 为资金 j 种来源种数。

例：根据企业19××年12月31日资产负债表所示，该企业总资本的账面价值为1 000万元，其中，长期借款400万元、长期债券100万元、普通股350万元、留用收益150万元，其资本成本率分别为8%、10%、15%、14%。求该企业的加权平均资本成本。

解：该企业加权平均资本成本的计算如表13－1所示：

表13－1　加权平均资本成本计算表

资本来源	账面价值（万元）	比重（%）	资本成本率（%）	加权平均资本成本
长期借款	400	40	8	3.20
长期债券	100	10	10	1.00
普通股	350	35	15	5.25
留存收益	150	15	14	2.10
合计	1 000	100	—	11.55

上述加权平均资本成本的计算中，权数是按账面价值确定的，如果账面价值与市场价值差异太大，则会错误估计加权平均资本成本，不利于筹资决策。因此，计算加权平均资本成本宜采用市场价值。

总资金成本是企业衡量资金来源结构是否合理的尺度。在企业可以从多种来源渠道筹集资金的条件下，企业筹资应做到各种资金来源比例适度、合理，优化资金来源结构。资金来源结构是否优化，可以用总资金成本来加以衡量。最优资金来源结构，应该是在满足其他制约条件的同时，总资金成本最低。另外，总资金成本又是从总的方面来衡量企业经营效益的基准，以它为基准检查企业实际的全部资金收益率，可以了解企业经营效益和资金运用情况。

在实际工作中，资金成本的计算是比较复杂的，因为企业资金来源不只是上述几种，计算不同来源的资金成本时，需考虑不同的因素。

13.3.3 财务管理中风险程度的衡量

企业财务活动经常是在有风险的情况下进行的。投资者由于冒风险进行投资而获得的超过资金时间价值的额外收益，称为投资的风险价值，或风险报酬。在财务管理中，注重研究风险、计量风险并设法控制风险是非常重要的工作。因为风险可能给投资者带来超出预期的收益，也有可能带来超出预期的损失。从财务的角度看，风险主要指无法达到预期报酬的可能性。

为了客观地估计和计算风险程度的大小，一般采用定性和定量分析相结合的方法。在定量分析方面，可通过计算连续概率分布的标准离差与标准离差率来分析确定。

1. 期望值（$\overline{E}$）

期望值是各个随机变量以其各自的概率进行加权平均所得的平均数。它是用概率考虑风险程度而计算出来的期望的估计价值。

设某项活动有几个可能结果，其值分别为 X_1，X_2，…，X_n，相同出现的概率分别为 P_1，P_2，…，P_n，则可按下式计算：

$$\overline{E} = X_1P_1 + X_2P_2 + \cdots + X_nP_n = \sum_{i=1}^{n} X_iP_i$$

2. 标准离差（δ）、方差（δ^2）

离差是各个随机变量与期望值之差，即离差 $= X_i - \overline{E}$，用来描述某个可能结果与期望值的偏离程度。标准离差的计算公式如下：

$$\delta = \sqrt{\sum (X_i - \overline{E})^2 P_i}$$

标准离差说明各个可能结果的数值距期望值越远，即期望值代表性越差，风险也就越大。

方差是随机变量离差平方的数学期望。其计算公式如下：

$$\delta^2 = \sum (X_i - \overline{E})^2 P_i$$

3. 标准离差率（V）

标准离差虽然能表明风险程度的大小，但不能用来比较不同方案的风险程度。因为在标准离差值相同的情况下，由于期望值不同，风险也不同。这时，衡量风险程度的大小就要用标准离差率。标准离差率是标准离差与收益期望值的比率。其计算公式如下：

$$V = \frac{\delta}{\overline{E}}$$

标准离差率越大，风险程度越高；反之，风险程度越低。

13.4 筹资管理

13.4.1 企业筹资概述

企业筹集资金，又称筹资。筹资是指企业根据自身生产经营、对外投资和调整资本结构的需要，经过科学预测和决策，通过一定的渠道和方式，经济有效地筹措到企业所需资金的财务活动。

企业从其创办到展开生产经营活动，都必须拥有一定数量的资金，如流动资金筹集、扩大企业经营规模、偿还债务等，而这些资金都需要企业通过一定的方式和渠道来取得。筹集资金是企业资金运动的起点，随着企业生产经营活动的不断进行，企业随时都会产生筹集资金的要求。筹资决策就是对各种筹资渠道及相应的筹资方式进行评价，选择风险损失小的方案，实现企业的最优资本结构。因此，筹集资金是企业资金运动的起点，是决定资金运动规模和生产经营发展程度的重要环节。

13.4.2 企业筹资渠道、方式和原则

1. 企业筹资渠道

筹资渠道是指企业取得资金的来源方式和途径，即企业的资金是来自何方，体现资金的来源与流量，它属于资金供应的范畴。目前，我国企业筹资来源渠道主要有以下七种：

（1）国家资金。它是我国国有企业特别是国有独资企业获得资金的主要渠

道之一。现有国有企业的资金来源大部分是由国家财政以直接拨款方式投资形成的。此外，还有一些是国家对企业“税前还贷”，或减免各种税款而形成的。不管是何种形式，从产权关系上看，它们都属于国家投入的资金，产权归属国家所有。

（2）银行信贷资金。它是指我国各专业银行的各项贷款。银行贷款方便灵活，是我国目前各类企业最为重要的资金来源。我国银行分为商业银行和政策性银行两种。商业银行主要有中国银行、中国农业银行、中国工商银行、中国建设银行、交通银行等；政策性银行主要有国家开发银行、中国进出口银行和农业发展银行。商业银行是以盈利为目的、从事信贷资金投放的金融机构，它主要是为企业提供各种商业贷款。政策性银行主要为特定企业提供政策性贷款。

（3）非银行信贷资金。它主要是指各级政府及其他经济组织主办的其他金融机构的各项贷款。其他金融机构主要指信托投资公司、保险公司和金融租赁公司，既包括信贷资金投放，也包括物资的融通，还包括为企业承销证券等金融服务。

（4）其他企业资金。具体来说，它是企业从生产经营过程中游离出来的暂时闲置资金，这就为企业之间相互调剂资金余缺提供了可能。由于企业间相互投资和商业信用的存在，使其他企业资金能成为企业资金的重要来源。企业可以通过与其他企业联营或者让其他企业入股、认购债券等方式取得资金。另外，企业间的购销业务可以通过商业信用的方式来完成，从而形成企业间的债权债务关系，形成债务人对债权人的短期信用资金占用。

（5）民间资金。企业可以通过直接融资方式取得本企业内部职工或社会个人闲置资金，如发行债券、股票等。

（6）境外资金。它是指我国大陆境外投资者，包括港、澳、台地区和外国投资者的资金。利用外资是企业筹资的又一重要渠道。企业利用外资的形式很多，主要有举办中外合资、合作企业，在境外发行股票、债券，金融机构贷款，通过补偿贸易、国际租赁等形式筹集境外资金。

（7）企业自留资金。它也称企业内部留存，是指企业内部形成的资金，包括提取公积金和未分配利润等。这些资金的重要特征之一是，无须企业通过一定方式去筹集，而直接由企业内部自动生成或转移。

2. 企业筹资方式

筹资方式是企业筹资所采取的具体形式，或者说用什么方法取得资金，体现了资金的属性。筹资方式与筹资渠道之间有着密切的关系，一定的筹资方式可能只适用于某些特定的筹集渠道，但同一渠道的资金可以采用不同的方式取得。认识筹资方式的种类，了解各种筹资方式的特点及其适用性，有利于选择最优化的筹资结构。

企业从外部筹资一般有下列六种方式：

(1) 吸收直接投资。它是指企业以协议等形式吸收国家、其他企业、个人和外商等直接投入资金，形成企业资本金的一种筹资方式。吸收直接投资既可以吸收现金投资，也可以吸收非现金投资。

(2) 发行股票。它是股份公司筹措自有资本的基本方式。股票是股份公司为筹措自有资本而发行的有价证券，是持股人拥有公司股份的凭证。它代表持股人在公司中拥有的所有权。通过发行股票筹集的资金，企业可以永久性占用，属企业自有资金。股票可分为普通股和优先股。

(3) 银行借款。它是企业负债筹资的主要来源，是企业根据借款合同向银行（以及其他金融机构）借入的款项。银行借款按期限分为短期借款和长期借款。企业可向银行取得中长期的投资借款、短期的生产周转借款、贴现借款和抵押借款等。

(4) 发行债券。它是指企业筹集借入资本的重要方式。债券是债务人为筹集借入资本而发行的，约定在一定期限内向债权人还本付息的有价证券。

(5) 融资租赁。它是指承租人在一定期间内向出租人支付租金，以取得某项资产使用权的一种信用行为。租赁期间，资产的所有者仍属出租人，而使用权归承租人。租赁按性质分为经营租赁和融资租赁。其中，融资租赁是企业筹集长期资金的一种有效方式。

(6) 商业信用。它是指在商品交易中以延期付款或预收货款进行购销活动而形成的借贷关系。商业信用是企业间的直接信用行为，必须以商品交易为基础。作为企业筹资方式的商业信用，其主要形式有应付账款、应付票据和预收账款。

3. 企业筹资原则

企业要组织筹资活动，处理好筹资过程中的财务关系，应遵循下列原则：

(1) 合理性原则。筹集资金的目的是要确保企业生产经营所必需的资金。资金不足，会影响生产经营的运行；而资金过剩，也会影响资金的使用效果。因此，企业筹资必须使资金的筹集量与需要量达到平衡，保持一个合理水平。

(2) 效益性原则。企业在筹资之前，必须对资金的投放项目进行认真的研究分析，预测其经济效益及偿还能力；在选择资金渠道的时候，要进行资金成本与风险分析，综合考察各种筹资渠道和筹资方式，研究各种资金来源的构成，求得最优的筹资组合，这样就可以以较低的资金成本筹集所需资金，提高筹资效益。

(3) 合法性原则。企业的筹资活动，影响着社会资金的流向和流量，涉及有关方面的经济效益，因此，企业在筹资时必须服从、遵守国家公布的有关法规，保证筹资的合法性。

（4）科学性原则。科学地确定企业资金来源的结构，寻求筹资方式的最优组合。

13.4.3 权益资金筹集

权益性筹资或称为自有资金，是指企业通过吸收直接投资、发行股票、留存收益筹资等方式筹集的资金。

1. 吸收直接投资

吸收直接投资是指企业按照“共同投资、共同经营、共担风险、共享利润”的原则直接吸收国家、法人、个人投入资金的一种筹资方式。投资者可以用现金、厂房、机器设备、材料物资、无形资产等出资。

企业因吸收直接投资而支付给直接投资者的代价是吸收直接投资成本。吸收直接投资成本除不需要考虑筹资费用外，其计算方法与普通股筹资基本相同。

2. 发行股票

发行普通股股票筹集资金是股份公司筹资的重要方式。股票持有者是公司的股东，是公司的最终所有者。发行股票筹集到的资本一般称为股本，它不仅是构成公司资本的主体，而且是保证公司可以获得向外借债的基础。

（1）普通股股票的基本特征。普通股股票代表对公司剩余财产的所有权。普通股股东共同拥有公司，承担与公司所有权相联系的风险，所负的责任以投资额为限。投资者要收回投资，可以将股票拿到证券市场去转让。普通股筹资有以下特点：

①筹资迅速。由于股票能够吸收社会闲散资金，在短期内就可以筹集到大笔资金，以满足生产经营的需要。

②它是永久性的资金来源，股东只负有限责任。普通股股票没有最后到期日，公司不需要返还股本。同时，股东不能退股，需要收回投资可以到证券市场转让。因此，公司在持续经营期内都有稳定的资金来源。股东是公司的所有者，但承担风险仅以其投资额为限，对公司负有限责任。

③无固定利息负担。公司是否支付股东股利以及支付多少，取决于公司的盈利情况和股利分配政策。

④筹资代价高。与借入资本相比，发行股票筹资，支付股利要从公司税后利润支付，没有抵减所得税的优惠；另外，筹资费用较高，需要支付公证费、注册费、代理发行费等。

（2）普通股股东的权利。普通股股东的各种权利由公司章程以及有关的法律法规明确规定，一般都享有以下基本权利：①盈利分配权；②剩余财产求偿权；③投票表决权；④出售或转让股份的权利；⑤查账权；⑥优先认购权。

（3）优先股股票筹资的特点。优先股股票是持有者对公司具有所有权的证明文书，优先股也是企业权益资金之一。但它与普通股股票又有较大的差别，相对于普通股股票来讲，它有以下特点：①优先获得分配股利权和资产分配权；②优先股股票的表决权；③优先股股票的收回。

3. 留存收益筹资

企业留存收益主要是指企业税后利润进行分配所形成的公积金和未分配利润，它是企业资金的一种重要来源，属于权益资本。企业的税后利润并不全部分配给投资者，而应按规定的比例提取法定盈余公积金，有条件的还可提取任意盈余公积金。此项公积金可用以构建固定资产、进行固定资产更新改造、增加流动资产储备、采取新的生产技术措施和试制新产品、进行科学研究和产品开发等。因此，税后利润的合理分配也关系到企业筹资问题。未分配利润是指未限定用途的留存净利润。这有两层含义：一是这部分净利润没有分给公司的股东；二是这部分净利润未指定用途。

留存收益具有资金成本低、保持普通股股东的控制权、增强公司信誉等优点。但存在筹资数额、资金使用受制约的缺点。

由于留存收益是税后利润形成的，实际上等于股东对企业进行追加投资，股东对这部分投资与以前交给企业的股本一样，要求获得同普通股等价的报酬，所以，留存收益也要计算成本，其计算与普通股基本相同，但不用考虑筹资费用。

13.4.4 负债资金筹集

企业负债分为长期负债筹资和短期负债筹资。短期负债是指将在 1 年（含 1 年）以内的一个营业周期内偿还的债务，包括 1 年内到期的短期借款、应付票据、应付账款、预收账款、应交税金以及内部各项应付款、预提费用等。长期负债是指偿还期超过 1 年的一个营业周期以上的负债，包括长期借款、应付债券、长期应付款等。

1. 长期负债筹资

（1）长期银行借款。它主要分为基建借款和专用借款，这两种借款一般都已规定了借款用途。如基建借款主要用于企业新建、扩建和改建项目；专用借款主要用于企业固定资产更新和技术改造。长期借款按偿还期限不同又可分为定期偿还长期借款和分期偿还长期借款。定期偿还长期借款是指在规定的借款到期日一次还本付息的借款；分期偿还长期借款是指在借款期限内，一般是从若干年后开始规定每年偿还部分本息，直到规定的到期日全部还清。企业归还长期借款的资金来源是企业税后利润。

（2）应付长期债券筹资。

①债券及其特点。债券又称公司债券，是筹资者收到投资者资金后给予债权

人的债权证书，也是债务人开具的有期限的信用凭证。长期债券是长期债务证书，在债券上载明本金金额和还款期以及有关规定的利率和付息期。同其他筹资方式相比，公司债券具有以下特点：

第一，利息固定。公司债券利息在发行债券时已明确规定，不论将来公司经营状况和盈利水平如何，都应按预先确定的利率向债券持有人支付利息。利息支付方式通常有两种：一是利息票方式。这是债券持有人凭债券定期取得或到期一次取得利息报酬的方式。在国际债券市场上，投资者通常都是凭利息票定期领取利息。二是折扣方式。这是投资者在购买债券时，按规定的折扣率，以低于票面金额的价格买进，到期则按票面金额收回本金的方式。实际上是预先领取利息，其投资利益来自购买时的支付价与期满时收回本金的差额。

第二，偿还期明确。一般来说可分为三种：一是长期债券，还本期限在 10 年以上；二是中期债券，还本期限为 6 ~ 10 年；三是短期债券，还本期限在 6 年以下。

第三，债券利息免征公司所得税。债券利息支出计入当期损益，在缴纳所得税前扣除。这同股利在缴纳所得税后支付完全不同。由此可见，利用债券筹资比股票筹资所付的代价要小得多。

第四，在通货膨胀的情况下，公司发行长期债券，可利用筹资时与还本时的币值下降差额获得购买力收益，也就是将通货膨胀造成的部分损失转移给债券持有者。

第五，不冲淡公司的控制权。债券持有者只是公司的债权人，无权参与公司的经营管理，因此，发行债券不会冲淡公司的控制权。

②债券发行价格。债券发行价格作为公司债券的售价，它的高低主要取决于四个因素：第一，债券面值。债券面值的大小从根本上决定了债券售价的高低。第二，债券利率（i）。债券利率高低对投资者的吸引力有较大的影响。利率越高，吸引力越大，售价便可能升高。第三，金融市场利率（K）。在金融市场上，它相当于债券类似的借贷资本的利率。从投资者的角度讲是预期收益率。第四，债券到期日。到期日越长，未来风险越大，未来报酬（利息额，C）也越大。根据资金时间价值原理，债券售价（市价，P）的计算公式如下：

$$P=\frac{C}{1+K}+\frac{C}{(1+K)^2}+\cdots+\frac{C}{(1+K)^n}+\frac{面值}{(1+K)^n}=\sum_{t=1}^{n}C\cdot\frac{1}{(1+K)^t}+\frac{面值}{(1+K)^n}$$

或

$$P=C\cdot\frac{(1+K)^n-1}{K\ (1+K)^n}+\frac{面值}{(1+K)^n}$$

$$利息额\ (C)\ =面值\times债券利率\ (i)$$

例：有一种债券面值为 1 000 元，息票利率为 10%，10 年到期，发行时实际市场利率为10%。求该债券售价。

$$解：P=100\times\frac{(1+10\%)^{10}-1}{10\%\times(1+10\%)^{10}}+1\ 000\times\frac{1}{(1+10\%)^{10}}$$

$$=100\times 6.45+1\ 000\times 0.386\approx 1\ 000（元）$$

如果实际市场利率不是10%，债券市价会发生变动。若实际市场利率高于公司规定的息票利率，该债券的售价将会小于其面值，要折价销售；若实际市场利率低于公司规定的息票利率，该债券的售价将会大于其面值，将会溢价销售。

③债券收回。债券发行公司收回债券的方法有很多，例如：在最终到期日偿清本息后收回债券；发行新债券调换老债券；定期偿付本息收回债券，等等。下面主要介绍偿债基金、分期偿还和债券调换。

第一，偿债基金。这是一种为了将来偿还债务而设立的基金。债券发行公司定期提取相当于债券本金一定比例的基金，并存入银行。当债券到期时，公司可用累积的偿债基金赎回本金或定期赎回部分本金。

第二，分期偿还。分期偿还是债券还本的一种方式。公司在债券到期前每年赎回一定比例的债券。通常的做法是在债券发行时已明确规定将分批多次收回，每次偿付债券的号码既可事先公布，也可在每次偿还期前抽签决定，不过更多的是按抽签确定。被抽中的债券持有者不得拒绝被赎回。

第三，债券调换。债券调换是指公司发行新债券去调换老债券。

（3）可转换债券。可转换债券是指可以按规定条件转换成发行公司普通股的公司债券。按规定发行可转换公司债券的企业，其可转换公司债券在发行以及转换为股份之前，应按一般公司债券处理。当可转换公司债券持有人行使转换权利，将其持有的债券转换为股份或资本时，应按其账面价值结转；可转换公司债券账面价值与可转换股份面值的差额，减去支付的现金后的余额，作为资本公积金处理。

可转换债券的特点：可转换债券持有者行使转换权后，发行公司的资本结构发生了变化，负债减少了，而所有者权益增加了，但是公司并没有增加任何现金流入。此外，持有者行使转换权利后，可转换债券就被发行公司收回，不再流通。可转换债券在转换为普通股股票时，一般都规定有固定的转换比率和价格。

（4）长期应付款筹资。长期应付款筹资主要有两种形式：补偿贸易和租赁筹资。

①补偿贸易。补偿贸易是一种不使用现汇而是在信贷基础上进行的贸易方式。它由国外厂商提供机器设备、技术，双方约定由企业以使用该设备生产出来的产品或双方约定的其他条件来补偿引进设备款项，时间可达10～20年。

②租赁筹资。租赁是企业在特定时期内以较低代价使用某项固定资产的一种方法。租赁可分为经营性租赁和融资租赁两种。

第一，经营性租赁（又称业务性租赁）。经营性租赁是指承租人在租赁期满时须将固定资产退还出租人的租赁。在这种租赁方式下，承租人的目的是取得资产的使用权，一旦承租期满，租赁关系随之解除，租赁设备的所有权属于出租人。

第二，融资租赁。融资租赁是指由租赁公司按承租企业的要求出资购买设备，在较长的契约或合同期内提供给承租企业使用的信用业务。租赁公司只起到融通资金的作用，不提供任何服务。

根据租赁合同规定，承租企业按期支付租金，租赁期间资产所有权属于租赁公司所有，承租企业只有使用权，并且不得中途解约。租赁期满，付给租赁公司较低廉的转让费，资产所有权就归承租企业所有。

2. 短期负债筹资

（1）短期借款。短期借款是企业向银行和其他非银行金融机构借入的期限在1年以内的借款，是企业短期资金来源的重要组成部分。其一般可分为两类：①无担保贷款。这是企业凭自己的信誉从商业银行取得的贷款，是企业以应收账款和存货进行季节性投资时广泛利用的一种形式。②担保贷款（又称抵押贷款）。这是借款企业以自己的某些资产作为偿债担保物而取得的借款。用于担保贷款的担保物有应收账款、存货等。短期借款主要有生产周转借款、临时借款、结算借款等。借款利息的支付方式有利随本清法和贴现法。前者是在借款到期时向银行支付利息的方法；后者是银行向企业发放贷款时，先从本金中扣除利息部分，在贷款到期时借款企业再偿还全部本金的一种计息方法。银行发放短期贷款时，需具备一定的信用条件。

（2）商业信用。商业信用是企业在进行商品交易时由于延期付款或延期交货所形成的借贷关系。商业信用筹资一般有三种形式：欠账、期票以及商业承兑汇票。

①欠账（又称未清账）是普遍采用的一种方式，通常是在供货方对购货者进行信用调查以后提供的。欠账作为一种借贷关系，并没有签署正式借据，付款期限由供货方提出的销售条件确定，购货方不需要签名开立正式借据证明自己对供货方有债务。供货方在提供信用后的证据包括购货方的购货订单、货物运输发票和一笔应收账款。

②期票是债务人向债权人签发的，在约定日期无条件支付一定金额的债务凭证。例如，供货方要求购货方签发期票来证明对方欠了自己的债务，期票上应写明出票人必须在将来某一天支付欠款。

③商业承兑汇票是供货方收到客户购货订单之后，根据订货的款额向购货方签发的定期汇票。供货方将签发的汇票连同从运货部门取得的托运单一并送交往来银行转给购货方，并由购货方承兑，承兑后再通过银行送回给供货方。这张汇

票经承兑后就是商业承兑汇票。供货方可以将汇票保持至到期日，也可以随时向银行申请贴现。因此，商业承兑汇票作为筹资的形式具有某种程度的变现性。

(3) 应计费用筹资。应计费用是指企业（公司）内部形成在前支付在后的各种费用。最常见的一种应计费用是无筹资成本的短期资金来源。但必须指出，这种筹资方式不能由企业自主决定是否使用，如应交税金的支付期是由税法规定，企业必须按时缴纳，否则将被罚交滞纳金。又如，推迟发放职工工资，则会遭到职工的反对。所以，应计费用筹资实际上只能估计出应计费用的筹资量，以便于企业将它视同权资金使用。

13.5 投资管理

13.5.1 企业投资概述

1. 投资分类

企业投资是企业为了使所筹集的资金获得增值或降低风险而将资金投放于特定对象的经济行为。企业投资是企业财务活动的重要组成部分。在市场经济条件下，企业能否把筹集到的资金投放到收益高、回收快、风险小的项目上，对企业的生存和发展是十分重要的。

为了加强投资管理，提高投资效益，有必要分清投资的性质，对投资进行科学分类。根据不同的分类标准，投资可分为不同的种类。

(1) 根据投资对象的存在形态，投资分为实体投资和金融投资。实体投资是指企业购买实质形态资产的投资，包括具有物质形态的资产和无形资产。金融投资是指企业购买各种金融资产的投资。金融资产的直接表现形式是金融工具，如公司债券、股票、期货合约等。

(2) 根据投资方向，投资分为对内投资和对外投资。对内投资是指把资金投放到企业内部，购置各种生产经营用或服务用资产的投资。对外投资是指企业以现金、实物资产、无形资产等方式，或者以购买股票、债券等有价证券方式对其他单位的投资。由于企业对投资风险控制能力不同，对内投资的风险要低于对外投资，相应地，对外投资收益应高于对内投资收益。随着市场经济的发展，企业外部投资会显得越来越重要。

(3) 根据投资与生产经营的关系，投资分为直接投资和间接投资。直接投资是指企业把投资直接投放到生产经营性资产上以获取直接经营性利润。在非金融类企业中，这类投资占总投资的比重较大。间接投资又称证券投资，是指企业把资金投放于证券金融资产上，通过获取股息、债息使企业间接获得收益。

(4) 根据投资的范围，投资分为广义投资和狭义投资。广义投资包括企业经营项目投资、货币和资本市场投资；狭义投资仅指货币和资本市场投资。

2. 投资程序

企业投资的程序主要包括以下步骤：

（1）确定投资领域和投资对象。这需要在把握好投资机会的情况下，根据企业的长远发展战略、中长期投资计划和投资环境的变化来确定。

（2）评价投资方案的财务可行性。在分析和评价特定投资方案的经济、技术可行性的基础上，需要进一步评价其是否具备财务可行性。

（3）投资方案比较与选择。在财务可行性评价的基础上，对可供选择的多个投资方案进行比较和选择。

（4）投资方案的执行，即投资行为的具体实施。

（5）投资方案的再评价。在投资方案的执行过程中，应注意原来作出的投资决策是否合理、正确。一旦出现新的情况，就要随时根据变化的情况作出新的评价和调整。

3. 投资原则

企业投资决策应遵循以下原则：①综合性原则；②可操作性原则；③相关性和准确性原则；④实事求是原则；⑤科学性原则。

13.5.2 项目投资管理

1. 项目投资的定义和特点

（1）项目投资的定义。项目投资是一种以特定建设项目为对象，直接与新建项目或更新改造项目有关的长期投资行为。本章所介绍的工业企业投资项目主要包括新建项目（含单纯固定资产投资项目和完整工业投资项目）和更新改造项目两种类型。

（2）项目投资的特点。与其他形式的投资相比，项目投资具有投资内容独特（每个项目都至少涉及一项固定资产投资）、投资数额多、影响时间长（至少一年或一个营业周期）、发生频率低、变现能力差和投资风险大的特点。

2. 项目投资的内容和投入方式

（1）项目投资的内容。从项目投资的角度看，原始投资（又称初始投资）是企业为使该项目完全达到设计生产能力、开展正常经营而投入的全部现实资金，包括建设投资和流动资金投资两项内容。

①建设投资。建设投资是指在建设期内按一定生产经营规模和建设内容进行的投资，具体包括固定资产投资、无形资产投资和其他资产投资三项内容。

一是固定资产投资，是指项目用于购置或安装固定资产应当发生的投资。固定资产原值与固定资产投资之间的关系如下：

固定资产原值=固定资产投资+建设期资本化借款利息

二是无形资产投资，是指项目用于取得无形资产应当发生的投资。

三是其他资产投资，是指建设投资中除固定资产投资和无形资产投资以外的投资，包括生产准备和开办费投资。

②流动资金投资。流动资金投资是指项目投产前后分几次或一次投放于流动资产项目的投资增加额，又称垫支流动资金投资或营运资金投资。

项目总投资是反映项目投资总体规模的价值指标，等于原始投资与建设期资本化借款利息之和。

（2）项目投资的投入方式。原始投资的投入方式包括一次投入和分次投入两种形式。一次投入方式是指投资行为集中一次发生在项目计算期第一个年度的年初或年末；如果投资行为涉及两个或两个以上年度，或虽然只涉及一个年度但同时在该年的年初和年末发生，属于分次投入方式。

3. 项目投资的现金流量

现金流量是指投资项目在实施和运作过程中由项目直接引起的现金支出和现金收入的数量。这里的“现金”是广义的现金，不仅包括各种货币资金，而且包括与项目有关的非货币资源的变现价值。项目的现金流量按其动态的变化状况可分为现金流出量、现金流入量和现金净流量。

（1）现金流出量。现金流出量是指项目引起的企业现金支出的增加额。例如，企业购置一条生产线，通常会引起的现金流出有：购置生产线的价款，生产线的维护、修理等费用，垫支流动资金。

（2）现金流入量。现金流入量是指项目所引起的企业现金收入的增加额。例如，企业购置一条生产线，通常会引起的现金流入有：营业现金流入、该生产线出售（报废）时的残值收入、收回的流动资金。

（3）现金净流量。现金净流量是指一定期间现金流入量和现金流出量的差额。这里所说的“一定期间”，有时是指1年内，有时也指投资项目持续的整个年限内。流入量大于流出量时，净流量为正值；反之，净流量为负值。

4. 项目投资决策评价方法

投资是企业财务活动的重要组成部分，为保证企业的资金投放能做到保值增值，投资决策起了非常重要的作用。一般来说，评价投资方案有以下方法：一是非贴现指标，即不考虑货币时间价值因素的指标，主要有投资回收期法、投资收益率法和追加投资回收期法；二是贴现指标，即考虑货币时间价值因素指标，主要有净现值法、现值指数法、年金法和内部收益率法。

（1）非贴现的评价方法。非贴现的评价方法又称静态评价方法，这种方法是不考虑货币时间价值，把不同时间的现金收支看成相等的。

①投资回收期法。投资回收期是指根据投资项目所支付的总投资额，用该项目建成投产后带来的收益回收全部投资所需年限。根据投资回收期的长短来评价方案的方法称为投资回收期法。投资回收期计算公式为：

$$\text{投资回收期（年）}=\frac{\text{投资总额}}{\text{每年现金净流入量}}$$

式中，每年现金净流入量即每年收益。

计算出投资回收期后，应与标准投资回收期比较，小于标准投资回收期者可取，投资回收期越短的方案，其经济收益越好。

例：一个项目的初始投资为600万元，估计投产后可以连续6年保持每年获得120万元的净收益，求其投资回收期。

解：$\text{投资回收期（年）}=\frac{\text{投资总额}}{\text{每年现金净流入量}}=\frac{600}{120}=5\text{（年）}$

当各年的净收益不相同时，投资回收期由逐年累计的净收益与项目初始投资相等的年份加以确定。这时投资回收期可根据现金流量表中累计净现金流量计算得到。其计算公式为：

$$\text{投资回收期（年）}=(\text{累计净现金流量开始出现正值的年份数}-1)+\frac{\text{上年累计净现金流量的绝对值}}{\text{当年净现金流量}}$$

例：一个投资项目的现金流量如表13－2所示（表13－2中负值表示投资额，正值表示收益值），求其投资回收期。

表13－2

年份数（年）	年现金流量（万元）	累计现金流量（万元）
1	－1 750	－1 750
2	－2 250	－4 000
3	221	－3 779
4	1 361	－2 418
5	1 513	－905
6	1 665	760
7	1 665	2 425
⋮	⋮	⋮
14	1 665	14 840

解：据表 13－2 中的数据可得：

投资回收期（年）＝（6－1）＋（905÷1 665）＝5.54（年）

通过计算投资回收期来评价投资项目的经济效益，能比较简单地估计项目盈利。由于这种方法不考虑资金时间价值，所以只能用于短期投资效益评价。

②投资收益率法。投资收益率也称投资报酬率，是计算年平均净收益（利润）与年平均投资额的比率。一般来说，投资收益率越高的方案，经济效益越好。投资收益率的计算公式为：

$$投资收益率=\frac{年平均净收益}{年平均投资额}$$

例：一企业拟进行某项投资，现有甲、乙两方案，甲方案需要设备投资 50 000元，乙方案需要设备投资 45 000 元。两方案的相关资料如表 13－3 和表 13－4 所示，试用投资收益率法评价甲、乙方案。

表 13－3

净收益（元）　方案 年份数（年）	甲	乙
1	2 500	8 000
2	5 000	8 500
3	7 500	9 000
4	10 000	—
5	12 500	—

表 13－4

年份数（年）	甲方案		乙方案	
	年折旧额	投资余额	年折旧额	投资余额
0	—	50 000	—	45 000
1	10 000	40 000	15 000	30 000
2	10 000	30 000	15 000	15 000
3	10 000	20 000	15 000	0
4	10 000	10 000	—	—
5	10 000	0	—	—

解：根据表 13－3，甲、乙方案的年平均净收益计算如下：

$$甲方案年平均净收益=\frac{2\ 500+5\ 000+7\ 500+10\ 000+12\ 500}{5}$$

$$=7\ 500（元）$$

$$乙方案年平均净收益=\frac{8\ 000+8\ 500+9\ 000}{3}=8\ 500（元）$$

根据表 13－4，甲、乙方案的年平均投资额计算如下：

$$甲方案年平均投资额=\left(\frac{50\ 000+40\ 000}{2}+\frac{40\ 000+30\ 000}{2}+\frac{30\ 000+20\ 000}{2}+\frac{20\ 000+1\ 000}{2}+\frac{10\ 000+0}{2}\right)\div 5$$

$$=25\ 000（元）$$

$$乙方案年平均投资额=\left(\frac{45\ 000+30\ 000}{2}+\frac{30\ 000+15\ 000}{2}+\frac{15\ 000+0}{2}\right)\div 3$$

$$=22\ 500（元）$$

$$甲方案投资收益率=\frac{7\ 500}{25\ 000}\times 100\%=30.0\%$$

$$乙方案投资收益率=\frac{8\ 500}{22\ 500}\times 100\%=37.8\%$$

计算结果表明，乙方案投资收益率高于甲方案，所以应选择乙方案为投资方案。

③追加投资回收期法。当有两个方案，其中一个方案投资少而经营费用高，而另一个方案投资多而经营费用低，则后一方案比前一方案多投的资金称为追加投资，少支出的经营费用称为经营费用节约额。在此情况下，要比较两方案经济效益优劣，需采用追加投资回收期法。

追加投资回收期是指后一方案的追加投资，用它的经营费用节约额来全部偿还所需的时间。其计算公式如下：

$$T=\frac{不同方案投资额之差}{不同方案年经营费之差}=\frac{K_2-K_1}{C_1-C_2}$$

式中，T 为追加投资回收期（年）；K_2、K_1 为两方案的投资额；C_1、C_2 为两方案的年经营费。

例：某工程有甲、乙两个两年产量相同的方案，相关资料如表 13－5 所示，试用追加投资回收期法评价甲、乙方案。

表 13－5

方案	甲	乙
投资额（万元）	30 000	20 000
年经营费（万元）	2 000	4 000
标准追加投资回收期（年）	2	

解：甲方案的追加投资回收期 $=\dfrac{30\ 000-20\ 000}{4\ 000-2\ 000}=5$（年）

计算结果表明，甲方案虽比乙方案多投资 10 000 元，而年经营费节约2 000 元，但追加投资回收期长于标准追加投资回收期，所以应选择乙方案为决策方案，因为一般而言，当追加投资回收期小于标准追加投资回收期时，投资大的方案好；反之，则投资小的方案好。

以上三种方法计算简便，易于理解，但有以下不足：一是没有考虑货币时间价值对方案经济效益的影响，因而不能确切反映方案的经济效益；二是忽视了投资回收期后各方案的收益情况。

（2）贴现的评价方法。贴现的评价方法也称动态评价方法，是在考虑资金时间价值的情况下，计算投资方案历年的投入与产出并以此来评价方案的经济效果。

①净现值法。净现值法（NPV）是投资项目在寿命周期内各年净现金流入量的现值之和与原始投资的差额。净现值法是将基准投资收益率作为贴现率，通过计算出投资寿命周期内各年的现金流入（产出，为正数）和现金流出（投入，为负数）量的现值代数和的大小来评价方案的优劣的方法。在一次投资、无建设期的情况下，其计算公式为：

净现值＝未来各年现金流量折现之和－原始投资额

例：某企业计划将资金 10 000 元投资某项目，基准收益率为 10%，现有甲、乙方案，相关资料如表 13－6 所示，试用净现值法评价这两个方案。

表 13－6

效用期间	甲方案现金流入量	乙方案现金流入量
1	1 000	7 000
2	1 000	5 000
3	1 000	2 000
4	14 000	1 000

解：$NPV_{甲}=\frac{1\,000}{1+10\%}+\frac{1\,000}{(1+10\%)^2}+\frac{1\,000}{(1+10\%)^3}+\frac{14\,000}{(1+10\%)^4}-10\,000$

$=2\,049.04$（元）

$NPV_{乙}=\frac{7\,000}{1+10\%}+\frac{5\,000}{(1+10\%)^2}+\frac{2\,000}{(1+10\%)^3}+\frac{1\,000}{(1+10\%)^4}-10\,000$

$=2\,681.51$（元）

计算结果表明，甲、乙两方案的净现值均为正数，所以都可行。但乙方案净现值大于甲方案，所以应选择乙方案为决策方案。

②现值指数法。现值指数法（PVI）是在净现值法的基础上派生出来的一种补充方法。NPV 是一种绝对经济效果指针。当对比方案的投资额和寿命周期相差甚大时，采用 NPV 来决定方案的舍取，则会以偏概全，可能导致失误。方案评价必须用绝对和相对经济效果指针，从不同的角度、侧面进行全面的评价。现值指数法就是采用方案的相对经济效果指针——现值指数来评价，可以消除某些不可比因素，起到同质化处理的作用。所谓现值指数，是指投资方案未来收益的总现值与原始投资现值之比。其计算公式如下：

$$现值指数=\frac{未来各年现金流量折现之和}{原始投资额}$$

例：以上例数据计算甲、乙两方案的现值指数。

解：$PVI_{甲}=\frac{\frac{1\,000}{1+10\%}+\frac{1\,000}{(1+10\%)^2}+\frac{1\,000}{(1+10\%)^3}+\frac{14\,000}{(1+10\%)^4}}{10\,000}=1.205$

$PVI_{乙}=\frac{\frac{7\,000}{1+10\%}+\frac{5\,000}{(1+10\%)^2}+\frac{2\,000}{(1+10\%)^3}+\frac{1\,000}{(1+10\%)^4}}{10\,000}=1.268$

计算结果表明，甲、乙两方案的现值指数均大于 1，所以都可行。但乙方案的现值指数大于甲方案，所以应选择乙方案为决策方案。

③年金法。年金法是指把各方案的所有收益或支出，不论一次性或逐年发生的，都按照资金的时间价值原理等额分配到各年中去。收益年金越高，经济效果越好；费用年金越低，经济效果越好。其计算公式如下：

$$年金=各年收支等额分配到每年的价值+年平均损益值$$

例：某工程两个方案的经济寿命都是 4 年。甲方案期初投资 10 000 元，年经营费用 8 000 元，残值 1 000 元；乙方案期初投资 8 000 元，年经营费用9 000 元，无残值。两方案的基准收益率均为 8%，试用年金法比较两方案。

$$\text{解：甲方案年金} = 10\ 000 \times \frac{8\% \times (1+8\%)^4}{(1+8\%)^4 - 1} + 8\ 000 - 1\ 000 = 10\ 019.21\ (\text{元})$$

$$\text{乙方案年金} = 8\ 000 \times \frac{8\% \times (1+8\%)^4}{(1+8\%)^4 - 1} + 9\ 000 = 11\ 415.37\ (\text{元})$$

计算结果表明，甲方案费用年金低于乙方案，所以应选择甲方案为决策方案。

④内部收益率法。内部收益率法（IRR）是指投资实际可望达到的收益率。其实质是能使投资项目的净现值等于零的贴现率。它是考虑了资金时间价值后的实际投资报酬率。如果内部收益率大于资金成本或要求的最低投资报酬率，说明项目可行；反之，则不可行。在进行多个方案的选择时，内部收益率较大的方案为较优方案。

内部收益率的计算，就是要解如下方程：

$$\sum_{t=1}^{n} \frac{A_t}{(1+r)^t} - C_0 = 0$$

式中，r 表示内部收益率；n 表示项目预计使用年限；A_t 表示第 t 年的净现金流量；C_0 表示初始投资额。直接解出 r 是不容易的，在实际运用中，往往是采用逐步测试的方法来解出 r，其计算步骤如下：

第一步，先预估一下贴现率，并按此贴现率计算净现值。由于净现值会随着贴现率的提高而下降，所以如果计算出来的净现值为正数，则表示预估的贴现率小于该项目的实际内部收益率，此时应提高贴现率再进行测试；如果计算出来的净现值为负数，则表示预估的贴现率大于该项目的实际内部收益率，应降低贴现率再进行测试，直至找到净现值正到负并且比较接近于零的两个贴现率。

第二步，根据上述两个邻近的贴现率，再用插值法计算出方案的实际内部收益率。

上述贴现指标的共同优点是考虑了资金的时间价值。净现值指标能够反映投资方案的净收益，其计算过程简单，应用较为普遍，但它不能揭示投资方案本身可能达到的实际收益率；内部收益率克服了净现值上述不足，内部收益率法概念容易理解，但测算过程较为复杂，且它假定投资项目每年收回的资金都可以用来再投资，并且假定项目有效期内收回资金再投资报酬率与内部收益率一样，这种情况对于内部收益率高的项目，有时是不实际的。总之，各种指标各有所长和局限性，在实际应用中，应根据不同投资项目的特点、不同工作阶段和任务要求，采取不同的分析方法，而且尽可能把几种方法结合起来运用。

13.5.3 证券投资管理

1. 证券投资的含义和特点

证券投资是指投资者将资金投资于股票、债券、基金及衍生证券等资产，从而获取收益的一种投资行为。

证券投资具有流动性强、价格不稳定、交易成本低等特点。

2. 证券投资的对象与种类

金融市场上有很多可供企业投资的证券。具体有债券投资、股票投资、基金投资、期货投资、期权投资和证券组合投资。

3. 股票投资

股票是股份公司为了筹集自有资金而发行的代表所有权的有价证券。股票投资的目的主要有：一是获利，即作为一般的证券投资，获取股利收入及股票买卖差价；二是控股，即利用购买某一企业的大量股票达到控制该企业的目的。股票投资相对于债券投资具有收益高的优点，且拥有一定的经营控制权。但股票投资也有缺点，表现在：①风险大。投资者购买股票之后，不能要求股份公司偿还本金，只能在证券市场上转让。因此，股票投资者至少面临两方面的风险：一是股票发行公司经营不善所形成的风险；二是股票市场价格变动所形成的价差损失风险。②收益不稳定。股票投资的收益主要是公司发放的股利和股票转让的价差收益，股票股利直接与公司的经营状况相关，股票转让的价差收益主要取决于股票市场的行情。

股票投资的收益评价通常依据股票价值、股票的预期收益率等。

股票投资的风险表现为：股市价格风险、利率风险、购买力风险、公司风险和财务风险。

4. 债券投资

债券是筹资人依照法定程序发行的、约定在一定期限内还本付息的有价证券。相对于股票投资而言，债券投资具有风险小、收益稳定、市场流动性好的优点。债券投资按照投资时间的长短可分为短期债券投资和长期债券投资。企业进行短期债券投资的目的主要是配合企业对资金的需求，调节现金余额，使现金余额达到合理水平。企业进行长期债券投资的目的主要是获得稳定的收益。

评价债券收益水平的主要指标是债券价值和债券到期收益率。对投资者来说，债券价值是指债券未来现金流入的现值。只有当债券的购买价格低于债券价值时，才值得购买。债券到期收益率是指投资于某种债券后，一直持有到该债券到期为止可获得的收益率，也就是使债券未来现金流入等于其现金流出时的贴现率。

债券投资同样存在风险。债券投资风险是指借款人无法按期支付利息和偿还本金的风险。具体表现为：①违约风险，其中政府债券风险小，金融机构发行的证券次之，工商企业发行的证券风险较大。避免违约风险的方法是不买质量差的债券；②利率风险，指由于利率变动而使投资者遭受风险；③购买力风险，指由于通货膨胀而使债券到期或出售时所获得的货币资金的购买力低的风险；④变现力风险，指无法在短期内以合理价格卖掉债券的风险；⑤汇率风险，指由于外汇汇率的变动而给外币债券的投资者带来的风险。

5. 其他投资

其他投资主要指投资基金、衍生金融资产投资等。

(1) 投资基金。它是一种利益共享、风险共担的集合投资方式，即通过发行基金股份或受益凭证等有价证券聚集众多的不确定投资者的出资，交由专业投资机构经营运作，以规避投资风险并谋取投资收益的证券投资工具。投资基金根据组织形态的不同，可分为契约型基金和公司型基金；根据变现方式的不同，可分为封闭式基金和开放式基金；根据投资标的的不同，可分为股票基金、债券基金、货币基金、期货基金等。

投资基金能够在不承担太大风险的情况下获得较高收益，但是在投资组合过程中，在降低风险的同时，也丧失了获得巨大收益的机会。

(2) 衍生金融资产投资。

①商品期货。商品期货是标的物为实物商品的一种期货合约，是关于买卖双方在未来某个约定的日期以签约时约定的价格买卖某一数量的实物商品的标准化协议。商品期货交易是在期货交易所内买卖特定商品的标准化合同的交易方式。商品期货细分为以下三类：农产品期货、能源期货、金属产品期货。

商品期货投资的特点有：以小博大，交易便利，信息公开，期货交易可以双向操作，简便和灵活，履约有保证。

企业在进行商品期货投资决策时，应注意三点：一是选择适当的经纪公司和经纪人；二是选择适当的交易商品；三是设定止损点。

②金融期货。金融期货是买卖双方在有组织的交易所内，以公开竞价的方式达成协议，约定在未来某一特定的时间交割标准数量特定金融工具的交易方式。金融期货一直在衍生金融工具市场上占有重要的地位，是投资者回避风险的有力武器和套取利润的有效工具。金融期货一般包括利率期货、外汇期货、股票期货、股指期货等。

投资金融期货的目的一般是规避风险，追求较高投资回报。金融期货投资可采用的投资策略包括套期保值和套利等。

③期权投资。期权投资也称选择权，是期货合约买卖选择权的简称，是一种能在未来某个特定时间以特定价格买入或卖出一定数量的某种特定商品的权利。按所赋予的权利不同，期权主要有看涨期权（认购期权）和看跌期权（认售期

权）两种类型。其中，购买看涨期权可以获得在期权合约有效期内根据合约所确定的履约价格买进一种特定商品或资产的权利，购买看跌期权可以获得在期权合约有效期内根据合约所确定的履约价格卖出一种特定商品或资产的权利。

进行期权投资的方法有：买入认购期权、买入认售期权、买入认售期权同时买入期权标的物、买入认购期权同时卖出一定量期权标的物、综合多头和综合空头等。

④认股权证、优先认股权、可转换债券。

第一，认股权证是由股份公司发行的，能够按特定的价格，在特定的时间内购买一定数量该公司股票的选择权凭证，其价值有理论价值与实际价值之分。影响认股权证理论价值的主要因素有换股比率、普通股市价、执行价格、剩余有效期间等。认股权证的实际价值是由市场的供求关系所决定的。由于套利行为的存在，认股权证的实际价值通常高于其理论价值。

第二，优先认股权是指当股份公司为增加公司资本而决定增加发行新的股票时，原普通股股东享有的按其持股比例，以低于市价的某一特定价格优先认购一定数量新发行股票的权利。优先认股权又称股票先买权，是普通股股东的一种特权，在我国习惯上称之为配股权证。

第三，可转换债券，又称可转换公司债券，是指可以转换为普通股的证券，赋予持有者按事先约定在一定时间内将其转换为公司股票的选择权。在转换权行使之前，债券持有者是发行公司的债权人，权利行使之后则成为发行公司的股东。企业进行可转换债券的投资决策时，应注意投资时机选择、投资对象选择、套利机会等。

13.5.4 营运资金管理

1. 营运资金的含义和特点

营运资金，又称循环资本，是指一个企业维持日常经营所需的资金，通常是指流动资产减去流动负债后的差额，用公式表示为：

$$营运资金总额 = 流动资产总额 - 流动负债总额$$

营运资金的特点体现在流动资产和流动负债的特点上。流动资产的特点表现为：投资回收期短、流动性强和具有波动性。流动负债的特点与长期负债筹资相比，具有如下特点：速度快、弹性大、成本低和风险大。

2. 货币资产管理

货币资产是流动资产中流动性最强、获利能力较弱的资产。企业为了获得最大的利润，必须持有相当数量的货币资金以满足生产经营的需要。同时，也要防止资金闲置，造成投资损失。货币资产的内容主要包括现金、银行存款和其他货币资产。

每个企业都必须保留一定数量的货币资产。这主要有以下三个方面的原因：

(1) 为了满足企业日常生产经营活动的需要。企业日常生产经营活动需要的货币资产包括购买原材料、支付工资及其他费用、缴纳税金和利润等。由于企业每天货币资金的收入和支出很少同时等额发生，因此，保留一定数量的货币资金，可以保证企业在货币资金收支暂时不平衡的情况下，不致中断交易。

(2) 为了预防意外事故必须保持货币资金。企业为了交易能顺利进行需要保持的货币资金数量与销售业务的增减成正比。为了预防意外事故所需要持有的货币资金量的大小，同企业预测现金收支的可靠性和企业的举债能力以及企业愿意承担的风险程度有关。如企业预测现金收支比较准确，财务状况较好，货币资金数额就可以少些；相反，则要多一些。不愿承担较大风险者则要多留一些货币资金，以防万一。

(3) 为了投机需要。企业保留投机性的货币资金余额，是为了在出现有利的投资机会时进行投资。

3. 存货管理

存货是指企业在生产经营过程中为销售或耗用而储备的各种物资，包括材料、燃料、低值易耗品、在产品、半成品、产成品、协作件以及商品等。企业的存货由于经常处于不断地销售和补充或耗用和补充之中，具有流动性的特点，所以它是流动资产的重要组成部分。企业的存货不论存放在哪里，只要企业对它拥有所有权，都应包括在企业的存货资产中。企业必须加强存货管理，控制存货量，有计划地运用存货资源，提高企业的经济效益。

企业储存存货不但是必要的，而且能使企业得到经济方面的利益。但与此同时，也要负担一定的成本费用。存货控制的目的就是使存货的效益与成本达到最优化。在正常情况下，工业企业的存货水平越高，对生产过程顺利进行就越有保证；流通企业存货水平越高，就越能保证供应，满足顾客的需要。但存货水平越高，成本水平也越高，企业在确定存货水平时，必须在效益与成本之间进行权衡，并对存货水平进行有效的控制。

存货控制的方法有：最优订货批量、最优生产批量、保险储备量、数量折扣条件下的订货批量等。库存控制方法在第8章已作介绍，此处不再赘述。

13.6 收益管理

13.6.1 收入管理

1. 收入概念

收入是企业利润的来源。它是指企业在日常活动中形成的、会导致所有权益增加的、与所有者投入资本无关的经济利益的总流入。其中，“日常活动”是指企业为完成其经营目标所从事的经常性活动及与之相关的活动。企业收入一般包括销售商品收入、提供劳务收入和让渡资产使用权收入。企业代第三方收取的款项，应当作为负债处理，不应当确认为收入。

企业销售商品收入同时满足下列条件的，才能予以确认：①企业已将商品所有权上的主要风险和报酬转移给购货方；②企业既没有保留通常与所有权相联系的继续管理权，也没有对已售出的商品实施有效控制；③收入的金额能够可靠计量；④相关的经济利益很可能流入企业；⑤相关的已发生或将发生的成本能够可靠计量。

企业应当按照从购货方已收或应收的合同或协议价款确定销售商品收入金额，已收或应收的合同或协议价款显失公允的除外。应收的合同或协议价款与其公允价值相差较大的，应当按照应收的合同或协议价款的公允价值确定销售商品收入金额。应收的合同或协议价款与其公允价值之间的差额，应当在合同或协议有效期内采用实际利率法进行摊销，计入当期损益。

销售商品涉及现金折扣的，应当按照扣除现金折扣前的金额确定销售商品收入金额。现金折扣在实际发生时计入当期损益。现金折扣，是指债权人为鼓励债务人在规定的期限内付款而向债务人提供的债务扣除。销售商品涉及商业折扣的，应当按照扣除商业折扣后的金额确定销售商品收入金额。商业折扣，是指企业为促进商品销售而在商品标价上给予的价格扣除。企业已经确认销售商品收入的售出商品发生销售折让的，应当在发生时冲减当期销售商品收入。销售折让，是指企业因售出商品的质量不合格等原因而在售价上给予的减让。企业已经确认销售商品收入的售出商品发生销售退回的，应当在发生时冲减当期销售商品收入。销售退回，是指由于企业售出的商品质量、品种不符合要求等原因而发生的退货。

企业提供劳务收入，是指在资产负债表日提供劳务交易的结果能够可靠估计的，应当采用完工百分比法确认提供劳务收入。完工百分比法，是指按照提供劳务交易的完工进度确认收入与费用的方法。提供劳务交易的结果能够可靠估计，是指同时具备下列条件：①收入的金额能够可靠计量；②相关的经济利益很可能流入企业；③交易的完工进度能够可靠确定；④交易中已发生和将发生的成本能够可靠计量。

企业确定提供劳务交易的完工进度后，对其提供劳务收入的确定可以选用下列方法：①已完成工作的计量；②已经提供的劳务占应提供劳务总量的比例；③已经发生的成本占估计总成本的比例。

企业应当按照从接受劳务方已收或应收的合同或协议价款确定提供劳务收入总额，已收或应收的合同或协议价款显失公允的除外。企业应当在资产负债表日按照提供劳务收入总额乘以完工进度扣除以前会计期间累计已确认提供劳务收入后的金额，确认当期劳务收入；同时，按照提供劳务估计总成本乘以完工进度扣除以前会计期间累计已确认劳务成本后的金额，确认当期劳务成本。企业在资产负债表日提供的劳务交易结果不能够可靠估计的，应当区别下列情况处理：①已经发生的劳务成本预计能够得到补偿的，按照已经发生的劳务成本金额确认提供劳务收入，并按相同金额结转劳务成本；②已经发生的劳务成本预计不能够得到补偿的，应当将已经发生的劳务成本计入当期损益，不确认提供劳务收入。

企业与其他企业签订的合同或协议包括销售商品和提供劳务时，销售商品部分和提供劳务部分能够区分且能够单独计量的，应当将销售商品的部分作为销售商品处理，将提供劳务的部分作为提供劳务处理。销售商品部分和提供劳务部分不能够区分，或虽能区分但不能够单独计量的，应当将销售商品部分和提供劳务部分全部作为销售商品处理。

企业让渡资产使用权收入包括利息收入、使用费收入和现金股利收入。让渡资产使用权收入同时满足下列条件的，才能予以确认：①相关的经济利益很可能流入企业；②收入的金额能够可靠计量。

企业应当区别下列情况，确定让渡资产使用权收入金额：①利息收入金额，按照他人使用本企业货币资金的时间和实际利率计算确定；②使用费收入金额，按照有关合同或协议约定的收费时间和方法计算确定；③现金股利收入金额，按照被投资单位宣告的现金股利分配方案和持股比例计算确定。

2. 销售商品或提供劳务收入的日常管理

为了保证企业再生产的顺利进行，加速企业资金的周转速度，提高企业的经济效益，企业有必要加强收入的日常管理，做好以下工作：

（1）销售合同的签订及履行。销售合同是企业为取得销售商品或劳务收入而与购货人或劳务接受人就双方在购销或服务过程中的权利义务重新建立关系所签订的具有法律效力的书面文件，它是企业安排生产的重要依据。财务部门应协助销售部门落实销售合同的执行。销售合同一般应包括：内容标的（指货物、劳务项目等），数量和质量，价款或酬金，履行期限、地点和方式，违约责任，其他应说明的条款。

销售合同一经签订，就必须严格执行，按照合同的要求组织货品的采购、生产或劳务的供应，并按合同所约定的履行条件向对方提供货品或劳务。

（2）应收货款的发生及收回。应收货款是指企业因销售产品、材料、外购商品等业务活动，而应向购货单位或个人收取的款项，它是应收的营业收入。这一业务活动一旦发生，标志着应收货款已经发生，债权也宣告成立，企业就有权向购货单位或个人收取这笔款项。

销售部门根据发运计划和销售合同的规定发运产品或提供劳务后，货款结算工作主要由财务部门负责办理。当财务部门收到销售部门转来的销售发票、运输凭证以及有关凭证后，应立即根据合同规定的结算方式，通过银行与购货单位联系，催促办理。如果对方款项已经付出，属于银行方面的原因，应通过开户银行追款；如果对方拒付，可提交经济司法机关仲裁，以便及时解决。

（3）做好市场信息反馈。企业在产销过程中，应通过各种途径，搜集和掌握产品在市场上的适应性，价格的适应性，市场的显现需求和潜在需求，消费者的购买力、购物心理趋向，产品的市场占有率，潜在市场及购买力，新产品导向，国家对市场调控等市场反馈的信息，并有效运用这些信息，不断改进产品设计、生产、运输和销售工作，搞好销售服务。市场信息的反馈和运用可以促进企业生产经营活动的进一步开展，生产出数量更多、质量更好、价格更佳、适应性更强、消费者更喜欢的产品，从而不断提高企业产品信誉，提高产品市场的占有率，扩大企业的销售收入，增强企业活力。

13.6.2 利润总额构成与管理

1. 利润及其形成

利润是指企业在一定时期内从事各项生产经营活动所获取的财务成果。利润包括收入减去费用后的净额、直接计入当期利润的利得和损失等。直接计入当期利润的利得和损失，是指应当计入当期损益、会导致所有者权益发生增减变动的、与所有者投入资本或者向所有者分配利润无关的利得或者损失。利润金额取决于收入和费用中直接计入当期利润的利得和损失金额的计量，用公式表示为：

利润 ＝收入－费用

利润总额 ＝营业收入－营业成本－营业税金－管理费用－销售费用－财务费用＋投资收益＋公允价值变动损益－资产减值损失＋非流动资产处置损益

净利润＝利润总额－所得税费用

2. 利润管理

利润是企业生存发展的核心指标，不论是投资人、债权人还是企业经理人员都非常关心企业的盈利能力，而利润管理是企业目标管理的重要组成部分，其行为结果会直接或间接地影响到各经济主体的利益，对企业的不断成长起着举足轻重的作用。利润管理的作用主要体现在以下四个方面：

（1）利润管理有利于更好地反映企业的经济效益。从传统的观念来看，衡量一个企业经济效益的公认标准就是利润。根据经典的经济学理论，若某项投资实现了边际成本与边际收益相等，它就实现了利润的最大化。尽管现代理财观念不再把利润最大化作为理财目标，而是以企业价值最大化为理财目标，但不可否认，只有企业最大限度地获得利润，整个社会的财富才能实现最大化，从而推动社会的进步和发展。利润可以从一定程度上反映出企业经济效益的高低和对社会贡献的大小。

（2）利润管理可以为改进企业绩效考核提供依据。企业利润管理的重要动因是绝大多数的绩效考核是以利润为主，若要使企业利润管理不致过“度”，可考虑改进考核指标体系，如引入 EVA 指标或平衡计分卡考核办法等。绩效考核指标的改进可引导企业的经营管理步入良性循环的轨道。

（3）利润管理可以作为向外界传递有用信息的工具。在某些情况下，管理层欲向外界传递某一内部信息，而内部信息往往是相当复杂并具有专业性，如果直接披露该信息，外界由于无法判别该信息的可靠性，或者即使能对该信息进行检验，但检验成本巨大，因不符合成本—效益原则而放弃检验，外部信息使用者就会因此对管理层所披露的信息产生怀疑。而管理层通过利润管理，逐步披露该信息，反而是一条相对有效的传递信息的途径。

（4）利润管理有利于不断促进企业改变目标战略。适度的利润管理既是一个企业不断走向成熟的标志，也是企业人力资源素质较高的标志，它对企业的不断发展壮大起着非常重要的作用。研究和宣传适度利润管理，逐步形成一种对适度利润管理的理解和容忍，恢复和提高社会公众对财务信息的信任度，对社会主义市场经济秩序的建立和完善具有十分重要的意义。利润管理的不断完善与提高，有利于企业引进新的管理方式，提高经营业绩，从而相应地改变目标战略，更好地促进企业未来的发展。

13.6.3 利润分配

利润分配是企业根据国家有关规定和投资者的决议对企业净利润所进行的分配。利润分配对正确处理企业与各方面的经济关系、调动各方面的积极性、促进生产的发展都具有重要意义。

1. 利润分配原则

为充分发挥利润分配的重要作用，在利润分配中必须遵循以下原则：

（1）遵守国家法律，履行企业的社会责任。企业必须按税法规定的所得税率计算应缴纳的所得税。对税后利润的分配，企业首先要按一定比例提留公积金和公益金，然后向企业所有者分配利润，贯彻维护投资者权益的财务管理基本原则。

（2）正确处理好积累与消费的关系，重视企业的可持续发展。企业在分配利润时，要处理好积累与消费的关系，既要扩充企业扩大再生产的财力基础，又要为不断改善员工生活福利创造条件，以调动员工的积极性、创造性和主动性。

（3）坚持以丰补歉，保持稳定的分红比例。从税后利润中留存的部分利润不仅可以增加企业积累，为企业扩大再生产筹措资金，提高企业应付不测事件的能力，也可以用于企业未来利润的分配。企业可以在景气时期的较高获利中留存一部分利润，在衰退时期用于给投资者的利润分配，给投资者以稳定的回报。

（4）实行公开、公平、公正原则。企业在利润分配中应遵循公开、公平、公正原则，企业的所有投资者在企业中只以其股权比例享有其合法权益，企业的经营获利情况应当向投资者即时公开，利润分配方案应当提交股东大会讨论并获通过，股利的支付要保证所有的股东均能及时收到。

2. 利润分配程序

企业在缴纳所得税后，剩余部分的利润称为税后利润，即净利润。税后利润一般按下列顺序进行分配：

（1）弥补上一年度的企业亏损。公司上一年度发生亏损的，首先用公司累积提取的法定公积金弥补；公司法定公积金不足的，应当用当年利润弥补亏损。如果当年利润在填补了公司上一年度的亏损后，没有剩余，就不再进行后面的分配。

（2）提取公积金。公积金是企业在税后利润中计提的用于增强企业物资储备、防备不测事件的资金。其包括法定公积金和任意公积金两种。法定公积金按当年税后利润的10%提取。当法定公积金累计金额达到企业注册资本的50%以上时，可以不再提取。在计提法定公积金以后，经股东会或股东代表大会决议，还可以从税后利润中提取任意公积金。

（3）向股东分配股利。分配给投资者的利润，是投资者从企业获得的投资回报。有限责任公司的股东按照实缴的出资比例分取红利；股份有限公司按照股东持有的股份比例分取红利，但股份有限公司章程规定不按照持股比例分取红利的除外。

3. 股利政策

股利政策是指股份制企业确定股利及与股利有关的事项所采取的方针和策略。其核心是股利支付比率的确定，此外还包括股利分派的时间、方式、程序的选择和确定。目前，股份制企业通常采用的股利政策主要有以下四种类型：

（1）剩余股利政策。剩余股利政策是指企业的税后利润只有在满足营利性投资项目的资金需要后，还有剩余时，企业才能将剩余部分作为股利予以分配。

（2）固定股利或稳定增长股利政策。固定股利或稳定增长股利政策，就是企业将每年发放的每股股利数额固定在一个特定水准上，当企业预测未来盈余会增加，足以使企业能将股利维持在更高水平时，才提高年度股利发放额。在采取这种政策时绝对不能降低年度股利额，只能稳定增长。这一政策的主要目的是避免由于经营不善而出现削减股利发放额的可能。如果企业的盈利下降，届时股利并未下降，投资者会认为企业未来的经营情况会好转。因而这一政策被广泛地采用。

(3) 股利支付率固定的股利政策。这一政策又称变动政策，即企业按固定的比例从税后净利润中支付股利。

(4) 低正常股利加额外股利政策。低正常股利加额外股利政策是一种折中政策，即企业每年支付固定的、数额较低的股利，在盈余较高的年份，再根据实际情况向股东发放额外股利。采用这种政策可给企业较大的机动性，并使那些依靠股利维持必要开支的股东，每年都能收到数额较低但非常稳定的股利。

股利支付的方式主要有现金支付、股票股利、财产股利和负债股利等。我国规定股份制企业可以采用现金支付和股票股利方式。

股份制企业向股东支付股利，这一过程中的相关日期有：股利宣告日、股权登记日、除息日和股利支付日。

本章小结

企业财务管理是企业经营管理的重要组成部分，它是利用价值形式组织财务活动、处理企业与各方面财务关系的经济管理工作。财务管理的内容很丰富，包括企业资金筹集、使用、耗费、收入和分配等环节的管理。目前，企业资金筹集渠道很多，企业可以按筹资管理的要求进行合理的筹资。筹资后如何投放，需要进行投资决策，进行合理的配置。应加强企业收入管理，对企业实现的利润按规定顺序进行分配。财务管理技术性很强，对一些管理方法和计算技巧要掌握好并灵活运用；同时，财务管理政策性很强，应遵循有关法律法规。在市场经济环境中，财务管理工作应增强风险意识，做好风险控制工作。

复习思考题

1. 说明资金的含义及企业资金运动体现的财务关系。
2. 财务管理的任务有哪些？财务管理应遵循哪些原则？
3. 说明在财务管理中资金时间价值、资金成本、风险价值的含义及其重要性。
4. 企业筹资的目的和渠道有哪些？
5. 企业对营业收入应如何进行日常管理？
6. 企业对利润分配应遵循什么原则和程序？
7. 普通股股票、优先股股票和债券有什么不同？
8. 企业利润总额由哪些内容构成？
9. 如何认识股利分配政策？

10. 如何认识企业项目投资和证券投资？

11. 某工程项目拟筹资200万元，公司决定发行普通股股票10万元，资金成本10%；发行公司债券60万元，资金成本10%；银行借款40万元，资金成本5%。要求：（1）计算该投资项目的总资金成本率。（2）说明该投资项目的预期收益率应达到多少时，该筹资方案才可行。

12. 某公司发行一种债券，面值为1 000元，年息票利率为6%，10年到期，投资者要求（预期）的收益率为8%。问：（1）该债券的市价是多少？（2）若发行公司将年息票利率提高到8%，其他条件不变，该债券的市价有什么变化？

参考文献

1. 王关义等．现代企业管理（第二版）．北京：清华大学出版社，2008

2. 由建勋．现代企业管理．北京：高等教育出版社，2008

3. 姜真．现代企业管理．北京：清华大学出版社，2007

4. 伍爱．质量管理学（第三版）．广州：暨南大学出版社，2006

5. 张公绪，孙静．新编质量管理（第二版）．北京：高等教育出版社，2003

6. 2000 年版《质量管理体系》国际标准（原件译本由中质协内部印发）

7. 罗国英，林修齐．质量管理体系教程（修订版）．北京：中国经济出版社，2001

8. 刘宇．顾客满意度测评．北京：社会科学文献出版社，2003

9. 伍爱．人力资源管理学（第二版）．广州：暨南大学出版社，2005

10. 中华人民共和国劳动法

11. 广州市劳动局．中华人民共和国劳动法学习资料．1994

12. 房维廉．中华人民共和国劳动法实用讲话．北京：中国人事出版社，1996

13. 樊光鼎，李葆坤．企业生产管理（修订版）．北京：经济科学出版社，2002

14. 伍爱等．工业企业管理．广州：中山大学出版社，1990

15. 穆庆贵等．工业企业管理（第三版）．上海：立信会计出版社，2000

16. 陈运涛．质量管理．北京：清华大学出版社，2008

17. 财政部会计资格评价中心．财务管理．北京：中国财政经济出版社，2007

18. 尹秀艳．企业经营管理．北京：机械工业出版社，2007

19. 刘庆元．企业战略管理（第二版）．北京：中央广播电视大学出版社，2006

20. 覃学强．企业管理实务．成都：电子科技出版社，2007